XINGSHIFA YANJIU

DISIJUAN

FANZUIXUE

刑事法研究

第四卷
犯罪学

张智辉 著

中国检察出版社

作者简介

　　张智辉，男，陕西武功人，1954 年 10 月生。法学博士，国务院政府特殊津贴享有者，首批"当代中国法学名家"。现任湖南大学教授、博士生导师，最高人民检察院咨询委员，国家检察官学院教授。兼任国际刑法学协会中国分会副主席、中国廉政法制研究会副会长、中国刑法学研究会学术委员会副主任。曾任最高人民检察院检察理论研究所所长，中国检察官协会秘书长，中国检察学研究会秘书长，最高人民检察院司法体制改革领导小组办公室主任。

自　序

　　人到了老年往往会怀旧，喜欢回忆曾经的辉煌和趣事。一个学者，当学术思想枯竭的时候，也会追溯以往的成就，一方面是总结学术研究之路，宽慰自己的一生没有白过；另一方面也是给自己的家人、同行、亲友及弟子一个交待，留下一生劳苦的瞬间喜悦。

　　我与大多学者有所不同。一方面，我不是一个专门从事学术研究或教学的学者。自 1984 年从中国人民大学刑法专业硕士研究生毕业之后，在中国人民公安大学学报编辑部（后来并入中国人民公安大学出版社）当编辑、编辑部主任、副总编辑，到 1996 年调入最高人民检察院检察理论研究所（亦称"中国检察理论研究所"）担任编译部主任、《检察理论研究》副主编、《中国刑事法杂志》主编（2012 年卸任），我一直从事"为他人作嫁衣裳"的工作。同时，在最高人民检察院检察理论研究所和司法体制改革领导小组办公室工作期间，我的"主业"是科研管理和行政管理工作。直到 2014 年退休以后被湖南大学聘为全职教授，才算专门从事法学教学研究工作。所以，我的理论研究，在很大程度上是一种业余爱好。另一方面，我虽然学的是刑法，但研究的范围并不全是刑法。围绕着刑法学的研究，我把自己的视野扩展到与刑法学密切相关的国际刑法学、犯罪学、犯罪被害者学、刑事诉讼法学、检察学、司法制度及其改革等多个领域，形成刑事一体化的研究领域。《刑事法研究》中所汇集的就是我这些年来围绕刑事法学进行研究所取得的部分成果。这些成果，对于现今的学者是否有参考意义我不敢断言，但对我个人而言，毕竟是值得珍视的。

（一）关于刑法学的研究

在大学读书时，我虽然每一门功课都是优秀，但自己还是比较喜欢刑法，觉得刑法是惩恶扬善、伸张正义的法律。大学三年级选择学年论文时，我写了"论过失犯罪"，其中第二部分以"试论过失犯罪负刑事责任的理论根据"为题发表在《法学研究》1982 年第 2 期。1982 年 2 月，我提前毕业，考入中国人民大学，跟随高铭暄、王作富教授攻读刑法专业硕士学位。硕士学位论文《我国刑法中的流氓罪》，由群众出版社1988 年出版（1991 年获北京市高等学校第二届哲学社会科学中青年优秀成果奖），成为新中国成立以来第一部以单个罪名为题出版的学术著作。1999 年，我重返中国人民大学跟随高铭暄教授攻读博士学位。博士学位论文《刑法理性论》（2003 年获中国人民大学优秀博士学位论文，2004 年获教育部和国务院学位委员会颁发的"全国优秀博士学位论文"），由北京大学出版社 2006 年出版。

在刑法学研究中，我针对当时刑法立法中"宜粗不宜细"的指导思想，首次提出了刑法立法的明确性原则（1991 年）；针对不同地方的不同定罪标准，首次提出了刑法的公平观（1994 年）；针对刑法适用中存在的问题，把刑事司法引入刑法学研究的视野，首次指出了刑事司法中的地方化、行政化、大众化对刑法适用的负面影响（2002 年）；作为大陆学者，首次在我国台湾地区出版了"学术著作·大专用书"之《刑事责任比较研究》（1996 年）。

作为一个业余的刑法学者，我未能参加每年的全国刑法学年会，但在 30 年来的历届刑法学年会优秀论文评选中，我都获得了一等奖或特别奖，成为最幸运的学者：《论刑法的公平观》一文，2000 年获中国法学会"海南杯世纪优秀论文"（中国法学会刑法学研究会 1984—1999 优秀年会论文）一等奖；《论贿赂外国公职人员罪》一文，2006 年获中国法学会"西湖杯优秀论文"（中国法学会刑法学研究会 2000—2005 优秀年会论文）一等奖；《社会危害性的刑法价值》（与我的博士研究生陈伟强联合撰写）一文，2011 年获中国法学会"马克昌杯优秀刑法论文"（中国刑法学研究会 2006—2010 优秀年会论文）特别奖；《网络犯罪：传统刑法面临的挑战》一文，2016 年获中国刑法学研究会（2011—2016）优秀年会论文一等奖；《刑事责任通论》一书（警官教育出版社 1995 年版），1999 年获全国检察机关精神文明建设"金鼎奖"图书奖一等奖第一名；《刑法改革的价值取向》一文（载《中国法学》2002 年第 6 期），2003 年获全国检察机关精神文明建设"金鼎奖"文章类一等奖第一名，并被收入《改革开放三十年刑法学研究精品集锦》（中国法制出版社 2008 年版）。

此外，我有幸参与了高铭暄教授主编的系统总结新中国成立 30 年刑法学研究的代表作《新中国刑法学研究综述》（河南人民出版社 1988 年版）和高铭暄、王作富教授联合主编的代表新中国成立 30 年来刑法学研究最高水平的著作《新中国刑法的理论与实践》（河北人民出版社 1989 年版）的撰写；参与了中国与法国刑法合作研究项目（该项目的研究成果以中文版三卷本在中国人民公安大学出版社出版、法文版四卷本在法国巴黎第一大学出版社出版）；参与了香港城市大学与中国人民大学为香港回归所做的香港法律中文文本的编撰工作。我还有幸作为最高人民检察院刑法修改研究小组成员参加了1997年刑法修改的相关工作。这些学术活动对我研究刑法问题提供了极好的机会和很大的帮助。

（二）关于国际刑法学的研究

我在1983年就与大学同学刘亚平携手翻译了巴西奥尼代表国际刑法学协会起草的《国际刑法及国际刑法典草案》（译稿全文经夏登俊、杨杜芳老师审校，西南政法学院《国外法学参考》以1983年增刊的形式印发），部分内容收录在群众出版社1985年出版的《国际刑法与国际犯罪》和四川人民出版社1993年出版的《国际刑法概论》等著作中，是中国大陆最早出现的国际刑法学译文。1991年应邀撰写了《中华法学大辞书·刑法学卷》中国际刑法部分的全部词条。1993年出版了《国际刑法通论》（中国政法大学出版社1993年版），1999年出版了《国际刑法通论》（增补版），2009年出版了《国际刑法通论》（第三版）。20多年来，该书一直被许多大学作为刑法专业研究生的教材或必读参考书。

我从1990年加入国际刑法学协会以来，参加了一系列国际刑法学方面的会议、论坛及活动。1995年起担任国际刑法学协会中国分会秘书长，2002年起担任国际刑法学协会中国分会副主席，2009—2014年担任国际刑法学协会理事。2002年起草了中国分会向国际刑法学协会提交的国别报告《国际经济交往中的贿赂犯罪及相关犯罪》；2003年带领中国法学会代表团出席了在东京大学召开的第17届国际刑法大会专题预备会；

2004 年全程参与了国际刑法学协会第 17 届世界刑法大会的筹备和会务工作，并担任了第三单元大会讨论的联合主持人；2005 年参加了在北京召开的第 22 届世界法律大会，并作为中方代表作了题为"惩治腐败犯罪应加强国际合作"的大会发言。这些活动，促使我不得不关注国际刑法问题，也为我研究国际刑法提供了素材和灵感。

（三）关于刑事诉讼法学的研究

尽管在大学读书时就学习过刑事诉讼法学，但对这门科学只是初步的了解。1984 年研究生毕业后分配到中国人民公安大学学报编辑部继而并入出版社工作期间，因为负责法学方面的稿件，我开始学习有关刑事诉讼法学方面的知识。在检察院工作期间，经常接触到刑事诉讼方面的问题，于是便开始了对刑事诉讼法学的研究。特别是 2000 年，我带领最高人民检察院代表团应香港保安局的邀请赴香港对内地与香港的刑事诉讼制度进行比较研究，为香港市民撰写了宣传内地刑事诉讼制度的小册子，这件事进一步激发了我研究刑事诉讼法学的兴趣。2000 年，我协助主编完成了国家哲学社会科学研究规划基金资助的重点课题"庭审改革后的公诉问题研究"，并撰写了该项目的结题报告；2003 年主持召开了"预防超期羁押与人权保障研讨会"；2006 年主持完成了国家哲学社会科学基金项目"刑事非法证据排除规则研究"；2009 年主持完成了福特基金会资助项目"辩诉交易制度比较研究"；2011 年主持完成了丹麦人权研究中心资助项目"附条件不起诉制度研究"。此外，我还主持完成了"认罪案件程序改革研究""强制措施立法完善""简易程序改革研究"等刑事诉讼方面重要课题的研究。作为最高人民检察院刑事诉讼法修改研究的职能部门负责人，我有幸参与了 2012 年刑事诉讼法修改后期的部门协商工作。

在刑事诉讼法学研究领域，我不仅是一个业余研究人员，而且是一个后学者，对刑事诉讼的许多问题都缺乏深入的研究。值得一提的是，2001 年最高人民检察院检察理论研究所最早把"量刑建议"作为研究课题，我有幸主持召开了检察机关量刑建议研讨会，先后在《检察日报》和《法制日报》上组织发表了两版有关量刑建议的文章，促进了检察机关量刑建议工作的开展和最高人民法院对量刑问题的重视。从 2007 年起，检察理论研究所就协同全国 8 个地方的公检法机关开展认罪案件从简从轻处理试点研究，2009 年在我主持召开的"认罪案件程序改革试点"总结会议上，我提出的对犯罪嫌疑人认罪的案件在程序上应当从简、在实体上应当从轻的观点，受到与会的全国人大法工委刑法室的领导和其他刑事诉讼法学界专家们的认同。这个观点与 2012 年修改后的刑事诉讼法关于简易程序的规定高度契合，即对认罪案件，除特殊情况外，都可以适用简易程序审理，对不认罪案件适用普通程序审理。此外，我在 1999 年就提出了刑事司法的理性原则，2005 年提出了检察机关有权介入死刑复核程序的观点，2006 年提出了"二审全面审理制度应当废除"的观点等，都受到了有关领导机关和刑事诉讼法学界的广泛关注。

（四）关于犯罪学与犯罪被害者学的研究

在读研究生期间，我翻译了《经济犯罪学》（载北京政法学院 1984 年编印的《犯罪学概论》），和同届研究生一起翻译了《新犯罪学》（华夏出版社 1989 年版）。此后，我出版了个人著作《犯罪学》（四川人民出版社 1993 年版）。1992 年，中国犯罪学研究会成立时，我有幸成为第一批理事（以后担任常务理事，后来由于工作繁忙未能坚持参加研究会的活动而脱离了中国犯罪学研究会）。我参与了《美国犯罪预防的理论实践与评价》（中国人民公安大学出版社 1993 年版）的翻译，参与了《中国劳改法学百科辞书》（中国人民公安大学出版社 1993 年版）犯罪学部分的联合主编和部分词条的撰写，参与了《犯罪学大辞书》（甘肃人民出版社 1995 年版）部分犯罪被害者词条的撰写，参与了国家哲学社会科学"九五"规划重点科研项目《中国预防犯罪通鉴》（人民法院出版社 1998 年版）第一编的联合主编和部分章节的撰稿。1997 年参与了司法部法学教材编辑部编审的高等学校法学教材《犯罪学》（法律出版社 1997 年第一版）的撰写，该书此后曾多次再版，成为普通高等教育"十一五"国家级规划教材和教育部普通高等教育精品教材。2009 年，我与国务院法制办副主任张穹联合主持完成了国家社会科学基金重点项目"权力制约与反腐倡廉"，提出了制度链理论。

在犯罪学与犯罪被害者学的研究方面，我首次提出了犯罪的制度性原因；首次把日本学者宫泽浩一的《犯罪被害者学》三卷本编译成中文；针对国内学者多数运用第二、第三手资料研究西方犯罪学的状况，邀请从国外留学回国的学者，首次运用不同国家的第一手资料共同编写了《比较犯罪学》；首次提出了治安预防、技术预防、刑罚预防三位一体的犯罪预防思路。

（五）关于检察学的研究

我调入最高人民检察院检察理论研究所（原称"中国检察理论研究所"）工作后，研究重心转向了检察学的研究。特别是在我主持检察理论研究所工作期间，我力主检察机关的研究机构要把研究检察理论作为自己的中心工作，并身体力行地带领研究人员从事检察理论研究。幸运的是，这期间的三任检察长和主管领导都非常重视检察理论研究，最高人民检察院还专门下发了《关于加强检察理论研究的决定》。据此，我主持筹备了12届全国检察理论研究年会（2000—2011年），主编了《中国检察》（1—20卷），创办了《中国检察论坛》，先后主持完成了加拿大刑法改革与刑事政策国际中心资助项目"检察官作用与准则比较研究"（2001年）、最高人民检察院重点研究课题"检察改革宏观问题研究"（2004年）、国家社会科学基金重点项目"检察权优化配置研究"（2014年）等课题，主持编写了最高人民检察院教材编审委员会审定的《拟任检察官培训教程》（2004年），与朱孝清副检察长联合主编了《检察学》。我独立撰写的《检察权研究》（中国检察出版社2007年版）于2008年获得了最高人民检察院2007年度检察基础理论研究优秀成果特等奖，同年获得了中国法学会首次评审的"中国法学优秀成果奖"三等奖。此外，我主持了《法制日报》"检察话语"专栏52期（2004—2005年）。

在检察学研究领域，我重点论证了中国把检察机关作为国家的法律监督机关来建设的历史必然性和现实合理性，论证了法律监督的基本内涵及其与其他类型监督的异同，论证了检察权的基本构造和运行机制，提出了检察权优化配置的指标体系。

（六）关于司法改革的研究

1997年党的十五大报告提出司法改革的任务之后，我与国内的多数学者一样，对中国的司法制度及其改革投入了较大的热情，一直关注司法改革的进程，并就司法改革中的问题进行研究。2000 年，在与刘立宪联合主编的《司法改革热点问题》一书中，我提出了把理想与现实结合起来，理性地对待司法改革的观点。同年，我在《检察日报》上分期介绍了法国、澳大利亚、日本、德国的司法改革，希望借鉴国外司法改革的经验，冷静地思考和对待中国司法制度与司法实践中存在的问题。由于工作原因，我对司法改革的研究重点在检察制度的改革方面，先后提出了检察改革的宏观目标和切入点。特别是2012 年担任最高人民检察院司法体制改革领导小组办公室主任以后，我有幸参与了第四轮司法体制改革的顶层设计，并主持完成了司法部重点课题"司法体制改革问题研究"（2014 年）和国家哲学社会科学基金重点项目"优化司法职权配置研究"（2018 年），就司法体制改革中的一些重大问题提出了自己的看法。

马克思说过"人是最名副其实的社会动物"。[1] 人的一生，都与他所处的社会有着千丝万缕的联系，既离不开前人所创造的物质财富和精神文明而独自生存，也不能摆脱社会环境的羁绊如天马行空。一个人的学术道路和学术思想总是不可避免地印着他所处时代的烙印。我们这一代人处在新旧交替的改革年代，我们的学术研究无论在内容上还是在深度上都难以避免地带有这个时代的特殊性和局限性。就个人而言，我是在农村长大的孩子，骨子里有着吃苦耐劳的精神，从不吝惜自己的体力和智力，但是学术上的每一个成就，一方面离不开部队的锤炼、老师的教诲、领导的要求、同学同事的帮助、家人的支持，另一方面离不开改革开放的时代所提出的研究课题、所提

----

[1]《马克思恩格斯全集》（第 12 卷），人民出版社 1962 年版，第 734 页。

供的学术环境，以及研究空间供给的学术资源。加之我本人又是在工作与生活的夹缝中进行学术研究的，难以进行深入的思索和系统的考证。在个人的学术生涯中，我虽然奉行刑事一体化的思路，倡导理性地对待犯罪问题，力图多视角地研究犯罪及其对策，但仍未能把这些方面有机地结合为一个整体，所研究的成果也未必都是自己的理想之作。但它毕竟是时代的产物，是自我思考的成果。诚望《刑事法研究》能给后来的学者提供一些研究的线索和批判的笑料。

需要说明的是，为了反映研究的历史足迹，《刑事法研究》中收集的文章基本保留了发表时的原貌，只是为了减少重复，对个别文章作了删节。原文中引用的法律条文，也是以当时有效的法律为蓝本。由此给阅读带来的不便，敬请读者见谅。

张智辉

2019 年 9 月 12 日于北京广泉小区

目　录

犯罪学的基本问题

犯罪学（criminology）是通过对现实社会中犯罪现象的分析，探讨犯罪产生的原因和规律，进而寻求预防犯罪方略的学科。早期犯罪学侧重于分析犯罪原因（故称"狭义犯罪学"或犯罪原因学），而现代犯罪学则强调在分析犯罪原因的基础上探寻预防犯罪的措施（也称"广义犯罪学"）。犯罪学具有揭示犯罪规律、促进刑法科学化和刑事政策有效性、维护社会稳定的功能。

犯罪学主要是从实际存在的犯罪现象出发，研究犯罪发生的规律和原因，寻求预防犯罪的途径，属于事实科学。犯罪学研究中常用的方法主要有：（1）统计方法，即通过获取和分析有关犯罪情况的统计数据而得出研究结论的方法。（2）调查方法，即根据事先设计的提纲，选择一定时期的犯罪或一定类型的犯罪为对象，通过座谈、访问、档案分析等方式，获取资讯，进行研究的方法。（3）实验观察方法，即选择两组不同类型或不同种类的犯罪人作为测试对象，通过直接观察和记录被测试者的言行变化，分析判断其心理活动的方法。（4）抽样分析法，即根据研究的目的，从不同类型的犯罪人或不同种类的犯罪中抽出一定数量的个体作为资料，进行微观分析并从中得出具有普遍意义的研究结论的方法。这几种方法都需要以系统地思辨分析为基础。

一、犯罪学的基本范畴

犯罪学研究的基本范畴有：

1. 犯罪现象

犯罪现象是在一定时空中发生的被刑法定义为犯罪的各种事实的总括。犯罪现象包括犯罪状况即一定国家或社区在一定时间内犯罪的发生量及其比率、类型、危害程度、时空分布以及罪犯的构成状况；犯罪特点即犯罪现象所表现出来的犯罪或罪犯在某个或某些方面的特殊性或共同性；犯罪规律即在一定时空中带有普遍性的犯罪升降涨落的变化趋势以及犯罪主体趋向犯罪的运动过程。犯罪学研究是从犯罪现象开始的。对犯罪现象的客观、全面地了解把握，是犯罪学研究的一个必需的组成部分，也是得出犯罪学结论的前提。

2. 犯罪行为

犯罪行为是具有严重社会危害性因而应当受到制裁的客观外在的活动。犯罪行为通常包括犯罪的意图、表现形式和实施过程。犯罪行为是对犯罪进行实证研究和分类研究的基础。

3. 犯罪人

犯罪人是实施外显的犯罪行为的主体。犯罪人是犯罪学研究的核心要素，犯罪学正是通过对人为什么会犯罪、犯罪人与没有犯罪的人有什么不同的研究建立起自己的理论大厦。

4. 被害人

被害人是犯罪行为所侵害的对象或犯罪行为所侵害的社会关系的主体，因而也是犯罪结果的承受者。在犯罪意图的形成过程中和犯罪行为的实施过程中，犯罪人与被害人之间往往具有某种程度的互动关系。因此，分析犯罪现象，查找犯罪原因，设定预防措施，都需要对被害人及其被害原因和被害状况进行研究。

5. 犯罪原因

6. 犯罪预防

二、犯罪学的历史沿革

自犯罪产生以来，不论是西方还是东方，都有不少思想家探讨过犯罪产生的原因，论述过预防犯罪的思想。但是由于这些论述大多隐含于其哲学思想、政治思想或法学思想之中，并且是零散的、不系统的，因而没有形成一门独立的学科。

1. 刑事古典学派

18 世纪下半叶至 19 世纪上半叶，刑事古典学派在论证刑罚的合理性、有效性时，提出了一系列关于犯罪原因和犯罪预防的思想，孕育了作为一门学科的犯罪学。刑事古典学派的代表人物、意大利刑法学家贝卡利亚（Cesare Bonesana Beccaria，1738—1794）1764 年出版的《论犯罪与刑罚》一书，虽然是抨击当时的罪刑擅断、刑罚残酷，倡导罪刑法定、罪刑相适应和刑罚人道主义的刑法学著作，但是在该书中，他对犯罪原因进行了深邃的分析，并对犯罪预防给予了特别的关注。他在该书中提出了两个假设：人具有思考和控制命运的能力，除了精神病人之外，一个人只要达到一定年龄，都有认识和区分是非善恶的能力，所以犯罪是人根据自己的自由意志进行行为选择的结果；快乐和痛苦是一切有感觉的生物的动源，我们意志的一切活动永远是同作为意志源泉的感受印象的强度相对称的，促使我们追求安乐的力量类似重心力，它仅仅受限于它所遇到的阻力。他指出，无论谁一旦看到，打死一只鸡、杀死一个人或者伪造一份重要文件的行为同样适用死刑，他都将不再对这些罪行作任何区分，道德情感就这样遭到破坏。贝卡利亚认为，预防犯罪比惩罚犯罪更高明。他提出，要想预防犯罪，就要把法律制定得明确和通俗，并要通过国家权力来保卫这些法律，让人们畏惧法律而不是畏惧司法官员；要想预防犯罪，就要广泛传播知识，奖励美德，完善教育，把年轻的心灵引向道德，防止他们误入歧途。刑事古典学派的另一个代表人物费尔巴哈（A. Feuerbach，1775—1883）从"心理强制说"出发，论证了刑罚在预防犯罪中的作用。他认为，在选择行为时权衡利弊得失是人的本性，犯罪行为是人在得到精神、财产或肉体等方面的快感的诱惑与受到一定刑罚之痛苦的抑制中，前者占了上风的结果。一个人，当他权衡了利弊得失，感到由犯罪行为的实施所带来的痛苦大于从中得到的快感时，他就会放弃犯罪。与此同时，英国学者霍华德（John Howard，1726—1790）则通过他5次穿越整个欧洲，对300余所监狱所作的大规模的经验型调查，撰写并于1777年出版了《监狱状况》一书，用大量的数字和事实，为刑事古典学派的犯罪学说提供了佐证。此外，由于法国从1826年起定期公布犯罪统计数字，从而使运用16世纪以来逐渐形成的统计科学研究犯罪原因成为可能。法国学者盖里（A. M. Guerry，1802—1866）依据1825年至1830年间的统计资料对犯罪现象进行了统计学研究。盖里首先认识到犯罪行为的年龄分布特征，即在25岁至30岁之间形成高峰；财产犯罪随着工商业的发展而上升。他认为，犯罪的最重要原因是居民的道德败坏，而对付这种情况不能仅仅依靠上知识课，而是只能依靠在塑造性格意义上具有重要意义的道德教育。所有这些，都为犯罪学的诞生作了思想理论和方法论方面的准备。

2. 实证派犯罪学

在上述研究的基础上，龙勃罗梭及其学生菲利和加罗法洛，运用实证的研究方法，对犯罪原因进行了大量的专门性的研究，提出了一个比较完整的犯罪原因理论体系，并提出了关于预防犯罪的思想，从而使犯罪学成为一门独立的学科。

意大利医生龙勃罗梭（Cesare Lombroso, 1836—1909），运用人类学的研究方法，对犯罪人的身体特征进行了大量的实证性分析，并于 1876 年出版了《犯罪人论》一书，系统地提出了犯罪的人类学的遗传原因。他认为，犯罪人由于有着与生俱来的身体构造方面的某些特征（头盖骨异常，面部不平均，牙床及额骨过分阔大，眼部缺点及特殊，两耳特大或特小，乳头的额外生长，手臂特长，等等），必然会走上犯罪的道路。而这种奇特的生理现象，是由隔世遗传而来的野蛮人的返祖现象造成的，是人类祖先特质的原始定型的再现。这种再现，由于在现代文明社会里，失去了与这种原始特质相适应的自然环境，从而被认为是一种反社会的犯罪现象。龙勃罗梭的犯罪原因论一发表，就受到英国狱医戈林（Charles Buckman Goring, 1870—1919）等人的抨击。龙勃罗梭在其 1911 年出版的《犯罪及其原因和防治》一书中，对自己的观点作了一些修正，承认生物返祖现象不适用于所有罪犯。他把罪犯分为 5 类，即天生的罪犯，癫痫病罪犯，不可抑制的感情冲动的罪犯，精神错乱和智力低下的罪犯，偶发性罪犯。他认为，犯罪原因，除了隔世遗传外，还有病理关系、环境因素和心理因素等。

菲利（Enrico Ferri, 1856—1929）于 1883 年出版了《实证派犯罪学》、1884 年出版了《犯罪社会学》、1901 年出版了《罪行研究》等书，对犯罪产生的原因进行了系统的分析，并提出了一系列预防犯罪的社会措施。菲利虽然不否定关于犯罪原因的生物学解释，但是他强调从罪犯的身体及其生活的社会条件中去探究犯罪产生的真正原因，以便针对各种犯罪原因实行最有效的治疗方法。他提出了三元的犯罪原因说和"犯罪饱和法则"，即犯罪是生理的、自然的和社会的因素相互作用的结果。当社会孕育着的这些因素达到一定量时，就会产生相应数量的犯罪。如果社会发生重大变革，使之所孕育着的这些因素也发生变化时，犯罪就可能增多，出现"超饱和状态"。但是这种"超饱和状态"只是暂时的，社会迟早要恢复到饱和状态。菲利主张用科学的方法来对付犯罪，敦促社会把注意力放在预防犯罪而不是惩罚犯罪上。

加罗法洛（Baron Raffaele Garofalo，1852—1934）于1885年出版了《犯罪学》一书。他在龙勃罗梭"天生犯罪人"理论的基础上，运用实证和归纳的方法，反驳对实证派犯罪学的各种诘难，进一步论证了生理异常和心理异常对犯罪的作用。他认为，现存的经济秩序即社会财富分配不均"一般说来并非是犯罪的原因"，某些政治、社会或经济危机可能是犯罪的偶然原因，文化程度和教育，与犯罪的产生没有直接关系，对于自然犯而言，"唯一能够明确断言的事情就是存在着某些相貌特征，或者说是外部表情"，这使观察者极易据以区别杀人犯与盗窃犯。加罗法洛指出：在我看来，在非野蛮社会中，罪犯是一种非正常人，他因缺少某些情感和厌恶感而区别于大多数同时代的人和同胞，这种缺乏与精神能力方面的某种独特气质或缺陷，具有关联性。而这种缺乏，是否为器质性的或者说是否属于精神异常，总是具有某种生理基础。他把犯罪区分为自然犯和法定犯，并认为这两种犯罪有着不同的产生原因，应当对之采取不同的对策。对于自然犯，矫正主义理论是毫无效果的，这不仅因为"人为创造道德天性的不可能性"，而且因为累犯的统计数据不断地驳斥着矫正主义理论。因此他主张按照罪犯心理异常所导致的危险程度，或者说按照或多或少根深蒂固于罪犯身上的堕落程度以及很可能再次出现的堕落程度，社会对犯罪应当分别采取下列对策：（1）完全消除，剥夺罪犯与社会的一切往来；（2）部分消除，把罪犯与其不适宜的特殊环境隔离开；（3）强制赔偿罪犯的犯法行为产生的损害。实证派犯罪学由于其运用人类学的、观察实验的、调查统计等科学方法对活生生的、现实的犯罪人进行研究，因而有力地促进了犯罪学的发展，同时对整个刑事科学的发展产生了重大影响。但是随着对犯罪问题研究的深入，它在犯罪学中的地位很快被犯罪社会学所取代。

3. 犯罪社会学

比利时统计学者凯特莱（Adolphe Quetelet，1796—1874）从 1835 年起就把犯罪行为作为一种社会现象来研究。通过对法国每年公布的犯罪统计数据的分析，论证了犯罪产生的社会原因。他指出，"社会在它自己的范围内包含着未来各种犯罪的病菌。在一定程度上，社会为犯罪创造了条件，而罪犯只不过是实行犯罪的工具。因此，每一社会制度都预先准备好了作为它的体制的必然结果的犯罪的数量和选择"。当龙勃罗梭提出"天生犯罪人"的观点时，法国学者塔尔德（Gabriel Tarde，1843—1904）和迪尔凯姆（Emile Durkheim，1858—1917）首先对其进行了有力的批判，并从中为犯罪社会学理论奠定了基础。时任法国司法部刑事统计局局长的塔尔德，在其 1886 年出版的《比较犯罪研究》和 1890 年出版的《刑罚哲学》中，强调指出，犯罪实质上是一种社会现象，可以用一般的社会规律来加以说明。各种社会关系的变动以及各种社会因素对犯罪性质、犯罪行为方式、犯罪者的成分有着深刻的影响。这些社会因素包括：作为犯罪活动滋生地的城市的发展、工业化社会带来的更大的物质利益、司法制度的人道化等。他提出了一条基本规律，即"模仿规律"：社会之所以影响个人，是因为社会上的一切均是人与人之间的关系的产物，个人总是模仿其他人的行为。杜尔凯姆从社会学的角度研究犯罪原因，发现社会的都市化和工业化使社会关系发生很大变化，而这种社会变动造成了19世纪犯罪的迅速增加。杜尔凯姆在《论自杀》一书中系统地阐述了社会反常状态的概念。他认为，在一个人际互助和社会团结的社会里，犯罪现象极少发生，但是如果一个社会的凝聚力削弱，社会秩序的理想和准则失去意义，社会四分五裂和无秩序，欲望受到不断的刺激但从未得到满足，人们不再能够正确评价自己的处境时，犯罪就会迅速增加。

德国刑法学家李斯特（Franz von Liszt，1851—1919）在犯罪学领域试图调和犯罪人类学和犯罪社会学之间的矛盾。他在批判龙勃罗梭的天生犯罪人说和菲利的三元犯罪原因说的基础上，吸收了龙勃罗梭和菲利学说中的部分内容，同时吸收了法国犯罪社会学派的部分内容，提出了社会因素和个人因素的二元犯罪原因说。他指出，我们应当把犯罪一方面看成犯罪所处的社会和经济关系的产物，另一方面看成犯罪个人特点的产物，这些特点，部分是天生的，部分是人生发展途程中获得的。但是他强调"社会因素比个人因素具有无可比拟的重要性"。他在二元犯罪原因说的基础上提出了"应受惩罚的是行为者，而不是行为"的著名论断，主张刑罚的个别化，被认为是刑事政策学派的代表人物。20世纪30年代以后，犯罪社会学理论在美国十分活跃，出现了许多关于犯罪原因的社会学流派。

4. 社会主义犯罪学

当犯罪学还处在形成阶段时，马克思主义经典作家们就精辟地论证了资本主义社会犯罪产生的根本原因在于资本主义剥削制度本身，提出了"犯罪与现行的统治都产生于相同的条件"的著名论断。列宁领导的第一个社会主义国家出现以后，社会主义犯罪学逐渐在苏联以及东欧和亚洲一些社会主义国家诞生。社会主义犯罪学的共同特点是：运用马克思主义的辩证唯物主义和历史唯物主义的基本原理研究犯罪现象；把犯罪作为一种社会现象来研究；强调区分整个犯罪产生的原因和具体犯罪产生的原因、一定社会形态下犯罪产生的根本原因和非根本原因、决定犯罪产生的原因和促进犯罪产生的条件；重视对犯罪人的研究和对犯罪人实施犯罪行为的客观因素与主观因素及其相互作用的分析；重视对犯罪的分类研究；强调犯罪学研究的目的在于建立预防犯罪、消除犯罪的各种国家措施和社会措施体系。

5. 中国的犯罪学研究

中国犯罪学的研究是从翻译介绍西方犯罪学著作开始的。1922 年刘麟生翻译了龙勃罗梭的《犯罪人论》（原译名为《郎伯罗梭式犯罪学》），1927 年张廷建翻译了寺田精一的《犯罪心理学》，1929 年郑玑翻译了胜水淳行的《犯罪社会学》，1936 年许楼庭翻译了菲利的《实证派犯罪学》，1936 年查良翻译了齐林的《犯罪学与刑罚学》。在此基础上，一些学者开始研究中国社会的犯罪问题，并出版了一些犯罪学著作，如许鹏飞 1923 年出版的《犯罪学大纲》，李剑华 1932 年出版的《犯罪学》和 1935 年出版的《犯罪社会学》，鲍如为 1935 年出版的《犯罪学概论》等，都反映了当时中国犯罪学研究的状况。新中国成立以后，中国政府十分重视同犯罪现象作斗争。围绕着打击犯罪的活动，理论界运用马克思主义的立场、观点和方法，对犯罪现象、犯罪原因和犯罪对策进行了研究，特别是党的十一届三中全会以来，围绕着青少年犯罪问题，犯罪学研究有了长足的发展，出现了一批犯罪学著作和论文，逐渐形成了新中国的犯罪学体系。

三、犯罪原因

犯罪原因是指导致犯罪产生和影响犯罪变化的各种因素及其作用方式。犯罪原因既包括能够导致个体犯罪行为产生和实施的因素，也包括能够导致特定时空内整体犯罪现象存在和变化的因素。西方国家的犯罪学者往往把犯罪原因定义为能够引起犯罪发生的一切因素；社会主义国家的犯罪学者往往把犯罪原因界定为"决定"犯罪发生、存在和变化的因素，而把那些对犯罪的发生、存在和变化起"影响"作用的因素称为犯罪的条件。中国学者有时还把犯罪原因区分为"根源""原因""条件"和"相关因素"。

1. 犯罪的社会原因

犯罪的社会原因是指现实社会中存在的可能导致犯罪的各种社会性因素。对犯罪的社会原因，西方学者主要是从社会结构和社会化过程两个方面进行研究的。一些学者认为，社会是划分为不同层次的，不同层次的人享有的政治、经济和其他社会权利不同。社会分层结构的不合理，与该社会的犯罪有着密切的联系。从社会分层结构方面分析犯罪原因的有塞林（Thorsten Shellin）的文化冲突理论；沃尔德（George B. Vold）的群体冲突理论；昆尼（Richard Quinney）、特克（Austin Turk）等人的权力和利益冲突理论；默顿（Robert Merton）的紧张理论；科恩（Albert Cohen）、克罗沃德（Richard Cloward）、奥林（Lloyd Ohlin）等人的亚文化理论；以及肖（Clifford R. Shaw）、马凯（Henry Mckay）和思拉舍（Frederick Thrasher）等人的社会生态学理论。一些学者则认为，社会的存在和发展本身是一种动态的进化过程。在社会化过程中，个人与社会心理之间有一种互动关系。这种互动关系使社会各个阶层、各个行业和各个地区的人都有可能实施犯罪行为。从社会化过程方面分析犯罪原因的有：萨瑟兰（Edwin Sutherland）的社会学习理论；赫希（Travis Hirschi）的社会控制理论；莱默特（E. M. Lemert）、贝克（H. S. Becker）等人的标签理论等。此外，美国学者威斯（Joseph Weis）、埃利奥特（Delbert Elliot）、桑伯瑞（Terence Thornberry）等人提出的整合理论，在当代西方犯罪学中具有很大的影响。该理论认为，社会控制理论和社会结构理论假定的各种因素对犯罪都有影响，影响犯罪的各种因素是相互作用的，并且犯罪作为结果，其本身与这些因素也是相互作用的。紧张感、社会化程度不足以及生活在一个解体的社区等因素，会导致青少年缺乏正常的制约，而制约程度的削弱和紧张感将驱使他们去寻找具有同样心态的青少年犯罪团伙进行交往，并且逐步地依附于这些犯罪团伙。与犯罪团伙的交往，会强化其消极态度，同时又可以为他们提供行为模式，逐渐使其走上犯罪的道路。

中国学者通常从经济因素、政治因素、文化因素、社区因素和家庭因素等方面来分析犯罪的社会原因，认为多种经济成分的并存为经济犯罪留下了空隙，经济管理体制和管理方式的变化引起了人们之间的利益冲突，经济制度的不完善和管理体制上的弊端以及分配制度中的不合理为犯罪提供了温床或条件，生产力发展的水平和经济发展的不平衡状态对犯罪的产生及其形式具有广泛的影响；阶级状况、政治制度和法律制度对犯罪具有直接的影响和制约，国际上敌对势力的渗透和破坏对犯罪具有制约和影响作用；文化变迁中的内容冲突、文化传播中的不协调性、生活方式的差异性，以及亚文化的存在，都可能导致犯罪的产生或影响犯罪的形态；街道环境、村落环境、市镇环境、学校环境及其管理状况，对犯罪行为的发生能够产生一定的影响；家庭结构方面的缺陷、家庭教育方面的薄弱环节、家庭关系的紧张状态和家庭成员中的不良行为，对犯罪具有直接的影响。

2. 犯罪的个体原因

犯罪的个体原因是指犯罪行为的实施者本身所具有的导致犯罪发生的特征。对犯罪的个体原因，主要是从生物学和心理学两个方面进行研究的。

自从龙勃罗梭对犯罪人的身体进行研究，并与其他人的身体情形进行比较，得出犯罪与身体异常有关的结论以来，西方国家一些学者对犯罪人的生物属性进行了研究，试图解释个体犯罪的生理原因。从生物学方面研究犯罪原因的有：克雷奇默（Ernst Kretschmer）、谢尔顿（William Sheldon）等人的体形说，即认为体形与犯罪之间具有一定的联系，瘦高型的人易犯盗窃罪和诈骗罪，运动员型的人实施暴力犯罪、性犯罪行为的特别多，矮胖型的人犯罪可能性较小且再犯的比例较低，不和谐、不正常体型的人易实施性犯罪；达格代尔（Richard Dugdale）、郎格（Johanes Lange）等人的遗传说，即认为遗传因素在犯罪行为产生过程中起着重要作用，多数犯罪人具有来自父辈或祖辈的遗传缺陷；沙尔（Sleem A. Shah）、罗斯（Loren H. Roth）、杜里奥（di Tullio）等人的内分泌异常说，即认为犯罪产生的原因正是由于内分泌不平衡的结果，内分泌腺的兴奋性、反社会的冲动性和行为的侵犯性三者之间存在着密切的联系；罗滨（Robin）、尤德尔（Lorne Yaudall）等人的脑功能阻碍说，即认为由脑损伤、脑发育不全引起的脑功能阻碍，与某些类型的犯罪发生着密切的联系等。

从心理学方面研究犯罪原因的有：施奈德（Kurt Schneider）、弗雷（FreyErwin）、戈达德（Henry H. Goddard）、沃克雷松（Vaucresson）等人的心理病理说，即认为心理疾病所引起的心理变态、低能、精神官能症等，是一种心理情况不稳定的失常性格的病态表现，容易导致犯罪和重新犯罪；约克尔森（Samuel Yochelson）、萨姆诺（Staton Samenow）、木切利（Mucchielli）、拉加什（Lagache）等人的心理分析说，即认为所有犯罪行为都是个人在成长过程中个人精神状况演化的结果等。

中国学者通常从主观意识包括价值观、道德观方面和心理要素如性格、气质、智力、需要等方面分析犯罪的个体原因，认为犯罪行为人个体所具有的反社会的思想意识如价值观错误、道德感缺乏、法制观念淡漠等，是犯罪的主观原因；犯罪人的需要脱离社会现实、低级需要占主导地位、精神需要空虚等容易推动犯罪的发生；生活态度消极轻率、行动缺乏自我调节和控制、情绪波动大、对事物的认识和态度偏狭而固执等性格特征，以及不同的气质类型和智力技能，影响着行为的方向、强度和性质。

3. 犯罪的环境原因

法国早期犯罪学者凯特莱、盖里、拉加桑（Lacassagne）等人曾对犯罪与季节变化、生态环境的关系进行过研究。拉加桑于 1882 年出版的《城市犯罪与乡村犯罪之比较》一书中，指出城市与乡村不论是在犯罪的数量上还是在犯罪的类型上都存在着明显的差别。盖里则提出了"犯罪热定律"，认为气候炎热的地区与气候寒冷的地区犯罪的多少和类型不同，同一地区夏季与冬季的犯罪数量和类型也不同。20 世纪 60 年代以后，美国一些学者也对犯罪与地理环境特别是犯罪与城市建筑结构之间的关系进行了许多研究，形成了犯罪地理学、犯罪生态学、犯罪地形学。中国犯罪学者从 20 世纪 80 年代起，也有人研究犯罪与时间、地理等自然环境的关系，并认为时间变化所引起的季节变化、不同时间段内人们活动方式的变化，以及城市、农村、城乡接合部的不同特点、内部结构和地理环境，都对不同类型犯罪的发生具有影响。

在研究犯罪原因时，中国犯罪学者普遍认为，犯罪现象的发生是多种因素综合作用的结果，因而强调各种因素在犯罪发生过程中的相互作用，而不是只强调某一种或几种因素与犯罪之间的联系。

四、犯罪预防

犯罪预防是指为了防止和减少犯罪的发生而采取的各种消除犯罪原因、减少犯罪机会、威慑和矫正犯罪人的措施及其运作机制。西方犯罪学是从犯罪原因的研究开始，逐渐发展到对犯罪预防的研究。社会主义犯罪学始终把犯罪预防作为犯罪学研究的目的，并且强调把犯罪原因与犯罪预防结合起来进行研究。

1. 法律预防理论

法律预防理论是犯罪预防史上最古老的预防理论。强调刑罚对犯罪者的威慑功能和对犯罪的预防作用，主张刑罚适用的必然性、及时性和与犯罪危害程度的相应性。面对累犯现象的持续增多，学者们主张加强和改革刑事立法和刑事司法，提高刑罚的效力。法国犯罪学者雷奥多（Leaute）、斯蒂法尼（Stefani）等人强调运用法律所规定的或允许的刑事法律措施、惩治措施以及刑后措施，加强对犯罪分子的特殊预防，以防止累犯。美国犯罪学者则强调加重刑罚与减轻刑罚并用，通过重惩严重犯罪，威慑潜在的犯罪分子使其不敢以身试法，长期剥夺严重犯罪分子的自由甚至生命使其丧失再犯罪的能力；对一些轻微犯罪则应施以各种非监禁甚至非刑事的惩罚措施，以避免监禁或刑事处罚的"标签"作用和监禁的各种副作用。

2. 心理治疗理论

把犯罪看作心理变态或心理功能失调的结果的犯罪学者，主张通过治疗已犯罪者和表现出犯罪倾向者的各种心理疾病来防止他们犯罪或继续犯罪。以皮拉泰尔（J. Pinatel）为代表的一些法国犯罪学者认为，对被判剥夺自由刑或其他惩罚措施的人，应当进行单独的感化治疗，采取各种医疗的和医疗—教育性措施以及组合心理疗法，以改良其反应和动机。有的甚至主张根据遗传学理论对犯罪者的人身进行预防，如提倡优生法，限制或禁止带有不良基因的夫妇生育，对某些特别危险的罪犯施行绝育手术等。

3. 打防并重理论

英国内政部根据学者们的研究提出了打击与预防并重的预防理论，主张对暴力犯罪应当集中打击，对财产犯罪应当注重社区预防，强调社区公民预防犯罪的责任感。其具体措施有：对暴力犯罪、强奸犯罪和恐怖行为，判处重刑；减少财产犯罪的最高法定刑；赋予法院根据犯罪的严重程度决定是否在监狱内服刑的权力；限定保释的条件；强令青少年犯的父母保证其子女的宵禁和不重新犯罪；推行"安全城市"计划；等等。

4. 社会预防理论

社会预防理论是世界各国犯罪社会学派共同倡导的预防理论，其核心是着眼于消除导致犯罪发生的各种社会因素。其中最有影响的是法国学者安赛尔（Marc Ancel）所倡导的"新社会防卫理论"。这种理论认为，犯罪预防工作首先要针对犯罪的社会环境进行，要将重点放在社会环境的治理上。其中包括：对父母、学校教师进行预防犯罪教育；对不适应社会生活的青少年进行重点治理；开展丰富多彩的娱乐活动；加强职业培训教育；改善住宅条件；成立专门的犯罪预防组织等。美国犯罪学者昆尼等人则认为，只有彻底改变美国现行的社会经济、政治结构，才能改变美国的犯罪状况。

5. 综合预防理论

以 1984 年《联邦综合犯罪防止法案》的通过为标志，综合预防理论在美国犯罪学界占据了主导地位。综合预防理论强调预防手段的多样性及其相互之间的衔接与配合。综合预防的模式由三个层次构成：第一层次的预防是改善和控制有利于犯罪发生的环境和机会的一般性措施，如通过环境设计造成由地区性、监视、外形和环境组成的"防卫空间"，通过邻里合作加强对本地区的控制，通过大众宣传媒介通报有关犯罪和预防犯罪情况的信息并教育公民同犯罪作斗争，通过法律的威慑作用预防潜在的犯罪分子和一般公众实施犯罪行为。第二层次的预防是通过鉴别潜在的犯罪者和犯罪环境，有针对性地进行预防，如在犯罪高发地区进行社区预防，对有轻微犯罪行为的青少年用非刑事处罚的处理方式代替刑事处罚，发展和保护学生的自尊心，避免将问题儿童推向青少年犯罪亚文化群等。第三层次的预防是通过预防已经犯罪的人重新犯罪来减少犯罪的数量，如通过刑罚的特别威慑作用预防被判刑的罪犯再次犯罪，通过剥夺罪犯的犯罪能力预防他们重新犯罪，通过矫正治疗减少累犯率等。

6. 综合治理理论

中国预防犯罪的基本理论是综合治理理论。1979 年 6 月

《关于提请全党重视解决青少年违法犯罪问题的报告》中提出，1981 年 5 月中央政法委员会召开的五大城市治安座谈会纪要确立，1991 年 3 月 2 日第七届全国人民代表大会常务委员会第十八次会议通过的《关于加强社会治安综合治理的决定》将其纳入法治化的轨道。综合治理理论是基于犯罪是多种因素综合作用的结果，因而对犯罪的预防也应当综合运用各种手段的原理提出。其基本含义是：在各级党委和政府的统一领导下，动员和组织全社会的力量，运用政治的、法律的、行政的、经济的、文化的、教育的等多种手段，打防结合，标本兼治，对违法犯罪问题进行综合整治，从根本上预防和减少违法犯罪，维护社会秩序，保障社会稳定。综合治理理论强调：在预防犯罪的组织实施上，各级党委和政府要按照"条块结合、以块为主"的原则在思想政策、组织协调和具体工作上对综合治理实行统一领导，并设立专门的领导机构具体组织实施，以保证各部门、各单位、各方面各负其责，齐抓共管、积极参与；在预防犯罪的措施体系上，"打击"，即通过侦查、起诉、审判、执行刑罚等活动依法惩治犯罪，"防范"，即通过人民调解、治安保卫、治安联防等群防群治工作防止犯罪发生，"管理"，即通过指导政府的行政管理和治安管理活动堵塞漏洞和强化社会控制减少犯罪机遇，"建设"，即通过建设完善的社会制度和法律制度减少和消除各种社会弊端，"教育"，即通过各种教育形式加强政治思想教育和法制教育，"改造"，即通过劳动改造机关加强对犯罪人的教育改造以防止其再犯罪，这 6 个环节要统筹兼顾、并驾齐驱，充分发挥其合力。综合治理理论在中国预防和减少犯罪、改善社会治安状况方面发挥了显著的作用。

此外，一些学者还从社会预防、心理预防、治安预防、刑罚预防、被害预防等方面提出了许多具体的犯罪预防措施，包括对不同类型犯罪的不同预防措施。中国学者在犯罪预防的研究中，重视各种预防措施的综合运用，强调标本兼治、重在治本的原则和专门机关与人民群众相结合的原则。

（原载《中国大百科全书·法学卷》，
中国大百科全书出版社 2009 年版）

被害者学的基本问题[*]

被害者学，亦称被害人学，是研究被害现象、被害人和被害原因、被害补偿和预防的科学。

一、被害者学概述

被害者学是 20 世纪 50 年代以来逐渐形成的一门新学科。18 世纪以来，一些刑法学者如毕达巴尔、费尔巴哈等人就开始在他们的著作中论及犯罪的被害人。但是，18 世纪的古典犯罪学者们，由于他们把犯罪理解为罪犯在自由意志的支配下对于道德规范和法律制度的侵犯，所以他们重视的是如何通过刑法的制定和适用来抑制犯罪人为恶的意志。19 世纪的实证犯罪学者们，在古典犯罪学的基础上前进了一大步，强调犯罪是犯罪人格异常的表现，或者是劣种遗传的结果，因而注重罪犯的改过自新。20 世纪以来，一些犯罪学者开始重视犯罪过程中成为罪犯的加害人与成为牺牲品的被害人之间的互动关系，发表了一些研究成果。例如德国犯罪学家汉斯·冯·亨梯（1887—

---

* 本文在甘肃人民出版社 1995 年版《犯罪学大辞书》部分词条基础上编辑而成。标题为新加。

1974）于 1925 年与费林斯合著的《近亲相奸研究》、1941 年发表的论文《论犯罪者与被害者的相互关系》；美国犯罪学家萨瑟兰于 1937 年出版的《职业盗窃》和《犯罪学原理》等，都对犯罪的被害者给予了一定的关注和研究。以色列律师门德尔松于 1947 年在罗马尼亚精神病学学会上发表的题为"被害者学—生物、心理、社会学的一门新学科"的著名讲演，首次明确提出了"被害者学"的概念。但是一般认为，亨梯于 1948 年在美国耶鲁大学出版社出版的《犯罪者及其被害者》一书、沃瑟姆于 1949 年在美国出版的《炫耀暴力》一书、门德尔松于 1956 年发表在《国际犯罪学与警察技术评论》第 10 期上的《生物—心理—社会科学的新领域：被害者学》一文，以及亨利·艾连伯格于 1954 年发表的《犯罪者与被害者之间的心理学关系》一文，标志着被害者学作为一门新兴学科的正式诞生。这些论著从生物学、心理学、社会学的角度，对犯罪的受害者进行了多侧面的、深入具体的科学分析，提出了较为系统的理论学说。此后，被害者学受到了越来越多的人的重视和研究，特别是 1963 年新西兰通过的刑事损害补偿法以及英国、加拿大、瑞典等国和美国一些州相继通过的类似法律，更推动了被害者学的研究。1966 年 8 月在加拿大蒙特利尔举行的第五届国际犯罪学会议上，被害者学被列为议题之一。1973 年 9 月在耶路撒冷举行了有 30 多个国家约 200 名代表参加的第一届国际被害者学研究会，对"被害者学""犯罪被害者""犯罪者与被害者的关系"等论题的概念进行了广泛的讨论，并就社会对犯罪被害人的态度问题进行了有益的探讨。1975 年 7月，埃米尼·C. 维安诺在巴拉圭主持举办了"国际被害者学讲习班"，讨论了被害者学研究的各种方法以及被害人的待遇及其在刑事司法中的地位。1976 年 9 月在美国波士顿举行的第二届国际被害者学研究会上，集中讨论了被害者学的比较研究问题。1979 年 9 月在联邦德国明斯特举行的第三届国际被害者学研究会，不仅就被害者学的研究范围等问题展开了热烈的讨论，而且在会上成立了国际被害者学协会，从而使被害者学的研究进入了一个新的发展阶段。

关于被害者学的研究，主要涉及以下几个方面的问题：

1. 学科性质

20 世纪 50 年代以来，关于被害者学的学科性质问题，一直存在着争论，亨梯等人认为，被害者学是犯罪学的一个分支学科。这种观点得到了多数学者们的支持。尽管以前的犯罪学很少研究被害者，但是现代犯罪学已经注意到了作为促成犯罪发生之要素的犯罪者与被害者之间的人际关系，已经把对被害者的研究纳入了自己的视野，而且被害者学的每一研究成果都在深化着犯罪学的研究，拓宽着犯罪学的研究领域。被害者学的研究是从对犯罪的受害者的研究开始的，是围绕着犯罪者与被害者的互动关系展开的，也是为更有效地预防犯罪服务的。所以，被害者学只能是犯罪学的一个分支学科，只能归属于犯罪学领域。与这种观点相联系，有些学者如波兰的布鲁诺·霍尼斯特等认为，被害者学是刑事科学中的一个分支学科。它与其他刑事科学存在着诸多联系，属于刑事科学的范畴，并不是犯罪学的分支学科，而是与犯罪学并行的一门学科。因为犯罪学在本质上是以犯罪人为研究中心的，它即使研究被害人，也只是作为引起犯罪的一个因素来评价的。而被害者学在本质上是以犯罪的受害者为研究中心的，它要从生物的、心理的、社会的各个方面对被害者展开全面的研究，并以预测、发现和消除成为被害者之前的危险状态为目的，这是现代犯罪学所无法替代的。并且，被害者学由于自己研究范围的拓展而更具特色，以至已经取得了独立学科的地位。但是也有一些学者如门德尔松、艾连伯格等认为，应当给被害者学一个独立学科的地位，而不能将其视为犯罪学或刑事科学中的一个分支学科。他们认为，被害者学是关于被害者的科学，而被害者这一概念本身就包括了所有的被害者而不仅仅是某一类被害者，对被害者学要想得出准确的结论，就不能囿于研究孤立的细节或者某个割裂开来的片面，而应当付出必要的努力去研究和理解它的整个综合体。犯罪学只是研究被害者中的一个具体类型，即犯罪的受害者，以所有的被害者作为研究对象的被害者学不可能成为犯罪学的一个分支学科。犯罪学和被害者学，虽然具有共同的研究领域（犯罪被害者），但是这一领域必然出现从两个不同角度进行的研究，即犯罪学将自己局限于被害者与犯罪者关系的研究，而被害者学却存在对各类不同的被害者进行全面综合的分析。门德尔松甚至指责 1973 年和 1976 年的国际被害者学研究会的组织者们只邀请了犯罪学家们参加，而忽略了技术师、工程师、心理学家、精神病学家等其他学科的专家，以致交通事故、职业事故、环境影响等类型的被害现象没有得到应有的重视和研究。有鉴于对被害者学学科性质的不同认识，学者们把被害者学分为广义被害者学和犯罪被害者学或刑事被害者学。

2. 研究范围

随着对被害者学学科性质的不同理解，在被害者学的研究范围上也存在着争论。主张狭义被害者学的学者如施奈德等人认为，被害者学只限于对在刑法规定的犯罪实施过程中受到侵害的人的研究或者刑事领域的被害者的研究，如犯罪行为体系中的被害者、犯罪发生和控制过程中的被害者、刑事司法活动中的被害者。主张广义被害者学的学者如 M. Y. 里费等人则认为，被害者学的研究范围不应当局限于刑事司法系统之内，而应当广泛地研究在既存社会、自然、生物物理和技术等关系中大量存在的被害现象，其范围应当包括：①生物生理被害人，即因其生理特性如种族特征、生理障碍、反应迟钝、精神分裂等而招致不公正待遇的人；②自然环境被害人，即来自其所处的自然环境如洪水、地震、龙卷风、山崩、火山爆发等自然灾害及各种"不可抗力"的侵袭而遭受损害的人；③临界环境被害人，即因周围环境中人的力量而造成的不幸，如空气污染、水污染、噪音污染、土壤污染、化学制品中毒等的被害人；④社会环境被害人，即由于社会的政治、经济、文化等系统内的某种因素而遭受不幸后果的人；⑤技术环境被害人，即因各种类型的机械运动和电子控制的运动而遭受不幸，如交通事故、工业事故、计算机运算错误、电话窃听装置等的人。此外，也有人如布鲁诺·霍尼斯特等把被害者学的研究范围分为三个领域：个体被害人、团体被害人和社会被害人，对这三类被害人的专门研究，可以分别构成个体被害者学、团体被害者学和社会被害者学。

3. 研究方法

被害者学研究的基本方法是个案研究法和被害调查法。目前使用最多的是被害调查法，即在对被害现象的各个要素进行广泛调查的基础上，运用心理学、生理学和社会学的基本原理进行分析，以寻找自己的答案。犯罪被害者学以犯罪者与被害者的互动关系为理论基础，将犯罪（成为犯罪者）与被害（成为被害者）置于社会互动过程之中进行考察，寻找它们之间相互联系的规律。在被害者学的研究中，被害调查是最基础的环节和最大量的工作。被害调查既包括对被害者生活方式、个性特征和行为特征的调查，也包括对犯罪过程、结果及其对被害者心理和生活的影响的调查；既包括对已经发生的被害现象的调查，也包括对潜在的被害危险的调查；既包括对显现的被害事件的调查，也包括对隐匿的被害事件的调查；既包括对各类不同被害人的调查，也包括对公众的普遍调查。被害调查的结果应当与犯罪调查的结果联系起来进行综合分析。不过，也有学者如菲什勒等人认为，个案研究法和被害调查法的盛行，使被害者学在整体上具有经验主义和假定性的倾向，从而束缚了被害者学的理论发展。他们认为，被害者学应当吸收社会学、经济学、政治学等学科在研究个人行为和团体行为方面的理论和方法，丰富自己的研究，克服单纯依靠被害调查法和个案分析法的缺陷。

4. 基本功能

被害者学具有四个方面的功能：①预防功能。被害者学对被害原因和过程及其在这个过程中被害人与加害人相互关系的研究，能够唤起人们洞察突然袭击的警觉，能够教会人们防止遭受犯罪之害或减轻受害程度的方法。被害者学的研究，从被害者的角度揭示了犯罪发生的某些原因，从而为更全面地制定犯罪预防方案提供了资料。防止被害的措施，实际上也是减少犯罪机遇的措施，这本身又是预防犯罪的一个方面。②刑法功能。刑法对罪犯的惩罚是基于其犯罪的严重程度和责任大小而相应施予的。犯罪的严重程度和犯罪者对结果的责任大小，不仅取决于实施犯罪行为者本人，而且在一定程度上也与被害者的行为有关。被害者学的研究，为正确确定犯罪者的刑事责任、保障刑罚的正义性，提供了不可缺少的考虑因素。③诉讼功能。被害者学关于被害者与犯罪者互动关系的研究成果，不仅可以直接运用于侦查犯罪的过程，而且对于确立被害者在刑事诉讼中的法律地位、保障被害人要求恢复原状和补偿损失的合法权益奠定了理论基础。④补偿功能。被害者学通过对被害程度和补偿途径的研究，可以帮助人们正确认识犯罪的危害后果，为有效地补偿犯罪对被害人及其家庭带来的损失寻求最佳的途径，为制定必要而合理的补偿制度提供了理论依据。

5. 被害与犯罪的关系

被害与犯罪是犯罪过程中相互对立而又相互联系的两个方面。被害的过程是被害人的合法权益遭受犯罪行为之侵害的过程；犯罪的过程则是侵害他人合法权益从而给社会造成危害的过程。凡是有犯罪存在的场合，就必定存在着被害；犯罪被害的存在，必然意味着犯罪行为的实施。没有犯罪，就没有犯罪之被害，没有被害，同样意味着没有犯罪之发生。在西方学者中，有些人认为存在着无被害人的犯罪，这类犯罪中没有任何主体受到侵害，不存在被害的情况；或者犯罪是经双方同意的行为，不存在想要控告犯罪的人；或者虽然旁观者认为是被害，但是当事人并不认为自己是直接被害人。他们举例说，赌博、吸毒等就是无被害人的犯罪。其实，在这类犯罪中，并不是没有被害事实发生，并不是没有被害人，只是受到侵害的不是某个具体个人罢了。这类犯罪与其他任何犯罪一样，在本质上都是一种具有社会危害性的行为，它所侵害的是社会公认的道德意识和法律秩序，在这类犯罪中受到伤害的是社会心理和社会利益。被害与犯罪相互依存、不可分割的联系是由犯罪的本质决定的。因为犯罪在本质上始终是危害社会的行为。一种行为之所以被立法者规定为犯罪，就是因为这种行为在立法者看来具有严重的社会危害性以至必须动用刑罚来禁止；如果某种行为在客观上不具有社会危害性，那就不会被立法者规定为犯罪而列入禁止之列。社会危害性总是通过一定的合法权益遭受侵害的事实表现出来，犯罪的社会危害性正是表现在犯罪总是给某种受法律保护的合法权益造成侵害。被害与犯罪之间的这种联系，在实践中又是通过成为罪犯的加害人与遭受侵害的被害人之间的互动关系表现出来的。在犯罪过程中，遭受侵害的被害人总是处在与实施犯罪行为的加害人相互对立的地位。被害人的言谈举止总是对加害人的犯罪心理和行为产生不同性质、不同程度的影响。有的可能强化犯罪心理，诱发犯罪意图，加重犯罪力度；有的则可能淡化犯罪心理，抑制或消除犯罪冲动，减弱犯罪力度。犯罪人的行为对被害人的心理和行为，也同样会产生不同性质、不同程度的影响，或使被害人恐惧而不敢或放弃反抗；或使被害人被迫接受犯罪人的要求，听任犯罪人的摆布；或使被害人在不知不觉中进入犯罪人设下的陷阱；或者激起被害人的愤恨，引起被害人更强烈的反抗。并且，在犯罪过程中，被害人与犯罪人任何一方的行为又会反作用于对方，使犯罪与被害的过程因对立双方的不同反应形式而呈现出各种不同的样态。正是由于被害与犯罪的相互依存、被害人与犯罪人的相互作用，使犯罪学在研究犯罪现象时不得不注意到被害现象，在研究犯罪人的同时不得不触及犯罪的被害人，在寻找预防犯罪的途径时不得不思考如何通过预防被害来预防犯罪。重视犯罪与被害之间的联系并探讨其规律，不仅促进了犯罪学的发展，而且直接导致了犯罪被害者学的诞生和发展。

二、被害现象

被害现象是被害事实的总和及其在与其他现象相互联系中表现出来的外部形态。在犯罪被害者学的研究中，被害现象主要是指由犯罪行为造成的，合法权益受到侵犯的事实及其表现形态。犯罪被害现象是与犯罪现象紧密相连的一种社会现象，它的产生和变化以特定社会特定时期的犯罪现象为转移。犯罪被害现象发生的频率、被害程度的大小、被害现象的变化趋势，都受制于该社会该时期的犯罪状况。当现实社会中犯罪发生率低、恶性犯罪少的时候，被害现象自然会减少；犯罪形势严峻时，被害现象就会明显增多。当特定时期内经济犯罪活动猖獗时，被害现象亦多表现为公民个人、法人或国家的财产权利和经济秩序遭受损害；当特定时期内侵犯人身权利的犯罪增多时，被害现象的性质亦多表现为对公民人身权利的侵犯。被害现象对社会生活的影响以被害主体的承受能力为转移。被害现象虽然是犯罪对社会造成危害结果的表现形式，但是被害现象在现实社会中的不利影响的程度，并不仅仅取决于犯罪本身的危害程度，它同时也受制于社会自身的承受能力。当社会本身处于动荡之中的时候，犯罪所引起的被害现象就会引起普遍的恐惧感和不安全感，从而严重影响社会的安宁；当社会处于安定平稳的发展态势之中时，犯罪所引起的被害现象就会被安宁的社会环境所淡化。对一个百万富翁来说，遭受数千元的损失，也许无关痛痒，但是对一个全部家产不足万元的居民来说，遭受同样大小的损失将会引起痛不欲生的煎熬。对于被害现象，既可以从整体上进行宏观研究，以揭示其在一定社会发生、变化的规律性及其与其他社会现象之间的一般联系，也可以从各个具体的被害现象入手，进行微观的定量分析和定性分析，分门别类地加以研究，以揭示每一或不同类型的被害现象发生的具体原因，了解现实社会中被害现象的真实状况。对被害现象的研究考察，对被害现象发生、变化及其原因的深刻认识，是确立和完善被害预防体系，寻求有效的预防措施的重要前提和基本依据。对被害现象的研究，对被害现象产生原因的分析，也可以从一定侧面揭示犯罪的原因和规律，为完善犯罪预防体系奠定基础和提供依据。

1. 被害过程

被害人遭受侵害的经过。犯罪被害人遭受犯罪之害的过程，实际上也正是犯罪人实施犯罪行为的过程。在这个过程中，被害人与犯罪人总是处在相互对立、相互作用之中。被害人的言谈、举止，被害人的反抗、求援，以及被害人所处的特定环境，都必然对犯罪人在实施犯罪的过程即加害过程中的心理活动、行为方式选择、加害程度等发生不同程度的影响，或者诱导或中断加害过程，或者激励或抑制加害行动，或者加速或延缓加害进程，或者加重或减轻加害程度，从而决定和制约着被害的整个过程，决定和制约着被害的范围和程度。因此，仔细地、大量地分析被害过程，可以更深入地了解被害人与加害人之间的互动关系，可以发现被害人自身的哪些特征以及外界环境中的哪些因素，容易导致被害和容易加重被害程度，哪些因素和活动能够阻止或中断被害过或者能够减轻被害程度。对被害过程的考察，是被害者学研究的基本途径。

2. 被害特征

被害特征是被害现象在客观外界的相互联系中表现出来的特殊性。被害特征，既可以指被害现象的特征，也可以指被害主体的特征。前者是把被害现象作为一个整体，在与其他社会现象的相互联系和比较中表现出来的特殊性。这种特殊性主要有：①一定的合法权益受到了侵害。在任何被害现象中，总是存在着某种合法权益遭受侵害的事实或者可能受害的危险。没有对合法权益的侵害，就没有被害现象。②所受侵害并非出自被害人的意愿。合法权益所受侵害，是在公然违反受害人意愿的情况下发生的，或者是在不知不觉中发生的，即使有时可能是在受害人直接参与下发生的，但从心理上看，实际受到的侵害总是违背被害人真实意志的。③被害结果是由被害人之外的力量造成的。没有被害人之外的力量的作用而发生的损害，不能称之为被害现象。在犯罪被害现象中，被害结果总是他人的犯罪行为造成的，总是可以全部或部分地归责于犯罪人；如果不能归责于犯罪人，就不能称之为犯罪被害现象。当被害特征用来指代被害主体特征时，它是指在被害现象中成为被害主体的人与没有受害的人相比较或者这一类型的被害人与那一类型的被害人相比较，所表现出来的特殊性（前者称为被害人的一般特征，后者称为被害人的类型特征）。被害者学的研究表明，被害人特征一般表现在性格特征、外表特征、活动特征、处事特征等方面。在不同类型的被害人中，这些方面特征的具体表现往往不尽相同。此外，被害特征用来指被害人特征时，并不存在于每一被害场合，不是每一个被害人都必然具备的特征，而是在被害现象中可能存在的或者说在同类被害事件或被害人中出现频率较高的特征。并且，被害人的这些特征本身并不意味着对或错，它只有在与犯罪人的着意追求的偶尔结合中才导致自己受到侵害。被害特征有时也用来指被害性，即被害人容易受到侵害的内在倾向性。

3. 被害率

被害率是特定对象在一定时空内遭受侵害的数量与该类对象总数之间的比率。犯罪被害率可以是一定时期内，一个国家、一个地区或者一个单位全体成员中遭受犯罪侵害的人数与该范围内全体成员总数之间的比率；也可以是一定时间内，人们出入某一地域时遭受犯罪侵害的次数与出入该地域的总次数之间的比率；还可以是一定时间内人们从事某项活动时遭受犯罪侵害的次数与从事该项活动的总次数之间的比率；可以是某一类型的人（如相同年龄段的人、相同职业的人等）在一定时间内遭受犯罪侵害的次数与该类人总数之间的比率；也可以是某一方面的权益在不同时期遭受犯罪侵害的次数之间的比率。被害率反映的是在设定范围内被害发生的频率。通过被害率的测量和比较，可以发现容易被害的人身特征和活动特征，容易发生被害事件的地域、场所或境况，以及系列活动中容易出现被害现象的环节。例如，以被害人为对象，测量和比较不同单位、不同职业、不同年龄的被害率，可以发现被害率高的单位、职业或年龄段以及这些单位、职业或年龄段的特点；以被害次数为对象，测量和比较不同地域的被害率，可以发现被害高发区；以被害客体为对象，测量和比较各类客体的被害率，可以发现同一时期不同性质的客体受害的实际情况和被害的类型特征；等等。被害率的测量和比较，为分析被害原因和趋势、寻找被害预防的措施，提供了重要的实证资料。被害率的测量，可以通过多种方法进行。由国家有关机关以司法机关正式确认的犯罪事实中记录的被害要素为依据统计出来的被害率，称为官方的被害率。这种被害率虽然可以在一定程度上反映被害的状况，但是这种被害数据是很不完整的。在这种被害率中，未被发现和证实的犯罪被害现象往往被遗漏，并且遗漏的程度随着破案率的升降而不断变化。因此，学者们为了获取更接近于实际状况的被害率，常常借助于其他调查方法来发现和测量被害暗数，以补充官方统计的被害率之不足。例如，通过受刑人来调查被害情况，即由受刑人（加害人）来申报他的受害者及其情况；通过被害人来调查被害情况，即利用特定范围内普查的方式来了解被害数量及有关情况。但是，这种非官方的被害调查，特别是通过自我申报的方式进行的被害调查，又容易把一些非真正的犯罪被害情况统计在犯罪被害的有关数据之内。被害调查和被害率的可靠程度，在很大程度上取决于调查范围内调查对象的完整性和真实性。如果在特定范围内进行调查时应查对象中遗漏甚多，或者调查对象没有如实提供调查内容，那就可能严重影响调查结果，使测定的被害率大大低于或高于实际的被害状况。因此，运用被害率分析和预测被害状况时，应当重视其可靠程度，注意与其他调整数据一起作综合分析。

三、被害构成

被害构成是能够反映被害现象的基本特征并且在每一具体的被害过程中都必然存在的事实要素的总和。在现实社会生活中，每一个具体的被害现象，都离不开受到侵害的客体、承受这种不利后果的主体以及侵害发生的事实；而被害客体、被害主体和被害事件的有机结合，总是完整地反映了谁在哪里受到了什么样的侵害，从而表明被害现象的存在及其特征。人们认识、考察被害现象，也总是离不开对被害客体、被害主体和被害事件的了解。这些都表明，构成被害现象的基本要素，是被害客体、被害主体和被害事件。被害客体、被害主体和被害事件的有机结合，就是被害构成。在被害构成中，被害客体反映着被害的社会性质和遭受损害的实际内容，说明何种合法权益受到了侵害以及受到何种程度的侵害；被害主体反映着承受侵害的社会活动主体及其特性，说明何人的合法权益受到了侵害，谁在实际上承受着被害现象中的不利后果；被害事件反映着遭受被害的经过和事实，说明被害主体是在何种情况下受到侵害的，被害客体所受到的损害是通过何种形式表现出来的。被害客体、被害主体和被害事件的有机结合，完整地说明了标志被害现象存在的各个方面，而缺少其中任何一个要素，都难以完整地说明被害现象的存在。所以说，这三个要素中的任何一个，都是被害构成所不可缺少的。不同时具备这三个方面的要素，就不构成被害现象。在任何被害现象中，都必然涉及被害的程度问题。对一定客体造成的损害，或者说一定主体所遭受的损害，总是一定程度的损害。但是被害程度所表明的，是各个具体被害现象之间的差异，而不是被害现象存在与否的问题。因此，它虽然也存在于每一具体的被害现象中，但不表示被害现象质的规定性，不反映被害现象的特征，所以不能视为被害构成的要素。被害现象总是由一定的致害因素造成的，没有致害因素，就不可能出现被害的事实。但是致害因素是产生被害现象的外部作用力，而不是被害现象本身，因此也不能视为被害构成的要素，尽管它在分析被害现象产生的原因时是必不可少的。

1. 被害客体

被害客体是指受国家法律所保护而为加害行为所侵害的合法权益及其所体现的社会关系。被害客体始终是通过被害主体所遭受的侵害表现出来的，而这种侵害在实质上总是对被害主体所享有的某种合法权利的侵犯或者某种合法利益的损害。在以人为对象的犯罪中，被害主体并非一定遭受肉体上的伤害，他的人身权利或民主权利，不论是在肉体受到伤害、生命被剥夺的场合还是在肉体没有受到丝毫损伤的场合，都必定受到了侵犯；在以物为对象的犯罪中，物体本身可能遭到损坏或灭失，也可能完好无损，但是物体所代表的所有权关系、物质本身所包含的经济利益，却必定受到侵犯。因此，被害客体作为受到犯罪行为侵害的合法权益，存在于每一犯罪被害现象中，并且不以其具体载体是否遭到破坏为转移。这一特点，使被害客体能够作为被害构成的一个要素存在于每一具体的被害现象中。被害客体反映了被害主体所受侵害的社会性质和实际内容，因而是认识被害现象的重要方面。被害客体作为一种合法权益，总是代表着某种受到法律保护的社会关系。而社会关系本身是不能独立存在的。它总是需要借助于一定的物质载体才能表现出来。在现实生活中，被害客体总是通过人在肉体上或精神上所遭受的一定伤害，或者一定物体的转移、灭失或损坏，或者人在社会生产和社会生活中的某项活动所受到的破坏和干扰等表现出来的。因此，人体、物品以及人的活动，往往构成被害客体的载体。被害客体在犯罪过程中所遭受到的侵害，通过受犯罪行为直接作用的人体、物品或人的活动在客观现实中表现出来，从而为人们所认识。离开了特定的载体，便很难认识被害客体。

在被害客体中，被害物品是一个值得关注的问题。所谓被害物品，是指能够体现一定的权益（社会关系）而在犯罪行为的实施过程中遭到损失的物体。被害物品首先是被犯罪行为直接破坏的物品。犯罪行为有时是通过对一定物品的占有而使他人的权利遭受侵犯或利益遭受损失的，但是被非法占有的物品本身往往未必遭到损坏。在这种场合，被非法占有的物品虽然是被害客体的物质载体，但是由于它本身并没有遭到损坏，所以不能称之为被害物品。只有当物品本身的使用价值由于犯罪行为的侵害而丧失或减小或者其存在形式被改变时，它才能称为被害物品。其次，被害物品本身必须是能够体现一定权益的物体。不能体现一定权益的物体，即使受到破坏，也不意味着一定主体的权益受到侵害，因而不能表明被害事实的存在。被害物品的性质和价值，可以反映出被害主体所受侵害的内容和严重程度。对被害物品的考察，不仅有助于认识被害的内容，而且可以发现管理、使用和保存被害物品过程中存在的漏洞和薄弱环节，为预防被害提供科学的和经验的依据。

2. 被害主体

被害主体是指其合法权益实际受到侵害的实体。在犯罪被害现象中，被害主体必须是自己所享有的合法权益受到犯罪行为侵害的实体。其合法权益没有实际受到犯罪行为的直接侵害者，不能称为被害主体。受犯罪侵害的权益还必须是主体依照法律可以合法享有的权益。通过非法方式取得某种利益或者占有某些物品的实体，当这些利益或物品受到犯罪行为的侵害时，不能作为被害主体来请求赔偿，只有原来合法享有该权益的实体才能视为被害主体。被害主体在多数情况下都是因他人的犯罪行为而对其造成损害的有生命实体的自然人；在经济犯罪中也可以包括遭受犯罪之害的法人组织；在某些犯罪中，被害主体实际上是国家。在犯罪被害现象中，被害主体并不完全是消极被动地承受犯罪之害的主体，它与犯罪主体往往处于相互作用之中。从这个意义上讲，被害主体与被害人同义。被害主体与被害人虽然实际上是同一实体，但是不同的称谓使用于不同的场合。被害人通常用于分析被害与加害的过程的场合，被害主体往往用于分析各个被害事实的场合；使用"被害人"一词时，往往侧重于强调承受犯罪之害的实体的特性、心理和行为及其对犯罪人的影响；使用"被害主体"一词时，往往侧重于强调被害者的受害事实和求偿资格。被害主体是构成被害事实的基本要素。没有实际受到侵害的实体，被害事实就无从谈起。在对被害事实进行处理时，法律往往规定，只有被害主体才有资格请求赔偿；不具有被害主体的资格，不能请求被害赔偿。但是在某些情况下，由于被害主体已经被剥夺了生命从而丧失了亲自主张权利的能力，被害主体的求偿权利往往由其法定代理人或法定继承人行使和享受。

3. 被害事件

被害事件是被害主体受害的客观情况。在广义上，被害事件包括了一切不依人的意志为转移的客观存在的被害事实（如自然灾害、意外事故造成被害的情况）和一切人为造成的被害事实（如技术事故、侵权行为和犯罪行为等造成被害的情况）。在犯罪被害者学中，被害事件往往是在狭义上（或者说是在特定意义上）使用的，它是指各个被害主体遭受犯罪行为的侵害的客观事实。因此，被害事件实际上是犯罪事件的同义语，是从受害者的角度认识的犯罪事实。被害事件的内容主要包括被害发生的时间、地点和经过，被害客体的载体，被害的范围和程度（被害结果）等。被害事件真实地记载着每一个具体的被害现象的存在状况，说明什么人在什么时间、什么地方受到了什么样的侵害，因而是被害构成中不可缺少的要素。被害事件与被害主体、被害客体都是被害构成的独立要素，这三个要素有机地结合在一起，便构成一个具体真实的被害现象。有时为了研究被害现象的需要，也将被害事件发生的原因和条件以及被害过程中加害人与被害人的活动情况纳入被害事实之中，作为被害事件的调查项目。

四、被害人

被害人亦称被害者，是加害人的对称。该词来自拉丁文victima，原意指宗教礼仪上对神的祭品，也指因外力而遭受损害或承受不利后果者。现代多在第二意义上使用。在广义上，被害人可以用来指一切因他人的行为、自然现象、意外事故、战争、滥用公共权力等外界因素而遭受痛苦或死亡的个人、蒙受损失或承受不利后果的法人和各种社会团体，以及遭到破坏或干扰的道德秩序、法律秩序乃至国际秩序。广义的被害人通常包括生物生理被害人——因其生理特征而招致不公正待遇者；自然环境被害人——因自然灾害等不可抗力而遭受损害者；临界环境被害人——因周围环境中人为的因素如空气污染、水污染等而遭受损害者；社会环境被害人——因社会政治、经济、文化等系统内的因素而遭受不幸后果者；技术环境被害人——因各种机械运动和电子控制运动而遭受不幸者。狭义的被害人主要是犯罪被害人，即因他人的犯罪行为而使其合法权益受到直接侵害的自然人、法人和国家。不论是在广义上还是在狭义上，"victima"一词，都可能包括遭受损害的个体、团体和社会，因而被害者的称谓比被害人的称谓更为确切。被害人因其遭受不幸的事实而受到人们的同情，特别是无辜的被害人，更容易受到人们的普遍同情和关心。同时，被害人由于所遭受的痛苦和损失，亦需要社会各方面的帮助和救济。在现代，对被害人的精神安慰和物质帮助，受到许多国家的重视，甚至一些国家已经把帮助和救济被害人的举措上升为法律规范。在刑事法律中，确认和尊重被害人的法律地位，保障被害人的正当权益，更具有重要的意义。

1. 被害人的人格化与非人格化

被害人的人格化是被害人非人格化的对称，即把被害人当人看待。由于在犯罪过程中，犯罪人往往通过把被害人非人格化来文饰自己的罪恶感，如果被害人能通过自己的言行与犯罪人进行心理沟通，唤起犯罪人作为人的感情，使犯罪人把被害人当人看待，就可能打破或抵消犯罪人文饰其罪恶感的心理防线。设法使犯罪人把被害人人格化，正是针对犯罪人把被害人非人格化而提出的预防被害的一种技巧。例如，在强奸犯罪中，被害妇女如果能成功地让犯罪人承认她是与犯罪人的母亲或姊妹一样的人，就可能消除强奸犯罪人的性欲冲动或减弱其使用暴力的力度；在恐怖活动和劫持人质的犯罪中，被害人如果能与犯罪人进行情感交流，使其意识到被害人也同自己一样是有血有肉有感情的普通人，就可能免受犯罪之害。但是在个别犯罪中，被害人人格化则可能正是犯罪的原因。由于犯罪人把被害人视为与自己一样的人，所以才决意要与之一决雌雄而加害于被害人，或者正是基于对被害人作为人的性爱而在欲爱不能时加害于对方。不过在这种场合，被害人本来就是实实在在的人，无须进行"人格化"过程，也无须用"人格化"来表现这种犯罪心理。所以，被害人人格化只有在犯罪人把被害人非人格化的场合才有实际意义。

被害人的非人格化是不把被害人视为人。是被害人人格化的对称，犯罪人在犯罪过程中使用的一种心理文饰技巧。犯罪人在准备和实施犯罪的过程中，为了在心理上说明自己确信其犯罪行为的合理性，防止产生对犯罪的罪恶感和对被害人的怜悯心，消除犯罪后的罪恶感，而将被害人视为非人，进而否认或抹杀其与自己同属一类的人的性质。在强奸犯罪中，犯罪人常把被害妇女非人格化。其表现为不把被害妇女看作人，而只是将其当作一个客体，一个满足其性欲望的工具，或者当作满足其更深层的潜在需要和欲望的象征，或者认为被害妇女本身是自甘堕落、喜欢淫荡的女人。如果强奸犯把被害妇女当作与自己的母亲、姊妹一样的人，那么，强奸行为就很可能停止在未遂状态，或者事后对被害人流露出某种情感反应。在杀人犯罪中，犯罪人有时把被害人视为发泄愤恨的工具而不当作有血有肉的生命体，特别是在恐怖活动中，恐怖分子为了抚慰自己的良心，使自己对被害人所遭受的痛苦视而不见，常常把具体的被害人当作一种与政府或政敌交易的物品，一个达到其力求实现的目标的工具。对于恐怖分子来说，被害人仅仅是一些无名无姓无价值的人，仅仅是残忍无情的权力斗争中的抵押品。即使纳粹分子在利用国家权力对犹太人实行灭绝种族的大屠杀时，也极力否定犹太人作为人的性质。他们把犹太人视为仅仅长有人的外貌而在智力和感情上都比动物还低级的"劣种人"，认为犹太人具有极度的天生的贪婪、冷酷的破坏本能、极度的吝啬等本性，"他们不再属于人类"，"他们已变成除了觅食之外什么都不会的动物"。这种把被害人非人化的心理文饰技巧，是犯罪分子消除其对自己的犯罪行为的罪恶感和罪责感的主要方式。在犯罪行为的准备和实施过程中，如果能及时唤醒犯罪人作为人的感情，使其把被害人视为与自己同类的人，就可能适时制止犯罪或减轻犯罪的危害。

2. 被害心理与被害意识

被害心理是被害人在被害过程中的内心活动，以及通过这种心理活动所反映出来的个性心理特征。被害过程，既是被害人的某些特点和行为与加害人的某些特点和行为相互作用、相互引导的过程，也是被害人的心理与加害人的心理相互撞击的过程。在这个过程中，被害人已有的个性心理特征通过自己的装束、举止、言谈而表现出一定的外部特点，这种特点引起加害人与被害人的接触。在这种接触中，被害人又通过自己的认识过程感知加害人的行为及其进一步的心理谋求，并且通过自己的个性心理特征支配下的情绪反应影响加害人的心理和行为。当加害行为实际降临的时候，被害人又根据自己对加害人以及即将降临的加害事实的认识并依靠自己的个性心理作出选择，采取某种积极的或消极的意志行动来避免或减轻被害。被害人在被害过程中表现出来的这种认识过程、情绪反应和意志选择，以及支配这些活动的个性心理特征之总和，便是被害心理。在被害心理从发生、发展到完成的过程中，被害人往往并不是一开始就认识到被害可能的存在，而是在与加害人的接触过程中逐渐认识到的，或者是在被害事实实际降临到自己身上之后才认识到被害的，有的甚至是在被害事实发生了一定时间之后才认识到被害的。因此，被害心理就其对被害可能和被害事实的认识而言，往往是不自觉的心理活动，是从被害人不包含被害内容的心理到在自己与加害人的心理互动中逐渐认识到被害的心理发展的过程。被害人在这个过程中表现出来的某些特点，往往是其被害性的重要方面。研究被害心理，对于分析被害人的被害性、被害人与加害人的互动关系、被害后心理，具有重要的意义。被害心理，也是分析被害规律，寻找被害预防方案的重要基础。

被害意识是被害人自觉地思考被害可能或被害事件的心理活动。被害意识有两种类型：一种是没有实际遭受犯罪的侵害而自觉地想到被害的可能性；另一种是在实际遭受犯罪侵害之后不断地回忆被害经过，自觉地思考被害给自己造成的损害。前一种被害意识，既可能存在于曾经遭受过犯罪之害的人的心理活动中，也可能存在于从未遭受到犯罪侵害的人的心理活动中。后一种被害意识，只存在于已经遭受到犯罪侵害的人的心理活动中，因而有时也称为被害后心理。前一种被害意识是自觉地寻求保护措施，积极预防被害发生，特别是在面临被害可能的境况下主动摆脱和消除被害危险、尽力减轻被害程度的心理基础，是被害者学试图唤起人们培养的一种心理。而后一种被害意识则是被害后遗症的一种表现，是被害事件刻在被害人心理上的一种烙印，是被害人在遭受犯罪侵害之后将被害经历积淀内化而在心理上显现出的不适状态。如强奸犯罪的被害人在遭受强暴之后出现的对异性的恐惧感和憎恶心理，在人际交往中的自卑感；暴力犯罪被害人在遭受暴力之后出现的暴力幻想症和恐怖感；盗窃犯罪被害人在财物被害之后出现的对个人财物的过分保护和戒备心理等，都是在被害之后经常回忆被害事件的痛处、不断加重被害事件在心理上留下的烙印的结果，是被害意识的一种不正常表现。具有后一种被害意识的人，应当通过积极的心理矫正，消除被害恐惧感，养成积极预防的被害意识。

3. 被拐卖妇女儿童的特征

在拐卖妇女儿童犯罪中成为被拐卖对象的人所表现出来的容易导致受害的某些特点。拐卖妇女儿童的犯罪是以出卖为目的，拐骗、收买、贩卖、接送、中转妇女、儿童的行为。这类犯罪的突出特点和基本前提是采用欺骗、利诱、威胁等手段，使妇女儿童脱离家庭或监护人而置于犯罪分子的控制之下。犯罪分子用以拐骗妇女儿童的手段，并不是在每个妇女儿童身上都能得逞的，它只对那些具有一定特点的人才能奏效。从实践中看，易于受这类犯罪分子拐卖的妇女，往往具有下列特点之一：①向往舒适的生活。一些生活在贫困地区的农村妇女为了摆脱贫困的生活和艰苦的劳动，一些好逸恶劳的妇女为了过不劳而获的奢侈生活，希望移居生活条件好的地区或者嫁给富裕的男子，因而一遇机会便向往富贵。犯罪分子正是利用这些妇女的这一特点，编造谎言，以介绍对象、帮助迁徙或逃往国外、提供无偿旅游等借口诱骗其脱离家庭而随犯罪分子出走，一旦置于犯罪分子的控制之下，便被贩卖给他人。有的犯罪分子则装扮成"大款"、富商，以招聘女秘书、谈恋爱等为诱饵，骗取一些年轻妇女的信任或好感，进而将其骗至异地而出卖。②贪图钱财。一些犯罪分子利用某些妇女贪财的心理，以唾手可得的利润甚至高额利润为诱饵邀请其合伙外出做生意，或假意与其成交，或帮助其介绍高薪职业，或冒充华侨、外商认领亲属等手段，诱骗具有贪图钱财心理的妇女脱离家庭而处于受其控制的境况之下，以致被其出卖。③易于轻信别人。有些妇女易于相信别人但又缺乏辨别真伪的能力，对于他人编造的具有明显漏洞的谎言和显然不合情理的事实，往往信以为真，以致轻易接受邀请，随同别人一同外出而导致自己被拐卖。具有上述特点的妇女，往往是拐卖妇女的犯罪分子着意寻找的对象。具有上述特点的妇女特别是同时具有上述三个特点的妇女，一旦受到犯罪分子的诱骗，就很容易听信其谎言而成为拐卖妇女罪中的被害人。被拐卖的儿童，包括不满 14 岁的学龄儿童、不满 6 岁的学龄前幼儿和不满 1 岁的婴儿。幼儿和婴儿通常都是在家长或幼儿园老师的看护、带领下到室外活动的。他们的被拐卖，常常与看护、带领他们的家长、老师或保姆的不慎、被骗有关。幼儿和婴儿自身很难说具有什么特点，因为他们本来就缺乏辨别能力和独立活动能力。学龄儿童由于其本身经常脱离家长和老师而进行室外活动，因而他们之被拐卖，往往与家长和老师没有不可分割的联系，而与他们自己的某些特点有关。这些特点，除了缺乏辨别能力之外，主要是儿童在不认识对方的情况下乐于实施下列行为之一：被邀请而作向导同行；因谈话而成为好朋友；听到对方说给糖果、玩具等喜爱的东西而接受或一同去买；听到对方邀请到某处去玩而一同前往；听到对方要送自己回家而接受送路或坐对方的汽车、自行车等。有这类行为的儿童，容易成为被拐卖的对象。

五、被害规律

1. 被害高发年龄

被害高发年龄是指与其他年龄段中的被害率相比，被害率较高的年龄段。犯罪的被害人是由不同年龄的被害人构成的。如果按照年龄大小把人分成若干年龄段（如以 10 年为一个段，相邻 10 年中出生的人为同一年龄段的人），那么，在不同年龄的人口总数中，成为被害人的人所占比例是不相同的。有些年龄段的人受害率高一些，有些年龄段的人受害率则低一些；有些年龄段的人在所有犯罪中受害率都比较高；有些年龄段的人则只在某些犯罪中受害率较高。这种情况，往往在一定程度上反映了被害率高的年龄段的人中普遍存在的某些容易受害的特点，所以对预防被害具有意义。一些实证性研究表明，在强奸犯罪中，16岁至25岁的妇女几乎占强奸犯罪被害人总数的60%。这与强奸犯罪以满足性欲为目的的特点有关，也与这个年龄段的人年轻漂亮、未婚而乐于接触异性、好动而缺少保护等特点有关。在杀人犯罪中，21岁至40岁的人占杀人犯罪被害人总数的45%。这与这个年龄段的人更多地处于人际交往的各种复杂的矛盾冲突之中、好感情用事等特点有关。也有学者认为，60岁以上的老年人是被害高发年龄，因为老年人由于对年老以后的生活怀着强烈的不安和顾虑而容易被人算计，由于积累了一定的财富而容易引起犯罪人对其财物的觊觎之心，由于年老体衰、记忆力减退、行动迟缓和反抗无力而容易成为犯罪的被害人。在农村，老年人更容易成为虐待罪、遗弃罪、抢劫罪、盗窃罪甚至杀人罪的被害人。

2. 被害高发区

与其他空间内发生的被害事件的频率相比较更容易发生被害事件的区间。被害事件的发生，不仅是由加害人与被害人之间的人际关系决定的，而且与被害发生时的特定空间内的地理位置、地理环境、人口密度等自然因素有着密切的关系。因为犯罪人实施犯罪，往往需要借助一定的外界条件；犯罪人为了逃避刑事制裁，也往往选择便于逃离犯罪现场、便于消除犯罪痕迹、不易被人发现的自然环境和地理位置。犯罪所侵害的对象，一旦在犯罪人选择的空间内出现，便很容易招致被害的发生。所以，一些便于犯罪实施而又不易被发现的空间，往往是被害高发区。一些实证性研究表明，行人稀少的偏僻地段；如僻街静巷、公园后山、林荫深处、荒郊野外等，往往是强奸、抢劫、流氓活动等犯罪的多发区；喧嚣繁华的商业区、游人接踵的旅游集中区、人多拥挤的公共交通场所等空间，往往是扒窃犯罪的多发区；新建住宅区、独立家室等空间，往往是入室盗窃等犯罪的多发区；大城市的中心购物区、交通枢纽区、港口和车站附近的娱乐区等空间，往往各类犯罪的发生率都比较高。犯罪的高发区同时也意味着被害的高发区。在这类区域内出现的人，特别是恰巧在被害高发时间内出现在被害高发区的人，就很容易成为相应犯罪的被害人。研究被害高发区的目的，在于有针对性地采取预防措施，如个人避免在无保护的情况下进入被害高发区，不得不进入被害高发区时应格外小心；警察等公共安全部门和公共管理机关应在被害高发区域内较多地部署力量，增设防护设施，改善城市规划，尽可能地减少被害高发区的存在或防止在这类区域里发生的犯罪。

3. 被害高发时间

与其他时间内发生被害的频率相比较更容易发生被害事件的时间。犯罪人往往选择最有利、最方便的时间实施犯罪，所以一定的时间便成为犯罪的高发时间，这个时间同时也是被害的高发时间。以年为参照系，在不同季度、不同月份中，被害事件发生的频率是不同的；以日为参照系，在同一天中不同时间里被害事件发生的次数也是不同的。研究表明，冬季、冬春和秋冬相交的月份，是财产犯罪的高发时间，因为在这些月份里，白天时间短，夜晚时间长，盗窃犯罪有更多的不易被发现的作案时间；人们穿着较多，抢劫犯罪分子携带凶器不易被发觉。而在夏季、春夏和夏秋相交的月份，抢劫、盗窃犯罪相对减少，性犯罪特别是强奸犯罪相对增多，因为在这些月份里，人们衣着单薄，室外活动时间长，女性可能引起的性刺激机会较多；天气炎热、草木丛生，犯罪分子实施性犯罪条件方便。

某些实证性研究表明，6月份、7月份、8月份，强奸、流氓犯罪的发生率是一年中最高的，遭到这类犯罪侵害的人次也是最多的。在同一天的不同时间内，被害发生的频率也呈现出规律性的变化。例如发生在夜间的被害事件通常多于白天，夏季夜晚9时至10时往往是强奸犯罪和抢劫犯罪的高发时间，夏季凌晨2时至3时、冬季凌晨4时至5时往往是入室盗窃犯罪的高发时间，因为在这些时间内，光线的可见度差、人们处于休息状态、社会控制机能相对削弱等特点，为犯罪分子实施犯罪提供了易于隐蔽、易于得逞和易于逃脱的机会。而公共交通工具上发生的被盗事件，其高发时间则是上班前和下班后以及午饭时间，因为在这些时间内，公共交通工具上往往人员拥挤、人们上班或回家心切、反扒力量尚未上岗或已经下岗，扒窃犯罪分子易于得手。被害高发时间与被害高发区相交叉，往往是被害事件发生最多的场合，处于这类场合的人，受害的危险程度亦相应最高，因而是被害预防的重点。不过，对于某些犯罪来说，在时间上并没有明显的区别，由这类犯罪引起的被害事件也无高发时间可言，例如杀人、诈骗、贪污等犯罪的被害现象。

六、被害与犯罪的关系

被害与犯罪是犯罪过程中相互对立而又相互联系的两个方面。被害的过程是被害人的合法权益遭受犯罪行为之侵害的过程；犯罪的过程则是侵害他人合法权益从而给社会造成危害的过程。凡是有犯罪存在的场合，就必定存在着被害；犯罪被害的存在，必然意味着犯罪行为的实施。没有犯罪，就没有犯罪之被害，没有被害，同样意味着没有犯罪之发生。在西方学者中，有些人认为存在着无被害人的犯罪，这类犯罪中没有任何主体受到侵害，不存在被害的情况；或者犯罪是经双方同意的行为，不存在想要控告犯罪的人；或者虽然旁观者认为是被害，但是当事人并不认为自己是直接被害人。他们举例说，赌博、吸毒等就是无被害人的犯罪。其实，在这类犯罪中，并不是没有被害事实发生，并不是没有被害人，只是受到侵害的不是某个具体个人罢了。这类犯罪与其他任何犯罪一样，在本质上都是一种具有社会危害性的行为，它所侵害的是社会公认的道德意识和法律秩序，在这类犯罪中受到伤害的是社会心理和社会利益。被害与犯罪相互依存、不可分割的联系是由犯罪的本质决定的。因为犯罪在本质上始终是危害社会的行为。一种行为之所以被立法者规定为犯罪，就是因为这种行为在立法者看来具有严重的社会危害性以至必须动用刑罚来禁止；如果某种行为在客观上不具有社会危害性，那就不会被立法者规定为犯罪而列入禁止之列。社会危害性总是通过一定的合法权益遭受侵害的事实表现出来，犯罪的社会危害性正是表现在犯罪总是给某种受法律保护的合法权益造成侵害。被害与犯罪之间的这种联系，在实践中又是通过成为罪犯的加害人与遭受侵害的被害人之间的互动关系表现出来的。在犯罪过程中，遭受侵害的被害人总是处在与实施犯罪行为的加害人相互对立的地位。被害人的言谈举止总是对加害人的犯罪心理和行为产生不同性质、不同程度的影响。有的可能强化犯罪心理，诱发犯罪意图，加重犯罪力度；有的则可能淡化犯罪心理，抑制或消除犯罪冲动，减弱犯罪力度。犯罪人的行为对被害人的心理和行为，也同样会产生不同性质、不同程度的影响，或使被害人恐惧而不敢或放弃反抗；或使被害人被迫接受犯罪人的要求，听任犯罪人的摆布；或使被害人在不知不觉中进入犯罪人设下的陷阱；或者激起被害人的愤恨，引起被害人更强烈的反抗。并且，在犯罪过程中，被害人与犯罪人任何一方的行为又会反作用于对方，使犯罪与被害的过程因对立双方的不同反应形式而呈现出各种不同的样态。正是由于被害与犯罪的相互依存、被害人与犯罪人的相互作用，使犯罪学在研究犯罪现象时不得不注意到被害现象，在研究犯罪人的同时不得不触及犯罪的被害人，在寻找预防犯罪的途径时不得不思考如何通过预防被害来预防犯罪。重视犯罪与被害之间的联系并探讨其规律，不仅促进了犯罪学的发展，而且直接导致了犯罪被害者学的诞生和发展。

被害事件的发生，必然引起被害的责任问题。被害责任是指由于自己的行为诱发、导致或造成了被害事件而应当对之承担的责任。对被害事件的发生应当承担责任的，首先是加害人。加害人的行为直接造成了被害事件，是被害发生的直接原因和主要原因甚至是全部原因；被害人所遭受的损害是加害人的行为直接作用的结果。所以，不论在道义上还是在法律上，加害人都必须承担被害责任。在犯罪被害事件中，加害人作为犯罪人，其应当承担的被害责任通常是以其承担刑事责任的方式表现出来的。除了加害人应当对被害事件承担责任外，在某些被害事件中，被害人的行为往往也对被害事件的发生起了一定的诱发、引导作用，或者加重了自己受害的程度。在这种场合，被害人对于被害事件也应当承担相应的责任。例如，有的被害人在实施违法行为或违反公共道德的行为中遭到对方当事人的反击而成为被害人，其违法行为或违反公共道德的行为对于被害事件的发生就起了重要的先导作用，因而对由此引起的被害，被害人自己就负有很大的责任。有的被害人由于自己违反交通规则而成为交通事故的受害人；有的被害人在与加害人的矛盾纠纷中故意挑衅、恶语伤害对方而激化矛盾，致使自己受到伤害；有的被害人在被害之前缺乏必要的戒备心而使自己有意无意地陷入被害危险境地；有的被害人贪图小便宜或不义之财而轻易受骗；等等，这类被害人对于自己所遭受到的侵害，应当负有一定的责任。在犯罪被害者学的研究中，学者们根据被害人对被害事件的发生有无责任，把被害人分为无责性被害人和有责性被害人，并根据被害人应当承担的责任与加害人应当承担的责任的比较，把有责性被害人分为有责性小的被害人、与加害人同责的被害人和有责性大的被害人。对被害责任的研究和区分，不仅有助于全面认识被害原因，制订被害预防方案，而且有利于合理处理被害事件，正确解决被害人与加害人之间的矛盾。在刑事诉讼中，正确区分被害责任，也是判定犯罪人应负的刑事责任程度和决定适用刑罚的重要依据。

犯罪形成的一般原理*

预防犯罪，首先要了解犯罪。只有深入研究犯罪形成的过程，全面认识犯罪产生的原因，把握犯罪活动的规律，才能进一步研究预防犯罪的对策，才能谈得上理性地对待犯罪。

一、犯罪的形成过程

在犯罪学的历史发展中，犯罪原因受到了学者们的足够重视，然而犯罪形成的过程却遭到了令人难以理解的忽视，因而对犯罪原因的诸多论述，总是使人无法认识各种原因是如何发生作用、促使犯罪产生的，也很难运用自己的感性知识来检验各种犯罪原因论的正确程度。因此，犯罪学应当竭力摆脱孤立的、静止的方法研究犯罪原因的桎梏，从犯罪的动态和发展中系统地考察犯罪形成的过程，在犯罪的形成过程中，认识犯罪产生的原因，寻找抑制犯罪的力量。

犯罪不论是作为一种社会现象，还是作为一个法律现象，都是指人的一种行为，这种行为包含着严重危害社会、应受刑

---

* 本文由"社会、个人与犯罪""蓄谋性犯罪""突发性犯罪"三章合成，标题为新加。

罚处罚的社会内容。因此，犯罪形成过程，实质上也就是人类行为的产生过程，是人的某一种包含着特定社会内容的行为的产生过程。

关于人的行为形成过程，曾经有过各种不同的解释，有人把这些解释归纳为四种：（1）短缺论：强调生理和心理上的需要，把行为解释为从欲求到满足的过程，避而不谈社会对行为所起的重要作用。（2）机械论：单纯用生物学观点解释行为，认为行为就是由刺激到反应，忽视了社会的和心理的因素。（3）函数论：用函数关系表示行为与个体和社会环境的相互作用，强调环境的自变和个体的相对恒定，漏掉了生理、心理因素对行为的作用。（4）多因论：认为人的行为是社会的、心理的和生物的诸多因素相互作用的结果，把人的行为解释为两个发展阶段，即自然交往阶段（纯生理行为），婴儿脱离母体后所呈现出的一系列条件反射，这是基于人的生理需要而本能的对外交往行为；社会交往阶段（社会行为），这是自幼儿时起，在人有了意识能力之后进行的正常社会行为。犯罪行为是社会行为的一种，是在社会行为的基础上发展起来的反社会行为。

上述几种解释，虽然都不同程度地反映了人的行为形成过程中的各种因素，特别是多因论试图全面解释行为产生过程中的各种因素，但是并没有说明行为形成的具体过程。即使是多因论，仅仅指出行为形成过程中的各种因素，而不具体说明各种因素是如何相互作用的，仍然不能使人完整地了解犯罪产生的一般过程，因而也就不能具体认识各种因素在产生犯罪中的作用，无法采取有针对性的预防措施。

为了考察犯罪形成的一般过程，我们详细分析了现实生活中存在的各类刑事案件。结论告诉我们，任何一个犯罪的形成，尽管经历的时间长短不同，但都要经过以下几个环节。

（一）社会生活与个体特质

犯罪是人的一种行为。离开了行为者的个体特质，就无法说明在同一社会生活中的人们，何以有的犯罪，有的不犯罪。但是，行为者的个体特质不是生来俱有的，更不是神灵的魔影，而是在社会生活的实践中产生的，是现实社会生活中的某些因素在人脑中的能动反映。人在社会生活中形成个体特质的决定性环节是个人生活经历中的自我感受。

俄罗斯生理学家谢切诺夫（1829—1905）说过："任何行为的最初原因永远在于外来的感觉兴奋，因为没有它，任何的思想都是不可能有的。"[1] 对人的外界影响，主要是社会生活的影响。

社会生活包括：①社会的物质生活，主要是指生活资料的生产方式和社会的物质生活方式。②社会的精神生活，包括人们的各种思想观点和人们在日常社会生活中所形成的各种社会心理。③社会政治生活，这是阶级社会所特有的一种社会生活内容，主要是指人们之间统治与被统治的关系。一定社会的物质生活、精神生活和政治生活是受该社会所处的历史发展阶段和民族特点制约的。

社会的物质生活、精神生活和政治生活，构成人类社会这样一个"经常发展中的活的机体"[2]。在社会有机体中，个人既是它的细胞，也是它的产物。正如马克思指出的："人是最名副其实的社会动物"，"是只有在社会中才能独立的动物"[3]。"'特殊的人格'的本质不是人的胡子、血液、抽象的

---

〔1〕《谢切诺夫选集》，人民卫生出版社 1957 年版，第 206 页。

〔2〕《列宁选集》第 1 卷，人民出版社 1976 年版，第 32 页。

〔3〕《马克思恩格斯全集》（第 12 卷），人民出版社 1962 年版，第 734 页。

肉体的本性，而是人的社会特质"[1]。

马克思在此所说的"人的社会特质"，主要是指使人之所以成为人的生产劳动、人类所特有的自觉的能动性，以及人在自身同外部世界的联系中追求自由的本性。这显然是就人类而言的，是社会生活中各个个人特质的本质的和高度的概括。人的这种社会特质，反映在具体的个人身上就形成了个体特质。

人的个体特质，主要是指个人的生活态度和个性。生活态度，是指个体对物质生活和精神生活的追求，对社会共同生活、对法律、道德等社会规范的态度，对劳动、学习的态度，对个人与社会的关系的看法等。生活态度是个体特质中最重要的部分。个性，是指个人带有倾向性的、本质的、比较稳定的心理特征（兴趣、爱好、能力、意志、气质、性格等）的总和，其中最主要的是能力和意志。

个人的生活态度和个性，都是一种自觉的倾向性的心理活动，是意识的一种表现形态。意识是人脑的产物；人脑作为形成人的生活态度和个性的物质承担者，具有复杂的生理、物理和化学的运动过程。但是，人脑并不是产生个人的生活态度和形成人的个性的源泉。产生个人的生活态度和人的个性的源泉在于现实的社会生活。离开了现实的社会生活，就没有个人的生活态度可言，也就不可能形成人的个性。并且，一定的社会生活，制约着个人的生活态度和个性发展；个人的生活态度和个性，总是并且只能是一定社会生活的反映。正如马克思指出的："意识一开始就是社会的产物，而且只要人们还存在着，它就仍然是这种产物。"[2] 个体特质是社会生活的反映，而连

---

[1] 《马克思恩格斯全集》（第1卷），人民出版社1956年版，第270页。
[2] 《马克思恩格斯全集》（第3卷），人民出版社1960年版，第34页。

接社会生活与个体特质的桥梁便是个人的生活经历。

社会生活包含着极为广博的内容，具有丰富的质态和多样的形态。在社会这个活的有机体中，每个人作为它的一个细胞，具有相对固定的位置。这是个人对社会生活的反映之所以不同的根据。每个个人只能在自己的生活环境中通过自己的能动性来感受社会生活，形成自己的个性特质。个人的生活环境和经历不同，对社会生活感受的范围和体验的方式不同，决定了个人在社会生活中所形成的生活态度和个性的差异。

个人的生活环境，首先是个人在生产关系中的地位和对物质财富的占有程度，但不仅仅是这些。它还包括个人在成长和生活历程上，周围的人们对他的态度和潜移默化的内容、方式和程度。个人的生活经历，就是个人在自己所处的生活环境中的实践活动。它不仅包括个人在经济、政治、文化、日常生活中所亲身经历的活动，而且包括个人所耳濡目染的环境，包括自己学习得来的和外界灌输的各种知识、观念。这些对个体特质的形成和定向，都具有重要的意义。人出生以来，从生物意义上的有机体发展为社会的存在物，正是通过个人的生活环境和经历，来同社会生活发生联系，并在社会生活中形成个体特质的。

现阶段在我国既然还存在着剥削阶级残余势力，存在着旧社会形成的意识形态，存在着国际资本主义的包围和影响，也就必然还存在着现阶段保护人民利益必不可少的人民民主专政的政权组织。这些都会通过一定的方式反映于人们的头脑中，形成人们对国家政权及其组织活动的看法。当一个人在自己的生命历程中较多地享受到现存政权带来的种种好处，较多地懂得现政权优于旧政权，社会主义制度优于资本主义制度的道理，并且在自己的生活圈子里看到和听到对现政权的赞美远远超过对旧政权的怀念时，他就会热爱现存政权，维护现存政权组织的各项活动，抵制一切反对现存政权的思想、言论和行动。反之，一个人虽然生活在新社会并且广泛地享受到现存政权带来的种种好处，但是当他时常听到他人对旧社会的赞美，并且别人赞美的正是他在现存政权下享受不到而自己又十分向往的东西时，他就会产生对现存政权的不满，甚至敌意，而向往甚至企图恢复旧政权。

由生产力发展的水平所决定，在我国现阶段还必须发展商品经济，必须实行"各尽所能，按劳分配"的分配原则，在生活资料的消费乃至个别生产资料的占有上，还必须保护个体所有，因而价值规律在我们的社会生产中还占据着相当重要的地位。这种状况，也必然会反映到每个在现实社会中生活的人的头脑中来。但是，由于各个人的生活经历不同，对价值规律的感受、理解和态度也就不同。有些人，经常受到热爱劳动、自食其力的教育，通过自己或亲属的辛勤劳动，过着丰衣足食的生活，并且在个人生活经历中，耳濡目染的都是劳动致富、友情、道义胜过金钱，图谋不义之财者受到舆论谴责和法律制裁，特别是亲身感受到法律对自己合法财产的保护等，这些在他的脑海里就会形成既重视金钱，更重视友情、道义和法律的意识。他渴望富足，但决不去图谋不义之财，决不侵犯不属于自己的财产。他在经济活动中，就会时刻想到法律和道义的要求，不干损人利己的事情。如果一个人在自己的生活经历中，经常受到"人为财死，鸟为食亡""有钱能使鬼推磨"等言行的耳濡目染，看到别人通过非法手段过着花天酒地的生活，特别是在人生观还没有形成的阶段有过这样的生活体验，即自己非常想得到的东西，因为没有钱而无法得到，眼睁睁地看着自己心爱的东西被别人用金钱取走；别人使用不正当手段（如抢、骗、盗等），攫取自己急用的钱款或心爱的财物，而自己无法追回，或者诉诸法律时没有受到有效的保护；自己通过不正当手段取得了他人的钱财，用以满足了自己的某个心愿，而没有带来什么不利后果，或者从中感到的满足远远大于由此引起的不安，那么，他就会把金钱看得高于一切，而蔑视法律、道义，甚至崇尚武力。

在精神生活上，当一个人经常受到无产阶级的人生观、共产主义道德和理想的教育，在自己经常接触的人身上看到这种教育的意义，感受到这类榜样受人尊敬和爱戴，他就会去模仿这种形象，用以鞭策、要求自己。而当一个人在自己的生活历程中，特别是在自己的人生观还没有形成、定型之前，受到腐朽、寄生的人生观的灌输和某些旧社会遗留下来的或新社会萌生的不良意识形态的熏陶，就会对之产生某种迷恋和追求。如果一个人具有这样的经历：他耳濡目染了灌输给他的思想意识受到别人的肆意践踏，而这些人的行为没有受到社会舆论的强烈谴责和法律的制裁；他发现了他所崇尚的形象在他最羡慕的某一点上原来是假的，那灌输给他的思想和他所崇尚的形象在他的心目中就会一落千丈，而他便会很容易地接受与之相反的东西。当一个人所朦朦胧胧意识到的某种感觉和某种事，被人大加赞赏或使之明朗化时；或者从某种腐朽堕落的意识形态中得到某种满足或快乐，而没有人给他指出并使他真正意识到它的危害时，他就会对之眷恋和向往。

在社会生活中，一个受人尊敬、春风得意的人，一个在艰难困苦中受到众人援助的人，一个时时受到大家关心、帮助的人，特别是一个认识到自己的过错而处于悔恨、绝望之中又受到社会关心救助的人，往往会对社会、对生活充满善心。一个在社会生活中处处受挫而得不到帮助、自认为被人瞧不起或者被社会遗弃了的人，一个助人为乐而屡遭误会、打击的人，一个历尽艰辛而达不到目的并自认为是周围的人故意从中作梗的人，往往会对社会、对他人产生一种敌意或戒心，把自我的利益、欲望和尊严置于社会之上，而为之不择手段。

除了生活态度以外，每个人的个性也是在个体所接触和经历的社会生活中形成的。一个人的气质，虽然与个人的生理组织有关，但主要的还是取决于出生以后，他周围的人对他的养育方式和培养情况。一个活泼好动、喜欢交往的人，经过了生活中的种种磨炼和挫折之后，会变得孤僻而不愿交往，就是明证。而人的能力（包括认识能力和活动能力）、性格则完全是在后天的生活实践中学会和养成的。人的意志也是在生活实践中培养起来的。

个性的差异是人们之间相互区别的重要特征。而不同类型的个性与同一种生活态度相结合，或者同一类型的个性与不同的生活态度相结合，都会形成不同的个体特质。前述社会因素所形成的反社会的生活态度[1]，与任何一种个性相结合，便形成各种可能产生犯罪的个体特质。在这种个体特质中，反社会的生活态度是导致犯罪的原因，而不同类型的个性则给这种反社会的生活态度以不同的表现形态。

当然，必须强调指出的是，并非每一个具有反社会生活态度的人，都一定要走上犯罪的道路。反社会的生活态度，只是产生犯罪的一个原因，它往往需要与其他因素相互作用，才会形成犯罪的意识。所以，在社会生活中形成可能导致犯罪的个体特质，只是犯罪形成的一个环节。但这是犯罪的根本原因发

---

〔1〕 以下凡出现"反社会的生活态度"一语，均指与现行法律和社会公共道德相抵制的生活态度。

生作用的第一个环节，也是犯罪产生的先决条件。没有反社会的生活态度，犯罪的根本原因就无法对犯罪的产生发生作用。

（二）个体特质与外界刺激

个体特质是可变的。个体特质变化的条件是外界的刺激。不良的个体特质在外界刺激的作用下，通过恶性的自我调节，便会产生犯罪意识。在人的个体特质中，个性是比较稳定的、相对静止的。

人的个性没有好坏之分。任何一种个性，都只是表明人的心理特性，而不决定人的行为的质态。大致相同的个性与不同的生活态度相结合，都可能产生有益于社会的行为，也可能产生有害于社会的行为。但是，不同的个性在与生活态度的结合中，所选择的行为方式是不同的。

生活态度是可变的、动态的。任何一个活的有机体在生命延续的历程中，都总是处于不断的运动之中。随着个体生活感受的改变，人的生活态度也会发生局部的或根本的变化。并且，个人的生活态度，对于社会生活来说，有积极与消极之分，融洽与离异之分，对社会生活的影响也有好坏之分。

所谓不良的个体特质，主要是指个体生活态度中具有反社会的倾向，同时也包括认识能力低下、自抑力差等可能导致自我调节恶性化的个性特点。不过后者在个体特质中不占主导地位，它只有在与前者相结合时，才作为不良个体特质的因素出现。个体特质是在社会生活的各种刺激的作用下运动变化的。刺激主要是指外在刺激。[1] 外在刺激有来自组织的，有来自个人的，有事件、行为、状态、言语、文字、画面；有大的，如

---

〔1〕 在极个别的情况下，由于心理联想而形成的内在刺激，也会在个体的内心产生强烈的冲动，促使个体实施犯罪行为。

社会生产方式，有小的，如他人的一个动作、一句话，甚至一个暗示；有突如其来的，如暴力袭击，有缓慢进行的，如潜移默化。

外在刺激对社会生活的影响，有起积极作用的，也有起消极作用的，大量的却是中性的。中性的刺激对于具有不同个体特质的人可以起到不同的作用。对于大多数人，它起着积极的作用，但是对于具有某种不良的个体特质的人，则可能起到消极的作用。而消极的刺激，对于多数社会成员都可能发生不同程度的消极影响。消极的刺激，主要是指剥削阶级的意识形态和生活方式；社会生活中的不正常现象、不合理现象、丑恶现象；违反国家法律和社会公共道德的言论和行为；社会结构上的各种弊端、社会管理上的各种漏洞；等等。

外在的中性刺激或消极刺激，作用于具有不良个体特质的人的感觉细胞，便会引起某种与国家法律相悖的冲动。这种冲动往往是犯罪的最初萌芽。在这种冲动与社会道德、法律的规范之间，进行选择的过程，就是个体自我调节的过程。

自我调节的过程，实际上是选择和抑制的过程。在这个过程中，人一方面要按照外界刺激所产生的冲动来选择行为，另一方面又要受到个人在社会生活中感受到的各种社会因素如法律、道德、社会意识等因素的制约。选择的冲动和制约的力量相互斗争，最后通过调节形成行动的决意。

在自我调节过程中，个体特质起着极为重要的作用。个体的生活态度，直接决定着调节结果的性质。例如，某甲身带巨款这一事实刺激了某乙的感觉细胞时，如果该乙是一个信守不取不义之财的人，他可能会想：我一定要努力工作，用劳动的汗水获取更多的钱，过富足的生活。如果该乙是一个信守"人无横财不富"并且对法律和道德抱有蔑视态度的人，他就很可能千方百计地去攫取这笔巨款，他进行自我调节的结果就是实施侵犯财产罪的意图。个体的认识能力，是调节过程中进行选择的基本前提，直接影响着选择的范围和调节结果的性质。在上例中的后一种情况下，如果该乙认为自己无论如何得不到甲的这笔巨款，那就会放弃攫取的念头，或者寻找同伙与他人共谋犯罪，如果他认识到由于攫取行为而给自己带来的后果使自己得不偿失，他也可能放弃攫取的念头。但是，如果他认为自己一定能得到这笔钱，并且认识不到这种行为的法律后果，或者认为自己有能力逃避法律的制裁，那他就会强化攫取的念头。个体的意志力，直接决定着个体能否按照自己对利弊得失的权衡来选择行为，并且在选择过程中，对抑制选择具有重要意义。在上例中，如果该乙的意志很强，那他在认识到攫取会得不偿失时，就会抑制攫取的冲动，不选择犯罪行为；如果他意志力薄弱，即使明知这样做对自己不利，但因抑制不住攫取的冲动也会去冒险实施这种行为。个体的气质和性格特征，则影响着所选择的行为的实施方式和特点。在上例中，决定攫取后，具有多血质气质的人，可能选择抢夺，敲诈勒索的方式；顺从型性格的人，可能寻找比他更强的同伙；独立型性格的人，则可能单枪匹马地去冒险。当然行为实施的方式和特点，也会受到个体的能力和擅长的影响。

在这种自我调节的过程中，由于个体特质的差异性，决定了不同的个体在相同的外界刺激作用下，引起的不同的心理活动。犯罪意识只是具有某种不良个体特质的人，在外界刺激的作用下，进行恶性自我调节的结果。

犯罪意识的形成，并不是非有某种明显的直接的外界刺激不可。有的人，由于在社会刺激中形成了某种反社会的生活态度，大脑中储存了大量来自社会生活的信息。因而在没有外界刺激的情况下，也会通过反社会的心理活动，形成犯罪意识，产生犯罪意念。

犯罪意识是产主犯罪意念的心理因素，是具有与现行刑法相悖的倾向性的情感、判断、推理和决意。犯罪意识是犯罪的先决条件，犯罪是犯罪意识的外化。

（三）犯罪意识外化的条件与形式

犯罪意识只有凭借物质的力量并在一定的条件下，才能获得外在的表现形式，对社会造成有害的影响。

犯罪意识在外化为行为之前，还仅仅是人的一种心理活动，还没有对社会造成任何危害。犯罪意识要外化为行为，就必须凭借自身的物质力量（肉体的运动）作用于一定的客体，使客体按照自己的意愿发生某种变化。所以，犯罪意识外化为犯罪行为的过程，实质上是物质力量相互作用的过程，这个过程始终受到客观条件的制约。

犯罪意识外化的一般条件是：

1. 客体（即对象）的存在

犯罪意识要外化为行为，首先必须存在或者选择相应的客体。客体不存在，行为就失去了作用的对象，而客体不具有某种属性，行为的结果就不可能实现具有特定犯罪意识的人的意愿。例如一个人要想诈骗他人的钱财，他就必须选择自认为是有钱并且可以被他骗走的人为对象。没有可以诈骗的对象，诈骗意识就无法外化。又如，一个在航海途中的人，看到一本淫秽画刊，即刻产生了强奸妇女的意念，但是如果船上没有一个女性，这种犯罪意识就无法外化。客体可以是人或人的活动，也可以是物或物的状态，还可以是团体或国家及其某项权能。

2. 机遇

机遇首先是使客体特定化的条件，同时也是犯罪意识外化时必须具备的客观环境。在大千世界中，可以成为某种犯罪行为作用的客体的，绝不仅仅限于某一个或某几个。犯罪行为之所以作用于这一客体而不作用于另一客体，除了主体着意选择以外，往往是由机遇造成的。不仅如此，犯罪意识是否外化为犯罪行为，也与机遇有关。因为犯罪意识作为一种心理活动，并不是必定要外化为犯罪行为的。犯罪意识形成之后，可能由于始终没有遇到相应的时机而逐渐消失，或者由于某种因素的作用而改变，也可能在犯罪意识还处于潜伏状态时，由于突然碰到相应的机遇而强化犯罪意识并迅速使之外化。特别是在过失犯罪中，犯罪意识往往是潜在的，它能否外化为犯罪行为，在很大程度上取决于行为人的机遇。当然机遇只是犯罪意识外化的条件，没有犯罪意识的存在，机遇本身是不可能产生犯罪行为的。

"机遇"一词，人们通常是在积极的意义上使用的，认为它是促成事物发展的一种偶然事件或境遇。其实机遇也包含着消极的意义。一定的机遇，也可能是阻止或者改变原有运动方向的转机，或者削弱犯罪意识的力量。例如，某甲的恋爱对象某乙与甲突然断绝了恋爱关系，甲见自己的同事某丙与乙有所接触，即怀疑是丙从中挑拨，以致产生了报复的恶念，决意杀死丙。一日，甲乘公共汽车外出，恰逢乙也在车上，而且正与某丁叙说某丙如何劝解自己与甲和好，甲无意中听到了这些话，就可能消除对丙的误解，从而放弃犯罪的意图。

3. 物质力量

物质力量是犯罪意识外化的必要条件。没有一定的物质力量，犯罪意识就无法作用于客体，无法使自己外化为行为。

这里所谓的物质力量，包括主体肉体的力量、用来作用于客体的工具、借用的自然力量或他人力量、利用客体的某种性能或某种运动，等等。

犯罪意识外化的形式，主要是指犯罪意识中意志因素的表现形态。犯罪意识中的意志因素的表现形态，就是主体对可能出现的危害结果的追求（直接故意）、放任（间接故意）、轻视（过于自信的过失）、疏忽（疏忽大意的过失）的心理态度。犯罪意志的不同形态，反映着主体主观恶性的不同程度，支配着犯罪意识外化的过程，决定着犯罪意识外化的特点。例如，追求的意志形态，在犯罪意识外化的过程中，往往表现为对客体、时机、工具、方式等的一系列选择活动，表现出积极的自觉的行为。而疏忽的意志形态，则往往表现为消极的不自觉的行为方式。

（四）犯罪实施过程中的自我调节

犯罪意识是可变的。犯罪意识外化的过程，也是自身在外界刺激的作用下通过自我调节运动变化的过程。

犯罪意识外化的过程，就是犯罪行为的实施过程。这个过程，实质上是犯罪意识通过个体肉体的运动，在与外界事物相互作用中不断强化或负强化的过程。在这个过程中，外界的因素不断地反映到个体头脑中来，引起犯罪意识的运动，诸如强化或削弱犯罪意念，调整目标，矫正或改变行为方向，重新选择行为方式、手段、工具，排除障碍或中止犯罪行为，消除犯罪行为可能造成的危害后果等。

因此，在犯罪行为的实施过程中，个体的自我调节，对于犯罪行为的完成、放弃或中止，起着决定的作用。而自我调节的结局，又主要取决于以下三个因素：

1. 外界刺激的性质和力度

犯罪行为实施过程中的外界刺激，主要来自客体、行为环境和第三者。外界刺激就作用而言，有的是对犯罪意识起强化作用的，有的是对犯罪意识起抵消（即负强化）作用的。在同一犯罪行为的实施过程中，这两类刺激可能同时作用于一个主体。不论单独还是同时作用于主体，都存在一个力度或力度综合的问题。

2. 犯罪意识中的认识能力

外界刺激只有当主体感受到并认识到它的意义时，才能对主体的犯罪意识发生作用。例如，某人在准备杀人工具时，别人提醒他：杀人是要受到法律制裁的。但由于他不了解这种行为会受到什么样的法律制裁，他仍然会进行自己预定的行为。相反，如果他认识到这种行为会给自己带来丧身的后果，他也许就不敢实施杀人的行为了。

3. 犯罪意识中的意志力

犯罪意志的强弱，对于能否完成犯罪行为具有重要的意义。个体犯罪的意志力与来自外界的和内在的负刺激的力度抗争，决定着犯罪行为的继续实施或停机，在犯罪意识的外化过程中，外界的负刺激加上内在抑制的力度大于外界的正刺激与犯罪意志力的力度之和时，犯罪行为就会停止；反之，犯罪行为就会继续。

犯罪行为实施过程中的自我调节，在犯罪意识外化的不同形式中，具有不同的特点。在追求的形式中，自我调节往往表现为排除障碍、克服困难、矫正目标和方向。负刺激的力度没有达到足以阻止犯罪实施的力度时，犯罪行为就不会停止。在放任的形式中，对犯罪实施过程中的各种情况的自我调节不甚明显。行为人对外界刺激往往表现出一种漠不关心、听之任之的态度。在轻视的形式和疏忽的形式中，自我调节在行为实施过程中具有极为重要的意义。一旦外界刺激使行为人认识到自己的行为可能造成某种严重后果，或者动摇了行为人原有的自信心，行为人便会立即调整自己的行为，积极地改变行为的方向。

（五）犯罪结局的反馈

主体实施犯罪的结局，必然会以个体的生活经历的形式给主体以新的感受，反馈于个体特质，影响个体的自我调节功能。

在实施了犯罪行为之后，由于犯罪行为的结果不同、社会的反应方式不同、行为者的个体特质不同，必然引起主体的不同的心理活动。有的人会感到某种舒心的满足而自我陶醉，有的人则会感到罪恶愧疚而于心不安。在实施犯罪行为时遭到受害人的反抗或第三者的阻止而未得逞时，有的会因被惊动而悬崖勒马；有的会因被激怒而变本加厉。当这种犯罪行为受到国家法律的制裁或者社会舆论的谴责时，有的会感到法律的威严和舆论的压力而恐惧；有的却会因此而变得仇恨整个社会。这些因素反馈于行为主体，会形成强烈的自我感受，增强或者减弱自我调节中的不良成分，促进自我调节中的恶性功能和良性功能。

反馈的效果，在很大程度上取决于犯罪的结果和社会对犯罪的反应方式以及主体对社会反应的认识。社会对犯罪行为的反应方式是多种多样的，但从作用上看，主要有两种：一种是消极的，这会强化犯罪意识；另一种是积极的，这会增强抑制犯罪意识的力度。前者如社会对犯罪的惧怕和无能为力；从犯罪中获得某种满足而犯罪后逍遥法外、受人崇拜和赞扬、纵容，或者得大于失等。这些因素反馈于主体，会给主体以新的体验，使他们感到犯罪的"好处"而看不到犯罪的恶果，"从而强化犯罪意识，消除犯罪时的不安，以至促使主体实施新的犯罪，甚至形成犯罪习惯。后者如受害人、他人或公安机关的反击；犯罪未得逞；犯罪行为实施后及时被发觉，并受到国家法律的相应制裁，受到社会舆论以及亲友、同事的谴责等。这些因素反馈于主体，便会发生积极的效应，增强抑制犯罪的成分和力度，从而阻止犯罪意识的再次外化，甚至从根本上动摇主体的犯罪意识。当然，这些因素反馈于行为主体时也可能产生消极的效应，例如，增大行为主体对社会、对他人的仇恨心理，促使行为主体总结教训，变换方式，寻找时机，勾结同伙，进行新的、更大的犯罪。

这些因素对于特定的行为主体究竟发生何种作用，取决于行为主体对社会反应的认识。如果行为主体认识到社会对自己犯罪行为所作出的积极反应，是为了维持自己生活在其中的社会秩序所必需的，是帮助自己改恶从善、弃旧图新的手段，那社会的积极反应就会发挥抑制犯罪的效应。如果行为主体认为社会对自己犯罪行为所作出的积极反应，是和自己过不去、妨害了自己的生活目标，或者不公平、不合理，或者认为社会对自己犯罪行为的积极反应不过是由于自己的谋虑不周，那社会的积极反应就可能发生消极的效应。

从以上叙述中，读者不难发现，犯罪形成的过程，实质上是有利于现存法律秩序的各种因素与不利于现存法律秩序的各种因素相互抗争的过程，而犯罪正是在这种抗争中不利于现存法律秩序的因素在某些领域、某个方面或某种具体场合占据了主导地位的结果。在个体能动地反映和改造客观现实的过程中，由于现实社会生活中客观存在的不利于现存法律秩序的某种因素起了支配的作用，从而促使个体形成具有某种反社会倾向的不利的个体特质。具有这种特质的人在某种刺激的作用下，通过恶性的自我调节，产生犯罪意识。犯罪意识凭借某种物质力量，作用于一定的客体，从而外化为犯罪。行为主体实施犯罪以及社会对犯罪的反应方式，又会给主体以新的体验，强化或负强化主体的恶性调节功能。——这便是犯罪形成的一般过程。

二、犯罪原因体系

犯罪形成的过程，蕴藏着犯罪原因体系。促使犯罪产生的各种因素，正是在犯罪生成的过程中有机统一，构成一个整体的。

社会经济生活中存在的社会财富的分割状态，社会政治生活中的不平等，社会精神生活中人与人的社会特质相悖的思想观念、习俗文化，等等，作为社会分裂为各个阶级、各个阶层、各个利益集团从而使现行统治得以产生和存在的因素，是促使犯罪产生的第一性的原因，是犯罪原因体系的第一个要素，也是反社会的生活态度产生的渊源。正是在这个意义上，人们把它称为犯罪的根本原因。没有它，就不可能产生反社会的生活态度，犯罪也就不可能发生。但是，犯罪的根本原因并不能直接引起犯罪的发生，而必须通过主体的媒介作用。作为犯罪根本原因的因素，只有当它被主体能动反映，从而形成反社会的生活态度，并在主体的自我调节中占据支配地位，滋生出犯罪意识时，才能表现为犯罪产生的原因。

因此，犯罪根本原因的作用，总是同特定的主体相联系。而主体反社会的生活态度则是连接犯罪的根本原因与犯罪现象的桥梁，表现为犯罪产生的直接原因，是犯罪原因体系的第二个要素。犯罪的直接原因是在犯罪的根本原因作用下产生的，但是，犯罪的直接原因本身并不是犯罪根本原因的一维性的产物，而是在作为人所特有的能动性的反映过程中产生的。作为犯罪根本原因的那些因素，由于主体反映的环境和主体的能动性的不同，可以产生成为犯罪直接原因的反社会的生活态度，也可以产生抑制犯罪、预防犯罪的力量。所以犯罪的直接原因，只是作为犯罪根本原因的那些因素的一种反映形式。

然而，犯罪的根本原因对犯罪产生的作用并不限于此。它还表现在作为犯罪根本原因的各种因素的运动形态，本身又是诱使作为犯罪直接原因的反社会的生活态度恶性发作的因素，促使主体把反社会的生活态度变为犯罪的行动。这种为社会生活中的不良刺激，是犯罪原因体系中的第三个要素。反社会的生活态度并不是每时每刻地产生着犯罪，也不是在任何情况下，都必然表现为犯罪的直接原因。具有反社会的生活态度的人，只有当其在某种外在的因素或内心的联想（实则外在因素映象之积累）的刺激面前，失去了原有的反社会的生活态度与各种社会制约力量之间的心理平衡，以至反社会的生活态度取得了对行为的支配地位时，才会实施犯罪。

反社会的生活态度是在与不良的外界刺激的相互结合中，由于自我调节的恶性化而产生犯罪的，反社会的生活态度通过主体在选择和实施危害行为时的一系列心理活动表现为犯罪的直接原因。而外界的不良因素的刺激则是促使这种心理活动运动的力量，并且在特定方面、特定场合增加了反社会的生活态度的强度，使其在自我调节中占据支配的地位，起着诱发和促使犯罪产生的作用。

因此，使现存统治成为必要的因素、反社会的生活态度、社会生活中的不良刺激，是犯罪原因的三大要素，它们本身具有不同的表现形态，在促使犯罪产生中具有不同的作用和地位。但是它们之间有着内在的逻辑联系，并在犯罪形成的过程中共同作用，联结成一个有机的整体，从而构成犯罪原因的体系。

这个犯罪原因体系，对于每一个具体犯罪来说，具有不同的特点；对于犯罪的整体来说，包含着丰富的内容，表现为多样的形态。

犯罪原因体系中任何一个方面的变化，都会影响犯罪状况的变化。现实社会生活中，不论是犯罪总数的增减，还是某类犯罪的波动，都与犯罪原因体系中相关因素的强弱有关。当然，犯罪的增减也要受到抑制犯罪的各种因素的制约。但是前者是犯罪产生的原网，后者只是犯罪产生的屏障。

在犯罪形成的过程中，联结犯罪原因的三大要素，使之构成一个整体促使犯罪发生的，是主体的能动性。主体的能动性在犯罪原因第一个要素向第二个要素转移中表现为能动的反映活动，是犯罪的根本原因发生作用的必要条件。主体的能动性在犯罪的第二个要素与第三个要素的相互作用中表现为自我调节，即主体在促使犯罪产生的原因与抑制犯罪发生的力量之间认识和选择的过程。没有主体的能动性，犯罪原因的第一个要素就不可能转化为第二个要素，就不能对犯罪的产生发生任何影响。没有主体的能动性，主体在社会生活中的各种刺激面前，就无法调整自己的视觉，无法选择自己的行为。而主体的能动性程度和方式，则直接决定着主体对客观的反映内容和方式，直接决定着主体自我调节的范围和对错。因而，主体的能动性，虽然不是犯罪产生的原因，但却是犯罪原因发生作用必不可少的条件，在犯罪形成过程中具有重要的意义。

近年来，随着青少年犯罪的急剧增加，青少年犯罪问题引起了犯罪学者们的极大关注。其实，不论是青少年犯罪，还是中老年犯罪，不论是未成年人犯罪，还是成年人犯罪都遵循着相同的规律，对青少年犯罪起作用的各种因素，对中老年犯罪同样起作用；未成年人犯罪的原因，同样也是成年人犯罪的原因。青少年与中老年、未成年人与成年人相比，所不同的，仅仅在于前者的生活态度通常还不像后者那么定型，自我调节能力没有后者强，更容易受外界刺激的影响，可塑性、反复性、易感性更强一些，从而在不良的社会环境中，前者比后者实施的反社会行为也自然要多一些。

三、不同类型犯罪的形成特点

对犯罪的分类，有各种方法。由于分类的目的不同，对犯罪进行分类的标准也就不同。有的按犯罪的阶级属性进行分类，有的按犯罪的客体进行分类，有的按行为方式或组合形式进行分类，有的按罪过形式进行分类。在犯罪学研究中，有的根据犯罪人的身体、生理特点进行分类，有的根据人格形成过程的特点进行分类，有的根据犯罪人的精神状态进行分类，有的根据社会生态学进行分类，有的根据如何处理犯罪进行分类，有的甚至同时采用数种标准进行分类。对犯罪进行分类的目的在于研究各类犯罪产生的具体原因和产生的具体过程，以便找出预防犯罪的途径。

在此，我们按照犯罪形成的特点，把犯罪分为三类：（1）蓄谋性犯罪；（2）突发性犯罪；（3）连带性犯罪（间接故意犯罪和过失犯罪）。

（一）蓄谋性犯罪的特点

蓄谋性犯罪就是有预谋地实施犯罪。它是直接故意犯罪的基本形式。这种犯罪可能存在于刑法分则各章所规定的各种故意犯罪之中，是整个犯罪现象中为数最多、危害最大的一类犯罪。

1. 蓄谋性犯罪的一般特点

蓄谋性犯罪的基本特征是：

（1）生成的渐进性

这类犯罪通常都不是突然萌发犯罪意念，并立即付诸实施，而是经过或长或短的思想准备之后实施的。这类犯罪的实施者在个体生活经历中，由于各种不良社会因素的耳濡目染，逐渐形成了某种鲜明的敌视社会、蔑视法律、不讲社会公德的生活态度。这种生活态度在个体的思维过程中，形成某种激情、信念或追求，促使主体通过自觉的意识活动，确定目标，选择行为，实施犯罪。在这类犯罪的形成过程中，犯罪意图往往是在反复的动机斗争之后形成的，即使有时是瞬间形成的，但也并不立即付诸实施，而是要经过一定的酝酿、准备，或者选择适当的时间，或者勾结作案的同伙，或者练习必要的技术，或者设计实施的方案。不论是犯罪意图从萌发到变为强烈的追求，还是犯罪行为从准备到完成，都有一个渐进的发展过程。这类犯罪在犯意外化之前，人们往往可以从主体的思想意识或外在表现中发现某种导致犯罪的倾向或端倪。在犯意外化的过程中或者犯罪完成之后，人们甚至还可以在犯罪主体的活动中发现某种与犯罪有关的异常现象。

（2）目的的明确性

这类犯罪具有明确的犯罪目的。主体根据自己在社会生活环境中形成的反社会的生活态度，并结合自身的需求，确定行为的目标，用以支配自己的行动，并通过自觉的犯罪行为，来实现既定的目标。在这类犯罪的实施过程中，主体对自己的行为将会造成的危害社会的结果，一般都具有明确的认识，并且积极追求这种结果的发生。因此，这类犯罪明显地反映出主体反社会的生活态度，反映出社会物质生活、精神生活、政治生活中的不良因素对产生犯罪的根源性作用。

（3）行为方式的选择性

这类犯罪最明显地表现了犯罪意志的选择作用。犯罪行为的实施，总是犯罪主体精心选择的结果。不仅行为的手段、方式是行为人经过反复比较权衡而作出的抉择，而且侵害的对象，也往往是行为人执意挑选的。行为的选择性还表现在行为实施过程中，对突然出现的各种情况，行为人总是自觉地加以利用或排除，不断地调整行为的方向。使之始终指向既定的目标。行为人对犯罪手段、方式和对象的选择，首先是根据自己的犯罪目的来确定的。这类犯罪的行为人总是根据既定的犯罪目的，选择自认为最有效最隐蔽的活动方式。同时，犯罪行为的选择，又必然要受到个性特点的制约。一个人只有在他认识的范围内．在他力所能及的限度内，选择自认为最有效和最有利的手段和行为方式。并且，意志的选择过程，总是受到个体的气质和性格特点的影响和支配。所以，在同一犯罪目的的支配下，各个犯罪主体往往会根据各自的能力、气质和性格，选择各种不同的犯罪手段和方式，总是在自己的生活范围内选择侵害的对象。因此，这类犯罪的外化过程，总是明显地反映出不同主体的个体特质。不仅不同的犯罪性质反映出不同主体的生活态度的不同内容，而且不同的犯罪手段和方式，又反映出不同主体的个性特征。

（4）活动的计划性

目的性和选择性决定了这类犯罪总是经过精心策划、设计、安排之后才实施的。行为人在犯罪目的确定之后，有的积极地准备犯罪工具，创造条件，选择时机；有的四处寻找猎物、确定侵害对象；有的自感力量不足，便采取拉拢、利诱、教唆、胁迫等手段，物色帮手、勾结同伙、纠集他人，甚至煽动不明真相的群众，借以实现自己的犯罪意图。有的不仅对犯罪的每一步骤（如怎样进入现场、怎样作案、怎样逃离现场、怎样伪装等）做了周密计划，而且对犯罪实施过程中可能出现的各种情况，都进行了预测，设计了应变措施。有的甚至未雨绸缪，在犯罪之前就设计了犯罪之后如何掩盖罪行、转移赃物、消灭罪证、逃避惩罚的方案。

2. 有预谋的利欲型犯罪

利欲型犯罪是指为了物质利益或者其他个人利益而实施的犯罪。有预谋的利欲型犯罪，不仅是利欲型犯罪中最常见、最大量的一种形式，而且在整个刑事犯罪中也是为数最多的一种犯罪形式。它对于社会主义现代化建设，对于整个社会的物质生活和精神生活，都具有很大的危害，因而也是我们研究的重点。

（1）犯罪目的的形成

有预谋的利欲型犯罪，具有明确的犯罪目的，这种犯罪目的是极端自私的利欲观在恶性的自我调节中形成的。

对物质财富的追求是人类社会生存和发展的基本前提。在整个社会财富出现单一的全民所有制之前，对物质财富的需求是通过物质利益的形式表现出来的。获取发展自身的物质生活和文化生活资料，谋取切身利益，是人们进行生产活动的直接目的，也是进行其他社会活动的基本动因。而物质利益之间的对抗和冲突，便是阶级和国家得以产生的条件。

在社会主义条件下，我国现阶段对社会财富的占有还存在着以社会主义全民所有制和社会主义劳动群众集体所有制为主、以个体所有制和公私合营企业为辅的多种经济形式。

在我们的经济生活中，社会生活消费资料也是主要通过个人所有的方式来消费的。这种社会存在必然引起每个社会成员对物质财富的需要和追求。必然形成个人利益、集体利益和国家利益并存的局面。而个人利益、集体利益和国家利益的存在，正是推动社会主义建设事业不断发展的基本力量。正确处理个人利益、集体利益和国家利益之间的关系，既是社会主义经济规律对社会管理机构的客观要求，也是对每个社会成员行为规则的基本要求。

物质利益作为现代社会存在的基本内容之一，必然要通过各种方式反映到每个社会成员的头脑中来，形成人们关于个人利益、集体利益和国家利益及其相互关系的看法和处理这些关系的态度。不论是极少数社会成员的极端自私的利欲观，还是广大社会成员对物质利益的正常追求，都是社会存在的反映。但是，前者是对社会主义社会存在的歪曲的消极的反映，后者是对社会主义社会存在的如实的积极的反映。这两种反映形式的本质区别，在于前者是以极端自私的利己主义为基础，把个人的利益要求看得高于一切；后者把个人利益融合于集体、国家利益之中，按照社会主义生产关系的客观要求来处理自身利益与他人利益、集体利益和国家利益的关系。

对同一社会存在之所以会形成不同的甚至对立的反映形式，是因为每个社会成员个人的生活环境和生活实践是不同的，各种因素对主体的作用程度和方式也是不同的、极端自私的利欲观，主要是以下因素在主体的生活实践中起了重要作用的结果。

第一，极端自私的利欲观。极端自私的利欲观的核心是不劳而获、损人利己，把个人私利看得高于一切，把私人财富或金钱视为万能的神灵。在任何社会形态中，这种极端自私的利欲观在社会精神生活中都不占据统治地位，它不可能普遍地对人们产生影响。但是也应当看到，在所有权观念存在的任何社会中，这种利欲观都会长期存在，并在一定范围内发生作用。在个体的生活环境中，如果长期受到这种利欲观传播、渗透和影响的耳濡目染，而又没有在社会生活实践中得到很好的改造，或者在个体的生活经历中特别是在自己的人生观形成以前，受到过这种传播、渗透和影响的直接而强烈的刺激，那么，这些人就会把这种利欲观变成自己的生活目标和处事哲学。

第二，以"我"为中心的个体生活环境。有的人，并没有直接受到剥削阶级意识形态的侵蚀，但是由于在个体生活经历中，经常受到以"我"为中心的生活体验的暗示，也会形成极端自私的利欲观。特别是在一个人的幼年和少年时代，经常受到家庭成员的特殊优待和迁就，自己要什么，家长就给什么，想怎么办，家长都开"绿灯"，甚至在与外界接触中，看到别人的东西，只要说声"要"，别人就主动给予，家长就设法给他弄到。随着这种生活体验的增多，便会在不知不觉中形成一种以"我"为中心的自我意识。这种自我意识与追求个人利益、欲望相结合，也必然形成极端自私的利欲观。

第三，在个体生活经历中受到金钱的不良刺激而又不能正确认识。一个人在家庭生活和社会生活中，长期得不到他人的关心和帮助，而在自己为获取某种个人利益而进行的努力中又受到他人的阻挠或竞争时，如果他不能正确认识这种现象而以偏概全，那就会把社会主义社会里的人与人之间的关系也看成是一种生存竞争的关系，一个人由于个人欲望与现实生活的矛盾而时常为金钱所困惑，或者为了获取某种个人利益而受到他人的捉弄、利用或欺辱时，如果他对之缺乏正确的认识，那就会因此而把人与人之间的关系看作单纯的金钱关系和利用关系。具有这种认识的人，在处理自身利益与他人利益、集体利益或国家利益的关系时，就必然表现出极端自私的利欲观。

具有极端自私的利欲观的人，并非都要实施利欲型犯罪。因为，犯罪目的的确立，实际上是个体对自身的需要和欲求与社会现实的客观要求进行自我调节的结果。个体自我调节的过程，则是个人的人生观、法律观、道德观以及个性尤其是个体的认识能力等因素相互作用、相互制约的过程。在这个过程中，各种社会组织的力量、法律、纪律、公共道德、与周围其他人的制约关系，以及内心的良知，都对自私的利欲观起着抗衡和牵制的作用。一个具有极端自私的利欲观的人，慑于法律的威严，或者受到社会主义公共道德的约束，或者担心在事业、人际交往、个人生活等方面遭到损失，完全有可能把自己的行为控制在法律和社会公共道德所要求的最低限度之内，而不产生通过犯罪手段谋求个人利欲的决意。但是，一个具有极端自私的利欲观的人，如果把个人的私利看得高于一切，以至置国家法律、社会公共道德于不顾，如果在个人私利与法律要求的矛盾抉择中不能理智地控制自己的利欲，那就必然会处心积虑地采取各种手段，包括采取犯罪的手段，来满足自己的利欲。此外，在社会风气不良，特别是在"一切向钱看"和对经济犯罪打击不力的社会环境下，具有极端自私的利欲观的人，往往会错误地估计这种社会环境，加大形成利欲型犯罪目的的系数。例如，有些人利用经济体制改革之机，钻法律的空子而没有受到应有的制裁。对此，具有极端自私的利欲观的人，便认为"现在是撑死胆大的，饿死胆小的"。这种认识与他们自私的人生观相结合必然会产生寻找机会"大捞一把"的意图，以致在这种意图支配下，有预谋地进行利欲型犯罪活动。

（2）犯罪对象的选择

有预谋的利欲型犯罪，在犯罪目的确定之后，为了确保犯罪目的的顺利实现，犯罪分子在实施犯罪行为之前，往往要精心地寻找和选择适当的侵害对象，利用侵害对象的某些特点，来实现自己的犯罪意图。如果没有自认为对实现犯罪目的甚为有利的对象，他们通常是不会轻举妄动的。

从大量的实际案例中看，这类犯罪选择侵害对象时，主要具有以下几种情况：

第一，极力寻找管理上的漏洞，企图浑水摸鱼，以求一逞。盗窃公共财物的犯罪分子总是寻找物资进出检查不严、管理不善的仓库、商场，值班制度不健全、贵重物资没有严密的防范设施的工厂，文物保管单位，以及看守不严、人员混杂的营业单位，作为进攻的目标。贪污犯罪分子总是利用财务制度不健全、财政监督不经常、收支手续不严等机会，盗窃、骗取和侵吞公共财产。投机倒把、假冒商标、偷税漏税，制造、贩卖假药等犯罪分子则极力寻找、利用物资管理、调拨、价格控制、财政监督等工商管理和税收管理上的漏洞，进行犯罪活动。

第二，极力寻找具有某些特点的人，利用受害人的弱点，采取非法手段，满足自己的利欲。诈骗、行贿、招摇撞骗等犯罪分子所选择的侵害对象，往往是贪小利、想发财、急需某种物品、急需办成某件事情，或者具有崇洋媚外思想，或者比较势利、法律知识缺乏、理论水平不高、工作经验不足等类人。引诱、容留妇女卖淫的犯罪分子所引诱的妇女，往往是生活困难、贪图钱财、吃喝玩乐、好逸恶劳、生活作风不严谨的妇女。而神汉、巫婆所选择的对象，则往往是文化比较落后的农村中封建迷信思想比较严重、生活困难、疾病缠身、在人生旅途上屡遭失败、恋爱婚姻受挫、遇有重大抉择而优柔寡断等类人。拐卖人口的罪犯所选择的，则往往是不安心当地的艰苦生活或处境艰难的妇女或者是辨别能力不强的儿童。索取贿赂、敲诈勒索等犯罪分子，所选择的侵害对象，往往是重大利益或隐私掌握在自己手里的人。许多有预谋的利欲型犯罪，正是利用受害人自身的特点，或者投其所好、骗取信任，或者威逼利诱、软硬兼施，实现犯罪目的的。

第三，四处捕捉易于获取的对象，伺机下手，攫取公私财物。有些犯罪分子混迹于商店、市场、车站、码头、旅馆、饭店等公共场所，四处捕捉身带巨款而单独外出的人，或者利用人多拥挤之机，扒窃他人金钱，或者跟踪尾随，甚至劫持受害人到僻静无人处，采取抢夺、抢劫等手段，攫取公私财物。有些犯罪分子，有意选择急于乘车、船或飞机旅行而没有买到车、船或飞机票的旅客，贩卖假车、船票或飞机票。有些犯罪分子专门物色那些具有低级趣味的人，兜售淫书淫画，牟取非法利润。有些犯罪分子四处"踩点"，伺机进行盗窃、抢劫等。精心选择犯罪对象，是这类犯罪的突出特点之一。同时，犯罪对象的选择，对于强化犯罪意识，起着重要的作用。

（3）犯罪行为的实施

有预谋的利欲型犯罪，在犯罪实施之前，往往要选择对象，进行准备活动；在犯罪实施过程中，往往是按照计划有步骤地进行，对实施过程中可能出现的情况，也往往设计了应变措施；在犯罪实施完毕之后（有的是在实施过程中），往往要消灭作案痕迹，毁灭罪证，以求逃避惩罚。因此，这类犯罪意识的外化过程，同时也是一个与畏惧惩罚的矛盾心理继续斗争的过程。在这个过程中，不利于犯罪实施的各种因素（例如，受害人的强烈反抗、防范措施的加强、漏洞的弥补等）的及时出现，往往会使犯罪人的畏惧惩罚的心理占据矛盾的主导地位，从而中止犯罪行为。而有利于犯罪实施的因素的持续或加深，则势必强化犯罪人的犯罪心理。

此外，这类犯罪的实施也往往带有某些职业的个性的特征。其中有些犯罪，往往是利用职务上或业务上的便利条件进行的。

3. 有预谋的性犯罪

性犯罪是基于发泄性欲或对异性的追求而实施的犯罪。性犯罪包括强奸妇女罪、奸淫幼女罪、淫乱型流氓罪、重婚罪、破坏军人婚姻罪，以及其他在发泄性欲或追求异性的过程中为了排除"障碍"而实施的各种犯罪。

关于性犯罪的原因，许多西方犯罪学者认为，这是人的生理本能的反映。在我国，也有不少人认为，青少年的生理特征，性机能迅速发育和趋于成熟，是青少年性犯罪的原因之一。这种观点容易导致宿命论。因为，人的性欲和性行为，是人类生存和延续的需要，是人类生活的组成部分。如果认为人的性欲和对异性的追求就是性犯罪的原因，那么，性犯罪就是不可预防的，特别是随着青春期的性机能的发育成熟，每个进入青春期的青少年实施性犯罪就是不可避免的。这显然不符合人类社会生活的事实。

我们并不否认性机能的发育成熟和性意识的存在，是性犯罪的必要条件，但是，人的性欲、性行为和对异性的追求，作为人类生活的组成部分，是不应当也不可消灭的。在社会主义条件下，对性犯罪的惩罚，也决不意味着要扼杀人的性本能，而是要禁止任何人采取损害他人的幸福、违背他人的意志、伤害社会性道德、侵犯他人人身权利等非法的手段，来满足自己的性欲。

现实生活中发生的大量罪案表明，性犯罪的产生，并不是生理本能的必然表现，也不单纯是剥削阶级腐朽思想和资产阶级生活方式影响的结果，而是个体对生活经历中遇到的个人与社会的矛盾进行恶性自我调节的结果，是在对待性欲和追求异性问题上蔑视社会性道德、蔑视法律的生活态度的表现。

有的人，在性机能发育成熟的过程中，由于没有受到良好的性道德教育和法制教育，因而在调节自己的性意识与性行为的关系时，不理解性行为的社会意义和社会道德、法律的要求，以致采取伤害社会性道德、侵犯他人人身权利等非法手段，追逐异性，发泄性欲。

有的人，由于剥削阶级腐朽的生活方式和思想意识的毒害，淫秽物品、下流言行的侵蚀，加之意志薄弱，以致在性刺激所引起的冲动面前，不能保持社会性道德的要求与个体性意识之间的心理平衡，把个体的性满足看得高于一切，整天沉溺于淫乱思想之中，不顾社会性道德和国家法律的要求，处心积虑地进行各种性犯罪。

有的人，由于自我控制能力差，在与异性的不正当交往中，失去理智，对于自认为妨碍自己保持这种不正当交往的人或事恨之入骨，蓄意进行报复侵害。

有的人，在追求异性的过程中受到挫折，或者被人玩弄，由于对之缺乏正确的认识，而产生对异性的报复心理，寻机伤害或玩弄异性。

有的人，曾经受到过良好的性道德教育，十分珍惜在这方面的名誉，但在遭受强迫凌辱、中计失身之后，由于不能正确地对待突然袭来的不幸，以致走向反面，消沉堕落，纵欲放荡。

这些人走上性犯罪的道路，首先是由于在个体的生活经历中遇到了与社会性道德要求相悖的不良因素的作风，同时也是由于个体自身没有树立正确的性道德观念，或以自我为中心的生活态度，或对法律的蔑视，或认识不到性行为的社会意义等。这两个方面相互作用，就决定了自我调节的恶性发展。

在这种自我调节的恶性发展中形成的性犯罪意识，通过自觉的意志行为表现出来，这就是有预谋的性犯罪。

有预谋的性犯罪，在实施犯罪前，往往表现为有意识地选择侵害对象，经过一定的准备活动，选择自认为适当的时间、地点。在犯罪实施过程中，往往看不到明显的诱因，犯罪意图不是在外界刺激下突然产生的，而是表现为犯罪分子处心积虑地实施性犯罪行为。

以上三种，只是蓄谋性犯罪的主要类型。除此之外，个体在社会生活中遇到各种矛盾和纠纷时，如果不能正确对待，或者得不到及时的满意的解决，也可能导致有预谋的犯罪。不过，由于这类犯罪的主要表现形式，不是蓄谋性犯罪，而是突发性犯罪，所以我们在此没有专门予以探讨。

此外，蓄谋性犯罪，由于是在犯罪人明确的犯罪意识支配下自觉实施的反社会行为，所以行为主体在犯罪中如果获得了成功，体验到达到犯罪目的时的满足感，而没有受到法律的制裁和应有的教育，没有带来不利的后果，那就会加深行为主体的犯罪意识，反复实施同类犯罪行为，以致发展为惯犯。

（二）突发性犯罪的特点

突发性犯罪，是直接故意犯罪的另一种方式，它是随着某种情景的出现而突然发生的犯罪。与蓄谋性犯罪相比，往往没有明显的预谋过程。如果说蓄谋性犯罪的生成过程鲜明地反映出个体的危害意志在行为选择中的支配作用，那么，突发性犯罪的生成过程，则明显地表现为个体的良知在抑制犯罪冲动中处于无能为力的境地。突发性犯罪主要存在于某些侵犯人身权利、危害公共安全、侵犯财产的犯罪以及性犯罪之中。其基本特征有二：

一是情景的重要性。我们在此所说的情景是指诱发行为主体产生犯罪意图的情况和境遇，如被害人的语言、行为，突然发生的事件，特定状态的出现以及周围环境等。在这类犯罪中，情景往往是犯罪产生的必要条件，如果没有某种特定的情景，犯罪就不会发生。有些人，在这类情景出现以前，曾经是循规蹈矩、遵纪守法的公民，甚至是先进工作者，三好学生，可能成为领导、学者、科学家；有的人，如果不是遇到某种特殊的情景，可能永远也不会身陷囹圄。但是，在遇到这种情景时由于自身有某种特质，因而在突如其来的刺激面前，失去了正常的心理平衡，本能正确调节自己内心冲动与社会要求的关系使个体特质中既存的反社会生活态度迅速膨胀，在行为选择中跃居主导地位，以致实施相应的犯罪。所以，特定情景在个体生活经历中的出现，对这类犯罪的生成具有重要的意义。它的出现往往是某种个体特质向犯罪意识发展的转折点。

二是行为的突发性。这类犯罪在某种特定情景下一旦产生犯罪意图，便会立即付诸实施。犯罪意识外化的过程短促而迅猛，事前没有周密的思考和预谋，作案时没有具体的计划，没有着意隐瞒犯罪事实的措施，工具的使用、行为的方式，往往带有一定的偶然性。因而这类犯罪对于侵害对象往往没有明确的选择，侵害程度也缺乏一定的节制。有时行为人事后想起来，对于自己的行为，也会感到"后怕"或懊悔。

突发性犯罪主要有三种类型：

一是激情犯罪，二是机会犯罪，三是随和犯罪。这三种类型，除了都具有上述两个特征之外，还分别具有各自不同的特点，其产生的原因也不完全相同。所以我们对其特点和原因分别予以探讨。

1. 激情犯罪

激情犯罪，是指在突如其来的愤怒情绪作用下爆发的杀人、伤害、放火、爆炸等暴力性犯罪。这种犯罪，在实施之前，行为人往往没有犯罪的思想准备，不想对他人对社会予以侵害。但是由于受到某种外来的刺激，引起强烈的情绪波动，以致失去心理平衡而产生犯罪意图，爆发出迅猛的暴力犯罪。

（1）外界刺激及其作用

激情犯罪的发生，首先是由于遇到了外界的刺激。

这种刺激，从表现形式上看，有语言，如争吵、恶语侮骂、奚落讥讽、开玩笑等；有文字图画，如侮辱人格的书信、大字报、漫画等；有行为，如殴打伤害、碰撞、争执，在大庭广众之中捉弄、羞辱人等；有事件，如突然看见或听说自己的亲友受到他人的侵害，工作中受到挫折，个人利欲没有得到满足等；有状态，如因继承遗产、恋爱婚姻而与他人处于某种对峙状态，在工作、生活、人际交往中突然陷入某种不如意的境地等。

从刺激的强度上看，通常都比较激烈，如咒骂人的话很恶毒，侮辱人的语言极为下流，不法侵害来势凶猛等；但也有的比较缓和，如"三角恋爱"中的暗斗，日常生活中侮辱人格的玩笑等，有的甚至不为常人所觉察，如婆婆批评媳妇，岳母指责女婿，女友要求中断恋爱关系等。

从刺激的性质上看，多数属于不法侵害或不道德的言行，如无辜被殴打、欺辱，在矛盾和纠纷中，被刺激者认为对方不讲道德或有严重过错等；但也有的完全属于正当的行为或合理的抉择，如领导批评犯错误的同志，组织上规定晋升职务（职称）或调工资时，因名额有限而没有给符合标准的人晋升；遗产纠纷中争取正当的继承份额等。

这种刺激发生作用，主要有两种情况：

第一种情况是激化了原有的矛盾。刺激者与被刺激者之间有矛盾，但是由这种矛盾引起的不满和怨恨，还没有达到不能自抑的程度，因而行为人面对这种矛盾，还没有产生犯罪的意图。只是由于对方或第三者的言语或行动，加剧了原有的矛盾，从而激起被刺激者的强烈不满和愤怒，以致产生犯罪的意图，加害于矛盾的另一方。在这种情况下，刺激者的言论或行动，在被刺激者从不满、怨恨到暴力侵犯的心理突变过程中，起着重要的催发作用。例如，有的人把自己与他人或组织的矛盾纠纷归咎于对方，或者认为对方在有意欺辱，或者认为对方在矛盾纠纷中得寸进尺，而自己一再忍让，所以积压着一肚子的委屈。这时，他一旦从对方或第三者的言行中发觉对方仍不满足，甚至还想进一步"加害"自己，或者由于某种事件或状态而引起的心理联想，以致感到"忍无可忍"，遂产生加害对方、发泄怨恨的邪念。有的人，对于自己与他人或组织的矛盾，希望通过合法的或缓和的行为解决，但在经过种种努力之后，仍感到没有达到自己的愿望，或者问题没解决，或者对解决的结局不满意。这时一旦受到某种外界的刺激，对通过合法的或缓和的方式解决矛盾纠纷失去信心，而又认为"事关重大"，便会诉诸暴力。有的人，在与自己有重大意义的矛盾纠纷中，突然受到外界的某种刺激，预感到可能出现对自己不利的结局，于是铤而走险。有的人，在自己与他人或组织的矛盾纠纷中，对事态的发展始终抱有乐观的态度，自信处于有利地位。一旦受到外界的刺激，或得知事实的真相，感到事与愿违，自己的如意算盘完全破灭，或者认为有人从中作梗，或者认为对方采取了某种卑鄙的手段，使事态的发展于己不利，情绪便急剧变化，以致丧心病狂地报复对方。

第二种情况是激发了被刺激者的愤怒。例如有的刺激者与被刺激者素昧平生，只是在社会生活中，偶尔接触，刺激者的言论或行为损害了被刺激者本人或亲友的利益，或者损害了被刺激者的声誉，于是激起被刺激者的愤怒，以致加害对方。有的双方偶尔发生纠纷，互不相让，或出言不逊，恶语伤人，或互相殴斗，以致激起一方或双方的愤怒，于是暴虐相格，甚至伤及无辜。有的人，由于自己的生理缺陷，或者做过某件有失体面、尊严的事情，经历过某种不幸的或难言境遇，产生了深深的自卑、悔恨或内疚，而且特别敏感，无端地怀疑别人会以此嘲讽、伤害自己。所以，别人即使是亲朋好友，所开的一个玩笑，所做的一个动作，所说的一句揭短的话，甚至完全与自己无关的语言或动作，只是由于自认为影射到自己，刺激了自己的隐痛，也会勃然大怒、施以暴虐。

上述两种情况表明，外界的刺激，对激情犯罪的产生，起着直接的诱发作用。没有外界的刺激，这种犯罪是不会发生的。但是另一方面，这种刺激之所以会产生诱发犯罪的作用，与被刺激者的某种个体特质也是分不开的。一定的刺激，只有作用于有某种特质的人，才会导致犯罪的发生。

（2）激情犯罪者的个体特质

激情犯罪者的个体特质，通常有两个特征：

一是以我为重。一个人之所以会激愤，是因为他感到突如其来的刺激严重地损害了他所看重的利益，或者严重地伤害了他所崇尚的道德感。如果他所看重的利益或他所崇尚的道德感与社会的利益和公共道德基本是一致的，那么，在社会主义条件下，他由于这种刺激而激起的愤怒就得到社会的同情，他在这种激情的作用下所实施的行为，也往往会得到社会的赞同，不至于被认为是犯罪。而激情犯罪的人，恰恰与此相反，他们对待社会生活的态度，往往是以自我为中心，把个人的利益、尊严、抱负或意愿看得高于一切。对于不涉及或者不严重影响自己的尊严、抱负或意愿的事件，他可以表现出宽宏大度，谦让温和甚至袖手旁观不闻不问，但一遇到对自己的利益、尊严、抱负或意愿有重大影响或严重危害的事情或场合，他就把自己凌驾于国家、集体、组织、他人的意愿和利益之上，不惜用犯罪的方式来发泄自己的不满。

二是自抑力差。激情犯罪的突出特点，是行为人在受到外界的刺激时，情绪激愤，以至失去理智，无法控制自己的行为。事过之后，往往后悔不已，对自己当时会大动干戈感到吃惊。在现实生活中，当遇到与愿望相悖的情景，当自己所看重的利益（个人或集体的）、所崇尚的道德感（个人的或社会的）受到损害或伤害时，当所遇到的挫折遭遇不合理或是被人恶意造成时，人们爆发出激愤的情绪，往往是自然的、正常的社会现象，是人类情感丰富的表现形式之一。但是并非每个人在这种激愤情绪作用下，都会实施反社会的犯罪行为。事实上在现实社会中的每个人，都可能遇到令人气愤、不满的事情。但是绝大多数人在这种情况下，都能依靠自我抑制的力量，把自己的行为控制在法律和社会公共道德所允许的限度之内，而不去实施犯罪行为。极少数人之所以在这种情况下去实施犯罪行为，除了以我为重，以个人的好恶为第一的生活态度之外，另一个很重要的原因，就是意志的自我抑制能力差。自我抑制能力强的人，在激愤的情绪出现时，往往会比平时更为冷静地思考问题，有意识地把自己的行为控制在法律和社会公共道德规范的范围之内。即使决意实施犯罪，也会进行精心的设计，有预谋地进行（许多由于现实生活中的矛盾激化而引起的蓄谋性犯罪都是这种人实施的）。而自我抑制能力差的人，在激情的状态下，则往往不能控制自己的情绪，不能理智地选择自己的行为，不能有效地控制内心的冲动。这种状况，必然促使个体凭着一时冲动，滥施暴虐，不计后果。

所以，反社会的生活态度，与低下的自抑力相结合，在强烈的不良刺激面前，必然产生过激的侵害行为，导致犯罪的发生。

此外，激情犯罪的人，许多还具有思维片面、心胸狭窄的特点。

社会生活中的矛盾，绝大多数都是正常的社会现象，如果能够全面认识，便不致激起强烈的感情波动。个别人之所以在这些矛盾面前会产生无法抑制的冲动，往往是他只看到矛盾的一方面并把这个方面夸大到不适当的地步，以致产生偏激的思想感情。人际交往中的各种纠纷，本来可以通过各种恰当的合法的途径解决。如果能够认识到还有其他可供选择、比犯罪行为更有利的途径，除非对社会怀有深刻的敌意，人们往往不会去选择将给自己带来痛苦的犯罪行为。在这种场合，有的人之所以选择了犯罪行为，往往是一时没有发现更好、更有利于自己的解决方式。正因为这样才会在事后认识到自己行为的后果时感到懊悔和内疚。所以，在激情犯罪中，对于许多人来说，思维偏激，"好钻牛角尖"，也是导致犯罪的原因之一。

与之相联系，心胸狭窄，对人对事缺乏宽容，也是导致某些人不能正确对待外界刺激，实施激烈的报复行为的原因之一。在现实社会生活中，一些常人认为微不足道的事情，心胸狭窄的人，往往会斤斤计较，以致引起种种联想，认为对自己的利益、尊严和抱负或道德感造成了重大的侵犯，而不宽容对方，以致诉诸暴力。有的人，一旦自己的短处被人取笑，便会马上勃然大怒，施以暴虐。有的人，在自己的短处被人取笑时，虽然表面上不发作，但内心极为不满，长时期耿耿于怀。如果多次受到这种刺激，便会在积怨的催动下，"怒从心上起，恶由胆边生"，突然爆发出激烈的报复行为。这些人之实施犯罪，其心胸狭窄，往往是重要基因。

当然，思维片面、心胸狭窄并不必然导致激情犯罪。它只有与以我为重、蔑视法律的生活态度以及崇尚武力的自我暗示相结合，才会在外界刺激的作用下，导致激情犯罪的发生。

（3）激情犯罪在实施过程中的特点

在激愤的情绪作用下产生的犯罪意图，往往会当即付诸实施。激情犯罪在实施过程中的特点是：

A. 凶猛。激情犯罪的人，在实施犯罪的过程中，往往来势凶猛，不顾一切。除非强制，任何劝说忠告都很难奏效。并且往往不择手段，不计后果，碰到什么工具使用什么工具，能达到多么重的侵害程度，就达到多么重的侵害程度。行为人往往是竭尽全力，甚至连劝阻的人也会加以侵害。

B. 残暴。激情犯罪通常都表现为暴力侵害行为或严重破坏性行为，并且极为残忍。有的手段狠毒，非置对方于死地不肯善罢甘休；有的对受害者连砍数刀，明知已死，仍不住手；有的迁怒他人，伤及妇孺；有的杀人碎尸；有的危及公共安全，滥杀无辜。这正是激情犯罪危害严重、破坏性大的突出表现。

C. 暴露。激情犯罪在实施过程中往往不加掩饰。不论是在公共场所，还是在私人住宅、田间地头，犯罪人往往对自己的犯罪意图直言不讳，也不论对方是否戒备，有时还叫骂着扑向对方实施暴力侵害。有的在犯罪实施之后，还公开案情和罪因，声称"好汉做事好汉当"。多数都能投案自首，或如实交代犯罪事实。

激情犯罪人在激愤发泄之后，开始会感到舒心和满足。但是紧接着，当他能够理智地思考问题时，看到自己的犯罪行为对社会、对他人、对自己所造成的危害，往往会追悔莫及，发生心理突变，进而认罪服法，接受改造。这也表明，激情犯罪人不像蓄谋性的犯罪人那样具有稳定的倾向性的犯罪意识，表明这类犯罪的发生，与外界刺激有很大的关系。

2. 机会犯罪

机会犯罪，是指由于遇到某种机会，突然萌发出犯罪意念而当即实施的犯罪。实施这种犯罪的人，事前并无明确的犯罪意图。如果没有某种适当的机会，这种犯罪便不会发生。在行为人实施犯罪之前，如果这种机会突然改变或消失，行为人往往会中止自己的犯罪行为。正是鉴于适当的机会对这类犯罪产生的重要性，我们把这类犯罪称为机会犯罪。

（1）机会犯罪的种类及其成因

机会犯罪，按照性质的不同，大致可以分为三种：

A. 财产性机会犯罪。这种犯罪是指行为人看到某种情况或者处于某种境地时，自认为有机可乘，遂产生犯罪而实施的以攫取钱财为目的的犯罪。这类犯罪从刑法的角度看，可能属于侵犯财产罪，也可能属于其他经济犯罪、妨害社会管理秩序的犯罪，甚至危害公共安全的犯罪，但其侵犯的对象，主要是钱财或财产性利益。

这种犯罪得以发生的机会，常见的有：

第一，业务上的可乘之机。如管理账目的人同时经手现金、实物或保管现金、实物的人同时单独制作账目，或者财会、出纳人员发现账目、现金管理混乱而无人过问，或者银行、邮电工作人员偶遇一笔手续不当的存款、汇票，商店营业人员、出纳人员发现某些售物款或购物款不入账目也无人可知，等等，以致利用这种机会，贪污公共财物。

第二，在自己的生活环境中偶遇无人看管的财物且易于得手。如在旅途中或车站、码头、机场、饭店等场所，偶尔发现他人因吃饭、解便、买票、购物等暂时离开自己的行李、物品，便乘机拿走；偶尔发现铁路枕木、文物、电线、电器、动力设备、各种标志（包括正在使用中的上述财物）无人看管，并且易于窃取，便顺手牵羊；路过仓库、工地，或进入居民住宅、机关单位，发现贵重物品而四下无人，便悄然窃取；等等。

第三，处于某种易于作案的境地而又偶遇可以窃取的对象。如黄昏夜晚或者周围僻静无人时，突然遇到出差在外、探亲旅游、个体商贩等单身过客，便实施抢夺、抢劫犯罪。

第四，偶尔得知或发现某人或某单位有可骗之机、可盗之机、可赚之机，遂对之进行诈骗（或招摇撞骗）、盗窃、投机倒把（或倒卖计划供应票证、销赃等）犯罪活动。

当这种使犯罪易于得逞的机会出现在人们面前时，决非人人都会实施犯罪行为。只有那些唯利是图、损人利己的人，才会见财眼开，利令智昏，走上犯罪的道路。这些人，平时道貌岸然，甚至工作积极、乐于助人，但是他们的灵魂深处却隐藏着唯利是图的极端利己主义的肿瘤，在正常情况下，他们往往也能权衡利弊得失，把良己的行为控制在社会公共道德和法律要求的范围之内。然而，一遇适当机会，他们潜意识中暗藏着的唯利是图的极端利己主义肿瘤就会恶性膨胀，为满足自己的利欲，不顾社会公共道德和法律的要求，损害他人、集体和社会的利益。

B. 机遇型性犯罪。机遇型性犯罪是指在个体生存环境中，由于偶尔出现的某种机遇，激发了行为人的性犯罪意念而实施的性犯罪。犯罪分子事先并无实施性犯罪的意图和准备，只是由于机遇的刺激，才激发了性犯罪的意念，并且往往是不经准备即付诸实施。

激发性犯罪意念的机遇，通常有：

第一，处于某种易于实施性犯罪的境地而又遇到可以侵犯的对象。如在荒郊野外或夜深人静之时，偶遇只身行走的女性而实施流氓、强奸等犯罪。

第二，突然受到性刺激而又有作案条件。加入室盗窃时，突然看到孤身裸体睡觉的妙龄女性，遂起意强奸；误入女浴室、女厕所或天然水池旁，看见女性的性感部位而四周无人，遂侮辱、猥亵或强奸妇女等。

第三，受到异性的诱惑。如与女流氓勾结而与之苟合；在跳色情舞、看黄色录像等富于性刺激的场合，受到挑逗、诱惑而进行流氓鬼混；男女二人独处时女方的语言、表情或动作，有所暗示，或女方本无邪意，而男方自作多情，误认对方垂青，遂生歹念而实施流氓、强奸犯罪等。

第四，在进行不正当的性行为或追求异性时，突然受到阻碍而引起争执，遂实施杀人伤害等犯罪；奸夫奸妇通奸时，被本夫（本妻）抓获，在争吵、扭打中奸夫奸妇当场杀死或杀伤本夫（本妻）等。

除上述第四种情况外，实施这类犯罪的人，平时往往看不到性犯罪迹象，有的甚至在日常的交往中，对性行为讳莫如深，表现出过分地掩饰。但是，在他们的内心深处，却对性行为、异性怀着过分的渴求。其中有的对待性欲和异性的态度是极力追求但又不想被人耻笑，更怕受到法律的制裁。所以常常依靠意志的力量来压抑自己的欲望。但是一经出现某种机遇，使他们感到既可得到性的满足又不会被人发觉时，或者受到强烈的刺激时，被压抑的欲望便会迅速地迸发出来，以致丧失理智，不顾社会的性道德和国家的法律，急促地实施性犯罪。

C. 其他机会犯罪。这类犯罪通常属于妨害社会管理秩序的犯罪。在现实生活中，有的人，本无故意滋事的思想准备，但在影剧院、游乐场、运动场等公共场所，遇到秩序混乱时，便唯恐天下不乱趁机扩大事态，以致造成人身伤亡或公私财产的重大损失。有的人，在车站、码头、饭馆、商店、贸易市场等公共场所，偶遇他人寻衅滋事，欺侮妇女、老人时，遂助恶为虐，欺凌弱小，实施犯罪。有的人，平时对某些人有不满情绪，但并未达到敌对的程度或者还没有因之产生加害于对方的犯罪意图，但是在遇到其他人对自己所不满意的人实施某种加害行为时，便会借机支持、帮助甚至积极参与加害行为，使对方遭受精神上、肉体上的伤害或财产上的损失。

机会犯罪与相应的蓄谋性犯罪相比，具有共同的经济根源和思想根源，具有相同的成因。但是这两类犯罪人的个体特质中反社会的生活态度在程度上是不同的。前者反社会的倾向极为强烈，以致主动寻找犯罪机会，谋划犯罪活动，后者反社会的生活态度还没有达到相当的程度，因而在正常情况下对个体的行为选择还不能占据支配地位，不至促使个体主动实施犯罪。只是在遇到适当的机会时，这种反社会的生活态度，受到外界刺激的强化而跃居支配地位，才促使个体选择了犯罪的行为。

（2）机会犯罪的心理特征

机会犯罪的人，实施犯罪行为时的心理特点是：侥幸，惧怕。一方面，他们怀着强烈的侥幸心理。他们认识到自己的犯罪行为是危害社会而为公共道德和法律所不容的，一旦被发觉，便会受到国家法律的制裁，因而平时没有足够的勇气实施犯罪。但是在遇到这种机会时，他们又认为，有利的时间、地点、环境、条件或状况，掩护着他们的犯罪行为，或者使自己的犯罪行为不至留下可资查证的痕迹，自己偶尔作案，也不会被人怀疑，以至自信犯罪行为不会被人发觉。另一方面，他们这种自信心往往是不强的。他们在平日的生活实践中认识到，实施犯罪行为的人，迟早会受到法律的制裁。并且他们在个体生活中，更重视自己的社会地位、荣誉和生活条件，担心犯罪活动一旦暴露，会身败名裂，失掉已经获得的一切，有时在犯罪实施之后，会疑神疑鬼，犹如惊弓之鸟；有的还会产生脸红、心跳等外露的情绪变化。

正是由于这种侥幸与恐惧的矛盾心理，机会犯罪在实施过程中，不像蓄谋性犯罪那样表现出顽强的意志力，奋力排除犯罪过程中出现的各种障碍；也不像激情犯罪那样失去理智、不顾一切，而是谨慎小心，唯恐被人发觉。犯罪实施过程中，一旦遇到障碍，或者预感到会被人发觉，便马上停止犯罪活动，仓皇逃去。但在犯罪实施之后，受恐惧心理的支配，有时会毁灭罪证，甚至杀人灭口。

机会犯罪，对于具体的犯罪人来说，往往是犯罪的初步。在犯罪得逞之后，行为人开始继续受恐惧心理的支配，坐立不安。这时，如果被查获归案，往往会追悔莫及，痛恨自己自作聪明，干了蠢事。但是，如果当他意识到自己的犯罪行为无人发觉时，恐惧心理便会为从轻而易举的犯罪活动中得到的满足感所代替，并使犯罪人体验到这种犯罪的"好处"，从而强化他的犯罪心理。

这类犯罪人，一旦获得了成功的体验，往往不会就此罢休，而会有意识地去寻找这种机会，变本加厉地进行这类犯罪，由机会犯罪向蓄谋性犯罪转化。初次实施这类犯罪时的恐惧心理，也会逐渐被侥幸的自信心理所取代。如果不是在犯罪过程中屡遭失败，或者被及时查获、制裁，这类犯罪人将不会中断这种犯罪，以致发展为惯犯。

3. 随和犯罪

在整个刑事犯罪中，共同犯罪占有相当大的比重。而在共同犯罪中，除了提议、组织、策划、指挥者外，其他共同犯罪人通常都是附和他人的提议，跟随他人参与实施共同犯罪行为，这些人的犯罪与提议、组织、策划、指挥共同犯罪的人有所不同，不具有蓄谋犯罪的特点，而且对共同犯罪的产生不具有决定性的意义。为了分析这些人走上犯罪的原因和特点，我们把他们的犯罪称为随和犯罪，从共同犯罪中独立出来，予以专门探讨。但是应当明确，随和犯罪是共同犯罪的有机组成部分，它只能存在于共同犯罪之中，而不能单独存在；它的性质和责任问题，只有根据它所参与的共同犯罪的性质，以及它在该共同犯罪中的地位来决定。

（1）随和犯罪的特点

随和犯罪是指由于他人的提议、纠集而参与共同犯罪的人所实施的犯罪行为。这类犯罪可能存在于各种形式的共同犯罪之中。它的突出特点主要是：

A. 犯意形成的被动性。共同犯罪中的每个共同犯罪人都具有共同犯罪的故意，但是这种共同犯罪故意的形成却存在着不同的情况。有的人是自己首先形成犯罪意图，决意实施某种犯罪，尔后纠集、引诱他人一起实施；而有的人则是在他人提出犯罪决意之后，表示赞同、默认，把他人提出的犯罪意图接受下来，从而在相互之间形成共同的犯罪故意。对于前者来说，犯罪意图不论是蓄谋已久的，还是突然产生的；不论是基于个人的内心冲动，还是反映共同的利益要求或情绪状态，都是在共同犯罪的故意形成之前，自觉地、自主地确定的，并且行为人对之具有明确的认识，有意通过煽动、引诱、教唆、提议、暗示等方式，把自己的犯罪意图灌输给其他人，勾结、纠集他人与自己一起实施犯罪。因而在犯意形成的过程中，总是表现出某种主动性。对于后者来说，事前并无明确的犯罪意图，其中有些人虽然可能具有某种利益要求或心理体验，但是这种利益要求或心理体验还没有转化为犯罪意志。只是由于他人的提议，才使他们引起了某种心理联想，或者认识到了自己的某种利益要求或情趣，或者使他们潜意识中的犯罪倾向明朗化，从而接受他人的犯罪提议，把他人的犯罪意图转化为自己的犯罪意图。因而他们在犯罪形成的过程中，总是表现出某种被动性，他们的犯罪意图，是别人灌输给他们的，是被动地接受他人的犯罪意图的结果。这后一种人犯罪意图的形成正是随和犯罪得以产生的前提，也是随和犯罪的特点之一。

B. 犯罪行为的随从性。随和犯罪在共同犯罪中具有从属的性质。从共同犯罪人的相互关系上看，随和犯罪的人总是居于被支配的地位。在共谋犯罪计划时，他们往往对别人的谋划言听计从，很少提出并坚持自己的设想。在实施犯罪行为的过程中，他们往往是根据居于主导地位的共同犯罪人的指挥、暗示、活动来确定自己的行为，跟随他人进行犯罪活动。从在共同犯罪中所起的作用看，随和犯罪对犯罪结果的发生，主要是起辅助或次要的作用。在共同犯罪中，随和犯罪人所实施的行为，往往是为整个共同犯罪创造条件、提供工具，或者协助他人作案，或者为他人的犯罪作掩护。当然，有时也可能受他人的指使，实施主要犯罪行为，或者自己积极主动地实施共同犯罪中最严重的行为。即使在这种情况下，他们的犯罪行为也是受他人所提出的犯罪意图支配的，并且在共同犯罪中不具有组织、策划、指挥的性质。

正是由于上述两个特点，随和犯罪的人，多数是共同犯罪中的从犯，如果没有主犯的煽动、引诱、教唆、提议或暗示，这些人便不会、至少在当时的具体环境下不会产生犯罪意图，实施犯罪行为。但是，随和犯罪的发生，与犯罪人自身的个体特质也是分不开的。

（2）随和犯罪人的个体特质

一个人之所以会对他人的提议随声附和，参与犯罪，是因为他人所提出的犯罪意图与自身的某种倾向性的心理特质之间具有亲和基因，或者说，自身的某种心理特质对于相应的犯罪意图具有易感性，因而无须激烈的动机斗争，便会很容易地接受他人提出的犯罪意图，跟随他人实施犯罪。

随和犯罪的人，本身具有一种潜在的反社会倾向。只是这种反社会倾向还不够明确，还没有定型，在通常情况下，还没有转化为强烈的犯罪欲求。也正是由于他本身具有这种反社会倾向，其他人的犯罪建议才能够催发他的犯罪激情，引起他的心理共鸣。同时，在共同犯罪中，由于各个共同犯罪人都要对犯罪承担刑事责任，从而就分散了他们各自的负罪感。特别是随和犯罪的人，他们自认为反正有发起者、策划者顶着，自己不过是扮演"龙套""小卒"的角色，主要罪责追究不到自己头上。这也是某些人不会独立地确定犯罪意图，即使有过犯罪的冲动，也没有勇气把它变成犯罪的决意，而在他人提出相应的犯罪意图时便会积极响应的原因，是随和犯罪的一个重要因素。

20世纪80年代以来，所谓的"团伙犯罪"急剧增加，曾一度对社会治安造成了很大的威胁，引起了社会各界特别是犯罪预防部门的关注。

从已经破获和审理的"团伙犯罪"案件来看，所谓的"团伙犯罪"，绝大多数都是青少年结伙犯罪。而在青少年结伙犯罪中，除了首要分子和部分骨干成员具有独立的犯罪意图，有的甚至有一定犯罪经历以外，其他成员一般都具有随和犯罪的性质。

随和犯罪的青少年，往往没有明确的生活态度，对社会、法律、道德，既无敌意，也不尊重。既不愿受法律和道德的拘束，也不专门同法律、同社会作对，有的根本不知法律为何物。他们认识能力低下，自我调节功能不强，对于别人提出的犯罪意图的社会意义和严重后果认识不清，所以往往是"跟着好人办好事，跟着坏人干坏事"。在他们的生活圈子里，一经遇到他人的引诱、教唆，便会跟随他人犯罪。特别是对于他们所崇拜、尊敬的人和年龄相仿、习性相投的要好伙伴的犯罪提议，更是积极热心，一呼即应、一拍即合。因此，在社会治安不好，犯罪诱惑力甚强的情况下，青少年随和犯罪增多，就是必然的了。

（3）随和犯罪的几种情况

从现实社会生活中看，随和犯罪的发生。主要有以下几种情况：

A. 他人提出的犯罪意图符合随和犯罪人的利益要求。在现实生活中，有的人虽然意识到自己的利益之所在，但还没有想到用犯罪的方式去谋取。当别人提出犯罪的意图时，他意识到这可以满足自己的利益要求，所以积极响应。有的人意识到自己的利益要求并且也想到了犯罪的方式，但慑于法律、道德的压力而犹豫不决，或者没有足够的勇气和能力把这种念头变为犯罪的追求。当他人提出的犯罪意图一旦符合自己的这种利益要求时，便会发生"英雄所见略同"的赞叹，附议这种犯罪意图。也有的人，事前并没有想要通过犯罪来满足自己的利益要求，但是由于具有自私自利的个体特质，因而在他人的"开导"劝诱下，使产生这种利益要求，跟随他人实施相应的犯罪。

B. 他人提出的犯罪意图符合自己的某种情绪要求。有的人对日常生活中发生的矛盾和纠纷耿耿于怀，总想报复对方，但又没有足够的勇气或能力独立地实施加害行为。一旦遇到他人提出加害于自己想要报复的人的意图，便会引起心理共鸣，合伙实施犯罪行为。有的人在进行某项合法的或者非法的活动时，为了排除障碍，消除"眼中钉"，曾经产生过某种加害于人的冲动，但是慑于法律的威严或舆论的力量，而没有把这种冲动变为犯罪意图；或者还仅仅是想要排除障碍而没有产生加害于人的冲动，或者也曾寄希望于对方的自行倒霉；盼望有比自己更能的人去消灭对方。这时，如果遇到他人提出的犯罪意图能够排除自己的"障碍"，消除自己的"眼中钉"，也会接受他人的犯罪意图，合伙进行犯罪活动。

C. 他人提出的犯罪意图符合自己的情趣要求。有的人，整天沉溺于某种低级情趣之中，或者具有某种不良嗜好，但是由于还没有犯罪的体验或机遇，或者由于这种情趣、嗜好和要求还没有发展到犯罪的程度，所以没有形成犯罪的决意。但是当他人提出的犯罪意图迎合了这种情趣、嗜好时，便会使之迅速膨胀，或者使他们意识到他人提出的犯罪意图的实现可以满足自己的情趣、嗜好时，他们便会积极响应，跃跃欲试，把自身具有的低级情趣、不良嗜好变为对犯罪的追求。

D. 基于某种群体意识或哥们儿义气。在某些共同犯罪中，他人提出的犯罪意图，并不是自己的利益要求，即使反映自己的利益要求，也不足以促使其犯罪，也不是自己的情绪或情趣所在。他们响应犯罪提议，附和他人犯罪，主要是基于某种落后的群体意识或哥们儿义气。这些人，对于他们所处的群体具有亲密的感情，惧怕被群体抛弃所带来的冷落感，所以总想通过自己的行动，维持群体的存在，保持自己与群体的关系，因而对群体的活动，往往不分良莠，都积极参加极力在其中表现自己。一旦群体中有人提出犯罪建议，他人响应，自己亦附和；别人实施，自己也积极参与。有的人，在自己的生活经历中，受哥们儿义气、封建行帮思想影响较深，常常"为朋友两肋插刀"。一经同伙请求，即使是去犯罪，也毫不推辞，为了哥们儿友情，别人让干什么就干什么。特别是在同伙策动下，更是积极参与他人提议的犯罪活动。

（原载《犯罪学》，四川人民出版社 1989 年版）

犯罪预防的方法论思考

　　预防犯罪是人类社会面对严重威胁人类生存条件的犯罪日益增多的现实而作出的理性选择，是国家一切刑事执法活动所追求的直接目的。然而，人类社会同犯罪作斗争已有数千年的历史，在这个历史的长河中犯罪非但没有被消除反而一次又一次地呈现出上升的趋势。时至今日，犯罪仍然作为严重的社会问题吸引着人们的注意力，困扰着刑事执法系统，犯罪现象的严重性迫使许多国家的管理者不得不投入越来越多的人力和财力同犯罪作斗争。这种状况无时无刻不在向每个国家、每个犯罪研究人员和犯罪对策的实施者提出挑战：您所信奉的犯罪对策的指导方法正确吗？您所选择的犯罪对策方案在实践中有效吗？这些问题，这种困惑，使我们无法继续满足于具体犯罪措施的正确，陶醉于同犯罪作斗争中一时一事的成功，而不得不更多地思考犯罪预防的方法论。

　　在任何社会中，犯罪预防的整体效果总是取决于方法论选择的正确程度。缺乏正确的方法论指导的犯罪对策，虽然可能在具体运用中取得一时一事的成功，但是在整体效应和长期效果上，却很难保证其对犯罪预防的积极作用。犯罪预防所以未能取得尽如人意的效果，方法论选择上的失误恐怕不能不说是其中原因之一。

一、预防犯罪手段选择

在同犯罪作斗争中，人类社会首先选择了刑法。在很长时间内，人们曾经把刑法视为预防犯罪的唯一手段，认为只有刑法中规定的刑罚才能够遏制犯罪。因为刑法是专门用以禁止犯罪的，刑罚是作为犯罪的克星出现的。人们创造了刑法并赋予它这样一种功能：它不仅能够把国家关于禁止任何人实施犯罪行为的意志传导给每一个社会成员，规范人们的行为，而且能够在犯罪行为发生之后通过它的具体适用给犯了罪的人造成非常不利的后果，从而使犯罪人体验到犯罪后的痛苦，这种痛苦的感受在犯罪人以后的行为选择中可能成为抑制犯罪冲动的力量而阻止其再次实施犯罪。同时，刑法的具体适用对犯罪人所造成的不利后果也会作为一种社会存在对想要犯罪的人发出警告并抑制其犯罪的冲动。正是因为刑法对于抑制犯罪冲动、防止个人实施犯罪行为具有极为重要的作用，所以刑法在人类社会同犯罪作斗争前后相继的历史中才成为备受重视的、惯常使用的手段，刑法的适用才成为预防和对付犯罪的基本途径。

选择刑法来预防犯罪，是基于对犯罪原因的如下认识：犯罪是个人无视天理人伦而执意作恶的意志自由选择的结果，犯罪的原因在于个人道德品质的恶劣。而趋利避害是人的本性，只要让人们充分认识到犯罪后所受刑罚的痛楚，就可以促使人们远离刑罚而不去犯罪。因此，只有对犯了罪的人施以严厉的刑罚，通过痛苦的折磨和杀一儆百的示范，才能遏制人们作恶的意志，预防犯罪的发生。刑法正是代表"天意""神意"，乃至"人民的意志"对犯罪规定刑罚的法律，刑法的适用正是要实现对犯罪的惩罚（对作恶者的报应）以恫吓想要犯罪的人。

在运用刑法同犯罪作斗争中，人们逐渐发现，刑法虽然对于遏制犯罪具有不可替代的作用，但是刑法对犯罪的预防作用又总是受到一定条件、一定范围和一定对象的制约，仅仅依靠刑法并不能有效地预防犯罪。因为犯罪不完全是人的意志自由作用的结果，不完全是刑罚的严厉性所能抑制得住的。犯罪也与人的性格、习性、心理变态甚至遗传基因有关，与犯罪时的社会环境以及被害人的情况等因素有关。于是人们提出了在对犯罪人进行刑事制裁的过程中着力于对犯罪倾向进行矫正治疗的任务，意识到防止犯罪发生还可以在犯罪发生之前采取一些有针对性的措施，消除犯罪产生的具体原因和条件，阻止可能犯罪的人实施犯罪。特别是在现代，人们普遍意识到犯罪是多种因素相互作用的结果。在此基础上，综合运用多种手段预防和对付犯罪成为各国犯罪学家们的共识。

值得一提的是，早在 20 世纪初，意大利犯罪学家菲利就指出："自然的和社会的环境，借助于行为人先天遗传的和后天获得的个性倾向及其他偶然的刺激，必然决定一个国家某一时期的犯罪在质和量上的程度。也就是说，一个国家的犯罪在自然领域受个人的生物心理状况和自然环境的影响，在社会领域受经济、政治、行政和民事法律比受刑法的影响要大得多。"[1] 因此，立法者应当通过研究个人和集体行为的产生、条件和结果，认识到人类的心理学规律和社会学规律，据此采取各种刑罚的替代措施，控制各种导致犯罪的因素尤其是社会

---

〔1〕 〔意〕菲利：《犯罪社会学》，郭建安译，中国人民公安大学出版社 1990 年版，第 98 页。

因素。并且，"社会预防犯罪的措施必须是多方面的、复杂的和不断变化的，必须是立法者和公民在系统的集体经济的坚实基础上进行长期不懈的系统工作的结果"[1]。这种思想，把犯罪预防的目标从针对犯罪者个人转向针对犯罪现象这一整体，把预防和控制犯罪的责任从执法机关一个系统扩展到整个政府、整个社会，从而奠定了犯罪社会学派犯罪预防观的基础。

在这一思想的影响下，法国出现了极具影响的社会防卫理论。按照这种理论，犯罪预防工作首先要针对犯罪产生的社会环境来设计对策，要把重点放在社会环境的治理上。他们认为，如果社会环境能造就出健康、正常的社会成员，那么犯罪发生的可能性就会大大减少，犯罪现象也会大大下降。因此，犯罪预防实际上也就是社会预防，是一项浩瀚的社会改造工程，需要全社会的努力。

在美国，以1984年《联邦综合犯罪防止法案》为标志，犯罪预防的综合理论为美国各界所接受。这种理论强调预防犯罪的各种手段都有着不可替代的作用，它们都应当得到实施并且应当相互衔接和配合。这种理论把预防犯罪的各种手段分为三个层次：第一个层次是改善和控制可能孕育犯罪的各种环境和机会；第二个层次是鉴别潜在的犯罪和犯罪高发区域并对之进行早期干预；第三个层次是对已经犯罪的人适用刑法，进行矫正，防止其再犯罪。

在我们国家，"综合治理"是同犯罪作斗争的基本方针。综合治理强调动员全社会的力量，全面地运用政治、经济、思想、文化、行政和法律等各种手段预防和治理犯罪问题。综合治理的方针既是以犯罪产生的原因是多元化的，防治犯罪的手

---

〔1〕 〔意〕菲利：《实证派犯罪学》，郭建安译，中国政法大学出版社1987年版，第59页。

段也应当多元化这样一种理论认识为基础的，也是根据社会主义国家同犯罪作斗争的优势提出来的。社会主义制度的确立为预防犯罪提供了广泛的社会基础，国家权力的高度集中为综合运用各方面的社会力量、各种犯罪对策手段同犯罪作斗争提供了统一指挥、互相配合、协同作战的保障。因此，综合治理既与世界各国在犯罪对策上的多元化保持一致，又充分反映了我国同犯罪作斗争的特点和优势。

犯罪预防手段的多样化表明，犯罪对策显然是随着人类社会同犯罪作斗争的经验的积累和对犯罪原因的认识的深化而不断发展和改进的。犯罪预防手段的多样化弥补了单一预防手段的不足，创造了更多的实现预防犯罪目的的途径。

二、预防犯罪效果考察

然而，各种犯罪对策手段及其综合运用在同犯罪作斗争中并未显示出回天之力，各国的犯罪现象不论在数量上还是危害程度上仍然呈现出增长的趋势。这一事实，无情地告诉人们：迄今为止的犯罪对策并没有达到至善至美的地步，甚至可以说，它自身必定存在着某种致命的缺陷以致其不能有效地预防犯罪，或者是它没有被恰当地运用以致其没有充分发挥出预防犯罪的威力。

循着这种思路，我们深入考虑犯罪的原因，反省各种犯罪预防手段，发现在犯罪预防的方法论选择上的失误不能不说是其未能有效预防犯罪的关键。这种方法论选择上的失误，集中表现为有关犯罪预防的各种对策都没有真正触及或者没有着力于使犯罪的产生成为必然的那些根本性因素。

各国的犯罪学家们普遍认为，最有效的犯罪对策是能够消除犯罪原因的对策。只有着眼于犯罪产生的原因，根据促使犯罪产生的原因的特点及其作用方式，选择阻止其发生作用的途径，才能真正预防和减少犯罪。而促使犯罪产生的原因，在我们看来，是由三个方面的因素构成的，即必然引起犯罪发生的决定性因素、决定性因素借以发挥作用的中介性因素和促使中介性因素得以运动的诱发性因素。决定性因素是现实社会中构成犯罪产生的先决条件并在犯罪产生过程中起主导作用的因素。中介性因素是在犯罪的产生过程中使现实社会中存在的决定犯罪必然产生的那些因素得以转化为犯罪行为从而使自己的载体成为犯罪主体的因素。诱发性因素是引起具体的犯罪冲动或者提供犯罪得逞的条件从而促使中介性因素向着犯罪行为实施的方向运动的因素。这三个方面的因素对于决定犯罪的发生具有不同的作用和不同的表现形式。其中后两类因素往往对具体犯罪的发生表现出直接的、直观的促成作用，而前一类因素则作为一种根源性的力量潜在地普遍地发生作用。前一类因素的存在决定了犯罪的必然发生，后两类因素的存在决定着犯罪由谁来实施、什么时候实施以及以什么方式实施。按照前一类因素的启迪，只有消除、改善、淡化决定犯罪存在的那些因素，才能从根本上防止犯罪的发生，才能在更大规模上实现预防犯罪的目的，真正减少犯罪的发案率。按照后两类因素的启迪，预防犯罪的具体措施应当是在犯罪产生的因果锁链可能存在的时候和场合，通过人的努力，切断这种可能的因果联系，或者引导、抑制可能成为这种因果锁链中的原因的因素，防止它引起犯罪的结果。

这表明，犯罪的因果律决定了防止犯罪的途径应当是双轨的而不是单轨的，或者说，预防犯罪的目的只有通过两个方面的同时努力才能实现而不能仅仅依靠于其中一个方面。这两个方面、两条轨道是：（1）通过有效的社会政策，改善社会环境，把决定犯罪发生的社会因素减少到最低限度，防止促使犯罪发生的决定性因素恶性膨胀和泛滥；（2）通过专门的、有针对性的工作，在各个具体场合防止犯罪的实际发生。第一个方面是围绕着造就某些社会成员的犯罪倾向的社会因素采取的减少犯罪动因的措施；第二个方面则是围绕着可能犯罪的人采取的消除犯罪环境、条件和场合，改善个人素质，阻止具有犯罪倾向的人去实施犯罪的预防性对策。第一个方面的措施所触及的是犯罪产生的深层原因；第二个方面的对策所触及的是犯罪产生的直接原因。这两个方面的措施，只有相互补充，才能相辅相成，取得理想的效果。如果缺少其中任何一个方面或者其中一个方面的工作没有做好，另一个方面的努力就很难取得理想的效果，整个犯罪预防活动就是片面的、有局限性的。

然而，令人遗憾的是，现有的各种犯罪对策体系都是沿着单轨制前进的，都是片面的思维方式支配犯罪对策选择的结果。人们只看到或者只重视犯罪者的个人因素在犯罪行为实施中的直接作用，只看到或者只强调犯罪是行为人的自由意志和环境因素相互作用的结果，而没有看到某些社会性因素对犯罪者的自由意志的决定作用和对犯罪环境因素的制约作用，没有看到犯罪首先是社会的产物，是一定社会存在的反映，或者虽然认识到这一点但是没有把这种认识真正贯彻到预防犯罪的方法论选择中去，因而把同犯罪作斗争片面地理解为防止个人实施犯罪，从而使预防犯罪的全部实施活动始终围绕着如何阻止可能的犯罪人实施犯罪而展开，使之局限于如何中断从人到犯罪这一个环节的因果锁链，而忽略了从社会到人即从社会的消极因素到可能的犯罪人和可能的犯罪机遇这个更为重要的环节。这种方法论上的失误，不能不说是影响犯罪预防效果的重要因素。

我们这样说，并不是无视犯罪社会学所取得的种种成果。

动；抓好职业培训教育；改善住房条件；成立专门的犯罪预防组织等。

上述措施的实际内容，使我们看到，不论是社会预防方案，还是综合犯罪对策，都是围绕着犯罪人及其犯罪时的具体社会环境展开的，都是以潜在的犯罪人与犯罪之间的因果关系为思维线索的。这些犯罪预防措施并没有真正触及到决定犯罪必然产生和普遍存在的那些社会因素。因此，我们认为，它们并没有脱离以人为中心的传统犯罪对策的巢穴。即使有些西方学者也承认："如果要想控制犯罪，就必须消除犯罪的根源"，而"美国社会的结构，即一个先进的资本主义工业社会的结构，本身就是产生犯罪的，对它的全面改革是极其需要的"[1]，但是他们又认为，真正要消除犯罪根源的犯罪控制方案很可能是不切实际的乌托邦式的，以至最终转向通过社区组织保护在美国社会生活中没有势力的那些人，通过充分就业、保护被害者、要求对富人的有害行为同对穷人的有害行为一样惩罚等更为直接、可行的方案。

在我国，学者们坚持马克思主义的犯罪观，认为犯罪和现行的统治"都产生于相同的条件"。而马克思在分析资本主义社会中的犯罪趋势及其原因时，早就告诫人们："应该认真考虑一下改变产生这些罪行的制度。"[2] 我们的社会主义制度虽然从总体上说并不是产生犯罪的制度，而是大大消除了犯罪产生的根源的制度，但是事实证明并且不少学者也承认，社会主义的某些具体制度、某些环节与我国现阶段的犯罪具有一定的因果关系，我们现实社会生活中存在着某些决定犯罪现象必然

〔1〕〔美〕D. 斯坦利·艾兹思、杜格·A. 蒂默：《犯罪学》，谢正权等译，群众出版社 1989 年版，第 624 页。
〔2〕《马克思恩格斯全集》（第 8 卷），第 580 页。

存在的因素。一些学者还根据马克思主义关于事物发展变化的根本原因在于事物内部的矛盾运动的辩证唯物主义原理，指出产生犯罪的根本原因在于社会内部的矛盾运动。然而同样遗憾的是，关于犯罪原因的这种认识并没有真正贯彻到犯罪预防领域，没有把犯罪对策选择与对成为犯罪产生的决定性原因的认识有机地结合起来，以至在具体贯彻落实综合治理方针时仍然拘泥于从人到犯罪的思维模式。这种思维模式集中地、典型地表现在《预防犯罪学》[1]一书中。该书以"提高对预防犯罪工作重大意义的认识、动员全社会的力量，防止减少犯罪行为的发生，保证社会的工作秩序、生产秩序和生活秩序等各项秩序的正常进行，为最终消灭犯罪创造条件"为己任，而该书所遵循的思维模式是：预测可能出现的犯罪现象及其变化趋势——控制犯罪隐患和险情——消除具有发生犯罪的趋势的情况（犯罪苗头）——犯罪发生后的控制处置。显然，这个模式仍然停留在对犯罪的表面的、直接的原因因素的对策上，而没有触及现实社会中决定犯罪必然发生的因素。因而所谓的"既治标又治本"的综合治理方案，仍然是只治标而非根治本的模式。

三、犯罪对策缺陷的历史与现实

我们这样讲，并不是企图否定上述各种犯罪对策的存在价值。恰恰相反，我们认为，犯罪社会学提出的犯罪对策较之单纯依靠重刑镇压的犯罪对策是历史上的一大进步，因而对于遏制犯罪更为有效。但是我们同时也看到，这些犯罪对策在方法论上还存在着缺陷，还未能真正触及犯罪的深层原因。这正是人们在绞尽脑汁地把这些犯罪对策手段运用于同犯罪作斗争的实践活动而仍然无法对结果感到满意的症结之所在。

---

[1]　王玉才、张战云主编：《预防犯罪学》，求实出版社1989年版。

当然，这种状况的长期存在不仅有历史的根源，而且有现实的困难。

从历史根源上看，最初同犯罪作斗争的是奴隶主国家。奴隶主阶级是通过暴力取得对社会的统治地位建立起奴隶主阶级专政的国家的，并且由于他们是刚刚从野蛮时代过渡而来的，所以他们更多地崇尚暴力，把暴力神圣化，以暴力为统治的主要手段。特别是在同犯罪作斗争中，他们心目中的对策手段只有暴力，只有以暴力镇压为内容的刑罚。正是在这种观念指导下，他们建立起专门用来同犯罪作斗争的强大的刑事司法系统，并使之成为国家机器的主要组成部分。另外，奴隶主阶级作为人类历史上的第一个统治阶级，他们具有更强的优胜感和优越感。他们把自己的领袖看成"真龙天子"，看作上帝创造的专门统治人的人，把自己的意志看作千真万确的、必须绝对服从的意志强加于整个社会、整个社会成员。他们所信奉的是"帝王无过错"的教条。因此他们不会想到，更不能承认，甚至不容忍有人认为他们所创造的国家、他们所制定的社会政策正是产生犯罪的根源，因而也绝不会想到预防犯罪还应当注意改善他们赖以生存的社会政治、经济制度。

封建社会虽然改变了奴隶社会的生产关系以解放生产力，适应当时生产力发展的要求，但却在很大程度上继承了奴隶社会政治统治的方式和观念形态。地主阶级把皇帝拥为主宰、视为图腾，建立起封建专制的绝对权威，使现实社会的一切都从属于、服从于皇帝的意志，因而更不敢承认皇帝作出的任何一个决定会引起犯罪。他们虽然也认为应当"三思而后行"，但是却信奉"君子一言，驷马难追"，并把这作为做人的准则传导给整个社会。在这种社会氛围中，预防犯罪的手段不能不是沿用奴隶社会的惯用伎俩，不能不是单纯地乞求于刑罚。即使有些有识之士在总结前朝灭亡的教训时意识到犯罪剧增与社会现实的关系，提出针对犯罪产生的决定性因素的预防建议，也会招致杀身之祸。因此，在中国漫长的封建社会中，以刑去刑始终是犯罪预防的主流意识。尽管儒家提出的德主刑辅的预防思想也源远流长，但是它并没有在历代犯罪预防实践中取得支配地位。并且，德主刑辅的思想虽然着眼于教化，强调犯罪前的预防而不是单纯主张犯罪后的惩罚，但是这种思想主要的还是针对可能的犯罪人提出的改善犯罪产生的中介性因素的措施，而不是针对现实社会存在提出的改善犯罪产生的决定性因素的措施。

在现代社会中，一味强调刑罚预防的状况有了很大改变，但是崇尚刑法的观念受到历史相继性和观念独立性规律的支配仍然残留在人们的意识中，仍然具有很大的市场和很强的势力。一提起对付犯罪，人们便会很自然地想到刑法，想到刑罚。一遇犯罪问题严重，便要求强化刑事司法、加强刑事立法。这样，人们也就容忍刑事司法系统的不断扩大，允许在国民经济预算中拨给刑事司法系统更多的经费，以至在现代国家的社会管理职能极大发展的情况下刑事司法系统仍然是国家机器中人员最多、开支最大的部门之一。因而人们对它在对付犯罪中的作用也就理所当然地寄予更大的希望。

从另一个角度看，在同犯罪作斗争中，人们只重视在犯罪产生的直接原因上下功夫而不去消除犯罪产生的决定性因素，是因为针对犯罪产生的决定性因素采取对策更艰难、遇到的阻力和风险更大。这是因为，第一，上述观念使历代的统治者不能容忍有人指出他们的统治以及他们进行统治的社会基础和各项政策中存在着某些使犯罪的产生成为必然的因素，因而不可能把犯罪预防的重点放在改善犯罪产生的决定性因素上。第二，决定犯罪必然产生的那些社会因素本身很难为人们所认识、所克服。这类因素作为犯罪产生的原因是通过具体人的主观能动性而起作用的。人们容易看到、容易接受具体人的主观因素以及犯罪时的环境因素与犯罪行为之间的直接联系，而不容易理解和接受社会因素对犯罪的决定作用。尤其是当一种新的社会制度代替旧的社会制度的时候，深受旧制度之害的人们对这种新制度的欢呼、热爱和对美好未来的憧憬，往往使人们只看到它合理的一面而无法理智地思考它可能产生的副作用，因而更难以承认和接受它有导致某类犯罪增加的事实。并且，人们容易运用机械决定论的因果观提出在相同的社会因素作用下为什么有的人实施犯罪而其他人却不实施犯罪这样的诘问，以否认这些社会因素对犯罪产生或增长的决定性作用。

殊不知，这些因素一旦存在，就必然会反映在人们的观念中、必然要通过人们的主观映象发生作用，只不过在什么时候、通过哪些人起作用要借助于特定的环境因素和个人的主观因素而已。此其一。其二，决定犯罪必然产生的那些社会因素即使为人们所认识，也会由于它们本身存在的合理性而不允许改变。例如，生产资料和生活资料的私有制是决定绝大多数种类的犯罪必然产生的基本原因，然而在共产主义社会到来之前，这种状态是任何人都无法完全改变得了的。它即使为人们所认识，也不会被消灭，甚至也很难被改变。另外，诸如某些具体的社会制度、社会政策，人们制定它总是基于一定的理由，因而即使它必然成为某些犯罪产生的原因，人们也可能只承认它存在的合理性、必要性的一面而不愿轻易放弃它、改善它。其三，社会生活的复杂性和实践主体特性的多样化，使任何一项社会制度、社会政策的确立都必然产生各种各样的结果，而在可能产生的各种不同结果的利弊得失的权衡中又往往是仁者见仁、智者见智。因此，为了预防可能产生的犯罪而阻止、改变或限制某项制度、某个政策的制定和贯彻，往往是十分困难的。而当通过实践的检验证明它是某类犯罪产生或增多的重要原因而放弃的时候，这种制度或政策所导致的犯罪往往是已经对社会造成了极为严重的危害。特别是在像中国这样的大国里，社会对犯罪的包容量和承受力是很大的，某种犯罪如果没有达到相当严重的程度，它对社会的危害便不易引起人们的普遍重视。而一旦普遍感受到某种犯罪的严重性，往往是这种犯罪已经发展到不可收拾的地步。而在这种情况下，运用刑法来制止其蔓延的要求就会愈加迫切，加重刑罚和强化刑事司法也就顺理成章。这正是犯罪预防的对策选择始终着眼于犯罪产生的中介性因素和诱发性因素而忽略决定性因素的原因所在。

对上述原因的分析和犯罪对策现状的理解并不意味着对这种状况的认同。相反，这促使我们更多地思考犯罪对策中的另一条道路、另一个方面的措施。只有当人类社会学会并善于同时运用上述两个方面的措施来规划、来进行犯罪预防的实践时，人们才会在自己的实践活动中看到预防犯罪的满意结果，才会使预防犯罪的目的最大限度地得以实现。我们期待着根治现代社会中的犯罪问题，因而也应当更努力地去寻找、去创造同犯罪作斗争的更好、更有效的对策手段，而不能仅仅满足于现有手段的运用。"志于这个目的的人也志于他力量能得到的为达这个目的所不可少的工具。"[1]

（原载《法律科学》1992 年第 3 期）

---

〔1〕 〔德〕康德：《道德形而上学探本》，商务印书馆 1962 年版，第 31 页。

预防犯罪的原理
及其规律

一、预防犯罪的原理

预防犯罪是一项宏大的社会系统工程。它既要具有主动性和超前性，又要具有广泛性和操作性，需要大量的人力、物力的投入。这就决定了预防犯罪的实践活动必须以科学的理论为指导，预防犯罪的措施选择必须符合犯罪及其预防的规律。这样才能减少盲目性，避免人、财、物的浪费；才能使预防犯罪实践活动更接近于预防犯罪的目的，避免南辕北辙的结局。

预防犯罪的理论基础在于犯罪的可预防性。正是由于犯罪产生的一般规律揭示了犯罪的可预防性，预防犯罪的目的才不是纯粹的乌托邦，而是可以通过人们的积极努力来实现的目标。如果犯罪是不可预防的，那么预防犯罪的一切努力也就是徒劳的，预防犯罪的活动也就失去了客观基础。犯罪的可预防性，不仅为预防犯罪的实践活动奠定了客观基础，而且揭示了可以预防的基本内容，为预防犯罪的实践活动指明了方向。

犯罪的可预防性是通过犯罪的因果性原理、预测性原理和可控性原理展现出来的，因而因果性原理、预测性原理和可控性原理也就构成了预防犯罪的基本原理。

1. 犯罪的因果性原理

犯罪的因果性原理是指任何犯罪的产生都是具有一定原因的，只有当一定的原因作用于特定的主体时才会产生相应的犯罪。这一原理包括四层含义：

（1）一定的原因产生相应的犯罪

一定的原因作用于一定的主体便会产生相应的犯罪。没有促使犯罪产生的原因因素，就没有犯罪这种结果现象的出现。就任何一个社会而言，促使犯罪产生的原因因素的多寡直接决定着该社会犯罪现象的数量大小，促使犯罪产生的原因因素的性质决定着该社会犯罪现象的严重程度。促使犯罪产生的原因因素减少了，该社会的犯罪发生率就会下降；促使犯罪产生的原因因素增多了，该社会的犯罪发生率就会增加。就任何一个犯罪主体而言，他之所以走上犯罪的道路，总是有一定原因可寻的，总是由于他自身的某种因素与外界的某种因素相互作用的结果。没有相应的原因因素对他发生作用，任何人都不会去实施犯罪。即使所谓的"天生犯罪人"，也离不开一定的原因因素（环境因素）的作用。就任何一个犯罪类型而言，它的出现总是具有一定的原因，总是与某种社会的、人文的、自然的或技术的环境因素有关，并且任何犯罪类型的变化总是受制于这些相关因素的变化。因此，犯罪的背后总是蕴藏着一定的原因，犯罪的产生总是受到因果律的支配。

（2）原因因素的组合方式决定着犯罪的形态

任何犯罪产生都具有一定的原因，但是"一定的原因"并不是仅指一个个孤立的原因因素。实证性研究的结论表明，"一定的原因"往往意味着若干个相关因素的组合，犯罪通常是一系列原因因素综合作用的结果。因此，多个相关因素之间的组合方式或称相互作用的方式，也就直接决定着相关犯罪的出现与否以及表现形式。同样是由生产资料和生活资料的私人占有制、社会分配不公、物质财富不能满足人们的生活需要等因素决定的经济犯罪；由于这些因素之间的组合方式不同，由其所决定的犯罪在不同社会制度下便表现为不同的犯罪状况。同样是由于人际关系冲突所引起的犯罪，这种人际关系冲突与不同的主体特质相结合，便会产生各种不同方式的犯罪，有的可能公开实施杀人、伤害行为，有的可能通过第三者来伤害对方而自己不露声色，有的可能通过损害对方人格名誉的侮辱诽谤方式进行报复，有的可能通过放火、投毒、爆炸等方式进行报复。这种不同的犯罪形态，既取决于导致犯罪的原因因素的不同内容，也反映于这些原因因素的不同组合方式或相互作用方式。

（3）一定的原因总是在一定的条件下引起相应的犯罪

一定的原因产生相应的犯罪是有条件的。一定的原因只有在一定的条件下才能产生相应的犯罪。没有有利于产生犯罪的条件，原因因素就很难发生作用，或者说，一定的原因产生相应的犯罪是受一定条件制约的。权力的滥用总是在缺乏对权力的制约机制的条件下导致贪污、贿赂等犯罪增长的；贪欲总是在金融管理秩序混乱的条件下引起经济诈骗急剧增多的。促使犯罪发生的原因因素，在一定条件下可以引起犯罪的发生和促进犯罪的增多，在一定的条件下也可能不足以引起犯罪的发生甚至可能抑制犯罪的增长。因此，一定的条件总是制约着一定原因发生作用的范围和程度，总是制约着相关犯罪的增加或减少，或者说，一定的条件总是为一定的原因引起相应的犯罪提供了或者限定了作用的范围。

（4）因果性原理是预防犯罪的理论基础

犯罪产生的因果性表明，犯罪是受客观的因果律支配的。

任何犯罪的产生和存在都具有现实的原因，一定犯罪的出现、增加或减少总是一定原因作用的结果；促使犯罪产生的原因是由多种因素组合而成的，这些原因因素的组合方式决定着犯罪的形态；同时，促使犯罪产生的这些原因因素在发生作用的时候总是受到一定条件的制约，总是在客观条件许可的范围内起作用的。

犯罪产生的这种因果性为预防犯罪提供了客观的基础。正因为任何犯罪的发生都是有原因的，而这种原因又是在一定条件下发生作用的，因而人们就可以通过消除、抑制或避免促使犯罪产生的各种原因因素来防止犯罪的发生，人们也可以通过改变、改善或改造促使犯罪发生的各种原因因素的组合方式和作用方向来减少犯罪的发生率和破坏性，人们还可以通过消除、改变或控制促使犯罪发生的各种原因因素发生作用的条件来限制犯罪的规模，防止其蔓延。

预防犯罪的思想正是根据犯罪产生的因果性原理提出来的，预防犯罪的措施只有以犯罪产生的因果性原理为基础才会是有效的。离开了因果性原理，预防犯罪就丧失了理论根据，就可能陷入盲目性。

2. 犯罪的预测性原理

犯罪的预测性原理是指一定社会的犯罪数量、犯罪类型、犯罪形态及其变化趋势可以通过科学的方法预先推知。根据对未来犯罪趋势的预测便可以制订具有主动性的预防犯罪方案。犯罪的预测性原理包括三层含义：

（1）一定社会的犯罪是可以预测的

如前所述，任何犯罪的产生都是受客观的因果律支配的。促使犯罪产生的各种原因因素作为客观存在的事实，是可以为人们所认识的。人们根据对现实社会中已经存在的或者可能出现的各种犯罪原因因素的认识，根据对这些原因因素发生作用的规律和条件的分析，便可以预测未来一定时间内现实社会中可能出现的犯罪的数量（规模）、类型、形态及其发展趋势。根据某类犯罪原因因素及其相关因素的存在和增减变化的状况，便可以预测相应犯罪未来发展变化的趋势。根据某个地区、某个领域内犯罪原因因素的多寡、增减及其组合方式的变化情况，便可以预测该地区、该领域在未来一定时间内的犯罪趋势。

预测犯罪的趋势之所以是可能的，就在于任何犯罪的产生都是有原因的，一定原因的存在便会规律性地导致相应犯罪的出现。对犯罪原因及其作用规律的认识，便是预测犯罪趋势的依据。

（2）预测犯罪变化的趋势必须有科学的方法

犯罪预测是对未来犯罪状况所做的推断，它不同于对现实犯罪状况的认识。预测结论的准确性，不仅依赖于对现实的犯罪状况的认识和对其产生原因的分析，而且依赖于推断方法的科学性。所谓预测方法的科学性，包括据以推断的事实材料即犯罪原因因素的存在、数量、形态的真实性和典型性；对据以推断的原理即这些犯罪原因因素与犯罪存在形式、变化之间以及与相关条件之间的作用规律的科学认识和正确运用；以及推断过程的科学性。只有运用科学的方法，正确认识预测对象及其相关因素，恰当分析它们之间相互作用的规律，才能保证预测结论更接近于未来犯罪变化的实际。

（3）科学的预测是有效预防犯罪的前提

对犯罪趋势的预测是预防犯罪的动因。只有通过犯罪预测，意识到犯罪可能增长的趋势，才会预先采取相应的对策，遏制犯罪增长的趋势；只有通过犯罪预测，预知某类犯罪的出现和增多趋势，才会研究制定出对付这类犯罪的预防性措施。特别是对于一个社会、一个地区来说，科学的犯罪预测往往是预防犯罪的先导和组成部分。因为只有在对全社会、全地区的犯罪原因因素及其发生作用的条件进行全面调查、科学分析的基础上，对该社会、该地区未来一定时间内犯罪趋势提出科学的预见，才有可能提出预防相应犯罪的要求，才有可能制定预防相应犯罪的对策，才有可能实施预防相应犯罪的措施。缺乏对犯罪趋势的预测，就不会有预防犯罪的实践。即使有，也是盲目的、缺乏针对性的。

对犯罪趋势预测的准确性是预防犯罪措施的有效性的保障。预防犯罪的战略方针和各项措施都是根据对犯罪趋势的预测确定的。预测结论是否最接近于犯罪变化的实际，往往直接关系到预防效果的有效程度。建立在科学预测基础上的犯罪预防，由于其预防措施的针对性强，预防的目标就容易实现。建立在错误预测基础上的犯罪预防，由于其预防措施缺乏科学的依据、没有现实的针对性，往往是事倍功半甚至无的放矢，无法达到预防犯罪的效果。

3. 犯罪的可控性原理

犯罪的可控性原理是指犯罪产生的原因是可以控制的，因而犯罪的规模和趋势也是可以通过预防活动予以控制的。犯罪的可控性原理包括三层含义：

（1）犯罪原因的可控性

促使犯罪产生的原因因素是现实社会中客观存在的事实。这些事实因素，有些是人为因素造成的，因而可以通过人们的努力予以消除；有些是与人类社会共存亡的，虽然在社会发展的一定阶段上人们无法消除它，但都可以通过人们的努力，减少、淡化它对人们的消极影响，或者通过其他力量阻止、减轻它在促使犯罪发生方面的作用；有些是不以人的意志为转移的，但是人们可以通过改变它与其他因素之间的结合方式来改变它的作用方向，或力度，可以通过增设其他因素来抵消它在促使犯罪发生中的作用。总之，通过人们的积极努力，消除、避免、改变或者改善犯罪原因因素及其作用的方向，控制它们对犯罪发生的促成作用是完全可能的。这种可能性为预防犯罪提供了广阔的前景和客观的基础。

（2）犯罪趋势的可控性

犯罪原因的可控性，决定了犯罪趋势的可控性。既然促使犯罪产生的各种原因因素可以通过人们的努力而防止或减少、减弱它对犯罪的促成作用，那么，由犯罪原因因素的作用方式所决定的犯罪趋势也就可以通过对犯罪原因因素的控制来改变；由犯罪原因因素的性质、数量及其组合方式所决定的犯罪类型、规模也就可以通过对犯罪原因因素的消除、避免、改变或改善来控制。

犯罪趋势的可控性，不仅取决于犯罪原因的可控性，而且取决于犯罪本身的可控制。犯罪总是在促使犯罪产生的原因性因素或抑制犯罪冲动的控制性因素的相互作用下发生或者避免的。人们除了可以通过消除犯罪原因来预防犯罪之外，还可以直接通过增加抑制犯罪冲动的力量来控制犯罪增长的趋势。增加抑制犯罪冲动的控制性因素是预防犯罪的一个重要方面。这类因素的增加虽然不能消除、避免、改变或改善犯罪原因因素对犯罪的促成作用，但却可以增强抑制犯罪冲动的主体因素的力度或者增加犯罪成功的难度，减少犯罪的实际发生率和成功率，从而直接达到控制犯罪增长趋势的目的。

（3）犯罪预防的可能性

犯罪原因的可控性和犯罪趋势的可控性决定了犯罪预防的

可能性。人们可以通过消除、避免、改变或改善犯罪原因因素来防止和减少犯罪，也可以通过增强抑制犯罪的因素来阻止和控制犯罪；人们可以通过改造社会的实践活动消除和减少促使犯罪产生的社会原因或者增强控制犯罪的社会力量，也可以通过改造自身的实践活动消除和改善促使犯罪产生的心理因素或者增强抑制犯罪冲动的心理素质；人们可以运用国家强制力来控制犯罪行为的实施，也可以通过强化治安行政管理来消除和减少犯罪行为实施的条件和机遇，因而也就能够通过预防犯罪的实践活动达到预防犯罪的目的。

新中国成立以来，在预防犯罪方面取得了许多成功的经验。特别是许多地方、许多单位，通过自己的努力创造了数年甚至数十年无重大恶性犯罪发生的历史。他们的实践证明，犯罪在一定范围内、一定时间内是可以通过预防措施而减少和避免的。

犯罪预防的可能性，不仅为预防犯罪的实践注入了动力，增添了信心，而且揭示了人类同犯罪作斗争的规律，表明犯罪并不是人类社会的不治之症，预防犯罪的实践并不是徒劳无益的活动。

当然，预防犯罪的可能性并不等于现实性。犯罪是可以通过人们的努力来预防的，并不意味着任何预防犯罪的实践都必然会取得预防犯罪的效果，任何预防犯罪的措施都能发挥预防犯罪的作用。否则，预防犯罪的活动就无优劣、正谬之分，就无须人们去研究、寻求科学有效的预防手段。

把预防犯罪的可能性变为现实，首先必须遵循预防犯罪的基本原理，努力探寻预防犯罪的规律，学会按照预防犯罪的基本规律来选择部署预防方案。同时还必须认真研究现实社会中与犯罪原因和犯罪预防有关的实际状况，使预防犯罪的方案和措施最接近于预防犯罪的现实需要、最适合于预防现实的犯罪。此外，预防犯罪的方案和措施本身的功能以及这种方案和措施的实施状况，也决定着预防犯罪实践活动的效果。

二、预防犯罪的规律

预防犯罪的原理是预防犯罪实践活动的理论基础，预防犯罪的规律则是预防犯罪实践活动的准则，亦是制订预防犯罪方案的科学依据。

预防犯罪的规律是指抑制和预防犯罪的各种因素与犯罪现象存在和变化之间的必然联系。在任何有犯罪存在的社会中，抑制和预防犯罪的因素与促使犯罪产生的因素总是相互作用的，它们之间的联系及其相互作用总是呈现出一定的规律性，由它们之间的相互作用所决定的该社会的犯罪现象的增减起伏也总是呈现出一定的规律性的变化。

预防犯罪的规律是在预防犯罪的实践活动中逐渐被人们所认识的。人们自觉地或不自觉地运用预防犯罪的原理，从事预防犯罪的实践活动，消除、减少、改变和改善促使犯罪产生的原因因素，运用、强化和增设抑制犯罪的控制因素，使现实社会中的犯罪现象显现出一定的变化，或增或减，此起彼伏。当人们总结一定时期内预防犯罪实践的成败得失时，人们便会发现，犯罪现象的这种变化与抑制和预防犯罪的各种因素、各种手段及其运用的恰当与否之间，具有某种必然性的联系，具有一定的规律可循。这种规律便是指导进一步的预防犯罪实践的依据。

根据新中国成立以来预防犯罪的实践与犯罪增减起伏变化之间的联系，我们认为，在社会主义条件下，预防犯罪的规律至少有以下四个：

1. 预防犯罪的反比规律

预防犯罪的反比规律是指在一个社会内部，物质文明建设与精神文明建设是否同步发展与该社会犯罪现象的消长之间具有反比例关系。当该社会的物质文明建设和精神文明建设同步发展时，现实社会中的犯罪现象就呈现出逐渐消减的趋势；当该社会的物质文明建设和精神文明建设没有同步发展时，现实社会中的犯罪现象就呈现出逐步增长的趋势；当该社会中物质文明建设与精神文明建设的发展反差加剧时，现实社会中的犯罪现象便呈现出急剧增长的趋势。

物质文明是人类改造自然界的物质成果，表现为社会生产力的发展、经济繁荣和人们物质生活水平的提高。精神文明是人类改造主观世界、发展社会精神生产和精神生活的成果，表现为教育、科学、文化知识的发达和人们的思想、政治、道德水平的提高。所谓物质文明建设，也就是发展社会生产力，不断提高人们物质生活水平的实践活动；精神文明建设，则包括两个方面，即以发展教育、科学、文化事业和提高人们科学、文化知识为内容的文化建设和以提高人们思想觉悟、道德水平和守法意识为内容的思想建设。物质文明建设和精神文明建设是人类社会活动的基本内容，也是人类社会发展进步的动力。物质文明建设和精神文明建设的同步发展，能够逐步改善人类的生存环境，满足人们物质文化生活的需要；能够积极引导人们从事有益于社会的活动，培养健康向上的人格情操和道德修养；能够不断增强人们改造自然、改造社会和适应社会生活的能力，提高人们正确解决人与自然、人与人、人与社会之间矛盾的水平，从而减少现实社会中促使犯罪发生的各种原因因素及其发生作用的机会，增强抑制犯罪的精神力量，增加控制犯罪的物质手段。因此，物质文明建设和精神文明建设的同步发展，必然促使现实社会中犯罪数量的减少，使犯罪的发生率保持在较低的水平上。

相反，物质文明建设和精神文明建设的弱化或停滞，必然导致社会物质生活的贫匮和社会精神生活的颓废。人们的物质生活需要得不到满足，文化生活单调，道德行为与不道德行为、守法行为与违法行为缺乏舆论监督和价值评判，预防犯罪的活动缺乏必要的物质手段和精神力量，抑制犯罪冲动和控制犯罪行为的因素势单力薄，促使犯罪产生的原因因素就必然肆掠横行，社会上的越轨行为、犯罪现象也就必然呈现出不断增长的趋势。

不仅如此，社会的物质文明建设迅速发展而精神文明建设不能同步发展以致形成明显反差时，该社会的犯罪现象也会呈现出增长的趋势，甚至会出现急剧增长的态势。因为，社会物质文明建设的迅速发展，在不断满足人们物质文化生活需要的同时，也会不断地刺激人们对物质财富的追求、不断提高人们对物质生活水平的要求。这种追求和要求，如果不能通过精神文明建设的同步发展而引导其向发展社会生产力的方向发展，如果不能通过思想觉悟的提高和守法意识的培养以使之限制在合理的可能的限度之内，就会成为贪利性犯罪、腐化性犯罪的动力，从而促使犯罪的增长。同时，物质文明建设的迅速发展，必然打破原有的社会分配格局，必然引起价值观念的更新和新的道德要求，如果精神文明建设不能同步发展而恪守与旧的生产力发展水平相适应的道德戒律和法律规范，那就势必形成不同价值观、道德观和法律观的冲突，削弱预防犯罪的社会控制能力，从而导致现实社会中犯罪现象的增长趋势。与之相类似，社会的精神文明建设不断发展而物质文明建设停滞不前时，该社会的犯罪现象也会出现不断增长的趋势。因为任何社会的上层建筑都只能是建立在一定经济基础之上的上层建筑，离开了物质文明的发展水平，精神文明的超前发展必然导致思想建设上的"假、大、空"。这不仅不能形成真正有效的预防犯罪的思想基础，而且容易造就口是心非、言行不一的社会群体。这些人在物质生活需要由于物质文明建设的停滞不前而不能通过正当途径得以满足时，便会采取不正当的手段来满足自己的私欲。与物质文明发展水平不相适应的精神文明建设，往往给人一种假象，在貌似文明的社会风气背后，隐藏着整个社会的无法满足的物质需求和精神空虚。而这又像一座火山，随时可能导致社会精神文明的崩溃和犯罪现象的高涨。

因此，社会物质文明建设与精神文明建设的同步发展，是有效地预防犯罪的社会基础。物质文明建设和精神文明建设能否同步发展，在很大程度上决定着现实社会犯罪现象的消长。这不仅为新中国成立初期的正面经验所证实，而且也为"文化大革命"时期"精神文明建设"的超前发展和改革开放初期物质文明建设迅速发展而精神文明建设滞后的反面教训所证明。

2. 预防犯罪的正比规律

预防犯罪的正比规律是指国家控制犯罪的效率高低与现实社会治安秩序的好坏之间具有正比例关系。国家控制犯罪的效率高，现实社会中的犯罪数量就少，相应地，社会治安秩序就好；反之亦然。

任何社会中的犯罪现象，都不仅与促使犯罪产生的原因因素的多寡有关，而且也与国家控制犯罪的力量强弱、效率高低有关。在现实社会中促使犯罪产生的原因因素一时还没有大的变化的情况下，国家控制犯罪的力量强弱、效率高低，便直接决定着犯罪的发生率和成功率，因而也直接决定着该社会在一定时期内社会治安状况的好坏。

国家控制犯罪的效率是指运用国家权力，管理和控制可能产生、实施、诱发犯罪的因素以及打击惩罚犯罪等活动所产生的实际效果。国家通过治安行政管理部门的力量，对容易诱发和实施犯罪的活动场所进行治安秩序管理，以减少犯罪实施和成功的机会；对可能诱发犯罪的事件进行调解和处理并对可能犯罪的人员进行帮助教育，以防止矛盾激化导致犯罪。国家通过刑事司法系统的职能活动，打击和惩罚犯罪，教育改造犯了罪的人，以防止其再次犯罪和防止其他人模仿犯罪。这些活动，以国家权力为后盾，在预防犯罪、遏制犯罪增长方面具有重要的作用。这方面的工作做得好，效率高，现实社会中的犯罪就能得到有效的控制。这方面的工作放松了，或者虽然做了不少但是效率不高，效果不好，现实社会中的犯罪就难以得到有效的控制。

另外，社会治安秩序良好，国家控制犯罪的效率相应地就高；社会治安秩序不好，国家虽然投入相同的控制力量，其效率相对就低。治安是社会经过治理而实现的稳定与安宁的状态。社会治安秩序好，意味着公民的基本权利、生命财产安全得到了保障，社会生产和社会生活活动运转正常，国家政权稳定，人民安居乐业。这种良好的治安秩序，本身也意味着现实社会中存在的犯罪原因因素较少，社会正气得道、邪气受压，犯罪活动没有滋长蔓延的环境，甚至这种良好的治安秩序本身就给犯罪活动造成了障碍，起着抑制犯罪的作用。因此，在这种良好的治安秩序下，国家运用控制手段和力量预防控制犯罪，往往能够取得理想的效果，达到事半功倍的效率。

相反，如果社会治安秩序不好，坏人猖獗，好人受气，正不压邪，人民群众人心惶惶、提心吊胆地工作和生活，那么犯罪分子就会气焰嚣张、为非作歹，而好人不敢出面制止。这种状况又会成为一种榜样，被一些在犯罪边缘徘徊的人所模仿，形成好人怕坏人、坏人学坏人的恶性循环。在这样的社会治安状况下，国家控制犯罪的活动就失去了必要的社会基础，因而很难奏效。

所以，良好的社会治安秩序，是预防犯罪和控制犯罪的重要条件，是提高预防和控制犯罪的效率的重要保障。同时，控制犯罪效率的提高又是创造良好的社会治安秩序的重要措施。控制犯罪的效率提高了，能力增强了，就会创造出良好的社会治安秩序。这两个方面相辅相成，相得益彰，在预防犯罪中发挥着重要作用。

3. 预防犯罪的超前性规律

预防犯罪的超前性规律是指只有在犯罪尚未发生或者犯罪趋势尚未形成之前采取预防措施，才是有效的、最佳的预防。预防犯罪的目标应当是未来的犯罪而不是已经发生了的犯罪，是尚未形成的犯罪趋势而不是已经形成的犯罪状态。最佳的预防犯罪的方案和措施应当是具有防患于未然功能的瞻前性方案和措施，而不应当是亡羊补牢的后顾性惩罚方案和措施。

预防犯罪的超前性规律是由预防犯罪的目的所决定的活动规律。预防犯罪的目的在于防患于未然，如果预防犯罪的目标、方案和措施不具有超前性，不能着眼于、针对于尚未发生的、可能出现的犯罪，那就不可能实现预防犯罪的目的。

预防犯罪的超前性规律要求预防犯罪的方案和措施必须具有主动性。只有针对尚未发生的犯罪，主动地超前地采取预防措施，才能在犯罪尚未发生、尚未造成危害、尚未形成严重局面的情况下控制犯罪，才能减少犯罪对社会的危害，达到预防犯罪的目的。因此，是不是提前采取主动措施设防控制犯罪，在很大程度上决定着预防犯罪活动的实际效果。

预防犯罪的超前性规律是以科学的犯罪预测为基础的。运用科学的方法预先推断犯罪现象发展变化的方向，以及犯罪现象沿一定方向变化可能形成的态势，是采取超前性预防措施的先决条件。没有科学的犯罪预测作依据，盲目地采取超前性措施，便会出现无的放矢、事倍功半的效果，甚至导致南辕北辙的结局。

科学的犯罪预测，可以是针对未来一定时间内某一类型犯罪或某一领域内的犯罪趋势的预测；可以是针对某一地区或某一单位未来一定时间内的犯罪变化情况作出的，也可以是针对某一群体、某一类型的人甚至某些个人未来一定时间内可能犯罪或再犯罪的情况所做的。犯罪预测的范围制约着超前性预防措施的适用范围，犯罪预测的对象的特殊性制约着超前性预防措施的性质和内容。超前性必须是科学的、有针对性的超前性，而不是盲目的、任性的超前性。这是超前性、预防措施成败的关键。

强调预防犯罪措施的超前性，并不意味着否定以已然犯罪为对象的打击惩罚犯罪的功能。事实上，打击惩罚已然的犯罪、遏制现实犯罪增长的势态，在预防犯罪体系中也具有重要的作用。但是这种措施，只是不得已而采取的权宜之计，而不是理想的预防措施。并且，这种措施的运用往往需要社会付出较大的代价，是以社会已经遭受到犯罪的严重侵害并且相关的社会成员还要受到必要剥夺为前提的。这种措施运用的结果往往是投入与获益不相适应，需要有较大的人、财、物的投入，才会有较小的收益。所以与这种措施相比，建立在科学预测基础上的超前性预防措施往往具有投入少、损失小、收益大的功效。当然，即使是以已然犯罪为对象的打击惩罚措旅，也包含着、也应当以预防未然犯罪为目的，使打击惩罚已然犯罪的活动服从于预防未然犯罪目的的要求。因此它不应当是单纯的打击和惩罚，而应当在打击和惩罚犯罪的同时考虑其本身警戒示范功能和教育改造手段，使其对未然的犯罪发挥预防作用。这也是预防犯罪的超前性规律的逻辑要求。

4. 预防犯罪的综合性规律

预防犯罪的综合性规律是指只有依靠全社会的力量，综合运用政治的、经济的、思想的、教育的、文化的、行政的、法律的等各种手段，不断消除犯罪产生的原因和条件，控制犯罪增长的趋势，才能有效地预防犯罪。

预防犯罪手段的综合性是由犯罪产生原因的复杂性决定的。对犯罪原因的深入研究表明，任何社会犯罪率的升降涨落，都是多种因素相互作用的结果，是与一定社会的政治、经济、道德、教育、文化状况相联系的。促使犯罪产生的原因是一个多元性、多层次和多变量的动态综合系统，因此要想有效地预防犯罪，就必须根据犯罪产生的原因，相应地运用多方面、多功能和多元化的预防手段，采取多层次全方位的预防措施。并且，在预防犯罪的过程中采取的多种手段还必须是有机结合、相互配合，能够形成整合功能的动态综合系统。这样才能适应抑制和消除犯罪原因的动态综合系统的需要，才能有效地预防和减少犯罪。否则，单一的或者孤立的犯罪预防手段的运用，很难适应同犯罪作斗争的需要，很难达到理想的预防效果，甚至还有可能由于各种手段相互之间的牵制和不配合，造成事倍功半的效果。

预防犯罪手段的综合性也是由各种预防犯罪手段本身的功能所决定的。不论哪一种预防手段，其功能都是有限的。它只能在某一个或几个方面发挥预防作用，并且只能对某一种或几种类型的犯罪原因起作用。没有任何一种预防手段可以包医百病地对任何犯罪原因或任何犯罪人都起作用。因此不论是全面治理整个社会的犯罪问题，遏制犯罪增长的趋势，还是有针对性地从事某一方面、某一领域或某一类人的犯罪预防工作，都必须综合运用各种预防手段，而不能仅仅依靠某一种手段来预防犯罪。

预防犯罪手段的综合性规律，要求对犯罪问题实行综合治理，要求动员全社会的力量，多层次全方位地进行预防犯罪的实践。这正是我国预防犯罪的指导方针。

（原载《预防犯罪概论及白领犯罪剖析与对策》，人民法院出版社 1997 年版）

预防犯罪的手段

预防犯罪是犯罪学研究的基本问题。特别是近年来随着我国严重经济犯罪和重大暴力犯罪的持续增多，如何更有成效地预防犯罪，受到越来越多的人们的关注。对预防犯罪的研究，可以从各种不同的方面进行。本文试图从手段的角度分析预防犯罪的目的与手段的关系，探讨实现预防犯罪之目的的各种手段及其运用，以期促进同犯罪作斗争的实践活动更有助于其目的的实现。

一、预防犯罪的目的与手段的关系

预防犯罪是目的，是人类社会逐渐摆脱了同态复仇的任性的支配之后在同犯罪作斗争的各项实践活动中企盼的一种结果状态。不论是对预防犯罪作广义的理解还是作狭义的解释，都无法抹灭它的目的性，都无法否定在同犯罪作斗争的宏观的和微观的各个场合人们都把它作为自己活动的直接目标予以追求的事实。特别是在现代，对预防犯罪目的的追求更具主体性。

然而，预防犯罪作为目的，它的主体性越强，它与据以实现这个目的的手段之间的联系就越紧密，从而也就愈需要在同犯罪作斗争的各项实践活动中处理好目的与手段的关系。预防犯罪的目的与手段的关系，可以从如下几点中得到说明；

（一）目的需要手段才能实现自身

预防犯罪作为目的，与其他任何一种目的一样，包含着一种内在的规定性和力量，这就是"想要实现自己的趋向"[1]。目的总是强烈地要求实现自身，要求使那些在观念中预先设定、预先构建的主观形象向客观化、现实化转化。但是，目的的这种内在规定性既不能在单纯的观念形态的范围内实现，也不能依靠单纯的思想力量来实现，而只有通过一定的手段作用于目的指向的客观对象、改造客观对象的存在形式来实现。预防犯罪这种目的，如果不与最有效的预防手段相结合，如果离开这些手段在同犯罪作斗争的实践活动中的实际运用，它就只能是犯罪学和刑法学的思想家们孜孜不息的纸上谈兵和决策者们的美好愿望，而永远不会变为现实。

预防犯罪的手段是实现预防犯罪目的的力量源泉。预防犯罪的手段，作为实现预防犯罪目的的工具及其操作方法，它在现实形态上总是同预防犯罪的目的本身相分离，总是对预防犯罪目的保持着一种相对独立的形态。犯罪预防手段的这种特性使它在本质上能够成为预防犯罪目的的主观观念形象与客观现实对象相结合并使观念形象转化为现实的中介。各种犯罪预防手段的实际运用过程，也就是预防犯罪目的在同犯罪作斗争的实践活动中从观念形象向现实转化的过程。因此，预防犯罪的各种手段及其实际运用，直接与预防犯罪的目的相联系，并且决定着、制约着预防犯罪目的的实现过程。要实现预防犯罪的目的，就必须重视预防犯罪的各种手段及其实际运用，必须善

---

〔1〕《列宁全集》第38卷，人民出版社1986年版，第228页。

于将最有效的预防手段运用于最恰当的场合。

（二）手段只有为目的服务才有存在的价值

手段，就其本性而言，是专为实现某种目的而被创造出来的，是以实现某种目的为前提、为根据的。手段必须服务于自己的目的，服从目的的要求，受目的的制约和支配。手段只有为目的服务，只有在有目的的实践活动中表现自己，为目的的实现发挥自己的力量和作用，才具有存在的价值。预防犯罪的各种手段，应当根据犯罪产生、存在和变化的因果性和规律性来设计，根据中断或改变犯罪成因因素与犯罪事实之间的因果联系的实际需要来选择，以便使预防犯罪的各种手段最大限度地有利于、有助于预防目的的实现。面对某种犯罪急剧增长的趋势，如果仅凭一时的感情冲动和一己之经验盲目地创造或选择犯罪预防手段，或者拿着一时一事的成功经验到处乱用，或者人云亦云地照搬他国、他人的做法，而不去冷静地权衡各种可供选择的手段对实现预防目的的利弊得失，不去研究各种手段适用的特定场合、对象和条件，以致离开预防目的的支配和制约，那就无法保障手段的选择及其实际运用能够最大限度地实现预防犯罪的目的。预防犯罪的手段如果不能有效地服务于预防犯罪的目的，它的存在也就丧失了实际意义。

（三）手段只有在实践中正确地加以运用才能实现目的

预防犯罪的各种手段只有在实际运用中才能发挥作用，只有通过实践主体按照一定的操作方式把它运用于同犯罪作斗争的实践过程，才能发挥预防犯罪的作用。纵然设计出最理想的预防手段，如果把它束之高阁或者仅仅停留在书斋里，同样无助于预防犯罪的目的的实现。

然而，手段的实际运用并不是一维地发生作用的。为了实现某种目的而设计的手段，即使在正确运用的情况下，它除了可以引起作为目的的或者有利于目的实现的那种结果之外，还可能引起始料不及的其他结果。这是因为物质世界是一个统一的多样化的世界，在手段通过实际运用作用于某个客体的同时，现存的其他因素也可能同时在对该客体发生作用，从而使实际发生的结果不完全等同于预想的结果。而手段通过实际运用在作用于某个特定客体的时候，也可能同时作用于与该客体相联或相关的其他客体，从而使手段的运用在引起预想的结果的同时引起其他结果。正由于此，手段一旦不能被正确地运用，除非偶然的巧合，它就无法实现自己的目的，甚至背叛自己的目的，出现与目的南辕北辙的结果。例如刑罚手段，这本来就是作为实现预防犯罪目的的工具而被创造出来的，它的正确运用无疑是实现预防犯罪目的的重要而有效的途径。但是在历史上由于制定和适用刑法的人的私利、偏见和任性，由于刑事司法系统在实际操作上的水平低下、装备不良、人员紧缺、方法简单以及执法人员的主观臆断和失误，使刑罚这种预防犯罪的有效手段时常得不到正确的运用。这不仅妨碍了预防犯罪目的的实现，使人们对刑罚存在价值屡屡产生怀疑，而且人为地制造了许多新的犯罪，造就了相当数量的职业犯罪人。

因此，在同犯罪作斗争的实践中，应当重视各种犯罪预防手段适用的适当时机、条件和对象，力争把不同的犯罪预防手段在最恰当的时候运用于最合适的对象。只有这样，才能在各种手段的实际运用中看到预防犯罪目的所期望的结果。

二、预防犯罪的各种手段及其功能

预防犯罪的手段是在防止和减少犯罪发生的目的支配下根据实现这一目的的实际需要设计出来的。它要有效地实现预防犯罪的目的，就必须在犯罪生成过程的各个环节上能够阻止或中断促使犯罪发生的那些因素（关于这些因素的解释和界定，由于超出了本文的范围，所以留待另文探讨）发生作用、或者消除这些因素或改变其作用方向。遵循这种思路总结同犯罪作斗争的实践经验，笔者认为，预防犯罪的手段在宏观上至少可以归纳为五种。按照它们在犯罪生成过程中的预防功能，可以分别称之为：排除手段、疏导手段、控制手段、威慑手段和矫正手段；关于预防犯罪的手段，我国有些学者将其划分为刑罚手段、行政手段、教育手段、经济手段、文化手段、政治思想方面的手段等，也有学者将其归纳为教育手段、物质福利手段、行政的经济手段和刑罚的手段等。笔者认为，这些划分未能反映各种手段在犯罪预防中的作用，并且不是按照同一标准作出的分类，其与预防犯罪目的之间的联系也不够明显，所以本文未予采纳。现分述如下：

（一）排除手段

排除手段就是排除某些决定犯罪产生的社会因素及其对人的消极影响以防止形成犯罪意识的手段。排除手段的内容包括：（1）通过某些社会职能部门的活动消除现实社会生活中既存的决定犯罪意识必然产生的某些能够消除的不合理因素；（2）通过设置牵制力量、改善存在形式和存在环境防止现实社会中某些具有存在的合理性的因素的消极方面恶性膨胀；（3）以科学的犯罪预测为基础，建立防止人为造成某些决定犯罪必然产生的消极因素的制约机制和纠错机制，阻止某些可能出现的消极因素。

排除手段主要是在犯罪形成过程中从社会到人这个环节上适用的。它适用的最好时机是可能的社会消极因素还没有出现或者已经存在的社会消极因素还没有造成犯罪意识的恶性膨胀。它也可以适用于社会消极因素已经引起大规模的犯罪意识并且存在着使之进一步扩大的趋势的场合。不过最理想的当然是在第一种场合下就开始使用这种手段。

运用排除手段的主体主要是社会各职能部门。社会各职能部门通过自己的职能活动在自己权力所及的范围内消除决定犯罪必然产生的各种不合理现象、不公平现象和不平等现象，废除各种促使人们产生不满情绪、反抗情绪和采取敌对态度的制度、政策、规章以及习惯性做法，纠正职能活动中给公民造成严重损害，在社会生活中产生恶劣影响的错误，从而排除促使人们产生犯罪意识的社会因素，是预防犯罪的有效手段。特别是担负监督职能的各个部门，在自己权力所及的范围内及时发现和消除可能导致犯罪意识形成或恶化的消极因素，保障执法活动、行政活动以及生产、流通、分配领域的合理、公平和公正，这本身就是预防犯罪的重要手段。

排除手段的功能在于防止犯罪意识的大规模产生。运用排除手段，可以消除、改变某些促使人们产生犯罪意识的社会因素或者淡化这些因素在产生犯罪意识中的作用，从而防止这些因素引起人们普遍地产生与现行法律规范和社会管理秩序相抵触的心理或者助长人们普遍存在的对现实社会的不满。这对预防犯罪目的的实现具有十分重要的意义。特别是在社会变革中，这种排除手段对于防止犯罪的急剧增长具有非常明显的作用。

（二）疏导手段

疏导手段就是避免、减轻某些消极因素对人的影响以防止犯罪意识形成或被强化的手段。疏导手段的内容包括通过增设新的社会因素来避免和减轻某些消极因素在犯罪产生过程中的作用和通过正确引导人们的注意力来防止犯罪意识的强化这样两个方面。增设新的社会因素，可以吸引人们的注意力和兴趣，从而避免更多的人接触某些消极的社会因素以致受其影响而产生犯罪意识或直接实施犯罪行为；同时对于已经受到某些消极因素影响的人，通过这种手段可以帮助其寻找新的发泄不满、满足需要的途径和方式，避免采取犯罪的手段，或者分散其对消极因素的兴趣，防止其犯罪意识的强化。除了从客观上物质上进行疏导之外，从思想上进行引导也是疏导手段的重要方面。对于已经产生了犯罪意识或者说具有反社会的生活态度的人，可以通过摆事实以消除其成见和误解，淡化矛盾；讲道理以改善其思维方式，正确对待社会消极因素；提供实例，帮助其改变需要结构和满足需要的方式等进行疏导，减少其把犯罪意识外化为犯罪行为的可能。同时，对于广大社会成员，也可以运用疏导的手段，引导人们正确认识和对待现实社会中的消极因素，宣传某些社会因素的积极方面以淡化其消极方面的影响，防止形成普遍的与现行法律规范相悖的社会心理。

疏导手段既可以在从社会到人这个环节上适用，也可以在从潜在犯罪人到犯罪这个环节上适用，是在犯罪产生的整个过程中可以广泛适用的手段。但是，这种手段的使用需要一定的条件。首先，增设新的社会因素需要必要的物质基础，并且需要对它的利弊得失进行权衡以防止新的社会因素引起更多的犯罪。其次，疏导需要正确的有效的方法，需要有对对象产生或可能产生犯罪意识的原因的切合实际的了解，否则疏导就无法奏效。

疏导手段的主体主要是社会文化教育部门和行政管理部门。这些部门可以通过自己的职能活动，丰富社会的文化生活，强化舆论的正确导向功能，改善社会意识，提高人们的认识能力，或者利用自己的职权增设新的社会公共设施，引导社会需求，分散人们的注意力，从而淡化消极因素对犯罪的促成作用。

疏导手段的功能在于普遍地影响人们对某些社会因素的消

极方面和消极的社会因素的看法，减少人们受到这些因素的不良影响的机会，从而防止这些因素对犯罪的促成作用。同时还在于引导人们放弃、淡化已经形成的犯罪意识或者不致形成犯罪意识，从而防止犯罪的实际发生。因此，疏导手段不失为预防犯罪的一种明智的手段选择。

但是，疏导手段毕竟是在不能消除某些决定和促成犯罪的因素的情况下采取的手段，因而它的作用具有一定局限性。对于现实社会中存在的那些可以消除、废弃、阻止的成为犯罪原因的因素，则应当首先使用排除手段消灭其本身，而不应当仅仅是引导人们正确对待这些因素。只有在无法消除的情况下，才应当通过疏导的手段来减少它对犯罪的影响机会或减轻它的消极作用。当然，疏导手段也可以作为排除手段的辅助手段或应急措施，适用于防止某些因素在犯罪产生过程中的急剧恶化和扩大。

（三）控制手段

控制手段就是控制犯罪行为实施的各种必要条件，防止犯罪的实际发生或者使其不至对社会造成严重的危害的手段。控制手段的根据是任何犯罪的发生或者说任何犯罪行为的实施都必须具备一定的条件。没有相应的条件，犯罪意识就无法外化为犯罪行为，犯罪行为也很难造成危害结果（对于为数众多的行为与结果之间具有一定距离的犯罪来说），控制犯罪实施所必要的条件，在一定程度上也就防止了犯罪的发生。

犯罪实施的条件主要是指实施犯罪行为的人、犯罪行为指向的目标、用以犯罪的工具、对实施犯罪有利的时间地点等。这些条件对某些犯罪来说每一个都是必需的，对有些犯罪来说尽管不全都是必需的但有的却是必不可少的。因此对这些条件的有效控制，在很大程度上就可以防止犯罪的实际发生，避免或减轻其对社会的实际危害。

与犯罪实施的条件相适应，控制手段包括：（1）对可能实施犯罪或者犯罪决意已经外露的人采取重点教育、跟踪监视、限制活动等方式促使其取消犯罪决意或使其无法实施犯罪；（2）对可能成为犯罪目标的财物、设施和人员采取预先设防、重点保护、强化管理等方式使想要犯罪的人无法接近自己的目标或者难以在接近目标时实现自己的犯罪目的；（3）对某些可能成为犯罪工具的物体采取加强管理、限制拥有、及时收缴等措施防止其被利用来犯罪；（4）对于可能被利用来实施犯罪的行业和活动以及有利于犯罪实施的场所采取重点监视、加强巡逻、严格管理制度等措施防止被利用来犯罪；（5）对于正在实施的犯罪采取必要措施及时予以制止，排除造成严重危害的险情。

上述犯罪控制手段都是指专门同犯罪作斗争的手段，因此必须由专门的机关在自己的职权范围内严格依照法律的规定进行。这些手段，如果运用不当或者被滥用，便会在预防犯罪的同时造成对公民人身权利的不应有的侵犯，引起社会成员的普遍的不满情绪，以致人为地造就新的犯罪。

除了上述控制手段之外，有的人把普遍性的政治思想教育、法纪教育、建立健全规章制度，甚至消除犯罪产生的思想根源等都视为犯罪控制的方法。这实际上是把犯罪控制与犯罪预防混为一谈，抹杀了犯罪控制在犯罪预防工作中的特定含义。至于把犯罪控制视为一种系统工程，那更不是我们这里所说的控制手段。

（四）威慑手段

威慑手段就是制裁犯罪人的手段。

威慑手段的工具是刑法。刑法在宣告某些行为为犯罪的同时总是对犯罪规定着相应的刑罚。刑罚作为一种最严厉的制裁手段，作为犯罪的法律后果，不仅可以是对犯罪人的某些人身权利和财产权利的限制，可以对犯罪人造成肉体上的痛苦、精神上的压力和经济上的损失，而且可以是对犯罪人生命的剥夺。刑罚本身的这种强制性，使刑法在规范人们的行为、引导社会心理的同时，对于震慑犯罪人、遏制犯罪冲动具有重要的作用。刑法的宣告和适用，不仅使人们认识到犯罪是国家所禁止的，而且使人们看到、想象到甚至感受到实施犯罪可能给犯罪人自己带来的不利后果，从而使相当一部分意欲实施犯罪行为的人慑于刑罚之苦而不敢以身试法。即使那些怀着侥幸心理实施犯罪的人也会不断受到刑罚之苦的心理压迫而不敢肆无忌惮。特别是对于那些害怕受到刑罚制裁的人来说，刑法的实际适用无疑是一种强有力的威慑力量。

威慑手段包括制裁犯罪人的全部刑事司法活动。从侦查犯罪、起诉犯罪人、审判犯罪人到对犯罪人实际执行被判处的刑罚，都是运用威慑手段发挥其一般预防功能和特殊预防功能的活动。

制裁犯罪人是专门的刑事司法活动，只能由国家的正规刑事司法系统按照各自的职能分工并在自己管辖的范围内依法进行，越权司法、违法司法，都是对法制的破坏，这样做从总体上看也是不利于预防犯罪的目的实现的。

（五）矫正手段

矫正手段就是改变具有犯罪倾向的人的犯罪倾向的手段。

矫正手段适用的对象是已经形成明显的犯罪倾向并且已经实施了违法行为包括犯罪行为的人。这些人，由于已经实施了违法行为，因而受到与其行为的违法性质和程度相适应的制裁，同时他们的违法中反映出他们具有某种犯罪倾向因而具有再次实施同类或类似行为的迹象。对这些人，仅仅依靠惩罚和说服教育往往不足以防止其犯罪或者再次犯罪。

矫正手段包括心理矫正和习性（行为）矫正两个方面。当矫正对象的犯罪倾向表现为强烈的犯罪意识（反社会的生活态度）时，应当从其生活经历中寻找这种犯罪意识形成的具体原因，进行有针对性、深入细致的心理治疗，其中包括思想教育、开导工作以及一定强度的强制灌输工作，帮助其改善心理结构和思维定势，改变对社会的敌视态度，消除、淡化其犯罪意识。当矫正对象的犯罪倾向表现为已成习惯的性格或潜意识行为时，应当适用行为科学的原理着重进行行为矫正，通过反复的相反的行为刺激，帮助其戒除犯罪习性。对于这两种犯罪兼而有之的对象，则应同时采用这两方面的措施。

矫正手段是专门性的犯罪预防手段，它以对矫正对象的一定的人身限制为前提、为条件，缺乏这种条件、矫正手段就难对奏效。正因为如此，矫正手段应当由专门的矫正机构进行，并且应当以有权机关依法作出的制裁决定其中包括对实施了轻微违法行为的人作出的行政制裁（如劳动教养）和对实施了犯罪行为的人作出的刑事制裁决定（如实际判处的有期徒刑）为前提条件，在这种制裁执行的过程中进行。

三、各种犯罪预防手段的综合运用

预防犯罪的各种手段，具有各自的适用条件、对象和功能，其中每一种手段的单独使用，都可能防止犯罪的发生。但是这并不意味着它们是各不相关的。相反，正因为它们分别适用于不同的对象、需要不同的条件、具有不同的功能，它们的综合运用对于从整体上来预防犯罪就是非常必要的。如果忽视各种犯罪预防手段之间的互补作用，只重视运用其中一种手段如威慑手段而不愿或不肯在必要的时候同时运用其他手段以配合，那么任何一种犯罪预防手段都难以造就预防犯罪的理想状态。从系统论的观点来看，由于事物之间相互联系的特性，它们的综合运用如果使用得当，便会形成一个有机统一的整体发挥出比它们的单独运用更大更好的效果，更有助于预防犯罪目的的实现。

但是，各种犯罪预防手段的综合运用，要想发挥更大更好的效果，就必须是互相配合、彼此协调的。只有互相配合、彼此协调，才能互相弥补对方的不足，堵塞犯罪预防工作中的漏洞；才会互相强化对方的威力，形成整体作战的优势。如果每种手段只强调自己的必要性、重要性和优越性而彼此诋毁、牵制，或者只看各自的在一时一事上的预防效果而不顾及可能产生、引起的副作用对其他手段的实际运用所造成的困难，那么这种综合运用对于预防犯罪目的的实现就是极为有害的。

因此，在实践中综合运用各种犯罪预防手段，应当注意及时交换情报，根据各种预防手段在实际运用中发现的问题或者遇到的困难，适时调整、补充或强化其他预防手段，以达到互相配合协同作战的效果。离开了及时有效的信息沟通，各种犯罪预防手段的综合运用，就可能变成盲人摸象。

各种犯罪预防手段综合运用、互相配合、彼此协调，需要建立相应的协调机制。这种协调机制既包括制度上的保障，也包括操作上的权威。因此，要充分发挥各种犯罪预防手段的效果，就必须建立一个熟悉各种犯罪预防手段的具有一定权威的指导机构，统一协调各种犯罪预防手段的运用，并且应当制定相应的法律以规定其职责和活动，保障其依法进行和高效进行。

（原载《中国犯罪学研究会会刊》1992 年第 1 期）

预防犯罪的主体与客体

一、预防犯罪的主体

预防犯罪的主体是指在预防犯罪的实践活动中能够以自己的主体性活动发挥预防犯罪功能的力量。预防犯罪的主体，第一，是社会生活的主体，是能够以独立的社会生活主体资格参与社会活动的社会力量。第二，预防犯罪的主体必须是预防犯罪实践活动的参与者，它能够以独立的资格自主自为地参与预防犯罪的活动。第三，预防犯罪主体的活动具有预防犯罪的功能。只有当它的主体性活动能够在一定程度或一定意义上发挥预防犯罪的功能时，它才不仅仅是作为一般的社会活动主体而是作为预防犯罪的主体存在。

预防犯罪主体的存在是预防犯罪的先决条件。预防犯罪主体运用各种预防犯罪手段所从事的实践活动，构成预防犯罪的全部内容。因此，研究预防犯罪的主体及其在预防犯罪中的具体功能，自觉运用和合理发挥不同预防主体的功能，对于预防犯罪来说，具有极为重要的意义。

（一）预防犯罪主体的分类

在任何社会中，预防犯罪的主体都是多元的而不是单一的，因而便有必要划分预防犯罪主体的不同类型，以便正确认识预防犯罪主体在预防犯罪中的不同地位，恰当地运用和发挥其在预防犯罪中的不同作用。

预防犯罪的主体，可以从不同的角度、按照不同的标准进行分类。

1. 按照主体的社会属性（并结合中国的国情）来划分，预防犯罪的主体可以分为以下 10 类：

A. 执政党（包括党的中央机关和各级基层组织）；

B. 国家权力机关（包括立法机关和各种代议机构）；

C. 国家行政机关（包括中央政府和各级行政机关、一般行政机关和部门行政机关）；

D. 国家司法机关（包括公安机关、检察机关、法院、司法行政等机关）；

E. 社会经济组织（包括社会资源、社会生产和流通、社会生活各个领域的经济实体）；

F. 社会文化机构（包括文化宣传、科学研究、文化娱乐等机构）；

G. 社会教育机构（包括大学、中学、小学、幼儿教育机构、各种职业教育、专门教育机构等）；

H. 社会群众团体（包括民主党派、共青团、妇联、学术团体等各类群众性组织）；

I. 家庭；

J. 公民个人。

从我国的实际状况看，上述不同类型的主体，在社会生活中都具有各自独立的社会职能，在预防犯罪活动中发挥着不可替代的作用，因而都是我国预防犯罪的主体力量。

2. 按照主体在预防犯罪中的基本作用，可以把预防犯罪的主体大致分为以下 4 类：

A. 领导力量，即在预防犯罪体系中起决策、组织作用的预防犯罪主体；

B. 主导力量，即成为预防犯罪主体中的主要部分并在预防犯罪中起决定性、导向性作用的预防犯罪主体；

C. 骨干力量，即在预防犯罪体系中起主要作用的、以打击和预防犯罪为己任的专门性预防犯罪主体；

D. 基础力量，即在预防犯罪体系中起基础性、辅助性作用的预防犯罪主体。

上述第一种分类，有助于在实践中正确认识不同主体的特点和功能，便于正确运用不同主体的力量来布置预防犯罪的活动，进行客观指导。上述第二种分类，便于深刻认识不同主体在预防犯罪中的社会功能，构建预防犯罪的理论体系，有助于理论研究的深入。

（二）不同主体在预防犯罪中的地位和作用

预防犯罪是一项宏大的社会系统工程，需要动员全社会的力量共同进行，因而预防犯罪的主体是有广泛性和多元性。但是不同的预防犯罪主体在预防犯罪中所处的地位和所起的作用是不尽相同的，只有充分发挥不同主体在预防犯罪中各自独有的功能，并使之相互配合，才能使各自不同的预防犯罪主体在统一的预防犯罪体系中发挥合力作用。

在中国，综合治理的指导方针，不仅决定了预防犯罪主体的广泛性，而且决定了充分发挥各类主体在预防犯罪中的作用的可能性。问题在于我们能否正确认识和恰当发挥不同主体在预防犯罪中的作用。

（1）执政党在预防犯罪中的地位与作用

执政党通过自己的纲领、路线影响国家的政治生活，在预防犯罪中亦居于领导地位。在我国，由于历史的和现实的原因形成的特殊国情所决定，中国共产党在我国整个社会生活中处于独特的地位，是领导我们各项事业的核心力量。中国共产党在我国预防犯罪体系中亦居于领导核心的地位。只有通过党的领导，才能把社会各方面的力量真正统一协调起来，发挥其预防犯罪的作用，才能把广大人民群众真正动员和组织起来使其为预防犯罪贡献力量。

党在预防犯罪中的领导作用，是通过党的政治领导、思想领导和组织领导来实现的。党的政治领导就是党的路线、方针、政策对规划预防犯罪的战略、作出预防犯罪的重大决策，以及制定预防犯罪的各项具体工作方针和政策的指导作用。特别是党中央根据全国犯罪现状提出的预防犯罪方针和政策，对其他预防犯罪主体的活动具有指示和引导、动员和鼓励的力量，是其他预防犯罪主体行动的指南。

党的思想领导就是党的思想路线通过党的各级组织的宣传、贯彻，通过全体党员的示范、带动来影响和统一其他预防犯罪主体的思想，引导它们从事预防犯罪的实践活动并正确处理预防犯罪实践中出现的各种矛盾。

党的组织领导就是通过党的各级组织把其他各类预防犯罪主体紧密地组织起来贯彻执行党中央有关预防犯罪的方针、政策和措施，统一领导全国或本地方、本系统、本部门的预防犯罪工作。党在预防犯罪中的领导作用，最大量、最经常的是通过党的组织领导来实现的。党能否把其他各类预防犯罪主体团结在自己的周围，领导它们协调一致地共同进行预防犯罪的活动，是党在预防犯罪中发挥领导作用的关键所在。

（2）国家权力机关在预防犯罪中的地位和作用

国家权力机关在预防犯罪中居于领导地位，具有决策作用。

国家权力机关主要是指国家最高立法机关和各级地方立法机关。国家权力机关通过自己的立法活动决定国家的政治制度、经济制度、教育制度以及其他各类法律制度，规范各类社会活动主体的行为，制定国民经济发展计划和社会发展规划。这些活动本身在预防犯罪中具有决策作用。国家权力机关通过制订全国或本地区的预防犯罪方案，决定预防犯罪的重大举措，直接从事预防犯罪的决策活动。此外，国家权力机关还通过自己的职能活动，检查监督其他国家机关贯彻执行法律的情况，听取专门机关预防犯罪的报告，指导其工作，监督预防犯罪政策或决定的落实，发挥预防犯罪活动的领导者的作用。

国家权力机关应当认真研究各种社会政策与犯罪现象发展变化之间的关系，在自己的职能活动中充分考虑预防犯罪的战略规划和政策需要，使经济发展、社会发展与预防犯罪同步进行，力求避免顾此失彼，得不偿失的决策出台。

（3）国家行政机关在预防犯罪中的地位与作用

国家行政机关是行使行政管理职权的国家机关。在我国，国家行政机关是指中央人民政府——国务院和地方各级人民政府包括政府所属的各职能部门（但政府所属的公安部门和司法部门由于其基本职能是司法职能所以通常被列入司法机关）。国家行政机关的职能活动涉及社会政治生活、经济生活、文化生活的各个方面。

国家行政机关能否通过自己的职能活动，充分调动社会积极因素，克服和减少社会消极因素；能否正确运用自己的权力妥善处理现实社会中的各种矛盾，防止社会矛盾激化；能否通过内部约束机制减少权力滥用的机会，消除自身的腐败、渎职现象；能否防止和克服官僚主义，提高办事效率，及时解决具体问题，直接关系到现实社会中犯罪原因因素的总量，直接决定着现实社会中犯罪现象的增长与减少。因此，国家行政机关的职能活动本身在预防犯罪中具有举足轻重的作用，是预防犯罪中具有决定性、导向性的主体力量。

国家行政机关的职能活动在促进社会经济发展，不断满足人民群众日益增长的物质文化生活需要方面，具有无以替代的作用。这本身也是预防犯罪的重要方面。

此外，国家行政机关即中央和地方各级人民政府还是组织实施许多预防犯罪措施的组织者和领导者，在预防犯罪中居于领导地位。它通过自己的组织管理，动员、指挥和监督其他具体行政部门贯彻落实决策机关有关预防犯罪的各项重大决定以及日常的预防犯罪工作，协调各行政部门在预防犯罪中的工作关系，解决具体行政部门在预防犯罪工作中遇到自己难以解决的问题。

因此可以说，国家行政机关在预防犯罪中既居于领导地位，又居于操作地位，对于预防犯罪实践活动的成败具有关键性的作用。

（4）国家司法机关在预防犯罪中的地位和作用

国家司法机关是行使司法职权的国家机关。在我国，主要是指公安机关、安全机关、检察机关、人民法院和司法行政机关。司法机关是预防犯罪的专门机关，因而在预防犯罪中居于中心地位，是预防犯罪的骨干力量。

国家司法机关的职能活动主要包括两个方面：一是运用法律，进行治安管理，制裁一般性违法行为，调解和处理当事人之间的法律争端；二是依照法律，侦查、起诉、审判、惩罚和改造罪犯，通过国家强制力制止犯罪，遏制犯罪现象的增长。国家司法机关通过自己的职能活动，进行形象的法制教育，增强人们的法律意识，强制违法犯罪的人遵守法律，其本身就是预防犯罪的工作。

国家司法机关与预防犯罪之间的联系最为密切。这不仅是因为司法机关的职能活动本身就是直接解决违法犯罪与社会的矛盾，具有明显的预防犯罪功能，而且是因为司法机关的职能活动具有形象的强有力的宣传教育作用，能够通过典型具体的实例，说服教育广大人民群众重视和遵守法律；能够通过自己的职能活动展示法律的威力，震慑遏制那些意图违法犯罪的人；阻止其走上犯罪的道路；能够通过法律制裁，强迫管制违法犯罪的人接受法制教育，改造犯罪意识，从而发挥预防遏制犯罪的作用。尤其是在现实社会中的犯罪原因因素相对不变的状况下，司法机关职能活动的效率和成败，就直接决定着现实社会中犯罪的总量和增减变化。国家司法机关在预防犯罪中的作用在犯罪急剧增长的时候表现得更为明显。

（5）社会经济组织在预防犯罪中的地位和作用

社会经济组织包括第一产业、第二产业、第三产业和第四产业中各种所有制形式的经济实体。社会经济组织的基本职能是发展社会生产力，创造社会物质文明，不断满足人们日益增长的物质生活需要。社会经济组织的职能活动虽然并不直接与预防犯罪发生联系，但是它能够提供预防犯罪的物质基础，并且能够创造更多的就业机会，吸引广大的社会劳动力为社会创造财富，减少社会闲散人员。这本身就具有预防犯罪的功能，是直接的预防犯罪活动所不可缺少的物质基础和社会基础。

不仅如此，社会经济组织本身是人员聚集、协作生产的地方，尤其是一些大中型企业，其本身具有一定数量的社会成员。能否正确处理这些社会成员在生产、生活以及人际交往中的各种矛盾；能否合理分配劳动成果；能否充分调动和发挥劳动生产者的劳动积极性；能否教育引导他们正确认识各种社会问题，培养遵纪守法的规范意识，这本身又是直接与预防犯罪有关的活动，是预防犯罪中大量的基础性的工作。因此，社会经济组织是预防犯罪的基本力量，在预防犯罪中居于基础地位。它不仅为预防犯罪提供了广泛的社会基础，而且直接参与了预防犯罪的基层基础工作。

此外，社会经济组织本身由于其聚集着大量的社会财富而容易成为各种贪利性、财产性犯罪侵害的目标，通过制度的、人工的、技术的、设施的预防措施，防止本单位成为犯罪的受害者，既是各种各类社会经济组织保护本单位利益的必要手段，也是预防犯罪的重要措施，具有预防犯罪的社会功能。

（6）社会文化机构在预防犯罪中的地位和作用

社会文化机构就是文化娱乐、新闻出版、文艺创作、科学研究等单位。社会文化机构的基本职能是创造和传播精神产品，繁荣和发展社会的精神文明，不断满足人民群众日益增长的文化生活需要。因此，社会文化机构的职能活动在预防犯罪中具有重要的作用。它不仅可以通过大众传播媒介宣扬民族精神，张扬社会正气，抨击社会丑恶现象、不道德现象和违法犯罪现象，直接参与预防犯罪的活动，而且可以通过文化娱乐形式潜移默化地进行道德教育、纪律教育、法制教育，丰富社会文化生活，帮助人们排泄不满情绪，淡化矛盾冲突，间接地发挥预防犯罪的作用。

但是从另一方面看，社会文化机构生产和传播的精神产品本身，有相当一部分，既可能是弘扬正气、遏制犯罪的精神产品，也可能是宣泄消极因素甚至具有教唆犯罪作用的精神产品。生产和传播什么样的精神产品，其本身往往就关系到预防犯罪还是诱发犯罪。因此，社会文化机构在预防犯罪中居于重要地位，如何发挥其职能以及这种职能活动宣传引导的方向，对于预防或诱发犯罪具有重要的影响。并且，社会文化机构的职能活动是借助于各种可能的大众传播媒介进行的，具有最大的广泛性和群众性，其在预防犯罪中不论是发挥积极作用还是发挥消极作用，都具有普遍性，能够在社会成员中产生极大影响，因而发挥其积极作用、防止其产生消极影响，更显得重要。

（7）社会教育机构在预防犯罪中的地位和作用

社会教育机构就是大学、中学、小学、幼儿园、职业技术学校、工读学校等各类从事教育活动的单位。社会教育机构的基本职能是教授科学、文化、技术、体育知识，对学生进行理想、道德、纪律和法制教育，为社会各行各业培养和输送人才。社会教育机构的职能活动，对于提高受教育者的知识水平，学会正确分析问题和解决问题的能力，培养社会规范意识和社会价值观念，认同社会文化，树立正确的人生观，具有无以替代的作用。教育活动的这种社会功能对于预防犯罪具有极为重要的作用。它不仅可以培养和增强受教育者抑制犯罪冲动的人格力量，发挥心理预防作用，而且可以培养和提高受教育者适应社会生活、认同社会规范的能力，发挥社会预防的作用。尤其是在现代社会中，学校教育是绝大多数人走上社会之前的必经之路，这就使教育机构在预防犯罪方面肩负着艰巨而繁重的任务，学校教育的好坏直接关系到整个社会未来的犯罪预防。

另外，学校教育的对象绝大多数是思想尚未成熟的青少年。青少年在学校受教育期间，既是学知识、长身体的时期，也是人生观、价值观的培养和形成时期，也是可塑性很大而易受外界影响的时期。这一时期既是立志成才的黄金季节，也可能是步入歧途的紧要关口，教育得当，名人志士从这里起步；

教育不当，浪子、犯罪从这时滋生。所以，能否通过学校教育，帮助青少年培养和树立起正确的人生观和价值观，不仅关系到青少年在走上社会之后能否认同社会规范、抵御犯罪诱惑；而且直接关系到青少年在学校学习期间能否遵纪守法，不去违法犯罪。特别是工读学校的教育，其预防犯罪的功能更为显著。

社会教育机构在预防犯罪中处于基础地位，具有社会预仿、心理预防的作用。但是这并不意味着任何方式的学校教育都能发挥预防犯罪的作用。学校教育在帮助学生增长知识的同时，可以培养健全的人格，形成正确的人生观和价值观，但是也可能导致受教育者人格的畸形发展，形成错误的人生观和价值观。因此要发挥学校教育在预防犯罪中的积极作用，教育机构就必须坚持正确的教育方向，贯彻正确的教育方针，采取科学合理的教育方法，在传授科学文化技术知识的同时，注意理想、道德、纪律和法制教育，既教书又育人。

（8）社会群众团体在预防犯罪中的地位和作用

社会群众团体是社会成员根据共同的理想或者某种活动的需要而组织起来的具有一定群众性的社会团体。在中国，社会群众团体包括除作为执政党的中国共产党之外的各民主党派、工会组织、共青团组织、妇联组织、各种行业协会、各种学术团体、各种基金会组织等。这类社会群众团体，虽然其活动宗旨和活动范围不同，但是其周围都联系了一定数量的群众，在其活动范围内具有一定的号召力和凝聚力，因而对于社会稳定具有重大作用。它们的活动如果是引导所联系的群众团结向上、维护社会稳定、遵守国家法律，积极为社会的物质文明和精神文明建设作贡献，那就具有预防犯罪的社会功能。但是如果它们的活动有意无意地扩散精神颓废、腐朽没落的道德观念和唯利是图、见利忘义、损人利己的价值观，如果它们在自己的活动中置国家法律于不顾，有意无意地制造社会矛盾，那么，它们就可能引导其所联系的群众进行违法犯罪，或者成为滋生违法犯罪的温床。因此，社会群众团体虽然在预防犯罪中居于基础地位，但是能否按照其活动的宗旨，积极配合和参与预防犯罪的活动，对于预防犯罪的社会效果具有重大影响。

社会群众团体中有一些组织与预防犯罪的关系更为密切。例如工会组织在对广大职工进行思想政治教育和法制教育，做好职工内部矛盾的疏导和劳动争议的调解，动员职工同各种违法犯罪行为作斗争等方面；共青团组织在对广大青少年进行理想、道德、纪律和法制教育，组织青少年开展各种学习先进、争当模范的有益活动，教育感化、挽救失足青少年等方面；妇联组织在调解疏导家庭纠纷和婚姻纠纷，维护妇女儿童合法权益，配合公安机关与卖淫嫖娼、拐卖妇女儿童，封建迷信等社会丑恶现象作斗争等方面，都明确将其作为自己的职责。这些活动对于预防犯罪具有直接作用。特别是见义勇为基金会和维护社会治安基金会这类社会团体，更是以弘扬社会正气、鼓励人民群众同违法犯罪行为斗争为专职，动员、鼓励全国各阶层各界人民群众维护社会治安，支持敢于同违法犯罪作斗争的见义勇为人物。这种社会团体在预防犯罪中的积极作用是十分明显的。

（9）家庭在预防犯罪中的地位和作用

家庭是社会的细胞，是社会成员安居乐业的最基本的场所。家庭成员之间的关系是各种社会关系中最为密切的部分。因此，家庭的稳定，家庭成员之间的正常关系，不仅对一个人的健康成长具有终身的影响，而且对于每个家庭成员的情绪和行为都有重大影响。家庭的瓦解，可能使某些家庭成员痛不欲生，无心从事正常的社会活动；家庭关系紧张，可能导致某些家庭成员的越轨行为和犯罪行为；家庭教育不当，可能使子女的人格畸形发展。因此，家庭的状况与预防犯罪具有密切的关系，家庭在任何社会中的数量之多，又使家庭在预防犯罪中居于极为重要的基础地位，发挥着难以估量的作用。

发挥家庭在预防犯罪中的积极作用，首要的是正确处理家庭纠纷，保持家庭成员之间亲密健康的关系，使家庭真正能够给每个家庭成员带来温馨和舒心，从而使家庭成员在社会生活中不遭受挫折、委屈以致情绪低落压抑的时候，能够在家庭生活中得以忘却、淡化或释放，而不是相反。其次才是教育未成年的子女，帮助其培养健康人格、认同社会规范、抵御不良社会因素的影响，防止子女走上犯罪道路。

（10）公民个人在预防犯罪中的地位和作用

公民个人是以自己独立的主体性参与社会生活的，是社会生活主体的最小单位。但是其他一切社会生活主体都是由各个个人组成的，都是通过各个个人活动来完成的。同样，一切预防犯罪主体的功能都是由各个个人活动的有机结合而发挥出来的，离开了个人的行为，就没有其他任何预防犯罪主体的行为。当然，个人的行为并不等于集体的行为，但是个人的行为毕竟是集体行为的基石。公民个人在预防犯罪中居于甚为特殊的地位，它既可以以个人的意志和独立的行为参与预防犯罪活动，又可以把自己的行为与其他人的行为结合在一起按照特定组织的统一意志来参与预防犯罪的活动。因此，公民个人在预防犯罪中的作用至少有以下四个方面：一是自觉遵守社会道德规范和法律规范，积极从事有益于社会物质文明和精神文明建设的活动，不人为制造社会消极因素，亦不给违法犯罪的人留下可乘之机；二是抵御社会消极因素的诱惑，正确对待和处理社会矛盾，自己不去实施违法犯罪行为；三是敢于伸张社会正义，勇于同违法犯罪行为作斗争，扶弱救危，见义勇为；四是在自己所从事的职业活动中正确理解自己的职业活动在预防犯罪中的地位与作用，恰当处理各种关系，作为本单位本部门预防犯罪活动的一部分，积极做好自己的本职工作。这四个方面，都是公民个人在预防犯罪中的作用的体现，其中前三个作用是作为个人在预防犯罪中的主体作用出现的，而后一个作用则是个人行为融化在集体中从而作为特定集体在预防犯罪中的主体作用出现的。

预防犯罪主体的多元性决定了把各种预防犯罪主体组织起来，形成合力，统一行动，共同担负起预防犯罪责任的必要。这种必要只有通过预防犯罪中起组织领导作用的主体的努力才能实现。预防犯罪的组织领导者充分发挥自己的核心作用，统一部署、充分调动各类预防主体的特有作用，是预防犯罪实践成败的关键。

二、预防犯罪的客体

预防犯罪的客体是指预防犯罪的活动直接作用的对象。预防犯罪的实践活动，通过作用于一定的对象来引起犯罪原因因素与犯罪之间因果联系的变化，从而达到预防犯罪的目的。促使犯罪发生的原因因素是多方面多层次的。有些深层次的原因因素，作为带有根源性质的因素，虽然也是预防犯罪的社会系统工程所要消除的，但由于它处在犯罪原因链条的最末端，与犯罪之间的联系并不直接，因而很难说是预防犯罪活动直接作用的对象。因此，预防犯罪的客体通常是指犯罪原因因素中直接的、间接的，显见的、易变的部分，它主要包括实施犯罪的主体——人；诱发犯罪的因素——物品和事件；容易犯罪的条件——时间和空间等。

1. 作为预防犯罪客体的人

作为预防犯罪客体的人，主要是指有可能违法犯罪或者有可能再次犯罪从而成为预防犯罪活动作用对象的人。这些人主要包括：

（1）具有不良习气并流露出反社会意识的人

对于这类人员特别是青少年，应当加强思想政治教育，帮助其克服不良习气，防止走上犯罪的道路。

（2）已经实施了一般违法行为或轻微犯罪的人

这类人员由于自己的行为已经显露出了违反社会道德、法律规范的思想意识，因而需要进行较多的道德教育和法制教育，帮助其克服违法意识，提醒其尊重社会道德和法律规范，防止其实施犯罪或实施严重犯罪。对其中恶习较深的青少年，还可以强制送工读学校进行重点教育。

（3）处在矛盾冲突旋涡中的人

这些人原本没有犯罪意识，但由于工作、学习、婚姻、家庭、社会交往中的矛盾、挫折和人际冲突，处于愤怒、仇恨、失望、委屈等情绪激动的状态，以至自己原有的价值观念和规范意识受到情绪的冲击，一时难以控制，因而很容易实施某种犯罪。对于这些人，应当适时做好疏导工作，帮助其伸张正义、解决矛盾、克服困难，正确认识和处理社会矛盾和人际冲突，引导其合理地释放激愤的情绪，消除紧张的人际关系，防止其用犯罪手段来发泄心中的不满、积怨和苦恼。

（4）已经实施了犯罪行为的人

已经实施了犯罪行为的人以自己的行为打破了法律的戒律而成为刑事司法机关职能活动作用的对象。这些人由于具有反社会的违法意识，可能再次实施同类犯罪或者可能在不同环境下实施其他犯罪，因而不仅应当对其已经实施的犯罪承担刑事责任，而且应当接受强制教育，改造其犯罪意识。对这些人的强制教育，是预防犯罪的专门工作中最重要的部分。

作为预防犯罪客体的人与作为预防犯罪主体的人是不同的，但二者又是可以相互转化的。作为预防犯罪主体的人，是以自己积极主动地预防和制止他人犯罪的行为来参与预防犯罪活动的，因而在预防犯罪中居于主体地位。作为预防犯罪客体的人是预防犯罪主体的活动所作用的对象，是被动地承受预防犯罪活动的人。这两种人在预防犯罪中的地位和作用是不同的。但是人是可以变化的。人的社会地位、生活环境、工作环境和交往关系，随时都可能发生某种意料之中或意想不到的变化，人的思想和行为也可能随之发生变化。作为预防犯罪主体的人可能由于突如其来的挫折或变化而成为预防犯罪的客体。作为预防犯罪客体的人，也可能由于所受教育的作用、思想觉悟的提高、法律意识的培养，甚至正义感情的突然萌发，而成为预防犯罪的主体，在制止他人的犯罪行为中发挥积极作用。这种现象在现实生活中并不鲜见。防止作为预防犯罪主体的人变为预防犯罪的客体，促使作为预防犯罪客体的人成为预防犯罪的主体，是预防犯罪的目标，也是预防犯罪工作的重要内容。

此外，作为预防犯罪客体的人，也包括可能成为犯罪被害者的人。这些人，由于自身具有某些诱发犯罪或者容易受到犯罪侵害的特性，从而使自己很可能成为或再次成为犯罪的受害者，或者使自己从犯罪的受害者向犯罪者转化。因此预防这些人受到犯罪的侵害以及预防这些人从受害者向犯罪者转化，也是预防犯罪的重要方面。

2. 作为预防犯罪客体的物

作为预防犯罪客体的物是指有可能被犯罪所侵害或利用从而成为预防犯罪活动作用对象的物品。这类物品，从其与犯罪的联系上看，主要包括两类：一是可能成为犯罪侵害对象的物品；二是可能成为犯罪的工具从而被犯罪分子所利用或使用来进行犯罪的物品。从其本身的性质上看，前一类物品由于其自身的商品货币价值（经济价值）的所有权关系而成为犯罪侵害的"财物"；后一类物品则由于其自身的使用价值而成为犯罪分子在实施犯罪时所使用的"工具"或者其他用以进行犯罪的"物品"。

预防犯罪的活动，既要从预防犯罪的角度，通过各种预防措施，利用各种技术手段，保护可能成为犯罪侵害对象的"财物"合法的所有权关系，防止其受到犯罪行为的侵害，不给各种财产型、贪利性犯罪以可乘之机，又要从预防被害的角度，教育和提醒各种财物的所有者、保管者、使用者或持有者保管使用好自己的财物，防止被盗、被抢、被骗或者被利用。以财物的非法占有为目的的犯罪，在犯罪总数中占有相当大的比例，因而预防犯罪的活动在很大程度上是针对这类财物所采取的预防性措施。

针对财物所采取的预防性措施，不仅可以减少财产型、贪利型犯罪的成功机会，保护国家、集体或公民个人合法的财产所有权，而且可以减少现实社会中作为犯罪原因因素之一的犯罪诱因和犯罪条件，减少财物对贪财的人的犯罪诱惑力，减少这类人走上犯罪道路的机会。实践证明，财产管理上的"真空"和漏洞是财产型或贪利性犯罪得以实现的重要条件。因此，在金融领域、生产流通领域和社会消费领域，针对财物所采取的预防性措施，更具有重要的意义。

对于可能成为犯罪分子实施犯罪行为时使用或利用的工具如匕首、枪支、弹药、爆炸品、麻醉剂等，或其他可能用以犯罪的物品如毒品、淫秽物品等，主要是通过各种社会控制措施，特别是治安行政管理措施，限制或监督它的生产范围和流通渠道，或者取缔其制造，管制或控制它的使用范围，减少非法取得和非法使用这类物品的机会，防止其为想要犯罪的人所利用。针对这类物品的生产、流通、使用各个环节所采取的管制措施，以及没收、销毁这类物品的办法，其本身就是预防犯罪的重要方面。

3. 作为预防犯罪客体的事

作为预防犯罪客体的事是指可能诱发或导致犯罪从而成为预防犯罪活动作用对象的事情或事件。这类事情主要包括两种情况：一是诱发犯罪的行为（活动）；二是促使犯罪意识形成的现象。

诱发犯罪的行为，既可能是单个个人的行为，也可能是多个个人联合起来的群体活动；既可能是相互平等的主体一方对另一方的行为，也可能是上级对下级、领导者对被领导者甚至组织对个人的行为；既可能是相互独立、各不相干的主体一方对另一方的行为，也可能是相互依存或者具有某种身份对应关系的主体一方对另一方的行为。这类行为的共同特点是具有明确的作用对象，并且这类行为作用于特定对象时能够给该对象带来不利的后果，或者造成财产上的损失，或者造成权利的被剥夺，或者导致荣誉、信誉、名誉的丧失，或者造成人格上的侮辱、恋爱婚姻关系的破裂，或者造成工作上的挫折、生活上的困难，或者导致亲人的死亡或伤残，等等，因而可能激起作用对象的愤怒、憎恨和敌意，或者可能引起作用对象的不满、报复或对抗，造成人际关系的紧张气氛。这类行为，不论是正当合法的社会行为，还是滥用职权的错误行为，抑或是不道德行为或违法犯罪行为，都具有诱发犯罪的可能。针对这类行为开展预防犯罪活动，通过正确引导、解决问题、调解纠纷、纠正错误、制裁违法、帮助受害者等工作，淡化冲突，防止矛盾激化，是预防犯罪的重要内容。

促使犯罪意识形成的现象，主要是指现实社会中的丑恶现象（赌博、卖淫嫖娼、吸毒、淫书、淫画、淫秽物品等）、腐败现象、不公平现象和不合理现象。这类现象虽然不是直接作用于某个个人的，没有具体的受害对象，但是这类现象容易在社会心理上造成不良影响，导致社会价值观的扭曲、社会伦理观的颓废和社会法制的松弛。特别是直接受到这类现象影响的人，往往容易产生对现实社会的不满和对现行社会伦理规范和法律规范的蔑视，以致导致各种犯罪行为的发生。

因此，预防犯罪的重要方面是消除社会丑恶现象、腐败现象、不公平现象和不合理现象，防止反社会意识的大规模形成和蔓延。

4. 作为预防犯罪客体的时空

作为预防犯罪客体的时空是指犯罪的发生率较高从而成为预防犯罪工作重点的时间和空间。时间和空间并不是犯罪产生的原因因素，但是任何犯罪都是在一定的时间和空间内发生的，没有任何一种可以离开时间和空间而存在的犯罪。

时间和空间是一切物质存在的基础，作为犯罪主体和犯罪对象的人，总是在一定时间内出现于、活动于一定的空间；作为犯罪对象的物，总是在一定时间内存在于一定的空间；作为诱发犯罪的事，也总是在一定时间内发生于一定的空间。人的活动以及活动的对象与一定时空之间的这种联系，使一定的时间和空间与一定的犯罪之间具有密切的联系，时空是任何犯罪都不可逾越的樊篱。正因为如此，预防犯罪的活动必须在一定的时空内进行，必须根据犯罪现象与时空之间的特殊联系规律，采取相应对策、投入相应力量进行，才会更为有效。

时间和空间与犯罪之间的联系是有规律的。因为在不同的时间内，人们从事社会活动的内容是不尽相同的，人们对自己所有、持有、保管、使用的物品的控制状态也是不尽相同的。

并且这种不同由于白昼、季节的周而复始不断地重复出现乃至形成一定的规律。犯罪分子往往利用人们的活动以及人们对物品控制的不同状态选择有利的时间来作案。时间还因为其与一定的气象（气候和温度）相联系而影响人们的情绪、穿着和生活习惯，从而对犯罪决意的形成和犯罪行为的实施产生有利或不利、促进或抑制的影响。空间与犯罪的联系更为密切。不仅想要犯罪的人只能在一定的空间之内实施犯罪，而且成为犯罪受害者的人也只是在一定的空间内活动的、成为犯罪对象的物品也总是存放于一定的空间。空间与人的活动、与物品的存放和保管状态、一定空间本身的结构等因素彼此结合，构成所谓"场所"或称"环境"。这种场所或环境，既可能成为诱发犯罪的因素，又可能成为有利于犯罪实施的条件。

因此，预防犯罪的活动，必须了解和把握犯罪的高发时间和高发空间（不同犯罪往往具有不同的高发时间和高发空间）。根据各种犯罪的高发时间投放预防犯罪的力量；根据各类场所与犯罪之间的联系特点布置防范力量，采取相应的预防措施；改善诱发犯罪的环境，或者在易发生犯罪的环境增设预防犯罪的力量，实行重点控制，是预防犯罪的重要方面。

总之，根据犯罪与时间和空间之间的联系，在不同时间和不同空间采取相应的预防措施，形成轻重有别、缓急有序、点面结合、纵横交错的犯罪预防体系，是预防犯罪的重要方面。在人员预防、物品控制、事件疏导中加上环境防范，不失为预防犯罪的上策，也是综合治理犯罪问题的客观需要。

（原载《预防犯罪概论及白领犯罪剖析与对策》，人民法院出版社 1997 年版）

预防犯罪的体系与结构

一、预防犯罪的体系

预防犯罪的体系是指预防犯罪的各项活动围绕着预防犯罪的目的所形成的相互联系、协调运作的整体。亦有学者认为，预防犯罪体系（或称犯罪预防体系）是指参与预防犯罪的各种力量、各种手段、各项措施围绕着预防犯罪这个共同目标而相互联系、协调运行的工作体系。[1] 关于预防犯罪的体系，在我国，有理论体系与实践体系之别。

（一）现有预防犯罪理论体系之评析

预防犯罪的理论体系，是以对犯罪原因体系的研究为基础，由学术理论界提出的理想化的预防犯罪体系。

近年来，随着犯罪学研究的开展和深入，学术理论界先后构想了多种预防犯罪体系。归纳起来，主要有以下四类：

---

〔1〕 冯树梁主编：《中国预防犯罪方略》，法律出版社 1994 年版，第 151 页；康树华等主编：《犯罪学大辞书》，甘肃人民出版社 1995 年版，第 298 页。

1. 宏观预防与微观预防相结合的预防犯罪体系

一些学者把犯罪预防分为两大类，即宏观预防与微观预防[1]，或称广义的犯罪预防体系和狭义的犯罪预防体系[2]，这两类犯罪预防的有机结合，就构成预防犯罪的完整体系。

宏观预防是一种总体性、全局性的犯罪预防，它针对犯罪产生的全部原因制订出战略性的整体防范计划，采取政治的、经济的、思想的、行政的、法律的等多种措施，从总体上对犯罪实施宏观控制。宏观预防包括社会预防、治安预防和刑罚预防（或称司法预防）。

微观预防是一种特定的、具体的犯罪预防，它针对对个体有影响作用的家庭、学校、工作单位等微观环境中的消极因素，采取教育改造措施，以创造良好的生活、学习和工作环境，使个体具有优秀的品德、良好的智能、高尚的情操，严格的组织纪律性，增强犯罪的免疫力。微观预防包括家庭预防、学校预防和社会预防（或称社区预防）。

宏观预防可以针对违法犯罪的不同程度和情节，给以切实有效的处置，以达到预防犯罪的目的。微观预防则主要是防患于未然的工作，它没有任何处理违法犯罪的具体措施。但是也有学者认为，宏观预防主要是指社会主义物质文明建设和社会主义精神文明建设以及调整阶级关系。微观预防则是群众预防、治安预防、法制预防、心理预防和技术预防等具体的预防措施。

2. 三道防线的犯罪预防体系

有的学者根据个体横向联系的范围，提出了家庭预防、学校预防和社会预防这样三道防线的预防犯罪体系，认为人的社

---

〔1〕 康树华主编：《犯罪学通论》，北京大学出版社 1992 年版，第 594—604 页。
〔2〕 周密主编：《犯罪学教程》，中央广播电视大学出版社 1990 年版，第 235—251 页。

会化过程的关键阶段是青少年时代，而良好的家庭环境和学校教育对一个人的正常发展至关重要，因而消除家庭环境和学校环境中的不良因素对预防犯罪的总体具有治本的价值。因此，家庭预防、学校预防和社会预防是相互衔接、相互配合的预防犯罪的三道防线。

有的学者从纵向联系上考虑，认为应当把预防犯罪的工作贯穿到犯罪发展的整个过程。针对犯罪发生之前、犯罪发生过程和犯罪实施之后三个阶段的不同情况，设置层层递进的三道防线，采取不同措施来预防犯罪，由此构成罪前预防、罪中预防和罪后预防三道防线的预防体系。

有的学者则根据青少年从缺德、违法到犯罪这样一个逐步发展的过程，提出了建立以道德预防、行政预防和刑罚预防这样三道防线相结合的预防体系，或称社会公约、乡规民约、民间调解、治保组织、工读学校——治安处罚、劳动教养——与刑事制裁、劳动改造这样三道防线相结合的预防体系。

3. 四道防线的预防体系

有的学者认为，促使犯罪产生的原因虽然多种多样，但是归纳起来不外乎是客观的社会原因和主观的心理原因两大部分。与之相对应，预防犯罪就必须是针对犯罪现象产生的社会原因和犯罪行为发生的心理原因，采取社会预防措施和心理预防措施。对于社会预防和心理预防没有起作用以至实施违法犯罪行为的少数人，在依靠社会预防和心理预防措施之外，还必须运用国家的专政机关，针对社会失控和个体心理失控的程度（违法或是犯罪的行为性质），采取治安预防和刑罚预防。因此，犯罪预防的体系，应当是由社会预防、心理预防、治安预防（劳动教养）和刑罚预防（劳动改造）所组成的有机和谐的系统。[1]

4. 九层次预防体系

有的学者认为，预防犯罪的体系，从依靠力量和手段上，可划分为群众预防、专业预防和技术预防；从功能上，可划分为一般预防、重点预防和特殊预防；从工作环节上，可划分为家庭预防、学校预防和社会预防。这九个层次相互联系、互为补充，构成我国预防犯罪体系的主体框架。[2] 其中，群众预防是指依靠广大人民群众和社会各方面的力量积极参与社会治安综合治理，搞好预防犯罪工作的防范机制。专业预防是指发挥社会治安综合治理部门、公安、检察、法院、司法等专门机关的职能作用，加强预防犯罪工作的防范机制。技术预防是指采取技术手段加强预防犯罪工作的防范机制。一般预防是没有特定的具体对象的社会一般预防措施，如健全多部法制保障体系，加强条件性防范措施，提高公民防卫意识和自卫能力，减少犯罪的机遇和条件。重点预防是针对有可能犯罪的人和已经有违法或轻微犯罪行为的人所采取的预防措施，如社会帮教、工读学校、劳动教养等。特殊预防是采取"特殊预防"手段，对犯有严重罪行的刑事犯罪分子依法侦查、起诉、逮捕、判刑、监禁、改造。

关于预防犯罪体系的上述理论构想，都在一定程度上反映了预防犯罪体系的层次性和整体性，都强调犯罪预防体系是根据犯罪原因因素的不同作用而建立的有明确针对性的层次有别而相互联系的有机整体，并且都强调预防犯罪体系的综合性和动态性，指出预防犯罪体系是综合运用各种手段来预防犯罪的，是一个不断发展变化着的动态管理体系。这些都为我国预

---

〔1〕 魏平雄主编：《犯罪学》，中国政法大学出版社1989年版，第198—200页。

〔2〕 冯树梁主编：《中国预防犯罪方略》，法律出版社1994年版，第152页。

防犯罪的实践体系奠定了理论基础。

但是，上述理论构想都存在着一定的缺陷。宏观预防与微观预防相结合的预防犯罪体系把本来是一个整体的犯罪预防体系人为地一分为二，从宏观与微观两个方面来论述，以致预防措施相互交叉，同一种预防措施在两种预防体系中同时出现，如社会预防、刑罚预防或称司法预防等究竟属于宏观预防还是属于微观预防，从哪个角度看都各有道理，以致造成理论上的混乱。有的学者试图从地域上区分宏观与微观，但是缺乏统一标准，宏观是指世界范围内还是指全国范围内，抑或指一个省、一个地区的范围，说法不一；有的学者试图从犯罪原因即预防对象上来区分，把预防犯罪产生根源的措施称为宏观预防，把预防犯罪产生的具体原因的措施称为微观预防，但是犯罪产生的根本原因与具体原因在实践中又是很难界定的，以致在具体论述宏观预防与微观预防时时常出现交叉和昆淆。

三道式的不同而导致了对预防犯罪体系中各道防线内容的不同构想，以致出现了相去甚远的预防犯罪体系。不仅如此，在三道防线和四道防线的预防犯罪体系中，许多学者都是以罪前、罪中、罪后为基础来划分预防犯罪的层次性的[1]，而这种划分的科学性是值得质疑的。因为，尽管就一个个具体犯罪而言可以将其划分为犯罪前、犯罪中、犯罪后三个阶段，但是就一定社会的犯罪现象而言，这种划分就是难以做到的，尤其是针对犯罪原因采取的预防措施，很难说哪些是犯罪前的预防措施、哪些是犯罪中或犯罪后的预防措施。例如治安预防究竟是在犯罪发生之前采取的还是在犯罪实施过程中采取的，恐怕只能因具体犯罪情况而言，很难一概而论。即使是刑罚预防这种

---

〔1〕 康树华主编：《犯罪学通论》，北京大学出版社1992年版，第596—598页。

在具体犯罪实施之后采取的制裁措施，其预防功能恐怕最主要的还在于防止社会上其他尚未犯罪的人效仿而实施犯罪，而不是单纯地为了防止犯了罪的人再次犯罪，因而很难说它就是一种事后预防。即使是仅仅针对犯了罪的人，其预防功能也是为了防止其再犯罪而不是为了制止已经发生了的犯罪，因此就其"预防"功能而言，对其冠之以"事后"也是欠科学的。因为，如果仅仅是犯罪之后的制裁，当然可以称为"事后"（即犯罪之后）制裁，但是如果是为了预防再次犯罪，那么对于尚未发生的犯罪（即再次犯罪）而言，它又只能是一种"事先预防"而不可能是"事后"预防。

九层次的预防体系虽然强调了预防犯罪体系的层次性和整体性，但是这种理论构想由于缺乏统一的划分标准而使九个层次之间显得混乱、交叉、层次不清。家庭预防、学校预防和社会预防，从功能上看可以说是一般预防；从力量上看，可以是群众预防；技术预防可以是重点预防，也可以是一般预防。即使在同一序列之内，专业预防和技术预防也是难以区分的。由于分类上的混乱和交叉，九个层次的体系很难成立，更无科学性可言。

（二）预防犯罪理论体系之构想

本文在吸收上述各种理论体系优点的基础上，为了避免其缺陷，试图构建一个既与我国预防犯罪实践相吻合，又具有内在的逻辑统一性的预防犯罪体系。

这个预防犯罪体系是以对犯罪产生形成规律的科学认识为根据建立的。

任何犯罪的产生都是多种因素综合作用的结果，因此预防犯罪应该以综合治理为指针，在综合运用各种手段治理犯罪问题的思想统一指导下，统筹兼顾，充分调动多个方面的力量，恰当运用各种预防手段，建立预防犯罪的科学体系。

犯罪预防是针对犯罪产生的原因采取的措施，但是原因与结果又是相对而言的，犯罪（行为）是各种犯罪原因因素发生作用所产生的结果，而犯罪行为的实施，除了对社会造成各种危害之外，其本身还具有毒化社会环境、影响社会心理、诱发新的犯罪的作用，因而又具有犯罪原因因素的功能。鉴于犯罪原因与犯罪（行为）之间的联系的这种相对性，预防犯罪就不能不同时包括两个方面的预防，即犯罪原因预防和犯罪行为预防。犯罪原因预防是针对犯罪产生的原因亦即相对于犯罪行为的那些促使犯罪发生的各种因素采取的预防（简称为"罪因预防"）；犯罪行为预防是针对犯罪行为本身亦即犯罪原因因素产生的结果——另一层面上的犯罪原因因素采取的预防（简称为"罪行预防"）。就犯罪预防的总体而言，既有犯罪原因预防又有犯罪行为预防，这两个方面相辅相成，才能构成一个完整的预防犯罪体系。离开了其中任何一个方面，预防犯罪的体系都是残缺的、不完整的。

1. 犯罪原因预防

广义上所讲的犯罪原因是多种多样的，但是归纳起来，主要是三个方面：促使犯罪产生的社会原因，社会原因之所以对具体主体起作用的个体原因，以及社会原因和个体原因产生犯罪所需要的条件因素。与之相适应，针对犯罪原因所采取的预防措施，又可以分为三个方面：犯罪的社会原因预防、犯罪的个体原因预防、犯罪的条件预防。

（1）犯罪的社会原因预防

犯罪的社会原因预防是针对促使犯罪产生的社会原因所采取的预防措施。根据促使犯罪产生的社会原因的不同类型，可以将其划分为四类：（A）社会预防，即社会政策、社会制度、社会发展战略等宏观上的预防；（B）社区预防，即具体社会环境的预防；（C）家庭预防；（D）学校预防。

（2）犯罪的个体原因预防

犯罪的个体原因预防是针对促使犯罪产生的个体原因所采取的预防措施。根据促使犯罪产生的个体原因的不同类型，可以将其分为两类：（A）生理预防，即针对与犯罪产生有关的生理因素如性别、年龄、性格特征等采取的预防措施；（B）心理预防，即针对促使犯罪产生的心理因素采取的预防措施。犯罪产生的一般规律表明，犯罪心理的形成一般经历了一个从缺乏道德观念、蔑视纪律规章到蔑视法律这样一个逐步发展的过程，在客观上往往表现为从不道德行为、违纪犯规行为、一般违法行为到犯罪行为逐步演变发展的过程。因此，心理预防应该从道德培养、纪律教育入手，以法制教育为重点，对个别已经养成犯罪恶习的人进行心理矫治，形成道德预防、纪律预防、法制预防、心理矫治这样四道心理防线。

（3）犯罪的条件预防

犯罪的条件预防是指针对有利于犯罪发生的条件因素所采取的预防措施。根据有利于犯罪发生的条件因素的不同类型，可以将其划分为两类：（A）自然条件预防，即针对容易诱发犯罪或者有利于实施犯罪的时间、气候、地理位置等自然因素所采取的预防措施；（B）被害人预防，即针对由于自身的某些特性而容易或者可能成为犯罪的被害者的人所采取的预防措施。被害人预防并不仅仅是犯罪的条件预防。被害人的行为有时可能是导致某个具体犯罪的直接原因。但是从总体上看，被害人的特性和行为许多场合都是作为犯罪人实施犯罪的条件而发生作用的，是诱发犯罪或者有利于犯罪实施的条件因素。被害人预防的主要功能是条件预防，因此我们将其归入犯罪的条件预防之列。

2. 犯罪行为预防

犯罪行为预防虽然也具有犯罪原因预防的功能，但它是针对与犯罪原因相对应的犯罪行为采取的预防措施，有自己的独立性和特殊性，因此我们将其作为与犯罪原因预防相对应的预防类型。

在犯罪学中，犯罪（犯罪行为）是一个相对模糊的、广义的概念，它不仅包括按照刑法典的规定经过刑事司法程序最终认定的严格意义上的犯罪，而且包括与犯罪具有相同或类似性质的危害社会行为如一般违法行为。针对广义的犯罪行为所采取的预防措施，主要包括三个方面，即治安预防、技术预防和刑事预防。

（1）治安预防

它是针对已经实施或者可能实施的违反治安行政管理的行为所采取的预防措施。针对可能或正在实施的违反治安管理行为（也可能是触犯刑律的犯罪行为），主要是通过治安行政管理来预防和制止；对于已经实施的违反治安管理行为（包括轻微的犯罪行为），主要是通过治安行政处罚来预防其再次发生。因此治安预防又可以分为管理性预防与处罚性预防两个方面。违反治安行政管理的行为，通常都与犯罪行为具有相同的行为特征和性质，只是对社会的危害程度不同。运用国家权力，通过专门工作，防止和制止这类行为的发生，是预防犯罪的重要方面。

（2）技术预防

技术预防是运用现代科学技术手段，设置预报犯罪行为装置，或者给犯罪行为的实施和完成设置障碍，阻止其完成犯罪。因此技术预防也是针对犯罪行为采取的专门性的预防措施。

（3）刑事预防

刑事预防是针对即将发生和已经发生的犯罪行为采取的预防措施。它通过刑事司法系统的职能活动，制止犯罪行为的实施，并在犯罪行为实施之后进行侦查、起诉、审判和执行刑罚等活动，以防止社会上的其他人效仿犯罪和防止犯了罪的人再次犯罪。刑事预防的作用是通过刑事司法系统依据刑事诉讼法所进行的职能活动实现的，也是通过正确适用刑法、充分发挥刑罚的功能实现的。因此，刑事预防又可以划分为诉讼预防和刑罚预防两个方面。

预防犯罪的体系是由上述各个方面的有机联系和协调统一构成的。在预防犯罪体系中，上述每一方面都有自己的特定位置，都有具体的作用对象，都有其他方面不可替代的功能，都以自己的特殊方式与其他预防措施相联系。这个有机联系、协调统一的预防犯罪体系，既适用于全社会的犯罪预防，也适用于某一领域的犯罪预防和某一类型犯罪的预防。只是针对不同的对象，其运作机制和侧重点不同罢了。

为了便于读者理解上述预防犯罪体系，我们试列下图予以简示：

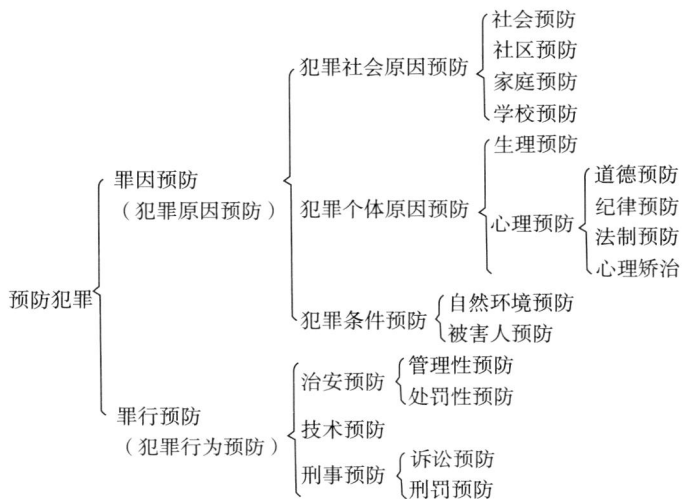

预防犯罪体系示意图

（三）预防犯罪的实践体系

预防犯罪的实践体系是指一定国家在预防犯罪方面所建立起来的工作体系。新中国成立以来，我国在预防犯罪方面取得了许多成功的经验，但是也由于受政治生活和经济生活中重大失误的影响出现过许多教训。我国现行的预防犯罪体系是在总结正反两方面经验教训的基础上，根据对犯罪原因的深刻认识和中央有关决定逐步建立起来的"综合治理体系"，即在各级党委和政府的统一领导下，动员和组织全社会的力量，运用政治的、法律的、行政的、经济的、文化的、教育的等多种手段进行综合治理，从根本上预防和减少犯罪。

这个体系的特点是：

1. 力量的全面性

综合治理体系强调动员和组织全社会的力量。不仅各级党委和政府要担负起领导责任，动员和组织人民群众预防犯罪，而且各个部门要齐抓共管，调动各方面的力量，搞好预防犯罪的工作。

2. 手段的综合性

综合治理体系的核心是手段的综合性。搞好预防犯罪的工作，必须综合运用政治的、经济的、行政的、法律的、文化的、教育的等多种手段，以便从各个方面对付多元的犯罪原因。为此，必须充分发挥打击、防范、教育、管理、建设、改造等措施的综合作用。

3. 体系的统一性

综合治理体系强调预防犯罪的工作要在各级党委和政府的统一领导下进行，全国要在中央社会治安综合治理委员会的统一领导下进行。综合治理体系作为预防犯罪的实践体系，在全国范围内具有统一的组织保障，具有严格的工作原则和具体措施，因而是一个统一的、内部协调统一的工作体系。

预防犯罪的实践体系还可以进一步区分为预防犯罪的组织体系和预防犯罪的手段（措施）体系。前者是预防犯罪的不同主体在综合治理的方针指导下，通过一定的组织形式联系起来所形成的决策——组织——操作的预防体系。后者是按照综合治理的原则，预防犯罪的各种手段相互配合、合理使用所形成的预防体系。

二、预防犯罪的结构

结构是指构成事物整体的各个要素及其相互间的组合方式。预防犯罪的结构可以作多种理解，它既可以指预防犯罪活动的结构，也可以指预防犯罪体系的结构；既可以指预防犯罪组织体系的结构，也可以指预防犯罪手段体系的结构。在本文中，预防犯罪组织体系的结构和预防犯罪手段体系的结构，将分别在预防犯罪的主体和预防犯罪的手段两章中分别予以论述，预防犯罪体系的结构，在上一节中已经述及，所以本文着重研究预防犯罪活动的结构：

（一）预防犯罪活动的构成要素

预防犯罪，实际上就是国家和社会运用各种可能的手段来消除或减少促使犯罪产生的原因和条件、遏制犯罪发生的活动。预防犯罪，不论是就其一般意义而言，还是就其中任何一项具体活动而言，它都是由三个要素构成的，即主体、手段和客体。

预防犯罪的主体是预防犯罪的一切活动的发动者和实践者。没有预防犯罪的主体，就没有预防犯罪的活动，也就无预防犯罪可言。在中国，预防犯罪的主体是极为广泛的。按照综合治理的要求，一切社会力量都可以成为预防犯罪的主体。

预防犯罪的客体是预防犯罪活动作用的对象，是预防犯罪活动不可缺少的要素。预防犯罪的客体包括一切促使犯罪发生的因素，概括起来，主要是实施或促使犯罪发生的人、诱发犯罪或受犯罪侵害的物、促使或诱发犯罪的事，以及有利于犯罪实施的时空。

预防犯罪的手段是预防犯罪的活动内容。没有预防犯罪的手段，也就没有预防犯罪的活动。预防犯罪的手段具有多样性，因而可以按照不同的标准对其进行归纳分类，如政治的、经济的、行政的、法律的、文化的、教育的等预防犯罪手段；排除、疏导、控制、威慑、矫治等手段。本文试图将其归纳为四个方面的手段，即正确处理各种不同的社会矛盾、加强文化道德和法制教育、调整和完善社会政策、完善刑事政策。

（二）预防犯罪各要素之间的关系

预防犯罪是由主体、客体和手段三要素构成的实践活动。任何一项预防犯罪的活动，都离不开一定的主体、客体和手段。预防犯罪的主体、客体和手段，在预防犯罪活动中具有内在的密切联系，又具有各自独立的意义，并且它们之间又相互制约、相互作用，构成有机联系的整体。

预防犯罪的主体作为预防犯罪活动的发动者和实践者，在预防犯罪中始终属于主动地位，始终是以自己的主体性活动从事预防犯罪的实践的。这种主体性，集中表现在三个方面：一是设计预防犯罪的方案，策划预防犯罪的活动，选择预防犯罪的手段；二是确定预防犯罪的目标，摄取预防犯罪的对象；三是运用预防犯罪手段来改变、改造或改善预防犯罪的客体，实现预防犯罪的目的。

尽管在预防犯罪的不同主体之间具有分工与合作，不同的主体在预防犯罪的组织体系中居于不同的地位和作用，但是不论哪一类或哪一个主体，在预防犯罪活动中都是以自己的主体性参与预防犯罪活动的，都是运用一定的预防手段积极主动地作用于一定的客体的。因而，预防犯罪的主体始终是预防犯罪手段的运用者，它以自己的主体性运用一定的预防犯罪手段作用于特定的客体，从而又是预防犯罪客体的对立面，与预防犯罪的客体相互依存。在与预防犯罪客体的关系中，预防犯罪的主体始终居于主动地位，它积极主动地选择客体、作用于客体，力求改变客体的存在形式、作用方向或作用性质，防止其产生犯罪或再犯罪。当然，预防犯罪的主体也要受到预防犯罪客体的制约和影响，甚至在这种制约和影响下，有的主体可能转化为客体。但是在作为预防犯罪的主体存在时，它在预防犯罪中是主动的、主导的发动者和实践者。

预防犯罪的客体是预防犯罪活动作用的对象，也是预防犯罪的主体力求改变、改造或改善的对象。预防犯罪的主体从事预防犯罪的活动，就是希望通过自己的努力，促使预防犯罪的客体发生某种对象性的变化，割断、淡化乃至消除预防犯罪的客体与犯罪之间的联系。因此，预防犯罪的客体在预防犯罪中处于被动的、受外界力量作用的状态。但是，预防犯罪的客体在预防犯罪中并不仅仅是被动的受动体。一是它以自己的独立性与预防犯罪的主体相对立，它的存在形式、性质和内容是预防犯罪主体在从事预防犯罪活动时必须考虑的最重要的因素之一，对于预防犯罪主体的手段选择和力量运用具有明显的制约作用。二是它本身的可变程度、它本身与犯罪之间的联系程度，又是决定预防犯罪活动效果的重要因素，在一定程度上制约着预防犯罪实践活动的结局。三是预防犯罪的客体由于其本身具有促使犯罪产生的功能，能够对自身以外的人或事发生消极的影响，因而又能反作用于预防犯罪的主体，促使预防犯罪的主体向客体方面转化。特别是对预防犯罪主体中的某些个人来说，主体与客体之间具有一定的相对性和相互转化的可能。甚至有些人，既是预防犯罪的主体，又可能成为预防犯罪客体中的人；或者曾经是预防犯罪客体中的人，经过其他主体的预防活动，转变为作为预防犯罪主体的人；有些事或物，本来是预防犯罪的客体，但是经过预防犯罪主体的预防活动，可能转化为有利于预防犯罪的事物。

预防犯罪的手段是连接预防犯罪主体与预防犯罪客体的纽带，也是预防犯罪主体用以预防犯罪的工具。预防犯罪的主体只有通过预防犯罪的手段，才能作用于预防犯罪的客体，实现预防犯罪的目的。因此，预防犯罪的手段，不仅在预防犯罪中居于不可或缺的地位，而且直接决定着预防犯罪实践活动的结局。选择什么样的预防犯罪手段以及这种手段运用得是否恰当、是否及时，是决定预防犯罪效果的关键。

预防犯罪的手段，既然一方面与预防犯罪的主体相联系，另一方面又与预防犯罪的客体相联系，它就既制约着预防犯罪的客体又制约着预防犯罪的主体，同时它自己也受到预防犯罪主体和客体的双重制约。一定的预防犯罪主体只能选择和使用自己力所能及的预防手段，一定的预防犯罪手段只能作用于自己能够对之起作用的预防客体。预防犯罪手段的乱用，对于预防犯罪的实践来说，不仅是无益的，而且可能是有害的。

（原载《预防犯罪概论及白领犯罪剖析与对策》，人民法院出版社 1997 年版）

预防犯罪的效益

预防犯罪手段的选择和目标的确定，必然导致预防犯罪的实践活动。而预防犯罪实践的结局，往往是人们更为关心的问题。预防犯罪的所有努力只有有效地遏制了犯罪的增长，使社会秩序稳定、人民安居乐业，才可以说达到了预防犯罪的预期目的。因此，预防犯罪的效益，对于预防犯罪的一切努力来说，是一个值得特别重视的方面，也是预防犯罪的措施选择和手段运用所必须充分考虑的问题。

一、效益是预防犯罪的价值追求

1. 效益的概念

效益是效果和收益的简称，是人们的社会活动在作用于一定客体时实际产生的对行为主体有益的结果。效益作为首先在经济学中使用的术语，它不仅强调实际的收益，而且注重实际的投入与实际的收益之间的比率，把实际的投入量作为衡量活动效益的重要方面。因此，效益不仅反映着实践活动的结局对活动主体所带来的实际收益，而且反映着投入与收益的对比关系。不仅如此，效益作为人们的实践活动的结果，总是与从事实践活动的主体在行动之前的预先设定的目的相联系。实际产生的结果与活动主体的预先设定的目的结果越接近，对于活动主体来说，其行为的效益就越大，反之就越小。从这个意义上讲，效益又总是意味着目的的实现程度。希望达到目的的人必然要追求活动的最大效益。

效益按其表现形式可以分为经济效益或社会效益两种。这是因为，人类的实践活动所产生的结果不外乎两种：一种是物质性的，另一种是精神性的。物质性的结果，通常表现为某种特定成品的出现、一定数量产品的生产、一定数量金钱的获取等。精神性的结果，通常表现为对社会秩序的作用、对社会政策和社会心理的影响、对特定个人精神需要的满足、对群体行为的引导、对个人行为的制约等。前者因其具有一定的经济价值和使用价值，能够满足人们的某种物质需要，故而称为经济效益；后者因其能够对人的心理和行为发生一定的影响从而能够满足社会的和个人的某种精神需要，故而称为社会效益。在某些情况下，人们的社会活动不仅可以产生一定的经济效益，而且往往同时产生某种社会效益。但是作为活动的主体，人们往往更多的是只关注其中某一个方面，或者重视经济效益，或者重视社会效益。在某些情况下，人们的社会活动所产生的只有社会效益而没有经济效益，在这种场合，人们所追求的往往只是某种社会效益的获取。

效益按其对行为主体的作用可以分为正效益与负效益。人类行为在实践中所产生的实际结果并不总是行为主体所预先设定的目的结果的物化。有时，行为的结果与行为主体的目的是一致的或接近的；有时，行为的结果与行为主体的目的是不相干的，甚至还可能是完全相反的。如果把人们的实践活动所产生的与行为主体预先设定的目的结果相一致的并且对行为主体有利的结果称为效益或正效益，那么，实践活动所产生的与行为主体预先设定的目的结果相悖的、对行为主体不利的结果就可以称为负效益。正效益是行为主体所企盼出现的结果，负效益则是行为主体所不愿发生的结果。追求正效益、避免负效益，是人类行为的永恒主题。

效益不仅有正负之分，而且有大小之别。对于不同的行为主体来说，可能由于个人素质、技术或经验、对工具的运用或手段选择的不同，同量的投入所获得的效益往往是不等量的，有的可能收效很大，有的可能获益甚微，有的甚至徒劳无益。对于不同的社会行为而言，可能由于行为时的社会环境、时机、条件的不同，或者由于各个行为主体的合作与配合方式和程度的不同，或者由于行为作用的对象的不同，相同的社会行为可能导致不同的结果或者同量的投入可能产出不同量的效益。人们总是希望以最少量的投入来取得最大量的效益而不愿用较多的投入去换取少量的收益。

2. 效益对预防犯罪的意义

预防犯罪是人类社会的理性选择。人们在遭受犯罪的侵害之后，首先作出的反应往往是（个人的）报复和（社会的）制裁。只有在冷静的思考和理性的选择之后，才会设定预防犯罪这样的目的，才会选择预防犯罪的道路。因此，预防犯罪本身意味着人类的有意识、有目的的活动，这种活动的原始动力正在于追求预防犯罪的效果。预防犯罪目的的设定、预防犯罪措施的选择、预防犯罪手段的运用，都是围绕着如何更有效的预防犯罪进行的；预防犯罪的任何一个主体，都希望通过最少量的投入来谋求最显著的预防犯罪的效果。从这个意义上讲，效益不仅是预防犯罪的价值追求，而且效益原则是预防犯罪一切活动的最高原则。

预防犯罪所追求的主要是社会效益。在预防犯罪的实践活动中，人们投入一定数量的人力物力和财力，但是并不希望或者说主要不是希望从中获得多少经济效益，而是希望通过这种投入遏制犯罪的发生和增长，造就良好的社会治安环境。当然有时，预防犯罪的投入，可以直接或间接地表现为为国家或有关个人挽回了或避免了一定数量的经济损失，但是在更多的场合，预防犯罪的大量投入，都是为了改造和引导人们的社会心理、抑制犯罪的心理冲动、消除可能滋生或助长犯罪的各种因素以及可能有利于犯罪实施的各种条件。因此，预防犯罪的价值追求，可以说，最主要的是预防犯罪的实践活动所产生的社会效益，是抑制犯罪的有效程度。

与效益的一般概念相一致，预防犯罪的效益亦有正与负、大与小之分。预防犯罪的正效益是指预防犯罪的活动所产生的社会效果与预防犯罪的目的追求相一致，即通过预防犯罪的活动，有效地遏制了犯罪的增长，减少了现实社会中犯罪的发案率和罪犯的再犯率。预防犯罪的负效益是指预防犯罪的实践活动所产生的社会效果与预防犯罪的目的追求相悖，即预防犯罪的活动在客观上助长了犯罪意识的蔓延、犯罪率或再犯率的增加，引起了更多的社会不安定因素。预防犯罪的效益大，是指在预防犯罪的实践活动中，实际投入的人力、财力和物力较少，而实际获得的效益很大，亦即预防犯罪的活动虽然所消耗的人力、财力、物力较少，但在预防犯罪方面实际产生的效果很显著，能够有效地遏制犯罪增长的趋势，明显减少犯罪的发生率。预防犯罪的效益小，是指对预防犯罪的活动投入了大量的人力、财力和物力，消耗了较多的社会财富包括人力资源，花费了较长的时间，但是实际收到的效果并不显著，既没有有效遏制犯罪增长的势头，也没有明显减少现实社会中的犯罪隐患和不安定因素。

此外，预防犯罪的效益还有短期效益与长远效益之分：预防犯罪的短期效益是指预防犯罪的活动在实施的当时或最近一段时间内，可以出现明显的预防犯罪的效果，但是这种效果不具有持续性，一段时间之后，这种效果就自动消失，犯罪率重新增长，甚至其增长势头由于一时的人为压抑而变得更加严重。预防犯罪的长远效益，是指预防犯罪的措施选择和手段运用在具体实施的过程中，虽然对犯罪增长的势头没有明显的抑制作用，但是这种措施和手段的实施在持续一段时间之后，就会显示出其对犯罪的预防作用，并且这种效果具有持续性，能够有效地减少犯罪的发生率，甚至可以明显减少犯罪的再犯率。

在预防犯罪的实践过程中，预防犯罪的正效益与负效益、短期效益与长远效益在许多情况下往往是同时出现的。但是毋庸置疑的是，有些预防犯罪的措施和手段的实际运用所产生的正效益明显地大于其负效益，甚至其负效益与其正效益相比可以小到忽略不计的程度；而有些预防犯罪的措施和手段的实际运用所产生的正效益可能微乎其微，相反地，其负效益却十分明显，使人不得不怀疑它究竟是有利于预防犯罪还是有害于预防犯罪；有些预防犯罪的措施和手段在实施的当时可能具有明显的预防犯罪的效果，但是经过一段时间之后，这种措施或手段的负效益就突出地暴露出来；有些预防犯罪的措施和手段虽然在实施的过程中看不出明显的遏制犯罪的效果，但却具有从根本上预防犯罪的作用，因而从长远的观点看，又具有不容忽视、不可低估的效益。这种事实表明，并非任何基于预防犯罪的目的所采取的对策和行动，都可以达到预防犯罪的目的。因此，预防犯罪的每一项措施的选择和每一个手段的运用，必须建立在对其可能产生的预防效益的科学分析和恰当评估的基础之上。任何离开对预防犯罪效益的价值追求的措施选择和手段运用，任何不顾效益的预防犯罪活动，都难免出现事与愿违的结局，都难以保障其实施的必要性和恰当性，因而都很难说是合乎预防犯罪的初衷的理性选择。

二、预防犯罪效益评估的指标体系

预防犯罪的效益是由预防措施和手段的投入量与收益之间的对比关系构成的，衡量某一预防犯罪的措施或手段的效益，应当着眼于以下指数：

1. 投入量的大小

预防犯罪的投入量，是指采取某种预防犯罪的措施或实施某种预防犯罪方案时实际投入的人力、财力、物力和结构性投入。其中包括：

（1）人力的实际投入，不仅包括实际参与预防犯罪活动的人员数量，而且包括参与预防犯罪活动的人员在该项活动中所花费的时间、特别是所耗费的精力。人员数量、时间和参与人员实际消耗的精力构成人力投入的三大要素。

（2）财力的投入，主要表现为预防犯罪的活动所花费的经费，它通常可以用金钱数额来衡量。

（3）物力的投入主要是指预防犯罪活动所使用的仪器设备和各种物品的消耗量。物力的投入在某种程度上也可以用金钱数额来衡量。

（4）结构性投入是指用于预防犯罪的人、财、物在组合与运作过程中所消耗的社会资源。结构性投入虽然是在预防犯罪的过程中消耗的社会资源，但不是直接用于预防犯罪的，而是在预防犯罪活动过程中由于人、财、物的组合方式和运作过程而内耗掉的。这种结构性投入主要表现在两个方面：一是正常消耗的，即在预防犯罪的过程中，由于实际参与的人员较多，这些人员相互之间在合作与配合的过程中必然出现的或不可避免的人力浪费和内耗，以及参与预防犯罪的人员在使用有关设备时由于必然要经过的从不熟练到熟练的操作适应过程所耗费的人力和物力等；二是非正常消耗的，即在预防犯罪的过程中，由于对参与预防犯罪的人员的不当调配或这些人员相互之间的不配合或抵触，或者由于预防犯罪手段运用时的目标错误，或者由于参与预防犯罪人员对有关仪器设备的不当操作，或者由于预防犯罪活动组织实施中的低效、盲目或错误等，所导致的社会资源的不必要的消耗。结构性投入往往是隐形的，因而容易被人们所忽视，但是这种投入往往是巨大的，在预防犯罪的投入中占有很大比重。应当引起人们更多的重视。

2. 对犯罪的遏制作用

任何一种预防犯罪的措施选择和手段运用，都是为了有效地预防犯罪。当现实社会中的犯罪呈现增长势头时，能否有效地遏制这种势头的持续增长，往往就是衡量某种措施或手段对预防犯罪的效益最直观的指标。但是预防犯罪的效益有短期效益与长远效益之分，衡量某种预防犯罪措施或手段对犯罪的遏制作用，不仅要看它对现实社会中犯罪增长势头有无遏制作用，而且要看它对犯罪的这种遏制作用能够持续多长时间。虽然不能很快遏制犯罪的增长势头，但是能够消除犯罪产生的原因，在较长时间内减少犯罪的发生。这种效果当然也意味着预防犯罪的效益显著。

3. 对社会秩序的维护作用

预防犯罪的最终目的是通过预防和减少犯罪来维护社会秩序的稳定和社会生活的安宁，促进社会经济的发展。因此，是否有利于维护社会秩序的稳定，是衡量任何一项预防犯罪的措施选择和手段运用的效益的重要内容。如果某种预防犯罪的措施或手段在实施过程中可能或实际带来了社会不安定因素，造成了社会秩序的混乱，它就是不可取的甚至是有害的。而某种措施的选择或某种手段的运用，在现实社会中，有力地促进了社会秩序的稳定和维护社会生活的安宁，无疑标志着其预防犯罪的实际效益。

4. 对社会心理的引导教育作用

对犯罪的预防，在很大程度上是通过对社会心理的正确引导实现的。一种预防犯罪的措施或手段能够在多大程度和多大规模上引导人们尊重和服从法律，引导人们正确认识和解决各种社会问题，引导人们正确对待和处理人们在社会交往中遇到的各种矛盾和纠纷，直接决定着这种措施或手段对犯罪的预防作用，也是衡量其预防犯罪效益的重要方面。

5. 对犯罪人的教育改造作用

预防犯罪的一个重要方面是教育改造犯了罪的人，并且预防犯罪的措施和手段中有相当部分是针对犯了罪的人实施的。因此，预防犯罪的效益在一定程度上要看其对犯了罪的人有无教育改造作用。对犯罪人的教育改造作用，不仅表现在罪犯服刑期间对其进行教育改造的效果，而且表现在犯罪人在犯罪之后尚未被发觉的潜伏期间、服刑之前的侦查、起诉、审判期间某种预防犯罪措施或手段对其所起的教育改造作用。此外，在中国，对犯罪人的教育改造还包括对有轻微犯罪行为而未受到刑事处罚的人以及对有某种恶习但尚不构成犯罪的人所进行的说服教育，因而在防止这些人在再犯罪方面的效果也是衡量预防犯罪措施或手段的实际效果的一个因素。

6. 负效益的有无及其大小

衡量预防犯罪的效益，除了预防犯罪活动的实际投入量和预防犯罪活动的正效益之外，某种预防犯罪措施的选择或手段的运用有无负效益以及负效益的大小，也是其中一个很重要的方面。特别是在与正效益的相互比较中，预防犯罪的负效益如果超过或接近其正效益，那么这种措施选择或手段运用即使能够遏制犯罪的势头，也是不可取的。

衡量预防犯罪效益的上述指数，是就各个具体的预防犯罪措施或手段而言的。对于一个社会一定时期的预防犯罪活动或其整体规划来说，除了预防犯罪的投入量之外，预防犯罪的效益往往综合性地表现在以下五个方面：一是该社会当时的犯罪发案率的大小和增减，特别是重大恶性案件的增减变化情况；二是该社会犯罪的初犯率的增长情况；三是该社会犯罪的再犯率的增减情况；四是社会的治安秩序状况；五是人们的安全感。这五个方面的综合考察，往往能够反映出一定时期预防犯罪措施选择和手段运用的整体效益。

三、预防犯罪与打击犯罪的效益分析

预防犯罪有广义与狭义之分。从广义上说，预防犯罪本身就包含着打击犯罪，打击犯罪是预防犯罪的重要组成部分，是预防犯罪的有力手段；而预防犯罪是包括打击犯罪在内的一系列有助于预防和减少犯罪的措施和手段的总和。把打击犯罪与预防犯罪截然分开是不可能的，也是不对的。但是从狭义上讲，或者说狭义上的预防犯罪（本节以下均取其狭义），是相对于打击犯罪而言的。打击犯罪侧重于运用刑法同犯罪作斗争，而预防犯罪则侧重于消除促使犯罪产生的各种社会的、个人的因素。前者着眼于在现实社会中已经发生的犯罪；后者着眼于在现实社会中尚未出现但是很有可能发生的犯罪。打击犯罪与预防犯罪是同犯罪作斗争的两个方面，是犯罪对策选择中两个相互依存而又彼此独立的两种措施。从这个意义上讲或者

从这个角度出发，打击犯罪与预防犯罪所产生的实际的效果，对于预防和减少现实社会中的犯罪来说，孰优孰劣、孰大孰小，不仅是相互有别的，而且是可以进行比较分析的。

1. 投入量分析

打击犯罪通常是在犯罪实际发生之后所采取的制裁措施，是以犯罪对社会已经造成的损害为前提的。因此首先，打击犯罪的第一项投入便是犯罪对社会所造成的实际损害。其次，打击犯罪需要经过侦查、起诉、审判和执行等若干个环节，其中每一个环节都需要一定的人力、财力和物力的投入。制裁每一项罪行或每一个罪犯，都需要至少 8 个专门的司法工作人员花费至少 12 天的时间。而在通常情况下，一个罪案的侦查、起诉和审判，往往都需要花费五六个月的时间，有时甚至花费更长的时间，特别是一些重大疑难案件，仅其侦破过程就需要数十人甚至数百人花费几个月的时间甚至几年时间，需要耗费大量的人力、财力和物力，甚至需要付出流血牺牲的代价。"严打"的每一个战役，许许多多的公安干警和检察干警昼夜执勤、连续奋战，其中所耗费的人力资源和所花费的财力、物力是相当巨大的。最后，打击犯罪的结构性消耗也是十分巨大的。每一个罪案的发生，都给犯罪的受害人及其家属造成了无法挽回的物质上的损失和心理上的伤害，而对犯罪人的制裁又会给犯罪人的家庭造成一定程度的损失，从而导致社会的结构性消耗。不仅如此，为了保障打击犯罪的准确性、防止出现伤害无辜的现象，在打击犯罪的过程中，公安机关、检察机关和法院机关分别审查、层层把关的程序活动，必然增加大量的重复劳动和结构性投入，造成所谓难以避免的社会资源的浪费。这种结构性投入在决策失误、指挥失当、手段运用不当和有关机关不能密切配合的情况下，以及在办案中的不正之风甚至滥用权力等现象的干扰下，其所消耗的社会资源特别是人力资源将会更大。同时，打击犯罪在许多场合下最终都表现为对犯了罪的人判处有期徒刑，这些人在服刑过程中不仅需要相当多的人力、财力、物力的投入，而且需要一定量的结构性投入。

与打击犯罪相比，预防犯罪并不需要大量的人力、财力和物力的投入。因为首先，预防犯罪是在犯罪尚未发生之前采取的预先防止的措施，从而就避免了犯罪的实际发生给社会和他人所造成的损害，减少了社会财富不必要的消耗。其次，更重要的是，预防犯罪虽然需要动员全社会的力量，但其专门用于防止犯罪的实际投入并不大。预防犯罪主要是通过社会经济体制改革和政治体制改革，不断废除不合理的规章制度，建立健全有利于社会经济发展、有利于社会生活安宁和社会秩序稳定、有利于不断提高人民物质生活和精神生活水平的社会制度；通过法制教育和文化道德教育不断增强人们的法律意识和守法观念，用法律规范、道德规范和科学知识引导和制约人们的行为选择；通过完善社会管理手段，不断强化社会监督机制和社会管理措施，增强社会控制能力；通过调整社会政策，消除社会生活中的不合理现象和不公平现象，克服和减少社会矛盾；通过正确处理各种社会矛盾，及时化解民间纠纷，减少人际冲突，防止一般的社会矛盾激化为犯罪；通过各种技术手段和人工方法，减少犯罪实施的条件和犯罪成功的概率。而所有这些活动都是或者主要是各个、各级社会组织和各个社会活动主体正常的职能活动，是社会生活不可或缺的组成部分，除了各个主体职能活动的正常投入之外，不需要或者不需要太多的专门用于预防犯罪的人力、财力、物力的投入。因而，就专门为了预防和减少犯罪所花费的人力、财力、物力而言，预防犯罪的实际投入量并不大。

2. 正效益分析

在投入量上，打击犯罪的投入量远远大于预防犯罪的投入量。但是在其收益方面，打击犯罪的收益未必大于预防犯罪的收益。

打击犯罪的正效益主要表现在以下三个方面：

（1）对潜在犯罪人的威慑作用。通过打击犯罪或以展示法律的威严，使那些想要犯罪而又惧怕惩罚的人慑于刑法制裁的严厉性而不敢实施犯罪。特别是在集中运用打击手段的一定时期内，打击犯罪所造就的震慑声威可以在较短时间内显现出遏制犯罪增长趋势的明显效果。

（2）对犯罪人的法制教育作用。打击犯罪可以破除犯罪人犯罪时的侥幸心理，促使其重视刑法的规范作用，并通过对其所犯罪行的刑事追究在其心理上留下刑罚的烙印，从而使其受到深刻的法制教育，迫使其在以后的行为选择中考虑自己行为的法律后果。

（3）对社会的法制教育作用。打击犯罪可以使广大人民群众看到社会主义法律的不可侵犯性，增强人们对法律和法制的信心，从而更加自觉地遵守法律。

预防犯罪与打击犯罪一样，都具有预防犯罪的功效，但其收效的具体内容是不尽相同的。预防犯罪的实际效果主要表现在以下四个方面：

一是消除犯罪原因因素，从根源上减少犯罪。预防犯罪主要是针对促使犯罪产生的原因因素采取预防措施的，因而它的效果主要反映在消除、减少和改变促使犯罪产生的各种原因因素，从根本上预防犯罪。

二是避免犯罪对社会的实际危害。预防犯罪的各种措施和手段的基本功能在于将犯罪消除在已然之前。不论是防止形成或消除犯罪心理，还是减少犯罪机遇或阻止犯罪实施，其结果都表现为使犯罪不发生，从而也就有效地避免了由于犯罪的实际发生给社会和他人可能造成的损害。

三是维护社会秩序的稳定。预防犯罪的工作做好了，就可以避免或恢复由于犯罪的实施所引起的社会秩序的不稳定状态，防止和减少与犯罪人有关的各种社会关系或交往关系由于犯罪人受到法律制裁而引起的不稳定。

四是为社会发展提供更多的社会资源。预防犯罪的直接功效是减少犯罪的发生率，从而也就节省了由于犯罪的发生而用于打击犯罪的人力、财力和物力，使社会有更多的人力、财力和物力资源用于社会的经济发展和物质文化生活中。

3. 负效益分析

打击犯罪在产生一定正效益的同时，也不可避免地会产生某些明显的负效益。这种负效益包括两个方面：一是在打击犯罪的手段正确运用的情况下所产生的负效益；二是在打击犯罪的手段不当使用时所产生的负效益。

打击犯罪的手段在正常运作的情况下可能产生的负效益主要表现为：

（1）给犯罪人"贴标签"。打击犯罪必然使犯罪人受到应有的刑事追究，从而给其贴上"罪犯"的标签，使其在以后的社会生活中处于不利的状态。

（2）给犯罪人的家庭造成危机。打击犯罪必然要给犯罪人一定的制裁。这种制裁，不论是财产上的赔偿或罚金，还是身体上的自由受限制，抑或生命的消灭，都不可避免地要给犯罪人的家庭带来经济上的损失或收入的减少，或者情感上的危机。

（3）可能引起犯罪人之间的"交差传染"。由于刑事制裁的基本手段是对犯罪人适用自由刑，因而在绝大多数情况下，打击犯罪都意味着将犯罪人投入监狱或其他劳动改造场所。而在这些场所，犯罪人往往被集体关押，他们之间由于相同的反社会意识和轻视法律与道德的性格倾向，很容易互相介绍和学习犯罪手段和作案经验，以致强化犯罪意识，增加犯罪伎俩。

而在打击犯罪的手段未能正确运用的情况下，除了上述难以避免的负效益之外，还可能产生其他一些负效益。例如，对犯罪人适用法律不当或者判决的不公正，容易引起犯罪人及其家属对法律和社会的不满情绪，导致新的社会不安定因素的出现。例如，"只打苍蝇，不打老虎"，容易引起整个社会的不满情绪，使人们丧失对社会主义法制的尊崇；误捕、误判必然造成对个人权利的侵害以及由此引起的国家刑事损害赔偿所造成的国家财产损失；由于打击犯罪过程中的失误所造成的错杀，虽然极少发生，但其造成的损失是难以挽回的。

与之相比，预防犯罪在正确运作的情况下，几乎没有负效益。即使在运用不当的情况下，其负效益也是很小的。这种负效益主要是：（1）社会资源的浪费。在运用不当的情况下，预防犯罪的实际投入可能收不到预防犯罪的效果，从而造成社会资源一定程度的浪费。（2）对个人自由的不当限制。预防犯罪的措施和手段运用不当，往往表现为对社会生活的过当干预，以致造成对个人权利的不必要的限制，妨碍个人的自由发展和生活，引起人们对社会管理活动乃至对国家的不满情绪。（3）对社会发展的影响。预防犯罪的措施和手段运用不当，有时可能表现为社会管理中的过分谨慎和对经济生活的过多干预，从而造成社会生活和经济发展中的保守状态。

通过上述分析，不难看出，预防犯罪与打击犯罪的实际投入量和所能产生的效果是不同的。预防犯罪的专门投入量较少，而实际收益量较大，并且其负效益较少；打击犯罪与之相比，则显然需要大量的专门投入，而其效果往往是正效益与负效益并存。因此，与打击犯罪相比，预防犯罪可以说是预防和减少犯罪的最佳选择。

需要说明的是，上述分析并不是要否定打击犯罪的社会价值，更不是在批评打击犯罪的措施选择，而是在打击犯罪与预防犯罪的效益对比中，分析哪个更值得优先采用，更需要经常采用。显然，打击犯罪与预防犯罪相比，其投入量大而收益较小并且负效益较大，因而是不能大量运用、不可长期使用的手段。在预防犯罪的过程中面对已经发生的犯罪，适时采取打击犯罪的手段，可以遏制犯罪增长的趋势，增强其他预防犯罪措施的效果。但是不能将其作为预防犯罪的基本手段，尤其是不能将其视为遏制犯罪增长的唯一有效手段，动不动就大量地集中使用。当然，对于已经发生的犯罪，无疑要依法打击，不坚决打击就不能维持刑法的尊严，就不足以遏制犯罪的增长趋势，其他预防犯罪的措施和手段也会因为缺乏后盾而难以发挥应有的效果。但是预防犯罪的着眼点和资源投入不应当把重点放在打击犯罪上，而应当更多、更经常地考虑（狭义上的）预防犯罪的措施和手段，在预防犯罪上下功夫。

四、影响预防犯罪效益的因素

预防犯罪的效益是由预防犯罪活动本身的实践价值决定的。但是预防犯罪活动实施过程中的某些因素必然影响到预防犯罪效益的实现。这些因素主要有：

1. 预防犯罪的投入量

一般而言，预防犯罪的投入量与产出量是成正比的。在预防犯罪活动正常实施的情况下，预防犯罪的投入量大，其收效相对也大；投入量小，其收效相对亦少。因此，要想有效地预防犯罪，就应当舍得在预防犯罪上投入，为预防犯罪的活动提供必要的人力、财力、物力资源。

对于预防犯罪的投入，人们往往注重财力、物力的投入，而忽视人力资源的投入，特别是对预防犯罪主体的政治素质、文化道德修养、身体状况和工作能力往往重视不够。有些地方，选用一些年龄大、身体弱的离退休人员和病休人员从事犯罪预防工作，算算人数不少，但工作效率和防范能力弱。这种状况，很难说投入的人力多。有的部门聘用一些能力不高、品质恶劣甚至有前科的人从事预防犯罪的工作。这样的人力投入包括为其支付的财力投入，必然严重影响预防犯罪的实际效果。

2. 预防客体的准确性

预防犯罪的效益在很大程度上取决于预防犯罪客体选择得准不准。对象不当，无的放矢就自然难以有所收获。预防犯罪的任何一项活动，都要选准对象，并且应当根据不同对象的各自特点选择相应的预防对策和工作方法。这是预防犯罪活动以较少投入获取较大效益的必要前提，离开了预防对象的准确选择和对预防对象特点的深刻认识，预防犯罪的活动就很难取得理想的效果。在这个方面，应该说我们是很有些教训的。这些年，暴力犯罪持续增长，其原因主要是改革过程中各种社会矛盾尖锐，人们怨气积累，但是综合治理却并没有在这方面下功夫，所以，对之采取的一系列预防措施和所作出的一系列努力，常常是隔靴搔痒，效果不佳。又如，经济犯罪持续增长的原因主要是社会分配不公和经济管理秩序混乱，而我们却将其仅仅或主要归责于个人放松了思想改造或个人的贪婪本性，因而所采取的治理对策亦是或主要是对有关个人的制裁和教育，以致经济犯罪越打击越多。改变这种状况的措施有多种，但是每一种都离不开对预防对象的准确选择。

3. 措施选择的正确性

预防犯罪的措施选择是否正确，是影响预防效益的重要因素。预防犯罪的措施通常包括预防犯罪活动的宏观决策、方案设计，以及针对各种不同对象所采取的不同预防方法等。预防措施选择正确，意味着预防犯罪的宏观决策是根据当时社会上的犯罪状况和预防犯罪可能投入的社会资源所采取的最适当、最有力的预防措施；预防犯罪的方案设计充分考虑了在当时条件下所能采取的各种手段、各种方案，以及可能利用的各种力量和各种手段与条件的组合方式，并从中选择了最可取的方案；预防犯罪的措施具有明确、合适的对象，并且对于这种对象而言，这种措施是最能起作用的。

预防犯罪的措施是指导预防犯罪实践的基本依据，措施选择是否正确以及正确的程度如何，对于能否从总体上防止和减少犯罪，具有重要的意义，因而必然影响预防犯罪实践活动的效益。

4. 手段运用的有效性

预防犯罪的手段只有在实际运用中才能发挥作用。手段如何运用，直接影响预防犯罪的效果。预防犯罪的手段本身几乎没有优劣之分，关键是看手段如何运用。手段的运用包括手段适用的对象是否恰当，手段运用的时机和条件是否成熟，手段运用得是否正确，以及手段使用的力度是否适度等。这些因素把握得好，手段的运用就能有效地预防犯罪，在实践中获得显著的效益；这些因素把握得不好，自然难以收到好的效果，甚至增加预防犯罪的负效益。

5. 实施过程的恰当性

预防犯罪的实践过程往往在很大程度上制约着预防犯罪的

实际效益。预防犯罪的实践过程，不仅仅是由预防犯罪的措施选择和手段运用决定的，在许多场合下，它都要受制于实施时的各种相关因素。有时，预防犯罪的宏观决策、方案设计、措施选择并无不当，但是由于实施过程中受到其他因素的干预而难以收到理想的效果。例如，在打击犯罪的过程中，滥用职权、以权谋私、行业不正之风以及来自职能部门之外的各种干扰等因素往往严重妨碍着打击犯罪手段的正确运用，增加了预防犯罪的负效益，使打击犯罪的应有效益无法有效发挥。有时，在预防犯罪的实践过程中，由于手段运用不力或者一定的手段没有用于特定的对象，或者由于各种人为的因素使预防犯罪的措施不能落实，手段不能有效地实施，从而使其应有的正效益没有充分显现。例如，教育改造犯罪人，本来是预防犯罪的一个有效手段，但是在实施过程中，有的教育者或管理人员不能针对教育对象的思想状况摆事实、讲道理，真正触及犯罪人的犯罪意识，而是讲空话、大话、连自己也不会相信的假话，或者蛮不讲理、以势欺人、以权压人，因而花了人力和气力但收不到教育改造犯罪人的效益；有的教育者或管理人员趁教育改造犯罪人之机，体罚虐待犯罪人甚至从犯罪人身上捞取不义之财，其预防手段的实施不仅不能收到预防犯罪的效益反而增加不应有的负效益。预防犯罪实践过程中出现的诸如此类的问题，在一定程度上影响了预防犯罪效益的获得。

6. 预防主体的整合性

从总体上讲，预防犯罪的活动是众多主体相互合作、协同作战的过程。任何一个单一主体都难以胜任预防犯罪的重任。而在若干主体相互合作的过程中，相互配合显得尤为重要。因为，在预防犯罪的过程中，不仅每一类主体都是以自己特有的功能、特殊的活动方式乃至特定的职责权限来参与预防犯罪活动的，而且每一个主体也都是以自己特有的知识、经验和才干用于预防犯罪手段并以自己特殊的语言习惯、交往方式来同预防对象打交道的。不同主体的不同活动方式在适应不同对象的不同特点的同时，也容易产生彼此冲突的作用力，相互干扰预防效果的发挥。特别是各种不同的预防手段，通常都是由不同的主体在相对独立的状态下适用于特定对象的，如果每一类主体都只强调自己所用手段的必要性、重要性和优越性而忽视或贬低其他主体所使用的其他预防手段的必要性，或者只看到自己所用手段在一时一事上的预防效果而不顾及可能产生的负效益或可能引起的副作用对其他主体所使用的预防手段的实际运用所造成的困难，各行其是、互不配合，那么，就整个社会而言，预防犯罪的实践活动必然导致巨大的内耗，造成人力、财力、物力资源的巨大浪费，预防犯罪的实际效益也只能是事倍功半，甚至出现事与愿违的结局。

因此，运用系统论的观点，强调和协调各类、各个预防犯罪主体的相互配合与合作，使不同的力量相互配合，使不同的手段互相补充，充分发挥各种预防犯罪主体在预防犯罪实践活动中的整体合力，对于扩大预防犯罪效益是十分必要和重要的。

（原载《预防犯罪概论及白领犯罪剖析与对策》，人民法院出版社 1997 年版）

犯罪的治安预防

在人类社会的发展史上，犯罪的产生总是具有相应的社会基础。当现实社会中存在着滋生犯罪的"菌种"和有利于犯罪生成的"温床"时，从根本上消灭犯罪便是一厢情愿的空谈。但是这并不意味着在该社会中犯罪必然发展成足以摧毁现实社会的力量，因为人类文明所建造的国家这样一种凌驾于社会之上的公共权力拥有很大的控制力量，它即使不能根除犯罪，也仍然有可能在一定程度上控制犯罪，使之不致发展成毁灭现实社会的洪流。随着现代文明的发展，国家所具有的犯罪控制的能力也在不断强化。运用国家的公共权力实行犯罪控制，是犯罪预防的重要方面。

一、犯罪治安预防的概念、特点及分类

犯罪治安预防，也可说是犯罪控制，[1] 是指由专门的社会控制力量运用国家赋予的权力，控制犯罪行为实施所需要的或者可能利用的外部条件，发现和制止犯罪行为的实施，防止和

---

[1] 犯罪控制与犯罪预防，在观察角度上二者有差异，但在价值取向上二者相同。

减少犯罪对社会的危害的各种行政措施。

犯罪治安预防是以犯罪的可知性为基点的。犯罪作为一种人的行为，一种在现实社会中实际发生的现象，总是要通过作用于客观外界的举动在现实上表现出来，总是要受到客观条件和规律的制约，总是要在现实社会中留下自己的足迹。犯罪治安预防，正是利用犯罪行为这一特点，凭借特殊的公共权力，通过管理、改善和控制可能被利用来实施犯罪或掩护犯罪的环境因素，来消除、减少犯罪机会，并运用特殊的公共权力寻找犯罪的迹象，阻止可能犯罪的人实施和完成犯罪。因此，犯罪治安预防与犯罪预防的其他措施相比，有如下特点：

1. 针对性

犯罪治安预防是对特定的人、特定的行为、特定的场所或特定的行业实施的预防性措施。它具有很强的针对性，具有明确的施控对象。

犯罪的生成是一个过程。从犯罪意识形成到犯罪决意确定，从犯罪行为的准备到犯罪结果的出现，总要经过一个或长或短的运动过程。在犯罪生成过程的任何一个环节上采取相应措施消除促使犯罪产生的各种原因和条件或限制这些因素发生作用，都可能达到预防犯罪的目的。但是，与其他犯罪预防措施不同，犯罪治安预防不是普遍的、一般性的犯罪预防工作，而是一种带有针对性的预防措施。它的目标十分明显，即防止具有犯罪倾向的人实施犯罪或者完成犯罪。这个目标决定了犯罪治安预防不是泛泛地针对一切人，而是针对具有犯罪可能的人；不是针对犯罪产生的原因，而是针对犯罪实施的过程和条件。它的范围尽管可能涉及没有犯罪的人，但是它的出发点并不是要对一般人进行普遍的思想教育和法制宣传，而是要影响那些可能犯罪的人的行为，防止或阻止其实施犯罪。这种有针对性的预防措施是犯罪控制区别于其他犯罪预防措施的重要标志之一。

2. 专门性

犯罪治安预防既然是有针对性地预防犯罪，它就必然要主要依靠专门的社会控制力量来进行。这种专门的社会控制力量，在我国，主要是拥有行政处置权的治安行政管理部门。治安行政管理部门通过训练有素的专业力量，运用国家赋予的权力，对特定对象、特定场所和特定行业进行有条不紊的管理、监督，控制可能被犯罪分子或具有犯罪意图的人利用来实施犯罪的各种外部条件，减少实施和完成犯罪的机会，并利用专门手段，发现犯罪迹象，阻止犯罪行为的实施和完成。因此，犯罪治安预防也是一种专业性很强的工作。

在治安行政管理部门的指导帮助下建立起来的治安保卫组织和治安联防队，特别是近年来，在经济发达地区出现的保安组织，是协助治安行政管理部门进行犯罪控制的群众性自治组织。这种群众性的社区控制力量与专门的治安行政管理部门的专门力量相结合，是我国犯罪治安预防的特点之一。

3. 有效性

犯罪治安预防是在犯罪行为准备到犯罪结果出现这个阶段上采取的一种专门化预防措施，所以与其他犯罪预防措施相比，犯罪治安预防具有立见成效的特点。这项工作做好了，便可以直接减少犯罪的实际发生，使一定时间、一定区域内的犯罪率明显降低。这种预防犯罪的有效性，使犯罪治安预防在犯罪预防体系中历来都是备受重视的部分。

当然，犯罪治安预防是通过对犯罪实施的外部条件的控制来预防犯罪的，它当然可以有效地减少犯罪实施的机会和犯罪成功的概率，但却不能消除犯罪产生的原因，不能从根本上预防犯罪。由于犯罪治安预防措施的采用而使犯罪发生率降低这种现象只是暂时的。在没有消除或改善促使犯罪产生的原因的情况下，犯罪控制一旦放松，犯罪的发生率又会明显上升。因此，犯罪治安预防又不能不是一项长期的工作，从事犯罪治安预防的人员不能不成为一种专门化的社会控制力量。

犯罪预防是通过消除和改善促使犯罪生成的各种因素来防止、减少乃至最终消灭犯罪的。消除和改善促使犯罪生成的各种因素包含着各个阶段、各个方面的工作。例如消除和改善社会政治生活、经济生活和文化生活中的各种腐败现象、丑恶现象及所有不合理现象，以减少或淡化个人与社会之间的冲突，防止生成或促使其改变反社会的生活态度；加强和改善家庭教育、学校教育和社会教育，防止产生或消除犯罪意识；加强治安行政管理和人民调解工作，防止矛盾激化，避免有犯罪倾向的人实施犯罪行为；加强和完善法制建设，改善和强化刑事司法；等等，都是犯罪治安预防的重要方面。犯罪治安预防就是在犯罪预防的一系列活动中具有专门性的一项预防措施，是犯罪预防的一个方面。它通过对具有犯罪倾向或者决意要实施犯罪行为的人采取有效的防范措施，使之没有机会实施犯罪或者完成犯罪。因此，对于预防犯罪之目的来说，这是一种极为有效的手段。这项工作做好了，就会大大减少犯罪的发案率，使犯罪现象不至于像滚雪球那样越滚越大。而犯罪率的减少，对于保持社会的安宁，促进经济文化的发展，最终消灭犯罪的社会基础，又是极为必要的。所以，犯罪治安预防在犯罪预防体系中具有不容忽视的地位。

犯罪治安预防虽然在犯罪预防体系中具有重要的地位，但是它并不能完全取代犯罪预防。这不仅是因为犯罪治安预防只是犯罪预防的一个环节、一个方面，它无法在犯罪生成的各个阶段都发生作用，而且是因为犯罪治安预防的主要功能是治标，它既不能从根本上消除犯罪产生的社会基础，也不能使具有犯罪倾向的人完全打消犯罪的念头。因此，犯罪预防不能完全依赖于治安预防。

犯罪治安预防，既可以根据需要控制的对象进行分类，也可以根据控制犯罪活动所采取的手段进行分类。但是在此，为了帮助大家从总体上把握犯罪治安预防，我们按照犯罪治安预防的规模把它分为犯罪的宏观控制和犯罪的微观控制两类。此外，犯罪的技术预防作为辅助措施，为第三类。

第一，犯罪的宏观控制。犯罪的宏观控制是针对特定时期对社会生活具有重大影响的犯罪现象，在较大范围内采取的临时性预防措施。它通过较大范围内的统一行动，集中力量对某个领域、某类活动重点控制，以防止和制止某一类或某几类的犯罪的发生，遏制其增长的趋势。

犯罪的宏观控制具有两个特点。一是对象的单一性；二是措施的临时性。

一方面，有犯罪现象存在的社会形态，其犯罪的种类总是多种多样的。无论多么强大的公共权力，其人力和财力都不可能允许其对一切犯罪种类同时实施全面控制。因此，宏观控制只能是根据特定时期犯罪形势的状况，针对某一类或者某几类犯罪，重点布置控制力量，并根据这类犯罪的活动特点采取相应的控制措施。这就使宏观控制的对象必然要限定于某一类或者某几类犯罪之中。

另一方面，犯罪现象总是发展变化的。随着社会环境的变化，随着时间的推移，特别是随着社会控制力量在某一方面的强化，原来严重危害社会生存和发展的犯罪可能不再对社会构成严重的威胁，而另外一些犯罪则可能对社会构成新的威胁。

因此，宏观控制的目标必然是暂时的。在某一时期内，宏观控制的目标可能是这一类犯罪；而在另一时期内，宏观控制的目标可能是另一类犯罪。目标的可变性决定了宏观控制的措施也必然要发生相应的变化，从而使它呈现出临时性的特点。宏观控制的措施是一种应急性措施。哪里急需，它就出现在哪里，但是不能长时间不间断地适用。

第二，犯罪的微观控制。犯罪的微观控制是在容易发生犯罪的各个局部范围内采取的专门性预防措施。它通过对犯罪率发生较大影响的某些场所或者某些行业或者某些人的周围开展经常性的控制工作，防止或者减少犯罪的发生。

微观控制是在较小的范围内实施的，具有方便、易行的特点，同时它又可以广泛布点，在较大范围内形成一个有机联系密切结合的网络，从总体上减少犯罪的发案率和成功率。

微观控制的目标不是控制某一类犯罪或几类犯罪的发生，而是控制特定范围内可能发生的各类犯罪（尽管在各类犯罪中也有重点对象），因此它不随着某一类犯罪或某几类犯罪的减少而结束或松懈，而是一项经常性的工作。

微观控制是犯罪治安预防的重要组成部分。微观控制是在犯罪的多发区域内实施的。在这些区域内，或者存在着具有犯罪倾向的人，或者存在着诱发犯罪的因素，或者存在着有利于犯罪实施或完成的条件，或者便于藏匿犯罪人、工具或赃物，因而犯罪常常在这些区域内发生。在这些区域内布置犯罪控制力量，就可以在各个具体场合及时发现和制止犯罪，减少犯罪的发案率和成功率。因此，微观控制对于局部范围内犯罪率的升降具有极为明显的影响。同时，各个微观控制如果能在较大范围内形成一个有机联系、密切配合的网络，就能全面控制犯罪的发生。

微观控制又是实现宏观控制目标的重要途径。犯罪的宏观控制和微观控制是犯罪治安预防的两个方面、两种类型，它们之间具有密切的联系。宏观控制的目标必须通过微观控制并贯穿于微观控制之中才能实现。离开了微观控制，宏观控制目标就难以实现。宏观控制目标对微观控制又具有指导意义。宏观控制目标能够帮助微观控制明确自己在特定时期的工作重点，使微观控制更适应于同犯罪作斗争的需要。

犯罪的微观控制主要包括三个方面：（1）对重点人员的控制，即对某些明显具有犯罪倾向的人所采取的预防措施；（2）对特定场所的控制，即在犯罪多发场所采取的预防措施；（3）对特定行业的控制，即在某些容易被犯罪分子利用的行业所采取的预防措施。

第三，犯罪的技术预防。技术预防是微观控制和宏观控制的辅助性手段，它不仅非常实用有效，而且随着现代科学技术的不断进步，其应用前景越来越光明、应用范围越来越广泛。

二、重点人员控制

任何犯罪都是由人所实施的一种反社会行为。因此对犯罪的控制，首先必然是对人的控制。但是作为预防犯罪的一项专门工作，又不可能对一切社会成员都采取专门控制措施。这就决定了在犯罪控制中对人员实行控制时，只能是以特定的个别人为对象，决定了对人的控制只能是重点人员控制。

重点人员控制是对犯罪人微观控制的重要方面。它实际上也就是依靠治安行政管理部门的力量，对有犯罪倾向的人进行有针对性的预防工作，以防止其实施犯罪行为。所谓有犯罪倾向的人，主要是指其现实表现表明本人有可能走上犯罪道路、可能实施了犯罪或者可能进一步实施犯罪的人以及可能重新犯罪的人。

针对有犯罪倾向的人的特点，重点人员控制应当分别做好三个环节的工作。

1. 对有犯罪趋向人员的教育与管理

有犯罪趋向的人，一旦遇到适当的机会，便会走上犯罪的道路。这些人实际上是在犯罪边缘漫步的人，是犯罪的直接后备军。因此对这些人员的教育和管理，也可以说是犯罪的边缘控制。

有犯罪趋向的人是指在社会生活中已经染上了某种不良习性并且已经实施了相应的违法行为，从而表明其有可能实施某种犯罪的人，或者是在社会生活中已经置身于某种矛盾冲突之中有可能采取犯罪行为的人。前者主要包括：（1）有习惯性偷窃、诈骗、抢夺等违法行为尚不够刑事处分的人；（2）经常进行营业性赌博的人；（3）有流氓习气并且实施了一般流氓行为的人；（4）多次传播淫秽物品和下流意识的人；（5）经常携带凶器出入公共场所或者多次打架斗殴的人；（6）经常"吃赃"的人；（7）种植罂粟或吸食毒品的人，等等。这不包括那些偶尔有类似违法行为尚未成习的人和已经长时间停止了违法活动的人。后者主要是指在因为婚姻、恋爱、家庭问题，或者因为邻里纠纷、干群矛盾，特别是因为山林、水利、土地、宅基地或者奖金、工作、待遇、分房、职称等问题处理不当而引起的各种冲突中头脑发热，以致流露出犯罪意念的人。这些人由于不能理智、冷静地思考问题，极易采取暴力犯罪的方式来解决矛盾冲突，所以我们把他们也列入具有犯罪趋向人员之列。但是应当明确，这些人的犯罪趋向是暂时性的，一旦他们能够冷静下来，理智地思考问题，就会打消犯罪念头，而前几种人的犯罪趋向都具有较长时间的持续性。

对于具有不良习性并且实施了违法行为的人，首先，应当针对他们已经实施的违法行为，依照《治安管理处罚条例》的有关规定严肃处理，并在处理过程中进行有针对性的法制教育，要求他们具结悔过。其次，治安行政管理部门应当要求其所在学校、单位或基层保卫组织对其进行耐心细致的思想教育工作，帮助他们戒除不良习性，并监督他们是否有违法行为。最后，治安行政管理部门应当运用国家赋予的行政管理权，对这类人员进行经常性的检查监督，责令他们遵纪守法，控制其不良习性发作的环境和途径，如查禁淫秽物品、加强刀具管理、查禁赌场、打击贩毒分子等，减少其走上犯罪道路的机遇；一旦发现其有犯罪迹象，即应及时采取有效措施，制止其实施犯罪行为。

对于因矛盾冲突而可能犯罪的人，首先应当进行有针对性的法制教育，使他们冷静下来，然后采取疏导的方法，启发他们正确认识矛盾冲突，引导他们全面考虑解决问题的途径。同时，应当运用治安行政管理部门的力量，对他们采取临时性的监控措施，防止他们实施暴力犯罪。在这个过程中，治安行政管理部门应当及时通过有关单位纠正工作中的失误或者解决引起冲突的有关问题，以便排除产生犯罪动机的客观因素，而不应借口当事人以犯罪相威胁而故意坚持错误，顶着不纠。这是制止因矛盾冲突引起的刑事犯罪的不可缺少的重要环节。

2. 对犯罪嫌疑人员的调查与控制

犯罪嫌疑人员是指有某种迹象表明其正在实施某种严重犯罪或者正在为实施某种严重犯罪做准备的人，以及有证据证明其可能已经实施了某种犯罪并且有可能进一步实施同类犯罪或更严重的犯罪的人。例如，正在筹划劫持飞机、车船或者颠覆列车等活动的人，为重大走私做准备的人，有杀人、放火、爆炸、投毒、抢劫、强奸等犯罪嫌疑的人，进行盗窃、诈骗活动的人，非法制造、运输、贩卖或者盗窃、抢夺、抢劫枪支弹药、爆炸物品及其他凶器的人，流窜作案的人，伪造证件的人，各种犯罪集团的成员，等等。这类人员，由于随时都存在着实施或进一步实施严重犯罪的现实可能，所以具有很大的人身危险性。对这类人员的控制，在整个犯罪控制中具有重要的地位。

对犯罪嫌疑人员的控制，首先是及时发现这类人员。发现犯罪嫌疑人员，需要进行大量的调查研究。需要通过隐藏在社会生活中的各种蛛丝马迹来寻找。因此，治安行政管理部门应当通过各种渠道搜集这方面的情报，注意发现这类人员。尤其是在对户籍管理过程中、对危险物品管理过程中、对违反治安行政管理人员的调查处理过程中、在刑事侦查的过程中，以及对特定行业和特定场所的管理过程中，应当注意分析各种信息，追查各种可疑迹象发现犯罪嫌疑人员。一旦有迹象表明某人具有犯罪嫌疑，就应动用专门力量，进行重点调查，以便排对或者确认嫌疑。

对犯罪嫌疑人员的调查，是一项政策性、法律性很强的工作。在没有证据确认之前，调查工作应当迂回进行，以侧面了解为主；必要时可以在不被其察觉的情况下跟踪观察；直接调查应当尽可能的和风细雨。在这种调查中应当严格遵守法律，不能侵犯嫌疑人员的行动自由和合法权利。只有在掌握了确凿证据时或者在紧急情况下才可以采取强制措施。

对于确实具有犯罪嫌疑的人员，应当及时采取有效的控制措施，制止犯罪行为的实施或防止其造成严重的危害结果。这种控制措施应当因人而异：（1）对于可能以住宅为犯罪现场或者藏匿犯罪工具或赃物的，可以在掌握嫌疑人员基本情况的基础上，通过某种正当理由入户观察，以便进一步发现线索，制定控制方案，或者在其住宅附近设立临时观察点，随时掌握其活动情况，一旦发现其实施犯罪，便及时出面制止。（2）对于活动范围广泛的犯罪嫌疑人员，则应与其活动范围内的保卫人员相配合，进行全方位观察，形成环环紧扣的观察控制网络，以做到一旦发现其实施犯罪，控制力量便可以随时出现在其面前。（3）对于有可能流窜犯罪的人员，除在本辖区内跟踪观察之外，当其离开本辖区时应当注意了解其可能的走向，及时通知有关辖区内的治安行政管理部门注意其可能实施的犯罪活动。（4）对于准备实施重大暴力犯罪的嫌疑人员，应当运用治安行政力量首先查获其准备用于犯罪的危险物品，监视其活动动向。（5）对于可能是犯罪集团成员的嫌疑人员，应当监视其社交活动，了解其所接触的人员及其相互关系，分析其可能进行的犯罪活动，以采取相应对策。（6）对于可能进行诈骗犯罪的人员，应当适时揭露其真实身份。

同时，对于确实有重大犯罪嫌疑的人员，应当适时采取刑事强制措施，限制其人身自由，杜绝其再犯罪的机会；不宜采取刑事强制措施的，则应在必要时采取行政强制措施或其他合法手段，限制其活动范围，阻止其进入可能的犯罪现场，防止其实施新的犯罪。

3. 对"两劳人员"和社会服刑人员的考察与监督

"两劳人员"是指解除劳动教养的人员和刑满释放人员。社会服刑人员是指已经由人民法院判处刑罚但未在监狱服刑的人员，如被判处管制的犯罪分子，经人民法院依法判决剥夺政治权利的犯罪分子、宣告缓刑的犯罪分子、假释的犯罪分子、监外执行的犯罪分子等。

上述人员经过司法管教部门一定时期的教育之后多数能够悔过自新，成为守法的公民。但也确有一些人，在重返社会之后还会实施新的犯罪。这些人，有的是在服刑或教养期间没有真诚悔过，甚至对有关人员或整个社会怀着强烈的报复心理，重返社会后便寻找机会故意实施某种严重犯罪；有的是在服刑或教养期间，由于其他服刑人员或教养人员的教唆、引诱或感染，强化了犯罪意识，学到了新的犯罪手段，重返社会后即寻找机会实施各种犯罪，有的虽然在重返社会时具有悔过自新的愿望，但当某些正常要求不能满足或者工作、生活中遇到某些问题不能及时解决或者受到冷遇歧视时，便会产生自暴自弃的心理，以致实施新的犯罪。上述人员重新犯罪的，一般都具有疯狂性、残暴性和狡诈性等特点，对社会的危害特别严重。因此，运用治安行政管理部门的力量，防止重新犯罪，是犯罪控制的重要内容。

对他们进行控制的主要手段是一般性的考察监督。这些人已经服刑完毕或者已经解除劳教，因而不能采取监狱、劳教场所的方式对待他们，而应当尊重他们的公民权利，不妨害他们的正常生活和工作。因此，对他们的控制只能通过日常的治安行政管理进行考察监督。

这种考察包括三个方面：（1）了解他们在服刑或劳教期间的改造情况，考察其思想状况，分析其有无再犯的可能；（2）了解他们重返社会后所处的客观环境，看其是否有利于促使他们巩固改造成果；（3）了解他们重返社会后的社会交际，观察他们的现实表现，尤其应当注意掌握其与犯罪嫌疑人员或其他违法分子的接触情况，分析他们是否正在筹划新的犯罪。

对于在考察中发现的具有再犯可能的上述人员，则应采取必要的行政管理措施，督促其遵纪守法。对由于某些实际问题而产生再犯思想的人，应着重进行合乎情理的说服教育工作，警告其不要再走上犯罪道路。对那些一意孤行，准备实施犯罪的人，则应适时采取行政拘留、重点监视、收缴犯罪工具等措施，使其不致实施或完成犯罪。对于与犯罪集团或违法人员有密切往来的上述人员，应当在监视其活动动向的同时，尽可能地切断他们之间的交往，使其不致共同作案。

社会服刑人员，由于没有脱离其犯罪前所处的生活环境，多数人尚未受到充分的教育改造，因而其中一些人在遇有适当机会时也可能再次实施犯罪。

对社会服刑人员进行考察监督，既是治安行政管理部门依照刑事诉讼法的规定执行人民法院判决和裁定的执法活动，也是防止其实施其他犯罪的犯罪控制工作。

对社会服刑人员，应当设立专门组织或者指定专人负责进行考察监督。考察监督的内容应当根据他们的不同情况依照相应的法律规定来确定。考察监督的方法主要是：（1）向他们宣布有关规定，监督他们切实遵守这些规定。对违反规定的，提出批评并限令改正。必要时可进行一定的管束，甚至限制其一定的行动自由。（2）经常向他们进行法制教育，帮助他们认罪服法，提醒他们不得实施新的犯罪，并在这种教育过程中注意考察他们的思想状况。（3）随时了解他们的活动情况，注意发现他们与其他犯罪分子的联系，以及各种重新犯罪的迹象。对于确实具有再犯可能的，应当通过法定程序，及时收回监内服刑。

社会服刑人员在社会服刑期间没有再犯新罪的，刑期届满时应当按照法律规定的程序宣告其服刑期满，并随之解除对他们专门的考察监督工作。对其中没有真诚悔改的，应当像对待解除劳教人员和刑满释放人员那样继续进行一般性的考察监督工作。

4. 对流动人口的管理

流动人口是指在本人户口所在地之外的地域活动的人员。

其中包括在途流动人口和滞留暂住人口。流动人口，从流出地看，是临时外出的人员，包括离开户口所在地较久尚未返回的人员；从流入地看，是临时暂住人员，包括久住无户口人员。

改革开放以来，我国的流动人口急剧增多，这既是商品流通领域迅猛扩展、地区之间横向经济联系日益增多、城乡物资人才交流不断扩大的需要，也是全国各地经济发展不平衡和劳动人事政策放宽带来的劳动力合理流动的必然结果。流动人口的急剧增多，在促进社会主义市场经济体制建立和发展的同时，也带来了严重的社会治安问题，造成了犯罪持续增长的趋势。这是因为：第一，流动人口的大量存在，为流窜犯罪分子的犯罪活动提供了较多的可以掩护和藏匿的机会。一些流窜犯罪分子混杂在庞大的流动大军之中，既可以到处作案，又可以以各种身份和理由掩盖其犯罪活动。特别是诈骗、盗窃、抢劫犯罪分子，利用人、财、物大流动的环境，四处进行犯罪活动。第二，流动人口之间以及流动人口与当地人口之间文化冲动容易导致人际交往中的各种矛盾，以致引起暴力性犯罪。第三，我国目前的流动人口中有相当一部分是劳动力流动。在农村劳动力向城市劳动市场流动、经济落后地区的劳动力向经济发达地区流动的过程中，那些没有找到合适正当工作的人，其自身的经济状况与该地区的经济生活需要反差很大，极易采取盗窃、抢劫等犯罪手段，以满足其生活需要。所有这些，都会使对流动人口的管理成为犯罪控制的不可忽视的方面。

对流动人口的管理，主要目标是及时发现混杂在流动人口中具有犯罪倾向或犯罪嫌疑的人员。对具有犯罪倾向或犯罪嫌疑的人员，要重点布置警力，进行监督检查，防止其实施犯罪或再次犯罪。

流动人口虽然活动范围广、流动性大，但是往往具有地区性、季节性和职业性的特点。对流动人口进行管理，应当根据本地区的特点，有针对性地开展调查，进行管理。

对流动人口进行管理，重点是对在本地区常住的外来人员的管理。这种管理既要依靠旅馆业的登记检查工作了解外来人员的情况，也要依靠各单位内部的治安保卫组织了解滞留在各单位内的外来人员的情况。特别是对于暂住在私人旅馆、出租私房的外来人员，治安行政管理部门应当配备专人进行调查，及时发现、掌握其活动情况，防止和制止其可能实施的犯罪。

三、重要场所控制

重要场所是指对犯罪的发生和完成具有重要意义从而构成犯罪控制之重要领域的场所。这类场所，由于客观上具备有利于犯罪实施的外部条件，所以常常成为犯罪的多发区域。对这类场所进行必要的控制，就可能大大减少犯罪机遇，有效制止犯罪行为的完成。这对预防犯罪来说，无疑具有重要的意义。

1. 对相对固定的公共场所的控制

相对固定的公共场所，主要是指以下各类场所：（1）公共娱乐场所，如影剧院、舞厅、俱乐部、体育场、展览馆、游泳池、公园、风景游览区等；（2）公共营业场所，如各类商场、餐厅、集市贸易场所，销售性展览场所等；（3）公共集会场所，如各种永久性或临时性集会场所、大型庆祝活动场所等。

从犯罪学的角度看，公共娱乐场所和公共集会场所由于人多拥挤，容易出现互相碰撞以致引起打架斗殴、行凶伤人等事件；身临其境的人员容易受到有关活动项目的影响而发生较大的情绪波动，以致被一些人的起哄闹事或制造的紧张气氛所感染，发生严重扰乱公共场所秩序的事件；一些流氓犯罪分子往往借这种场合侮辱妇女，寻求下流无耻的精神刺激；甚至有些人故意使用危险手段在这类场所制造爆炸、放火等严重犯罪。

公共营业场所是人员、物资、货币大量集中和流通的地方。特别是改革开放以来，一些个体工商户往往携带巨款出入这类场所，并且人们的注意力往往集中于所要选购的商品上，这就给盗窃、诈骗、抢夺、抢劫等犯罪分子提供了可能侵犯的对象和机会。所以一些犯罪分子往往聚集其间，进行各种侵犯财产的犯罪。有些人往往利用城乡集市贸易场所管理上的漏洞进行各种投机倒把活动，贩卖违禁物品。甚至有些不法之徒，在城乡集市贸易场所充当"地头蛇"，欺行霸市，明抢硬夺，劫持妇女，进行各种犯罪活动。而某些没有犯罪企图的人，在公共场所的人际交往中，也会因为经不住口角辱骂的刺激，瞬息之间情绪激昂，失去理智，实施伤害、杀人等犯罪。因此，这类场所很容易成为犯罪的多发区域，甚至出现极为严重的犯罪。

对这类场所进行犯罪控制，应当贯彻"以防为主，以快为主"的原则，即：着眼于必要的预防性措施，减少犯罪机遇，当犯罪发生时快速作出反应，及时制止犯罪，疏导围观群众。

治安行政管理部门作为犯罪控制的专门力量，应当督促、配合各类公共场所的主管部门加强管理，维护公共场所的正常秩序；在公共娱乐场所和公共集会场所，要经常宣传有关的规章制度，教育、提醒在场人员遵守有关规定，维护正常秩序。要制订紧急疏通方案，保证疏通渠道畅通，以便在紧急情况下能有效地组织群众撤离现场；对出入人员复杂的公共娱乐场所，应适当增加治安人员，以便及时发现、有效控制犯罪；在公共营业场所，要随时提醒人们保管好自己随身携带的物品，谨防扒窃、诈骗。对在公共场所发生的各种纠纷和争执，应当及时调解，防止矛盾激化而发生暴力犯罪。

对于经常性公共场所，治安行政管理部门应当根据各类场所的特点，选择有利位置，设立固定的观察、控制点，以便全面观察公共场所的治安秩序；在人员拥挤的地方要配备流动的治安力量，以便随时发现和制止可能发生的犯罪。

治安行政管理部门在公共场所一旦发现犯罪行为，应及时制止、快速取证，在不影响其他群众正常活动的情况下，迅速将犯罪分子和有关人员带离公共场所，以防止犯罪分子趁群众围观之机，借机逃跑或发生恶性事件。遇到群众围观，治安行政管理人员应互相配合，在一些人疏导围观群众的同时，另一些人将犯罪分子和有关人员带离公共现场，然后再作处理。

2. 对流动型公共场所的控制

流动型公共场所是指公共汽车、电车、火车、船只、飞机等正在使用中的交通工具以及为之服务的车站、码头、机场等场所。

这类场所除了具有公共场所的一般特点之外，还具有流动性强、人员易现易失等特点，人们随时都可能借助交通工具出现在某个地段或者离开某个地段。从犯罪学的角度看，这在客观上就为某些犯罪分子流窜作案提供了便利条件，使他们可以及时撤离犯罪现场，转移赃物，销毁罪证。因此，在这类公共场所，不仅盗窃（扒窃）犯罪的发案率比较高，而且一些严重犯罪分子也往往混杂其中，逃避通缉逮捕，趁机进行犯罪活动。也有的犯罪分子利用公共交通工具，夹带走私物品、毒品、枪支弹药及其他违禁物品，有的甚至故意在公共交通工具上制造恶性爆炸事件。一些个体商贩，也会携带易燃易爆等危险物品乘坐公共交通工具，造成重大事故隐患。甚至有些犯罪分子为了满足自己的某种犯罪需要，不顾广大乘客的生命安全，劫持公共交通工具。所有这些，都增加了在流动型公共场所进行犯罪控制的必要性。

在流动型公共场所进行犯罪控制，应当注意做好以下几个方面的工作：

其一，治安行政管理部门应同公共交通单位建立保持经常性联系，及时向公共交通单位通报可能出入流动型公共场所的犯罪可疑人员，以便迅速发现和控制他们，防止其制造恶性事件。

其二，严格执行、不断改善行李包裹的安检制度，防止危险物品被带上公共交通工具或者在车站、码头、机场上留置。特别是要及时发现非法携带武器弹药、爆炸物品进入公共交通场所的人员。采取先发制人的措施，收缴其危险物品，防止其制造恶性事件。

其三，投入适量的人员进行反盗窃（扒窃）的工作。根据这类犯罪的作案特点和规律，进行重点观察，及时发现和制止犯罪活动。

其四，配备必要实用的通信设备，使公共交通工具上的治安行政管理人员能够与地面上的治安行政管理部门保持必要的联系，形成开放型的控制网络。一旦发现犯罪分子逃离公共交通工具或者需要地面上的治安行政管理部门的支援，能够及时取得联系，从而避免流动型公共场所在客观上造成的有利于犯罪分子流窜作案的被动局面。

3. 对僻静型犯罪多发区的控制

僻静型犯罪多发区主要是指易于发生流氓、强奸、抢劫、凶杀等犯罪的河边公园、林荫树丛、暗巷僻道和公园、游览胜地、游乐场所等地的僻静地段，以及易于发生盗窃案件的双职工居住的新村、楼房。这类场所由于特殊的地理环境，使犯罪分子出入无阻，犯罪容易成功而不易被人发现，所以往往成为犯罪的多发区。

在这类场所实行犯罪控制，主要是加强治安巡逻。治安巡逻应当贯彻"点面结合，以点为主"的原则。在运用现代化交通工具进行大范围路面巡逻的同时，应当在犯罪多发区布置经常性的、小范围的巡逻人员，以便对这些地区实行重点控制，防止犯罪分子利用这些地理条件进行犯罪活动。

对在这类场所进行治安巡逻的人员，应当进行必要的法纪教育和专门知识、技能的训练，使其在执行巡逻任务中既能遵纪守法，抵制犯罪的诱惑，又能机智果断、灵活有效地对付犯罪分子。同时，对治安巡逻人员应当配备必要的通信工具，建立适当的联络方法，以保证在发现自己不能应付的问题时能够及时通知有关人员，取得支援和协助。

四、特殊行业控制

某些行业由于自身具有的某种特殊性容易被犯罪分子利用来进行各种犯罪活动。对这些行业进行有效管理，就能够及时发现和制止犯罪。因此，对这些行业的有效管理也就成了犯罪控制的重要方面。

1. 特殊行业的概念和特点

犯罪学中所称的特殊行业（也有人称为"特种行业"或"特行"）是指与一般行业相比其业务活动本身的特殊性使其容易被犯罪分子所利用的行业。这类行业主要包括以下几种：

（1）旅馆业：旅馆、旅社、旅店、宾馆、招待所、接待旅客住宿的饭店、浴室、茶社、货栈和车马店等；（2）印铸刻字业：印刷、铸字、刻字、誊写、复印、晒图、拍摄等行业；（3）旧货业：旧货店、古玩店、寄卖行、废品收购站等。

这些行业本身，与其他行业一样，都是社会生活所不可或缺的。但是从犯罪学的角度看，这些行业又具有不同于其他行业的一些特殊性，这些特殊性在客观上有可能被犯罪分子所利用。例如，旅馆业作为接待旅客暂住的服务性行业，可以给各种各类人员提供留宿的便利条件，这个特点是其他行业所不具备的，而这在客观上也为犯罪分子提供了进行犯罪活动的便利条件。有的犯罪分子把自己寄宿的旅馆诡称为自己的"临时办公地点"进行诈骗、招摇撞骗等犯罪活动，一旦犯罪目的达到，即逃之夭夭，使受害人无处寻找；有的犯罪分子以旅馆为落脚地，流窜作案；有的犯罪分子以旅馆为据点，进行赌博、走私、引诱强迫妇女卖淫等犯罪活动；有的犯罪分子把自己下榻的旅馆作为"联络站"，进行各种有预谋的严重犯罪活动。旅馆业的特殊性，使这些犯罪分子既能以其为藏身之地，又能以其为犯罪之地，并且能够随进随出而不暴露真实住址和身份，因而常被犯罪分子所利用。印铸刻字业具有制造、复制、仿造文字、图案、画面的功能。这种特殊性既可能被犯罪分子用来直接进行各种犯罪活动，如制作淫书淫画，伪造货币、有价证券，假造、仿造商标，制造空白合同、介绍信，仿造文书等，为诈骗、盗窃等犯罪准备必要的用品。旧货业的工作特点是专门收购、代销各种已被用过的物资。这种行业性质决定了它们能够收存各种物品，这在客观上就使一些犯罪分子有可能把自己通过盗窃、诈骗、抢劫、抢夺、贪污等犯罪手段获得的财、物存放于这类行业之中或者通过这类行业进行销售，因此这类行业容易被窝赃、销赃的犯罪分子所利用。

由此可见，不论是在犯罪的准备阶段、实施阶段，还是在犯罪的完成阶段，上述行业都具有可能被犯罪分子所利用的客观条件。

2. 特殊行业的治安管理

特殊行业的治安管理主要是通过行业本身的管理部门及其上级主管部门的行政管理来实现的。但是，由于特殊行业的管理对犯罪控制具有的重要意义，有关法律赋予治安行政管理部门对特殊行业实行治安管理的权力。

特殊行业的治安管理，就是为了维护特殊行业的治安秩序，根据发现、控制、预防和打击犯罪活动及其他违法行为的需要而采取的带有一定的强制性质的行政管理。

特殊行业治安管理的基本方法是：建立必要的规章制度并监督检查其落实情况；检查、限制某些业务活动；调查处理发生在该行业的治安案件和犯罪活动。

（1）建立必要的规章制度

特殊行业在开业之前，除了必须与经营其他行业一样办理各种开业登记手续外，还必须到治安行政管理部门办理申报、备案手续。不论是专营还是兼营，也不论是公营还是私营或者中外合资经营、外资经营，除法律另有规定者外，未经治安行政管理部门的批准，都不得开业。

特殊行业在经营过程中，还必须建立健全并严格遵守本行业内部的安全防范制度。如旅馆业必须按照治安管理部门的要求建立旅客住店登记制度、财物保管制度、值班巡逻制度等；在旅客住店时要认真检验其证件，看其证件与登记的身份是否一致。印铸刻字业必须建立、执行验证、承接登记制度，特别是承接印刷文件、重要标记和刻制机关、单位印章等，必须交验有关机关的证明文件，机密文件、资料的印刷还必须有严格的保密措施。旧货业要建立物品登记、运输、保管制度，特别是对高档、稀有、贵重物品，工业用废、金属材料、成品和半成品等物资以及其他国家控制物资，更要清楚地登记送货人的姓名、单位和住址。

各种特殊行业，都必须严格遵守情况报告制度，发现犯罪嫌疑人员或活动，必须及时报告治安行政管理部门。

（2）检查限制某些业务活动

治安行政管理部门可以根据治安管理的需要检查特殊行业

的业务活动，督促各个特殊行业严格遵守有关规定，并在必要时强行限制特殊行业从事某种或某一业务活动。例如，在一定时期内，要求某种物品必须由指定的旧货店收购或寄卖，而不准其他旧货店收购或出售，以便于掌握和控制盗窃、转移该类物品的情况。又如，在必要的时候禁止其他旅馆接待某个犯罪嫌疑人员或者某类人员，使其不得不到预设的旅馆投宿，以便于了解其活动或者防止其实施某些犯罪活动。

对于没有遵守有关规定或者不具备必要条件的特殊行业，治安行政管理部门可以建议其上级主管部门责令其停止整顿或改善经营环境，甚至可以建议工商行政管理部门吊销其营业执照或者限制其经营范围。

对各个特殊行业，治安行政管理部门都有权在必要的时候进行安全检查，帮助其解决安全防范方面的问题。

（3）查处治安案件和犯罪活动

特殊行业中发生或发现的治安案件和犯罪活动，工作人员应及时报告治安行政管理部门。治安行政管理部门也应当经常深入各个特殊行业，通过调查和观察，发现犯罪嫌疑人员或犯罪活动，及时处理治安案件，做好安全防范工作。在必要的时候，治安行政管理部门应当派员常住特殊行业，调查处理治安案件，发现和制止犯罪活动。特别是对住宿或隐藏于、出入于特殊行业的有重大犯罪嫌疑的人员，要及时采取必要的监控措施，防止其危害社会。为此，治安行政管理部门应当建立快速反应系统，以便在发现重大犯罪嫌疑时能够迅速了解情况，适时控制犯罪。

治安行政管理部门在对特殊行业实行治安管理的过程中，应当重视法制宣传教育工作，帮助特殊行业中的从业人员提高法律意识，充分调动他们做好安全防范工作的积极性的同时还应当向他们传授有关的治安业务知识和安全防范的基本技能，提高他们发现和控制犯罪的能力。

治安行政管理人员在对特殊行业的治安管理工作中，应当模范地遵守法纪，文明执法，不妨碍从业人员的正常工作和顾客的正常活动；应当自觉抵制社会生活中的各种丑恶现象、腐败现象对自己的侵蚀，保持廉洁正气；同时应当在特殊行业中广交朋友，以便在工作中取得有关人员的配合和支持，而不应板着面孔待人，使从业人员不敢或不愿接近。

当前，在市场经济大潮的冲击下，特殊行业的治安行政管理面临着许多新的课题，特别是如何处理好治安行政管理部门的治安管理活动与企业为了追求经济效益而千方百计地满足、迎合顾客要求的行为之间的矛盾。动员和保障特殊行业的各个单位和从业人员积极配合治安行政管理部门及其工作人员的职能活动，是搞好特殊行业的治安管理工作迫切需要解决的难题，也是在特殊行业中及时掌握犯罪信息、有效控制犯罪活动的一个关键。

3. 特殊行业的情况通报与通信联络

特殊行业既然是犯罪分子实施犯罪行为、藏身匿迹、窝赃销赃时容易利用的地方，在这些行业中加强情况通报就是犯罪控制的必要环节。治安行政管理部门应当及时向特殊行业通报社会上发生的犯罪现象和发现嫌疑人员的情况，发动相应的特殊行业从业人员注意观察，查找线索，以便发现、掌握和控制犯罪嫌疑人员及其活动情况。同时，治安行政管理部门应当要求各个特殊行业及时主动地报告在本行业的业务活动中发现的犯罪嫌疑人员和可疑线索，必要时应派员调查、观察犯罪可疑人员，甄别有关疑点。只有通过迅速准确的情况通报，及时发现和掌握犯罪嫌疑人员和迹象，才有可能及时采取措施，有效控制和预防犯罪。

为了保障特殊行业与治安行政管理部门之间及时有效的情况通报和治安行政管理部门对在特殊行业中发现的犯罪线索作出迅速有效的反应，必须加强特殊行业与治安行政管理部门之间的通信联络。在某些有条件的单位，应当设置两套通信网络，以保证在任何时候都能迅速准确地将重大犯罪情况通报给有关单位，使之适时采取必要的犯罪控制措施。没有畅通的通信联络，就不可能迅速准确地通报犯罪信息也就很难有效地控制犯罪。

五、犯罪的宏观控制

适时正确地确定宏观控制目标，是对犯罪实行宏观控制的先决条件。任何社会的犯罪状况都是变化着的，只有根据变化着的犯罪状况，正确确定宏观控制的目标，才有可能适时地对那些严重危害社会的犯罪采取宏观控制措施，预防和减少该类犯罪的发生，从而使宏观控制在维护社会生产和生活的正常秩序中发挥应有的全局性的作用。

确定宏观控制目标的基本依据，是犯罪状况的变化。社会政治生活、经济生活和文化生活的发展以及刑事法律的适用，使受之制约的犯罪状况也会随之发生相应的变化而使某些犯罪呈现出减少的趋势，而另一些犯罪则可能出现增多的趋势。当某类犯罪的增长对社会生产和生活构成严重威胁时，人们就必须要求国家运用公共权力控制这类犯罪的增长，以减少该类犯罪。对犯罪的宏观控制正是应这种要求而生的。因此，它不能不根据犯罪状况的变化，把那些对社会生产和生活乃至社会生存构成严重威胁的犯罪作为控制的对象，把减少这类犯罪的发案率作为自己的目标。

根据犯罪状况的变化确定宏观控制的目标，既可以是根据已经显现出来的犯罪状况来确定，也可以是根据对社会问题可能增加某类犯罪的预测来确定。

根据已经显现出来的犯罪状况确定宏观控制目标，往往是在该类犯罪已经对社会造成严重危害，其存在本身已经对社会生产和生活构成了现实的威胁的情况下，对之采取控制措施的。在这种情况下，集中力量采取有效措施，控制该类犯罪的发案率，是完全必要的。当然，这种必要性是在社会已经遭受到重大损失的情况下认识到的，是通过相当大的代价换取的。

与之相反，根据对可能增加的犯罪的预测来确定宏观控制的目标，往往是在该类犯罪大量增加之前，在尚未对社会造成严重危害的情况下对之采取控制措施的，因而它具有"防患于未然"的功效，能够最大限度地减少其对社会的危害。例如，"开放、搞活"政策实施时，如果能及时预测到可能由此引起的经济犯罪的增多，并采取必要的控制措施对有关环节加强管理监督，防止经济犯罪的发生，经济犯罪就不致迅猛增长，成为对经济发展的严重障碍了。

因此，在实施宏观控制时，应当尽可能地根据对犯罪状况的预测来确定宏观控制的目标，尽可能地把犯罪控制在它对社会构成威胁之前。当然，这并不否定把已经对社会构成严重威胁的犯罪作为宏观控制的目标。作为一种事后防治措施，或者说为了制止其继续蔓延，对之采取宏观控制措施是完全应该的，但这毕竟不是犯罪控制的理想状况。

宏观控制的特点决定了任何国家都不可能把一切危害社会的犯罪全部列为宏观控制的目标。那么，在确定宏观控制的目标时就必然存在着一个标准问题，即犯罪对社会的危害达到何种程度才应当作为宏观控制的对象？

犯罪的多样性和复杂性使我们无法对此提出一个具体、固定的尺度，但是我们不妨提出一些思考这个问题的线索：

其一，已经或可能出现的某种犯罪的大量增加，可能使人们在较大范围内普遍丧失安全感；

其二，已经或可能出现的某种犯罪，已经或者将会对现存经济制度中关系到全局的某个方面或者某项对国计民生有重大影响的经济政策的实行具有严重危害；

其三，已经或可能出现的某种犯罪对国家政治制度或者国家政治制度中某个重要方面的变革具有严重影响；

其四，某种犯罪具有在较大范围蔓延的趋势。

宏观控制的基本措施主要包括两个方面：

第一，建立健全规章制度，强化行政部门的职能，堵塞可能被犯罪利用的渠道。某些犯罪特别是某些经济犯罪的过失犯罪，与相应系统的工作制度不健全、管理职能薄弱有着极为密切的联系。经济政策、财务管理、仓储手续、工作程序、规章制度、监督措施等方面的漏洞，往往是相应领域或系统经济犯罪滋生、蔓延的必要条件。因此，在相应系统的相应环节上采取必要措施，堵塞某些犯罪可能利用或必须利用的渠道，便可以大大减少这类犯罪发生的机会，从而在较大范围内控制该类犯罪的增多。例如，对某些经济政策的实施规定必要的限制条件；完善某些系统的规章制度，以避免或减少其在有利于生产发展的同时可能带来的副作用；加强某些系统的管理工作或增加必要的管理人员，或者增设必要的监督检查机构或程序，强化其功能，以便及时发现和消除可能被利用来实施犯罪的因素和可能实施的犯罪；对经济领域里存在的某些可能被犯罪利用的常见做法规定必要的限制条件，增加监督手段，以防止用以实施犯罪；等等。

第二，发挥治安行政管理在有关方面的职能。运用治安行政管理部门的力量，在某些方面加强宏观控制，便可以大大减少某些严重危害社会治安的犯罪，保障人们有一个安全、稳定的社会生活环境。例如，在各种机动车辆急剧增加，训练有素的驾驶人员严重缺员的情况下，除了开辟训练基地之外，加强交通管理并广泛实行驾驶员资格审查与可以在维护交通秩序的同时，防止和制止可能出现的大批无照人员驾驶机动车辆的情况，这对于减少和防止交通肇事方面的犯罪，保卫人员的生命和财产安全无疑是必要的和有效的。又如，在性解放、性自由思潮泛滥的社会环境下，为了大范围地控制可能随之而来的流氓、强奸等犯罪，就有必要运用治安行政管理力量，加强对各种社交场合、娱乐场所的管理和对此类犯罪多发区域的监控，以减少这类犯罪的发案机会。再如，可以通过立法将禁止非法携带枪弹刀具等危险物品规定为禁止性的行为规范，在任何时候都禁止人们非法携带。但在平时，国家并不会投注过多的力量去检查人们是否遵守该项法律。而在该犯罪严重威胁到社会生活的安宁时，国家就可以运用治安行政管理力量，依照法律，大范围地实行枪弹刀具等危险品管制，甚至在必要的时候，对人身、行李和住宅进行检测，以及时发现暴力犯罪的企图，减少暴力犯罪的发生。

此外，对犯罪实行宏观控制，离不开刑罚措施的配合。对可能或已经出现的某种严重危害社会的行为，通过立法程序将其宣布为犯罪或者加重其刑罚，便可以利用刑罚影响社会心理的功能来抑制可能产生的犯罪冲突，从而在较大范围内制止有该类犯罪倾向的人实施犯罪。这种方法可以在客观上构筑心理防线，普遍地抑制犯罪心理，及时给人们提出禁止性的行为规范。特别是当国家决定采取某种重大决策的时候，根据对可能随之出现的某种犯罪的预测，预先规定必要的刑罚，对于人们在变革到来之机（及其以后）明确自己的行为边界，预先告诫人们不要实施某种犯罪，具有积极的意义。这实际上也是对犯罪采取的一种宏观的心理控制的措施。

把已经出现的某种严重危害社会的犯罪列为司法机关的工作重点，在一定时间内，根据现行法律，集中人力物力对之进行侦查、检察和审判，既可以集中力量打击该类犯罪的气焰，有力地制止其蔓延，又可以在社会心理上产生一种强大的冲击波，以抵御该类犯罪对其他人的诱惑，大大减少该类犯罪的发生。

这种刑事立法和刑事司法首先是刑罚预防的重要措施，同时在广义上，也可以说是对犯罪实行宏观控制的基本措施。当然，这种措施毕竟要受到种种限制，并且不可能经常使用。与之相比，犯罪控制的行政措施就具有灵活性、主动性、多样性等特点，它可以根据犯罪状况的变化或趋势，及时地采取相应对策，预先设防，主动出击，把犯罪控制在尚未发生或者尚未造成危害之时。

当然，刑罚控制措施与行政控制措施是相辅相成的。对犯罪实行宏观控制时应当尽可能地同时并用。

六、犯罪的技术预防

（一）技术预防的概念

犯罪的技术预防，是指运用现代科学技术的研究成果，设计和利用各种技术防范手段，即时发现犯罪、阻止犯罪、制服犯罪人的活动。对犯罪进行技术预防，是随着现代科学技术的发展，针对犯罪手段的智能化而采取的专门性预防措施。这种预防措施所借用的工具是各种技术装置。在犯罪分子可能出现的某些特定场合，预先安装某种技术装置，一旦犯罪分子在该场合出现，这种装置便可以自动即时通知有关人员，或者阻止犯罪行为的实施和完成，或者制服犯罪人，从而防止被保护客体受到犯罪的实际侵害。

技术预防在综合治理中属于治标的一种措施。它的目标是阻止犯罪的完成，而不是消除犯罪产生的原因。因而它只适用于已经着手实施的犯罪，仅对决意犯罪的人起作用。

技术预防虽然不能消除犯罪产生的原因，但是它对于减少犯罪的发生率和成功率却是极为有用的。特别是随着现代科学技术的发展，技术预防手段在实际运用中的出奇制胜，以及同日益发展的智能化犯罪作斗争的现实需要，使技术预防在犯罪预防体系中的地位不断提高。运用现代科学技术的研究成果，设计更多更好的技术防范装置，对于减少犯罪的发生率和成功率，保卫社会主义现代化建设的顺利进行，保障人民生命财产安全和正常生活秩序，具有重要的意义。

1. 技术预防的一般原理

犯罪的技术预防是把现代科学技术的研究成果应用于发现犯罪、阻止犯罪和制服犯罪人的斗争实践中。其一般原理，是借助现代科学技术手段扩展人的视听功能和行为功能，使犯罪控制部门能够在没有人员直接进行现场观察的场合及时发现犯罪活动或者增加犯罪成功的难度，或者在没有人员亲自出动的情况下制服犯罪人，保卫预设目标不受犯罪人的侵害。

人类是靠自己的感觉器官了解客观世界的。在自然状态下，客观世界发生的任何一件事物，除非有人亲自感觉到，是不可能为人所知的（推测判断的东西未经任何人的直接经验证明仍然是一个未知数）。尽管人类社会充满着间接经验的东西，但是这些间接经验的东西总是以有人曾直接经验为前提。例如，某人杀死了另一个人，我们虽然没有亲眼看见，但是可以通过亲眼看见的人的介绍了解到这一信息。千百年来，无数的犯罪分子都是利用人类感觉器官的这种局限性，选择没有第三人出现的时机和场合实施犯罪，以求不为人知而逃脱刑事制裁的。

随着人类思维能力的提高和科学技术的发展，人们逐渐学会了利用事后发现的痕迹物证来验证可能发生的情况。然而，这种方法也只能在犯罪实施之后进行。要想在犯罪实施过程中就发现犯罪并及时制止犯罪，仍然必须以人的亲眼所见为条件。为此，人们必须根据已经观察或证实了的各种迹象来推测可能实施的犯罪，并预先埋伏或跟踪。这种做法既受到客观条件的限制，又受到人力的限制。

现代科学技术的发展大大扩展了人类的视听功能和行为功能。人们可以在肉眼看不见的物体上通过显微镜观察到各种生物的分布和运动，可以在听觉和视觉难以感知的数万公里之外通过人造卫星观察和记录它的样态和变化，可以在人力所不及的地方通过遥控装置指挥远方的机械运动。这些现代化的科学技术，在社会生产的各个领域发挥着越来越重要的作用，创造了前所未有的生产力。这些科学技术一旦进入犯罪预防领域，也会显示出同样的威力，使犯罪控制部门可以随时了解无人现场监视区域内的情况，在犯罪行为实施时即可观察到其活动情况。

犯罪预防的技术手段，不仅大大扩展了犯罪控制部门的视听功能，增加了发现犯罪的机会，而且为犯罪控制部门利用遥控装置迅速制服犯罪人，阻止犯罪行为的完成，提供了广阔的前景。

2. 技术预防手段对犯罪心理的抑制作用

现代科学技术引入犯罪预防系统而产生的各种技术预防手段，不仅适应了现代社会同智能化犯罪作斗争的需要，提供了及时发现犯罪、阻止犯罪和迅速查找、制服犯罪人的有效途径，使我们有可能在犯罪实施之前或者实施过程中适时出现在犯罪分子面前，挫败其犯罪企图，而且在抑制犯罪心理方面也具有积极的意义。这也就是犯罪技术预防手段的威慑作用和反馈作用。技术手段的使用大大减少了犯罪分子的作案机会，使他们不敢轻举妄动。即使在没有巡逻和值班人员的场合，报警装置的安装足以使知道其作用的犯罪分子提心吊胆。这就使具有犯罪冲动的人在选择犯罪行为时不得不考虑防范技术的作用，而因担心被发觉受到刑事制裁而不敢选择犯罪行为。技术预防手段在发现犯罪方面的每一次成功，都给那些抱着不被发现的侥幸心理或自信心理实施犯罪的人当头一棒，使他们亲身感受到技术手段的作用。这必然在犯罪的信息反馈中给他们以强烈的刺激，使他们感到犯罪的成功机会不多。这种信息反馈，在其以后的行为选择中必然成为抑制犯罪心理的重要因素。即使那些决意再次实施犯罪的人，这种信息反馈也会加剧其恐惧心理，使他们的行为选择受到一定的限制。

3. 技术预防与犯罪控制和刑罚预防的关系

犯罪的技术预防是犯罪控制的一种重要补充。它通过现代科学技术，为犯罪控制开辟了新的领域，使犯罪控制部门有可能突破人力控制的局限在更广泛的领域更有效地发现犯罪、控制犯罪。有了技术手段的配合，犯罪控制就如虎添翼，更能发挥其在同犯罪作斗争中的主动作用。同时，犯罪控制手段又是技术预防手段实现其目的的必要保障。没有犯罪控制手段的配合，技术预防手段就难以有效地发挥作用。

犯罪的技术预防与犯罪的刑罚预防也具有密切的联系。没有技术手段，许多犯罪就难以被发现，刑罚预防在一定程度上就成了一种空谈。没有刑罚预防措施做后盾，技术预防就失去了应有的威慑作用。而它们的相互配合，便会加重各自的社会心理效应，在发现和制裁犯罪、抑制犯罪心理方面发挥更大的作用。

需要说明的是，现代科学技术在同犯罪作斗争领域的运用，最大量地是用于侦查破案之中。侦查破案是犯罪行为实施之后，为了再现犯罪过程，提供刑罚适用的事实根据而进行的诉讼活动。它虽然对于揭露和威慑犯罪具有重要的意义，但是从性质上讲，它毕竟属于对犯罪事后追究的领域，属于刑罚预防的范畴。所以在本章中，我们很少涉及现代科学技术在侦查破案中的应用问题，而把论述的重点放在技术手段对犯罪的事前预防，尤其是在犯罪过程中的预防方面。

（二）技术预防手段

犯罪的技术预防手段是随着科学技术的进步及其在犯罪预防领域的应用程度而不断出现、不断发展的。现代科学技术的迅速发展和广泛应用，必将创造出更多更好的技术预防手段。

从我国目前的情况看，犯罪的技术预防手段主要有三类：监测手段、抗阻手段和自救手段，与之相适应的技术设备可以分为监测装置、抗阻装置和自救装置。其中应用最为广泛的是监测装置。

1. 监测装置

监测装置是指运用现代科学技术安装的具有告知犯罪活动功能的设备。监测装置主要有报警装置和监视、监听装置两种。

A. 报警装置

报警装置是指在犯罪主体进入预先设防的场所或者接触预先设防的犯罪对象时，能够即时自动发出报警信号以引起人们警觉的装置。报警装置主要用于博物馆、宾馆、金库、仓库、柜台、展柜等存放可能被犯罪侵害的物资的场所或可能成为犯罪侵害对象的贵重物品上，也可以用于可能发生犯罪活动的其他场所。随着社会主义市场经济的发展，报警装置已开始进入我国公民的家庭。报警装置的使用，是及时发觉和报告险情，防止犯罪分子进出重要场所进行犯罪活动的重要手段。

报警装置主要有三部分组成：（1）感测部分，即感知犯罪活动的部分；（2）信道部分，即传递犯罪活动信号的部分；（3）报警控制部分，即发出警告信号的部分。

报警装置的工作原理是：当一定的犯罪信息（活动）出现在特定范围，或散布于特定空间，或作用于特定物体，或引起特定变化，或发现特定声响、光亮时，感测部分即将自己感知的一定物理量（如力、重量、位移、振动、冲击波、声响、温度、光束等）转换成相应的电量作为信号输出；信道部分通过现场发送设备将感测部分感知并输出的信号发送给媒质，并通过它传递给中心接收设备；报警控制部分通过信号处理设备迅速处理中心接收设备所收到的信号，并将犯罪的危险信号传递给报警设备，发出特定的声响、光亮或荧屏显示，告诉人们正在发生的犯罪活动。

目前常见的报警装置主要有以下几种：

（1）开关报警器。开关报警器是目前使用最广泛的一种点控式报警装置。它一般由前置开关感应器、开关控制电路、音响控制电路、电源电路四部分组成。当犯罪信息作用于某一点时，如当犯罪人开门（窗）时，门（窗）自然接触到感应器，或犯罪分子进入某种场所时触及预设的感应器，前置开关即自动接通电源，引起报警装置进入工作状态，发出警告信号。

（2）振动报警器。振动报警器是一种线控式报警装置，它在噪声较大的环境中具有很高的使用价值。它一般由传感器、放大器、整形器和控制报警器四部分组成。当犯罪分子进入一定场所准备实施或正在实施犯罪活动时，其走动或敲打墙壁、门、窗、柜等动作所发出的微弱的振动信号被传感器感应后，传感器即将这种信号传入放大器加以放大，放大后的感应信号通过整形器进行处理后即将犯罪信息输入控制报警器发出警告信号。

（3）声控报警器。声控报警器是一种空间控制式报警装置。它主要用于没有声响信号干扰的场合。声控报警器一般由声电传感器、音频放大器和控制报警器三部分组成。犯罪分子进入预设空间进行犯罪活动时必定会发出一定的声响，如说话、走动、凿墙、翻动物品、与被害人发生冲突等。声控报警器即利用声波在媒质中的传播功能，将声响信号变换成电波信号，并经过音频放大器放大后输入控制装置，发出警告信号。

（4）超声波报警器。超声波报警器也是一种空间控制式报警装置。它一般由传感器（发射传感器和接收传感器）、电振荡器、放大器、信号处理器和控制报警器五部分组成。超声波报警器利用超声波反射的原理，在预设场所发射出超声波，一旦有人体在预设范围内移动，即会出现感应人体移动而反射的超声波。这种超声波放大处理自动输入报警控制装置，即会发出警告信号。超声波报警器主要用于密闭的室内，可以形成无死角警戒。

（5）感应报警器。感应报警器是一种利用电磁场和电磁波的感应效果设计的线控式控制报警装置。它一般由感应线、平衡电桥、振荡器、放大器、整流器和控制报警器等部分组成。当犯罪人员或车辆侵入预设区域时，便会引起预设的感应线之间电容量或电磁场分布的变化，平衡电桥和振荡器便会感应这种变化，并通过放大、整流输入控制报警器，发出警告信号。这种报警装置具有安装简便、灵敏度高等特点，但也易受环境因素如温度、湿度等的影响。

（6）微波报警器。微波报警器是一种空间控制式报警装置。它一般由微波发射源、混频器、放大器、信号处理器和控制报警器等部分组成。通过微波发射源向设定空间发出微波信号，当设定地区出现移动目标时，便会引起微波信号的反射，反射波被混频器收集并通过放大器放大和信号处理器的处理，再传给控制报警器发出警告信号。当微波报警器适用于室外时，就必须预设一个微波发射机向预设区域发射微波信号，然后才能通过微波接收机报告危险信息。

（7）激光报警器。激光报警器是一种线控式报警装置。它一般由两大部分组成，即激光发射机和激光接收机。当犯罪人进入预设的警戒区域时，激光发射机和接收机之间的激光光束便会被遮挡，从而在接收机的光电感应器中引起感应。这种信号通过放大处理被输入控制报警器，便会发出警告信号。

（8）红外报警器。红外报警器是一种线控式报警装置。它利用人身体的红外辐射向人们提供犯罪分子穿过预设防线的信息。被动红外报警器是利用人身自身的红外辐射与预设空间环境物体红外辐射之间的辐射差，捕捉犯罪人进入预设场所时所引起的该场所红外辐射的变化，报告犯罪信息。主动红外报警器则通过预先安装在预设空间的主动红外发射机发出脉冲波形红外光束，当犯罪人进入预设场所时，人体自身的红外辐射对预设红外辐射的遮挡便立即反映在主动红外接收机的光电感应器中并通过放大处理，发出警告信号。

（9）视频报警器。视频报警器是一种空间控制式报警装置。它将电视摄像机所控制的空间视场作为背景储存于报警装置内，一旦有犯罪分子闯入视场空间，其背景的亮度就会发生变化，从而产生报警信号。这种信号经过转换，发出警告信号。

B. 监视、监听装置

报警装置是在防范场所预设的一种被动反应系统。只有当犯罪分子进入预设的场所或者触动特定的物体时，报警装置才会发出警告信号。而监视、监听报警与之相比，便是一种主动反应系统。它利用现代科学技术手段，对犯罪嫌疑人员进行主动跟踪监视或监听，随时了解其犯罪动向，并为及时制止犯罪、防止对社会造成危害以及惩罚犯罪提供信息的证据。但是，监视、监听装置的适用范围是很有限的，并且必须是在已经发现犯罪嫌疑人员或其活动的前提下才能使用。

作为一种技术预防手段，监视装置主要是以摄像跟踪监视取得犯罪时的真实图像信息为手段的闭路电视系统。它一般由摄像、信号传输、显示记录、中心控制等部分组成。

国际上著名的微机闭路电视监视系统主要有联邦德国的VRH80 视频切换系统、美国的 TC－1600 微机闭路电视系统、中国香港的 MV－500 和 MV－1000 多功能微机闭路电视系统等。

近年来，随着我国电子工业的发展，一些科研单位开启了对闭路电视监控系统的研制并取得了一定的成果。目前，我国已在一些重要城市的重要区域安装了整套的监视装置，可以随时观察了解某些犯罪分子的活动情况。

监听装置分有线、无线两种。有线监听装置主要用于对犯罪嫌疑人员经常使用的电话进行固定监听。无线监听装置主要用于对犯罪嫌疑人员进行跟踪监听。无线监听装置一般由两部分组成：一部分是信号发射系统。这部分一般被预先固定在犯罪嫌疑人员的衣服、随身携带的物品或乘坐的车船飞机的座位上，以接收犯罪嫌疑人员谈话，活动时的声响信号，并通过无线电发射机向基地发回该信号。另一部分是接收系统，以便随时收听信号发射系统发回的声频信号。

2. 抗阻装置（保护装置）

抗阻装置是指为了保护某些器械的功能而增设的阻却非正常操作的装置。抗阻装置在原器械遭到犯罪分子的非正常操作时，能够阻止犯罪分子的企图得逞，保护设定目标不受犯罪分子的侵害，从而具有预防犯罪的功能。

目前，我国在犯罪预防主要使用的抗阻装置，还主要局限于预防盗窃犯罪方面。如各种类型的防盗锁、各种系列的防盗安全包，以及防盗保险柜等。

普通防盗锁主要是通过加强锁的精密度和扣环质量来防止用非原配钥匙开锁或用其他工具撬锁，从而达到保护锁的功能不受破坏之目的。利用电子技术设计的电子防盗锁主要是用电子编码的形式将开锁密码储存于锁内，非原码不能使锁开启。有些电子防盗锁为保险起见设置了电子编码关闭设备。合法开锁人离去时，除锁上门（柜、桌）之外，通过遥控装置关闭电子编码。这样，即使使用原配钥匙或密码开销，也不能将锁打开。这样就大大增强了锁的功能，使盗窃犯罪分子望之兴叹。

防盗安全包主要是根据财会、机要人员携带贵重、机密物品外出时可能遭到犯罪分子的盗窃、抢劫、抢夺、割包等犯罪行为的袭击的特点，在提包上增设防盗、防抢、防割等功能，阻止犯罪分子的犯罪企图得逞。

随着现代科学技术的发展和应用，抗阻装置也将运用于犯罪预防的其他领域。例如在电话线路上安装防窃听装置，在易燃易爆物品的包装上增设防燃、防暴物质或装置，在重要目标的周围设置防破坏装置，研制公安干警在同危险的犯罪作斗争时可以穿戴的护身衣等。

3. 自救装置

自救装置是指在遭到犯罪活动的侵害时能够自我救护的装

置。自救装置在犯罪预防中应当具有重要的地位。但是由于我国科学技术发展水平和这一方面的研究成果的局限。自救装置在我国的犯罪预防领域还没有引起高度的重视，自然也没有被广泛应用。

自救装置可以分为两种类型：一类是在犯罪活动面前通过自我救护来免受犯罪之害；另一类是在犯罪活动面前通过出其不意地制服犯罪人来免受犯罪之害。

第一类自救装置如同飞机上安装的"黑盒"，主要用于保护贵重物品、机械等。当预设对象受到犯罪分子的破坏，或者由于过失犯罪而遭到燃烧、爆炸及各种机械力的破坏时，自救装置便立即主动包围预设对象或其中的最重要部位，通过自动喷射的化学物质或自动伸张、密封机械设备，使其不受破坏。特别是在一些重要的现代化生产线上安装自救装置，可以在非正常操作时通过自动纠正并使机器正常运转，对于预防过失犯罪、保护公共安全、保障生产是非常必要的。当然，在生产领域，这种自救装置更多地包含在安全生产之中，很难说是专门的犯罪预防措施。但是在非生产领域，对某些贵重物资安装这种装置，则会显示出犯罪预防的色彩。

第二类自救装置主要用于对人身的保护。当处于孤立无援境况中的被害人受到犯罪分子的侵袭时，为了保护人身安全或财产不受侵害，通过预设的自救装置，出其不意地向犯罪分子发起攻击，便可以制服犯罪人，避免受到犯罪的侵害。例如，在飞机上预设多处遥控麻醉枪，就可以在犯罪分子劫持飞机时，飞行员或机组服务员在不被犯罪分子发觉的情况下，遥控指挥向犯罪分子射击，以制服犯罪分子。在出租汽车上，也可以安装类似设备，以便在出租汽车司机受到乘坐出租车的犯罪分子袭击时，通过遥控指挥预设在座位上的麻醉针制服犯罪分子。当然，自救装置可以有多种类型和功能，可能在其他方面广为使用。

此外，现代科学技术的发展，使人们通过遥控指挥远方的某些机械成为现实，这为控制犯罪提供了广阔的前景，使犯罪控制部门有可能在接到报警的时候，无须出动人力而通过预设的机械设备制服犯罪分子。在我国，这方面的技术手段还有待开发。

（三）技术预防应当注意的几个问题

使用技术预防手段，是为了及时发现和制止犯罪。但是技术手段的使用并不仅仅会对犯罪分子起作用。用得不当，就可能妨碍一般公民的正常活动，或者造成人力、物力、财力上的浪费，甚至可能被犯罪分子所利用。因此，使用技术预防手段必须谨慎、合法，并且应当随时注意发现和解决使用中出现的问题。此外，使用技术手段来预防犯罪，还应当着重注意以下几个问题：

1. 配套设备

技术手段的运用往往不是孤立的，有的需要与其他技术手段配合使用，有的需要与其他行政手段配合使用。并且，各种技术手段往往各有利弊，相互配合可以通过优点的互补和缺点的互消而增强其犯罪预防的功能和实用效果。因此，使用技术手段，应当尽可能地注意其配套设备，充分发挥其功能。

目前，我国在技术预防方面试制和使用的配套设备主要有两种情况：[1]

一种是同功能的互补，以提高其准确性。如微波——被动红外复合报警装置，就是在预设的同一场所，将微波报警器和

---

〔1〕 电视监控作为一种配套使用的技术手段，此处不再赘述。

被动红外报警器的感应系统分别安装在报警探测器上。只有当两种报警技术的感应系统同时发出警告信号时，才会产生报警效果。这样既可以避免微波报警器在预设场所中物体自然移动（如门窗被风吹动、物体坠落等）时产生的误报警又可以避免被动红外报警器在预设场所由于非入侵目标引起红外辐射变化（如室内某种物体温度变化引起的）时产生的误报警，从而大大减小误报率。声音——振动双鉴式玻璃破碎报警装置，也是将声控报警器和振动报警器的优点集于一体，只有在探测器同时感应到玻璃破碎时产生的高频声音和振动的振幅时，才会发出报警信号，从而提高报警的准确性。

另一种是不同功能的互补，以扩展其用途。如捕盗报警多功能保险柜，就是在多组机械叶片编码的保险柜上同时增设报警装置和捕捉机构或喷染色体系统。当犯罪分子错码开启保险柜时，或者在报警装置工作期间开启保险柜时，保险柜在发出报警信号的同时即刻通过捕捉机构将犯罪分子的手或身体的其他部位锁于保险柜上，或者向犯罪分子喷射某种预设的染色体。这样，既能及时报警，又能当即制服罪犯，提高预防效率。又如，汽车防盗报警装置，是将报警装置与防盗装置配套使用，犯罪分子一旦触发警戒装置，该系统便会立即发出声光报警信号，同时自动切断电路和油路，迫车停驶。

技术手段的配套使用，可以大大提高其在与犯罪作斗争中的价值。在这方面，我们还有待于进一步开发。

2. 安装使用要求

技术预防手段是现代科学技术在同犯罪作斗争领域的运用，各种设备的安装和使用都具有严格的技术要求。要正确运用并充分发挥各种技术手段的功能，就必须认真注意其安装要求和操作规程。特别是各种报警装置，都有各自的优点和缺陷，安装时一定要根据环境和对象选择适当的报警的因素，最大限度地提高报警的准确率。例如，感应报警器应当安装在环境温度和湿度变化较小的场所，以便防止因温度或湿度的变化改变电子元件的性能而造成误报警。微波报警器应当安装在没有物体自然运动的场所；激光报警器应当安装在没有阻挡物的场所；被动红外报警器安装时应当尽可能地远离发热体，避免直接对着阳光或强反射阳光的物体；等等。

技术手段的安装和使用，除了必须符合本身的技术要求和操作规程之外，还应当注意遵守隐蔽的原则。报警装置、监视装置必须安装在不易被犯罪分子发觉的地方，或者以不被发觉的形式安装。特别是报警器的感应（探测）系统和监视、监听装置的摄像、发射信号系统，必须加以伪装，以防被犯罪分子破坏，造成视觉、听觉失灵。

此外，对所安装的报警装置应当严格控制机密范围，妥善保管有关资料，尽可能地不使无关人员接触有关报警装置的资料，尤其是报警装置的感应（探测）系统的情况。这方面的情况一旦被犯罪分子所掌握，他们就会设法破坏或躲避报警装置，而使报警装置失去应有的防范功能。

3. 反应系统

技术预防手段的突出功效之一，就是及时发现犯罪。发现犯罪的目的在于阻止犯罪、减少犯罪对社会的危害。为此，就必须在发现犯罪动态的时候，有人能及时赶到现场，制服犯罪人，这就使技术手段的作用特别是报警装置的使用必须以快速反应系统为基础。

所谓快速反应系统，是指在通过技术手段发现犯罪动态的时候能够迅速作出反应，及时出现在犯罪现场，制服犯罪，减少犯罪对社会的危害的工作班子。没有快速反应系统，再灵敏的报警装置也无法在犯罪预防中发挥作用。因为在目前情况下，绝大多数报警装置发出的警告信号若不能及时为人所知，或者人们知道发生罪案但不能及时赶赴现场，就不能即时阻止犯罪，犯罪分子就可能不顾报警装置所发出的信号继续实施并完成犯罪，或者可能在有关人员到来之前从容地逃离犯罪现场。如是，技术预防就会失去应有的作用。

反应系统一般由两组人员组成。一组是观察人员。凡是安装技术预防装置的单位和部门，都应当安排专门人员在技术装置工作期间不间断地观察（聆听）警告信号显示装置，不放过任何警告信号。另一组是控制人员。凡是安装技术预防装置的单位和部门，都应当配备足够的人员，并在工作期间始终保持良好的应急状态，以便在发现犯罪的时候能够迅速出动，即时出现在犯罪现场发挥作用。观察人员和控制人员之间应当保持有效、畅通的联络，以便观察人员在发现犯罪时能够立刻通知控制人员。这种联络手段可以是有线通信、无线通信联络，也可以是口头联络、信号联络。使用有线通信时，应当保持两条以上的有线通信设备。无线通信联络和信号联络应当尽可能地提高可靠程度，以防联络中断。

在有些单位，观察和控制职能可以由同一组人员担任，以避免因联络失误而影响犯罪预防的交通。但这应只限于技术预防目标单一的场合，即只有一个防卫对象的单位。凡是有两个以上防卫对象的，都不宜采取这种方式，除非在一组人员出动时即有另一组人员兼任观察、控制职责。

在条件许可的地方，技术手段应当尽可能地统一使用。建立统一、高效的反应系统。这种反应系统通常由当地的治安行政管理部门负责管理。除设立专门、固定的观察机构（人员）和专门的控制力量之外，还应设立专门的指挥机构，由富有经验的指挥人员统一调配和指挥控制力量。

控制力量应当配备各种类型的交通工具，以确保接到控制命令时能够不受路面环境的限制及时出现在犯罪现场。控制力量还应当具有专门的知识和技能。配备必要的工具或器械，以适应同各种狡猾、残暴的犯罪分子作斗争的需要，能够迅速制服犯罪分子，有效排除险情，防止或减少犯罪的危害。

七、实施犯罪治安预防应当注意的问题

在实践中运用治安控制手段预防和减少犯罪，应当注意以下几点：

1. 符合犯罪预防的总体要求

犯罪治安控制既然是犯罪预防的一种手段，那么犯罪治安预防的各种具体措施的设置和采用与否就应当考虑是否有利于或者是否能够有效地预防犯罪。是否有利于预防犯罪，不能只从局部和眼前的效果来评定，而应从全局和长远的利益来权衡。有些犯罪治安控制措施虽然在局部上、在一时一地有助于减少犯罪，但是如果从总体上看，它可能引起更大范围的社会矛盾或者可能激起更多的人的犯罪意念时，它的有用性就可能被自身的有害性所淹没，因而就不应当作为犯罪控制措施来施行或者不能够长时间、大范围施行。特别是在对犯罪实行宏观控制时，更应当理智地、冷静地权衡其利弊得失。因为宏观控制往往是在某类犯罪正在危及社会安宁和经济发展的时候实施的，在这种情况下，人们包括决策者们对犯罪的憎恶之情很容易使自己采取过激的行动。如果不从预防犯罪的总体要求出发，在控制措施的正效应与负效应之间的权衡，就有可能使犯罪治安控制措施在制止某类犯罪的同时制造出新的更大的或更多的犯罪。因此，选择犯罪控制措施，应当充分考虑到它可能产生的社会效果，使之服从于预防犯罪的总体要求。如果某种措施的实施，在控制某类犯罪的同时有可能引起更严重的犯罪或者引起严重的社会问题，那就必须采取理智的态度，放弃这种措施而另谋他途。

2. 正确处理保护公共利益与保障个人权利的关系

犯罪治安控制是通过对重点人员、重要场所、特定物品和特殊行业的治安行政管理，来控制犯罪行为实施的机会和成功的概率，从而达到预防和减少犯罪之目的。犯罪治安控制措施的具体实施，必然要对某些个人的活动产生不同程度的影响，或者限制、干预其活动，或者要求其作出或放弃某种行为，或者间接地对其发生某种非乐意接受的影响，这些都可能涉及有关个人甚至单位的权利保障问题。犯罪治安控制应当尽可能地在保障公民和法人的合法权益不受侵犯和正当活动不受干预的情况下进行，即使为了有效地控制犯罪而不得不采取某种行政措施，也应当杜绝行政权力的滥用，避免对个人权利造成不应有的侵犯。特别是在市场经济的大潮中，个人活动的自主程度不断提高，个人权利要求得到更充分的保障。如果无视这种社会现实提出的普遍要求，为了控制犯罪而滥用行政权力，那就会丧失人民群众的支持。

3. 争取各类社会活动主体的配合

犯罪治安控制虽然是一项专业性很强的预防措施，虽然需要行政权力作后盾，但是也离不开有关单位和个人的配合。因为犯罪始终是一种社会现象，不仅它的准备和实施要在现实社会中留下自己的足迹，要对现实社会、包括某些个人或单位造成损害，而且可能犯罪的人总是混杂在社会的各个行业、各个单位，可能有助于犯罪实施的条件总是隐含在社会生活的各个领域、各个场合，可能成为犯罪被害者的人员或单位总是处在社会关系网络之中。如果仅仅依靠专门的犯罪控制力量去发现和控制犯罪，那就有如大海捞针，事倍功半。相反，如果在犯罪治安控制的实践活动中广泛争取有关社会主体的配合和支援，犯罪治安控制措施的实施就会如鱼得水，径情直遂。

当然，在市场经济体制下，要想取得各类社会活动主体的支持和配合，并不是一件容易的事情。特别是包括特殊行业在内的各类经济实体和经营单位，它们为了自己的经济效益，往往乐意尽可能地为顾客（客户）提供各种便利，而不愿使顾客在与自己的往来中受到过多的干预；往往乐意尽可能地保护本单位的声誉和职工的利益，而不愿提供牵涉到本单位和本单位职工的犯罪信息。因此，如何在犯罪控制实践中争取社会支持和有关单位的配合，是一个值得研究的课题。

4. 其他犯罪预防手段的配合作用

犯罪治安控制只是预防犯罪的一种手段，在实践中实施犯罪控制，应当注意与其他手段的配合作用。特别是在对某类犯罪实行宏观控制的场合，采取排除手段减少引起犯罪产生的原因因素，采取威慑手段及时制裁犯罪人，都可以大大提高犯罪控制的实际效果，有效地减少犯罪。即使在微观控制的场合，注意犯罪产生的具体原因，采取疏导手段，做好法制宣传和思想教育工作，同样可以使犯罪治安控制措施得以顺利有效地实施。如果不强调各种犯罪预防手段的相互配合，犯罪治安控制同样难以有效地预防和减少犯罪。

（原载《犯罪学》，法律出版社 1997 年版）

犯罪的刑罚预防

运用刑罚手段预防犯罪，在犯罪预防体系中居于突出的地位。这不仅是因为犯罪与刑罚构成了刑事法律的基本内容，而且是因为在任何有犯罪现象的社会形态中，刑罚都是犯罪预防的基本手段，这种手段运用得好坏，对于减少社会上的犯罪现象具有明显的、直接的影响。正是由于这个原因，一谈到犯罪预防，人们便会很自然地想到刑罚。

刑罚作为社会对付违反它的生存条件的行为的一种自卫手段和一种法律制裁方法，首先并且主要是刑法学研究的对象。但是从预防犯罪的角度看，有必要把它纳入犯罪学研究的视野。因为在刑法学中，刑罚是作为一种法律现象来研究的，其重点在于研究它的法律特征及其规范性，以便正确适用刑罚；而在犯罪学中，刑罚是作为一种预防措施来研究的，其重点在于研究它的功利特征及其目的性，以便恰当地解决适用刑罚中的具体问题。有鉴于此，有必要在研究预防犯罪的各种措施时充分考虑对犯罪的刑罚预防。这种研究，既是在刑法学研究的基础上进行的，也是对刑法学研究的必要补充。

一、刑罚预防的概念

对犯罪的刑罚预防，是指国家通过刑罚的设立和适用来遏制犯罪和震慑犯罪人以防止犯罪再发生的预防活动。这个定义表明：

1. 刑罚预防的主体是专门的国家机关

刑罚预防的主体是享有刑事立法权的国家权力机关和享有刑事司法权的国家司法机关。在中国，享有刑事立法权的国家机关是全国人民代表大会及其常务委员会。只有全国人民代表大会及其常务委员会才有权制定刑事法律、规定刑罚的种类及其具体运用的原则、制度和量刑标准，规定适用刑法的机关、程度和执行，规定特定时期适用刑法的基本政策。享有刑事司法权的国家机关是公安机关、国家安全机关、检察机关、人民法院、监狱及其他刑罚执行机关。公安机关、国家安全机关在自己分工管理的范围内对刑事案件享有侦查权。检察机关对刑事案件享有决定和批准逮捕、提起公诉或决定不起诉的权力和对部分刑事案件进行侦查的权力，以及监督刑法适用的整个过程是否合法的权力。人民法院享有审判刑事案件、决定对具体案件适用的刑罚种类和轻重的权力。监狱及其他刑罚执行机关享有执行生效判决确定的刑罚、对犯罪人进行强制性教育改造的权力。上述机关的职能活动，构成了刑罚适用的完整过程。除了上述机关之外，其他任何机关和个人都不享有适用刑法的权力，不能成为刑罚预防的主体，但是可以协助刑事司法机关发现犯罪、缉捕罪犯和教育犯罪人，并且有义务遵守刑事法律，有义务在知情的情况下向司法机关如实提供自己所了解的犯罪情报和证据。

2. 刑罚预防的工具是刑罚

刑罚预防是通过制定和适用刑罚来预防犯罪的，它所使用的工具是刑罚。刑罚是国家用以惩罚犯罪、制裁犯罪人的一种最具强制性的法律制裁手段。它既可以是对犯罪人的某种人身权利、民主权利或财产权利的限制，可以对犯罪人造成肉体上的痛苦、精神上的压力或经济上的损失，也可以是对犯罪人生命权利的剥夺。刑罚作为一种法律手段，是国家意志的表现，是理性的产物，而不是单个人的感情用事。因此，刑罚的运用必须由专门机关严格依照法律的实体性和程序性规定进行。

运用刑罚来预防犯罪，包括三个方面的活动：一是制定刑事法律，设置刑事司法系统；二是适用刑罚惩罚犯罪、改造犯罪人；三是通过刑罚适用的实例教育公民不去犯罪。

3. 刑罚预防的对象包括犯了罪的人和没有犯罪的人

刑罚作为一种最具惩罚性的强制措施，只能适用于已经给社会造成了严重危害后果的罪犯，而不能以任何借口适用于没有犯罪的人。但是，刑罚预防的对象绝不仅仅局限于已经犯了罪的人。对已经犯了罪的人适用刑罚，通过强制教育和改造，使其悔过自新，做守法公民，防止其再次犯罪，固然是刑罚预防的基本方式，但是对于犯了罪的人适用刑罚，必然会对尚未犯罪但有犯罪冲动或受到犯罪诱惑的人产生影响，会对一般公民遵守刑法规范的意识产生影响。刑罚预防的实施应当考虑到这种因素，应当把刑罚对没有犯罪的人的预防作用纳入自己的视野。

4. 刑罚预防的目标是遏制犯罪和防止再犯罪

刑罚是一种制裁措施，刑罚的适用也是针对已然的犯罪进行的。但是刑罚的适用绝不仅仅是对已然犯罪的惩罚，它本身也是对未然犯罪的预防。刑罚适用的目的，既是为了教育改造已经犯了罪的人，使他们不致再犯罪，同时也是为了震慑意欲实施犯罪的人，使他们慑于刑罚之苦而放弃为恶的冲动，从而遏制即将发生的犯罪。这种目标虽然立足于已然的犯罪，但是其着眼点却是未然的犯罪。只有防止人们实施犯罪，从而遏制犯罪增长的趋势，减少犯罪的实际发生，才算达到了刑罚预防的目的。如果仅仅满足于对已然犯罪的惩罚，那只是适用刑罚而不是刑罚预防。

因此，刑罚预防的目标有两个方面，即一般预防和特殊预防。一般预防是通过刑法的预告和执行，一般性地告诫人们不要实施犯罪，不然会受到刑罚的惩罚，从而预防一般人犯罪；特殊预防是通过对犯了罪的人适用刑罚，让其亲身感受犯罪给自己带来的痛苦，并对其进行教育改造，防止其再犯罪。刑罚的一般预防与特殊预防是相辅相成的。在制定刑罚的时候，既要考虑刑罚对一般人的行为引导和心理威慑作用，也要考虑适用于具体犯罪人时可能产生的正面和负面效应；在具体适用和执行刑罚的时候，不仅要考虑对具体犯罪人的特殊预防效果，也要考虑对一般人的影响。

5. 刑罚预防的功能是防止一般人犯罪和犯罪人再犯罪

与刑罚预防的目标相联系，刑罚的预防功能可以概括为两个方面，即对一般人的预防功能和对犯罪人的预防功能。前者称为刑罚的一般预防功能，后者称为刑罚的特殊预防功能。刑罚对犯罪的预防功能具体表现在以下几个方面：

第一，传达刑法的禁令，规范公民行为。为了禁止人们实施犯罪行为，刑法对犯罪规定了一定的刑罚。所以刑罚在每一个场合，都标志着对一定行为的禁止。通过刑罚，人们可以认识到哪些行为是刑法所禁止的。刑罚的实际适用告诫人们必须遵守刑法发布的禁令，否则就会给自己带来不利的法律后果。刑罚从相反的方面（即不遵守禁令时将会有什么后果）向人们传达刑法的禁止性规范，比任何正面传达（即直接规定应当怎样或不应当怎样）的法律规范对人们的影响都要强烈和持久。特别是在现代社会，随着科学技术的发展和广泛应用，人们的社会行为对社会、对他人往往会产生重大的影响，如现代化交通工具的使用大大增加了道路交通中伤害他人的风险，互联网的使用可能影响到不特定多数人的生活。为了防止某些行为对社会和他人的危害，国家通过立法将其规定为犯罪。就这类犯罪而言，由于一般人很难划清罪与非罪的界限，甚至没有关注法律的禁止性规定，所以，刑罚所传达的禁止性规范，对人们的行为具有极为重要的引导和警示作用。

第二，引导社会心理，制止犯罪冲动。刑罚代表着国家对犯罪的否定评价，从而反映着社会对犯罪的谴责。刑罚的设置和适用可以帮助人们认识犯罪的危害性和可责性，引导人们在行为评价中谴责犯罪，进而制止犯罪。特别是有相当一部分犯罪行为是野蛮、邪恶、自私和残暴的象征，是人类社会生活和社会发展的天敌。对这类犯罪规定和适用刑罚，就可以打击邪恶，伸张正义，从而帮助人们树立正确的善恶观，鼓励人们同犯罪作斗争。

刑罚作为犯罪的法律后果，总是表现为一定的人身权利的被剥夺或者被限制，甚至包括生存权利的被剥夺或者一定的财产权利的丧失。因此，意欲实施犯罪行为的人，除了对法律无知者之外，必然会考虑到刑罚——自己的犯罪行为可能给自己带来的不利后果。慑于刑罚之苦，相当一部分人的犯罪冲动都自觉地或者很不情愿地永远停留在意识之中。即使那些怀着侥幸心理实施犯罪的人也会不断受到刑罚之苦的心理压迫而不敢肆无忌惮，有的甚至在实施犯罪之后迫于这种心理压力而中止犯罪。刑罚的这种威慑作用，使它在防止一般人犯罪方面发挥着极为重要的作用，尽管刑罚并不能制止所有的犯罪冲动。另外，刑罚的严厉性也使人们不得不时常考虑刑罚所传达的禁止性规范，从而对人们的行为发生约束作用，使人们不敢贸然实施刑法所禁止的犯罪行为。

刑罚不仅可以制止潜在犯罪人的犯罪冲动，而且可以消除犯罪被害者的犯罪冲动，防止其由犯罪的被害者发展为犯罪的实施者。因为，犯罪不仅危害了共同的社会生存条件，而且在绝大多数的场合还直接甚至首先侵害了某些个人的权益，或者给被害者造成了肉体伤害、精神创伤、财产损害，甚至剥夺了被害者的生命。这些都必然激起被害者及其亲属的激愤情绪，产生对犯罪人的复仇冲动，这种复仇冲动有些就很可能以犯罪的方式再现出来。对犯罪者适用刑罚，就可以在一定程度上满足被害者及其亲属要求惩罚加害者的强烈愿望，使之得到一定的安抚，从而平息或者淡化其复仇的冲动。这在一定意义上说，也是预防了犯罪。这种功能，也可以说是刑罚的安抚功能。

第三，减少再犯机遇，改善罪犯心理。刑罚的适用必然把惩罚的痛苦强加于犯罪人。这首先在犯罪信息反馈中使犯罪人受到强烈的刺激，使其痛切地体验到犯罪给自己带来的不利后果。这种信息反馈对其以后的犯罪冲动必然产生很强的抑制作用，促使其在行为选择过程中重视犯罪的不利后果。

刑罚执行的方式使犯罪人的人身自由受到很大的限制，使其享有的部分公民权利被剥夺或者无法行使，这就大大减少了犯罪人再次实施犯罪的机遇和条件。在刑罚执行期间，犯罪人或者丧失了实施某种犯罪的便利条件，或者无法与犯罪被害者接触，甚至无法自由自在的行动，即使其有犯罪意图也不可能或者很难实施某些犯罪。这在一定程度上就意味着再犯罪率的减少。至于那些被适用死刑的犯罪人，刑罚的执行就永久地剥夺了其再犯的能力。对于有明显的再犯可能性的死刑犯来说，刑罚即意味着一劳永逸的预防犯罪。

除了死刑之外，刑罚的执行过程特别是自由刑的执行过程，实际上也是对犯罪人的教育改造过程。在刑罚的执行过程中，不仅劳动锻炼，而且严格的管束、深入的法制教育、长时间的反省，都促使犯罪人改善自己的心理结构，消除犯罪的邪念。

刑罚具有预防犯罪的功能，但是预防犯罪绝不能完全依靠刑罚。因为刑罚对犯罪的预防作用是受一定条件、一定范围、一定对象限制的。刑罚并不能消除犯罪产生的社会根源和经济根源，因而不可能从根本上预防和消灭犯罪。特别是当社会生活中大量存在着产生犯罪的基因时，刑罚对犯罪的预防功能便会大大削弱。因此，在强调刑罚对犯罪的预防功能时，我们切不可把它绝对化，以为刑罚是防止犯罪的万灵药，以为有了刑罚就可以对付一切犯罪。中国历史上屡屡出现的重刑主义，都是把刑罚对犯罪的预防功能绝对化，以致导致了许多人间悲剧，使刑罚走向了自己的反面，成为激化矛盾、诱发犯罪的因素。历史的教训使我们不能不谨慎地适用刑罚，考虑犯罪的非刑化问题。对于那些可以通过消除社会生活的各种弊端或者改善或采取某些社会措施便可以预防的行为，尽可能地不作为犯罪对待，不适用刑罚，从而把刑罚的适用保持在最必要的范围之内。

在犯罪预防的具体环节上，刑罚对犯罪的预防功能同样受到一定的限制。刑罚不可能对所有犯了罪的人或者企图实施犯罪行为的人都产生预防作用。不仅对法律无知的人所具有的犯罪冲动不会因为刑罚的存在而受到抑制，而且熟知法律但认为自己可以逃脱刑罚惩罚的人同样不会因为刑罚的存在而不去实施犯罪行为；不仅那种认为犯罪所得大于犯罪所失的人不会因为惧怕刑罚而不去实施犯罪行为，而且各种受激情驱使以致把生死置之度外的人也不会慑于刑罚而终止犯罪。因此，我们不能企盼有了刑罚就可以预防一切犯罪，也不能企盼一切受过刑罚惩罚的人都不会再犯罪。刑罚只能对受它影响的人产生预防犯罪的功效。

即使在刑罚发挥作用的场合，这种作用究竟能发挥到何种程度，也不完全取决于刑罚的有无和适用与否，而是在很大程度上取决于刑罚的必要性和公正性以及刑罚适用的方法，取决于具体人对刑罚的认识。

总之，在重视刑罚对犯罪的预防功能时，我们应当对之具有清醒的认识，不能过分夸大刑罚在预防犯罪中的作用，更不能把刑罚当作预防犯罪的唯一途径，滥施刑罚。

二、刑罚预防的实现方式

刑罚具有预防犯罪的功能，是就其积极作用而言。能否发挥或者能否最大限度地发挥刑罚的积极作用，并不取决于刑罚本身，而是取决于如何运用刑罚。只有正确运用刑罚，才能发挥其积极作用，只有最合理地运用刑罚，才能最充分地发挥刑罚的积极作用。否则，刑罚就不能发挥或者不能最大限度地发挥其积极作用。

另外，刑罚作为一种强制性的惩罚，还可能具有消极作用。这不仅表现为刑罚的适用即意味着一定的剥夺，它所施加于适用对象的痛苦本身就可能引起适用对象的仇恨和反抗，而且表现为刑罚的不正确适用可能对适用对象造成不合理的或者不必要的侵害，这种侵害可能错误地改变适用对象的生活道路，造成终身无法弥补的不幸，尤其是在错误地适用死刑的场合。刑罚的错误适用可能对社会心理产生消极的影响，造成难以治愈的创伤，甚至给社会生活造成严重的损失。刑罚的这种消极作用，必然影响其预防功能的发挥。

因此，要充分发挥刑罚对犯罪的预防功能，就必须研究刑罚运用的功效，注意克服影响刑罚功能发挥的各种因素，提高刑罚预防的水平。

1. 刑罚预防的基本途径

刑罚对犯罪的预防功能主要是通过以下三个途径发生作用的，对犯罪的刑罚预防也应当集中做好以下三个方面的工作：

（1）制刑：合理设定刑罚，明示刑罚适用的对象

制刑的过程实际上就是刑事立法的过程。刑事立法的科学性虽然直接表现为刑罚设置的合理性，但实质上，对于刑罚作用的发挥具有重要的意义。刑罚设置的合理与否，直接关系到每个社会成员对刑罚的认可程度。如果一个国家的刑罚制度被普通认为是公平、合理、必要的，人们对它的尊重、遵循程度就会大大提高。相反，如果人们普通认为刑罚中的某些设置是不公平、不合理、不必要的，人们就会无视甚至蔑视这样的规定，而不会自觉地接受刑事立法的指引而不去实施刑法所禁止的行为，刑罚预防的效果就会大打折扣。

已经制定的刑罚需要广为宣传。实际上在刑事立法的过程中，在全民征求意见的过程中，就是宣传刑罚设置的合理性，统一人民意志的过程。通过宣传刑罚，明确地告诉人们刑罚适用的对象，就可以使人们普遍知晓对各种犯罪适用的刑罚种类及其轻重，促使人们在自己的行为选择中考虑刑罚的有关规定，权衡犯罪行为可能给自己造成的不利后果，从而抑制犯罪的冲动。如果一个国家虽然有刑罚，但很不完备或者不为多数人知晓或者人们不了解其严厉程度，那么，它就不能使人们在选择犯罪行为之前预知该犯罪行为可能给自己带来什么样的法

律后果。这样的刑罚制度也就很难说有多么大的预防功能。

同时，制定和宣传刑法的过程，也是统一和培养整个社会的法律意识和正确的刑罚观的过程，而法律意识和刑罚观对于引导人们遵守和评价法律、抵制犯罪的诱惑具有极为重要的意义。引导全体公民树立与国家的刑事法律相协调的法律意识和刑罚观，是预防犯罪至关重要的环节。

（2）用刑：准确适用刑罚，公正对待犯罪人

用刑的过程实际上就是刑事诉讼的过程。司法机关通过刑事诉讼程序，对已经发生了的犯罪按照刑法的规定及时严格地适用刑罚，使人们看到刑罚在现实生活中的威力，使犯罪人感受到刑罚给自己带来的不利后果，是发挥刑罚的威慑作用、遏制犯罪发生的中心环节。

用刑的过程是从立案、侦查开始的。司法机关对刑事案件立案并进行侦查，就是对已经发生的犯罪进行追诉的开始。侦查机关通过侦查，收集能够证明犯罪嫌疑人实施犯罪的证据；检察机关通过审查这些证据，依据法律规定提起公诉；审判机关根据检察机关的指控，通过法庭审理查明案件的事实真相，并据以适用刑罚（在这个过程中，犯罪嫌疑人、被告人随时可以为自己进行辩护也可以通过律师、法定代理人等辩护人为自己进行辩护）。这个过程，就是刑事诉讼的过程，也是国家行使刑罚权，对犯了罪的人具体适用刑罚的过程。在这个过程中，犯罪嫌疑人、被告人的诉讼权利能否得到充分的保障，据以定案的证据是否确实充分，刑罚适用的理由是否充分合理，不仅关系到刑罚适用的准确与公正，而且关系到刑罚适用的过程是否能够让真正的犯罪人认罪服法、让一般人从中看到刑罚的威严，从而实现一般预防和特殊预防的目的。

通过刑罚的具体适用，使犯罪受到应有的惩罚，这就加强

了制定和宣传刑法的实际效果，使人们认识到刑法并不是一纸空文，从而真正重视刑法发布的禁令。同时，刑罚的具体适用实际剥夺了犯罪人再次犯罪的能力或机遇，使其在一定时间内不致实施新的犯罪，这会使那些在犯罪边沿犹豫的人慑于刑罚适用的现实性而不敢以身试法。这些都从不同方面使社会上的犯罪率在实际上相对减少。

（3）行刑：严格执行刑罚，教育改造犯罪人

严格按照人民法院的判决对犯了罪的人实际执行刑罚，强迫其改恶从善，是发挥刑罚功能的必要环节。

执行刑罚的过程，既是改造犯罪人强迫其遵守刑法禁令的过程，也是发挥刑罚的威慑力量预防其他人犯罪的过程。因为，只有通过具体地执行刑罚，才能实实在在地显示刑罚本身的属性，从而把刑罚对犯罪的惩罚展现在全体社会成员的面前，使刑罚对犯罪的预防功能具有坚实的基础。离开了刑罚的实际执行，刑罚的适用就会变成空谈，其预防功能也将化为乌有。

刑罚发挥作用的这三个途径是各自独立而又紧密相连的，后者总是以前者为基础的。没有刑罚的制定，就无法具体适用刑罚；没有刑罚的适用，执行刑罚就无从谈起。反过来，刑罚的执行必须以法院对具体犯罪人所判处的刑罚为根据，法院对犯罪人适用刑罚，又必须以刑法中规定的刑罚为依据。因此，这三个途径实际上也就是刑罚预防的三个环节，它们只有密切配合，才能发挥刑罚的预防功能。

2. 影响刑罚预防效果的因素

任何社会行为对社会生活和社会心理的影响都不是一维的，它可能产生正作用，也可能产生副作用，甚或同时产生正负两种作用（其中一种必然大于另一种）。这往往取决于该行

为实施的具体方式或环境。

制定、适用和执行刑罚是发挥刑罚功能的基本途径，而制定、适用和执行刑罚中可能出现的弊端和可能存在的问题则会影响刑罚预防的效果甚至使之变得微不足道。

（1）刑罚规定的不合理必然影响刑罚预防的效果

刑罚规定的不合理可能表现在以下方面：

第一，对不应当受惩罚的行为规定了刑罚。例如，人们行使宪法规定的权利的行为，或者用以表达自己心声的行为，或者社会心理普遍接受的行为，或者相当多的社会成员日常实践着的行为，或者由某些政策直接引起的行为，对诸如此类的行为规定刑罚，便会在公众心理上对刑罚的合理性产生怀疑。

第二，对应当受刑事制裁的行为没有规定刑罚。例如，对利用手中的权力故意实施严重危害社会的行为，只规定行政制裁而不规定刑事制裁。

第三，对同样的犯罪行为规定不同的刑罚。例如，对杀死官吏规定死刑而对杀死百姓规定徒刑，对一些人的走私规定自由刑而对另一些人的走私规定罚金刑等。

第四，对较轻的犯罪规定较重的刑罚而对较重的犯罪却规定较轻的刑罚。例如，对盗窃一定数额的金钱的行为规定死刑而对故意破坏相当于同样数额生产资料的行为却规定徒刑。

第五，把野蛮残酷的惩罚方法规定为刑罚。

刑罚规定的不合理，必然使人们对刑罚产生抵触情绪，蔑视刑罚所传达的禁令，甚至使一些本来可以避免的犯罪行为由于罪刑的不合理规定而变为必然。

刑罚规定的不合理，在客观上必然出现有罪无刑、刑不当罪或刑过于罪等局面，使意图犯罪的人有可能利用刑罚规定中的漏洞或罪刑之间不均衡的关系实施犯罪或者选择更为严重的犯罪。这无疑是与制定刑罚所希冀的效果、适用刑罚可能具有的功能背道而驰的。

（2）刑罚适用中的不公正必然影响刑罚预防的效果

刑法适用中的不公正可能表现在以下方面：

第一，对同一犯罪判处的刑罚因时而异。例如，同样是盗窃1万元现金，先犯罪的判了15年有期徒刑，后犯罪的判了死刑。又如，在共同犯罪中，主犯先被抓获判了5年有期徒刑，从犯后被抓获却因同一犯罪事实被判处10年有期徒刑。

第二，对同一犯罪判处的刑罚因地而异。例如，用同样的方式抢劫了同样多的财物，在甲地被判3年有期徒刑，在乙地却被判处7年有期徒刑。又如，拐卖人口案中的主犯在甲地受审，被判处15年有期徒刑；同案中的从犯在乙地受审，竟因同一罪行被判处无期徒刑。

第三，对同一犯罪判处的刑罚因人而异。例如，共同受贿案件中主犯因职位高而被判轻刑，从犯因职位低而被判重刑。又如，同是强奸杀人，甲被判处死刑，乙却因特殊身份（高级官员、知名人士或高官名流的亲属）被判处有期徒刑。同一类犯罪，一般人实施必定受到追究，某类人实施了却无人追究，如此等等。

第四，刑罚适用在横向比较中的不公正。例如，过失杀人判15年有期徒刑，开车撞死同样多甚至更多的人却被判处7年有期徒刑。又如，盗窃5万元被判处死刑，而贪污50万元却被判处无期徒刑；侮辱妇女被判处无期徒刑，而强奸妇女却被判处有期徒刑。

第五，刑事诉讼过程中不适当地剥夺当事人诉讼权利的现象以及审判活动中的腐败现象所导致的不公正。违反法律规定的诉讼程序，侵犯当事人的诉讼权利特别是犯罪嫌疑人或被告人的辩护权，就可能使犯罪嫌疑人、被告人及其亲属怀疑刑法适用的公正性和正当性。同样地，审判活动中的受贿之风，说情之风、受行政权力干预等现象所导致的枉法裁判，也可能导致刑法适用的不公正。此外，由于审判人员缺乏正确的法律意识和刑罚观以及对刑事法律理解上的错误和对证据分析判断上的错误，也可能导致刑罚适用上的不公正（至于事实认定上的错误，那是导致冤案、假案的问题，而不是刑罚适用的不公平问题。所以在此没有提及这个问题）。

从伦理的角度看，刑罚本身是惩罚邪恶、伸张正义的工具。刑罚适用中的不公正必然使人们怀疑适用刑罚是"正义之举"，这就很难使人们把刑罚所传达的禁令通过内心信念转化为行为规范。刑罚适用中的不公正，也影响着人们对刑罚必要性的认识，使人们很难相信刑罚是犯罪的必要后果。如果这样，刑罚的适用就不能在社会心理上产生共鸣，就无法发挥刑罚在引导社会心理、抑制犯罪冲动方面应有之功能。这无疑是刑罚预防的极大障碍。

刑罚适用中的不公正，对防止再犯带来了极大的困难。因为刑罚的裁量总是在特定时空中针对个案作出的，而刑罚的执行又总是在相对集中的空间里进行的。当由各个法庭在同一时间或不同时间判处的罪犯聚集在同一座监狱里服刑的时候，每个人都会把自己所犯的罪和所判的刑与其他人的相比较，从而使刑罚适用中的不公正以明显的对比集中地表现出来，这必然引起受到刑罚制裁的人的痛苦思索，使许多人都相信刑罚对自己的不公正（在出现不公正的场合，即使公正的判决在相互比较中也会被认为是不公正的）。一个人一旦相信自己所受到的刑罚是不公正的，那他就不可能把这视为自己行为的必然结果从而不再实施这种行为，甚至对这种不公正的认识会在他的心里燃起敌视和复仇的烈焰，促使其伺机进行新的犯罪来反抗这种刑罚的适用。另外，刑罚适用中的不公正也在很大程度上削弱了刑罚本来应有的威慑作用。在这种情况下，刑罚的个别预防功能便会大大减弱。

（3）刑罚执行中的弊端必然影响刑罚预防的效果

刑罚执行中的弊端可能表现为以下几个方面：

第一，对监内执行中的犯罪人进行不恰当的分监关押或者管束不严，使各种犯罪分子有可能互相传授犯罪技术或互相感染犯罪恶习；使用落后愚昧或简单粗暴的方式管理犯人；只重视劳动，忽视进行认罪服法和改恶从善的教育改造；滥用减刑、假释；对罪犯实行非人道的待遇或者把囚犯当奴隶使用等。

第二，对死刑犯采取残忍的执行方式；不按法定程序或者没有行之有效的程序保障死刑犯在执行死刑之前交代或澄清有关犯罪事实或者托付他人代为办理有关事宜；不能保障在执行死刑的命令下达之后发现问题及时停止死刑的执行。

第三，对监外执行的犯罪人缺乏必要的监督手段和管教措施；非依法律剥夺其某些方面的公民权利；限制其必需的生存手段等。

第四，对财产刑的执行不考虑犯罪人的经济状况；任意改变财产刑的执行时间、数额等。

第五，决定刑罚的机关与执行刑罚的机关完全脱节、互不通报情况。

刑罚执行中的这些弊端必然妨碍对犯罪人的教育改造，削弱刑罚对犯罪的个别预防功能的发挥。同时，刑罚执行中的弊端有可能使某些犯罪分子在刑罚执行过程中不但没有受到教育，反而增强了犯罪意识，学会新的犯罪伎俩，变得更加狡猾、更加凶残。更有甚者，刑罚执行中的某些弊端还可能激起犯罪人及其亲属对法律、对国家的敌视，以致使刑罚的执行本身成为造就新的犯罪队伍的过程。

3. 刑罚预防实施过程中应当注意的问题

基于以上认识，在刑罚预防的实施过程中，首先就必须在制定、适用和执行刑罚的各个环节上认真考虑各种刑罚措施和制度的利弊得失，注意克服影响刑罚功能发挥的各种因素，避免刑罚本身可能具有的消极作用。其次，为了充分发挥刑罚对犯罪的预防功能，在适用刑罚的过程中还应当注意以下几个问题：

（1）刑罚适用的必然性

刑罚的预防功能是以其惩罚的本性为基础的。没有实际的惩罚，刑罚的威慑力量便会被束之高阁，刑罚的预防功能就不可能真正发挥。这是因为，由于刑罚对各种犯罪规定了相应的刑罚，所以在犯罪行为被实施的每一个场合，人们都等待着刑罚的到来。犯了罪的人总是受到刑罚的制裁，便会加深人们对"刑罚是犯罪的必然后果"的认识，从而自觉地或被迫地遵从刑罚所传达的禁令，以至慑于刑罚的威严而不敢以身试法。

刑罚的必然适用，对于犯了罪的人来说，会因为自己不相信刑罚是犯罪的必然后果而懊悔，从而不敢再实施犯罪；对于想要犯罪的人来说，会因为逃避刑罚的可能性很小而不敢贸然实施犯罪行为。相反，当人们看到实施犯罪在许多场合都没有受到刑罚的制裁时，犯了罪的人会视刑法为儿戏，越来越肆无忌惮地实施犯罪；想要犯罪的人会抱着侥幸心理贸然实施犯罪行为；被害人会因为对犯罪分子的憎恨得不到应有的补偿而以非法对付非法；守法的人则会因为看到践踏法律的人得不到应有的惩罚而对刑罚的力量丧失信心。正如列宁曾经指出的："惩罚的警戒作用绝不是看惩罚的严厉与否，而是看有没有人漏网。"[1]

不论刑罚规定得如何严厉，只要犯了罪的人在许多情况下都能够免受刑罚之苦，那么，刑罚的预防功能就很难发生作用。我国近年来对严重经济犯罪、职务犯罪的刑罚实践，在某种程度上就证明了这一点。

因此，我们应当严肃执法，尽可能地使刑罚的适用具有不可避免性。这样，才有可能最大限度地发挥刑罚对犯罪的预防功能。为此，应当强化公安机关，提高侦查破案的能力，不使每个犯罪分子漏网；检察、审判机关应当本着有罪必究的原则，排除各种干扰，严肃认真地执行刑法，使每个犯罪分子都受到应有的惩罚。那种"只要有钱，即可放人""只要领导说话，即可放人"的做法是社会主义法治所不容的。

刑罚的适用，既要考虑一般预防的需要，更要考虑特殊预防的需要。要根据犯了罪的人在犯罪过程中表现出来的犯罪性质和人身危险性，在刑法规定的范围内裁量决定应当适用的刑罚，使刑法适用的必要性落在实处。

（2）刑罚适用的及时性

及时地对犯了罪的人适用刑罚，在人们对犯罪的危害记忆犹新的时候就展现犯罪与刑罚之间因果联系的必然性，对于充分发挥刑罚的预防功能具有积极的意义。正如贝卡利亚曾经指出的："惩罚犯罪的刑罚越是迅速和及时，就越是公正和有益。"[2] 因为，对于实施了犯罪行为的人及时地适用刑罚，一方面可以阻止犯罪分子继续实施新的犯罪、防止其养成犯罪恶习，从而尽可能地减少其对社会的危害，并且可以促使其及时

---

〔1〕《列宁全集》（第4卷），人民出版社1958年版，第356页。

〔2〕［意］切萨雷·贝卡利亚：《论犯罪与刑罚》，黄风译，北京大学出版社2008年版，第47页。

反省自己的犯罪行为，强化刑罚执行的效果；另一方面可以加深人们对犯罪与刑罚之间因果联系的认识，增强刑罚的威慑力量，并且可以及时消除被害人的复仇心理，防止其实施报复性的犯罪。

因此，公安机关不断提高侦查破案的效率，使已经发生的犯罪及时真相大白；检察、审判机关应当提高审查判断证据的能力，及时审核证据，作出判决，使犯了罪的人尽可能快地受到刑罚的制裁。当然，这种"快"必须是以"准"为前提的，没有查清事实真相就不能作出判决，并且必须遵守刑事诉讼的规定，充分保障犯罪嫌疑人、被告人的辩护权。

（3）刑罚适用的教育性

把尽可能多的犯罪分子教育成守法的公民，既是适用刑罚的目的的重要内容，也是发挥刑罚的预防功能的重要方面。因此，应当把对犯罪人的法制教育贯彻于刑罚适用的全过程中。在侦查、起诉阶段，公安机关、检察机关应当纠正"只查证犯罪事实、不追究犯罪原因"的办案作风，在查证犯罪事实的过程中，注意调查犯罪原因并记入案卷，适时进行有针对性的法治教育，促使其认罪服法，交代犯罪事实，揭发犯罪同伙，并对改造罪犯提供素材。特别是在办理未成年人犯罪案件的过程中，要对其成长过程和犯罪原因进行社会调查，把教育贯穿于刑事诉讼和惩罚的全过程。在审判阶段，审判机关应当克服只相信公安、检察机关而不相信被告人的办案心理。全面了解案件情况，特别是犯罪人与被害人之间的互动关系，客观公正地判断犯罪人的刑事责任，正确适用刑罚，同时利用法庭审理进行法治教育。在刑罚执行阶段，执行机关应当纠正无视罪犯合法权利的工作方法，把犯人当人看待，同时应根据侦查、检察和审判机关提供的案卷材料分析各个犯罪分子的思想障碍，进行有针对性的法制教育，以消除其抗拒改造的思想障碍和精神负担，帮助其消除犯罪意识。只有这样，才能通过对犯罪分子适用刑罚把他们中的绝大多数改造成守法的公民，从而尽可能充分地发挥刑罚对犯罪的预防功能。

三、对犯罪人的矫治

在刑罚的执行过程中对犯罪人进行矫治，是刑罚预防的一个重要环节，是发挥刑罚特殊预防功能的基本途径。这个环节在刑罚预防中的特殊重要性使我们有必要专门进行研究。

对犯罪人的矫治，是在刑罚执行过程中进行的。刑罚的各种执行方法，都可能促使犯罪人正确认识刑罚传达的禁令，从而在以后的行为选择中抑制犯罪冲动。但是对于防止再犯来说，发挥刑罚的个别预防功能最关键的还是在执行自由刑的过程中对犯罪人进行矫治。因为，自由刑在实际执行的刑罚中总是占有很大的比重，而且被执行自由刑的人一般都是犯有较重罪行、具有犯罪倾向的人。在自由刑的执行过程中对犯罪人进行良好而有效的矫治，就可能大大减少再犯率，显示出刑罚的个别预防效果。

1. 矫治犯罪人的一般原理

在本书中，我们详细分析了各种犯罪产生的原因以及犯罪心理的形成过程和犯罪行为的实施过程，它表明犯罪并不是某些人与生俱来的天性，而是在后天的社会生活实践中受到某些不良因素的刺激或熏陶而形成的。在社会生活实践中形成的东西，也必然能够在社会生活实践中消除。因此，犯罪意识是可以改变的，犯罪习性是可以戒除的，犯罪人是可以改造的。

对犯罪人的矫治，正是利用个人心理和行为的可变原理，通过对犯罪人的心理治疗和行为管束来消除犯罪意识、改变犯罪习性的。

对犯罪人的矫治，首先必须遵循人类意识形成的规律和行为定性的规律，通过教育和灌输，用新的因素和力量作用于犯罪人，以培养守法意识和良好的行为习惯，消除、抵制、阻止某些导致犯罪意识和行为的因素对犯罪人的影响或者改变其作用方面，帮助犯罪人改恶从善。

其次，由于犯罪人所实施的犯罪行为表明其已经形成了具有倾向性的犯罪意识或习性，他自己没有能力进行自我改造，所以需要通过外界的力量，通过严格的管束来促使其接受矫治。这意味着对犯罪人的矫治不是在一般的社会环境下所能进行的，它需要在特殊的环境里，在强制的状态下进行。因此，对犯罪人的矫治，通常应当在监狱等劳动改造场所由专门的管教人员组织实施。

最后，犯罪意识通常都不是在一朝一夕中形成的，犯罪习性也不可能像魔法那样突然附在犯罪人身上，它们的形成和养成总有一个过程。对犯罪人的矫治也很难想象能在很短时间内卓见成效。所以，对犯罪人的矫治应当有一定的时间保障。这就决定了它只适用于被判处有期徒刑以上刑罚的犯罪人，同时这也使它区别于一般的帮教工作。

对犯罪人的矫治过程，实质上也就是在刑罚的执行过程中充分发挥其个别预防功能的过程。在自由刑的执行过程中，有针对性地对犯罪人进行思想教育，帮助其消除犯罪心理，改造犯罪习性，就是对犯罪人的矫治。

对犯罪人的矫治，主要包括两个方面：一是犯罪心理的矫治；二是犯罪习性的矫治。下面，我们将分别予以介绍。

2. 犯罪心理矫治

犯罪心理不仅是指犯罪人在实施犯罪行为过程中的内心活动，而且主要是指促使犯罪人实施犯罪行为的思想意识（即反社会的生活态度）。具有犯罪心理的人，一遇适当环境，其犯罪心理便会促使其实施犯罪行为。因此，对犯罪心理的矫治，是防止犯罪人再次犯罪的重要途径。

犯罪心理矫治是指通过教育和灌输，帮助犯罪人改变反社会的生活态度，消除犯罪的思想根源，培养守法意识。

（1）犯罪心理矫治的基本内容

犯罪心理矫治的内容，应当根据犯罪心理的特点来确定。

任何犯罪心理，都是共性与个性的统一。各个犯罪心理的共性，主要表现在两个方面：一是反社会的生活态度。许多犯罪的发生，都是犯罪人不能正确处理个人与社会，与他人的关系的结果。在社会中生活的每个人，在自己的生活经历中总会同社会、同他人发生各种各样的矛盾和冲突。当个人的需要、好恶与社会和他人的需要、要求之间发生冲突时，具有反社会的生活态度的人，总是以个人的好恶、需要所引起的冲动行事而不顾社会和他人的利益和要求。这是许多犯罪得以实施的重要原因，也是许多犯罪人的思想特征。二是有缺陷的意识结构。这种有缺陷的意识结构主要表现为：思维方式片面，易过分看重某些矛盾，以致选择极端的解决方式；自我抑制力薄弱，易受冲动驱使，以致不顾社会规范的约束鲁莽行事；性格好胜固执，易受环境影响，以致在不良刺激面前不能正确选择行为。犯罪心理的个性是因各个犯罪人而异的，只有具体分析各个犯罪人的犯罪心理才能认识其个性，了解其具体内容。

因此，犯罪心理矫治的基本内容应当包括三个方面：

第一，改善生活态度。作为犯罪心理矫治的共性，首先应当抓好人的社会性的教育。反社会的生活态度使许多犯罪人不能正确处理个人与社会，与他人的关系，以致走上犯罪的道路。矫治犯罪心理，应当通过摆事实、讲道理，帮助犯罪人认识人类社会存在和发展的基本前提，教育他们正确对待社会生活中的各种矛盾和冲突，遵守社会生活的共同规则。改善犯罪人的反社会的生活态度，最重要的是进行法制教育，帮助他们认识法律在现实社会中存在的必要性和法律适用的严肃性，教育他们在处理个人与社会，与他人的关系时不得违反法律的规定，不得实施危害社会的行为。

第二，培养健全的意识结构。对犯罪人进行矫治，应当着力帮助其克服意识结构中的缺陷，促使他们养成冷静、全面地思考问题的习惯，帮助他们加强意志力的培养，提高自我抑制能力，注意消除性格上的缺陷，正确引导犯罪人的好胜心理。只有培养起健全的意识结构，才有可能在外界刺激或犯罪诱惑力面前有效地控制自己，不致凭一时冲动，置国家法律于不顾，去实施犯罪行为。

第三，消除思想障碍。犯罪心理往往是犯罪人在自己的生活经历中由于受到某种或某些因素的作用而不能正确对待形成的。犯罪心理矫治的中心环节，也应当是针对促使各个犯罪人形成犯罪心理的主要因素，进行疏导，引导犯罪人正确认识这些因素，帮助其消除思想障碍，以便排除其形成和维持犯罪心理的精神支柱。

（2）犯罪心理矫治的基本方法

犯罪心理矫治的基本方法，是在强迫改造的过程中，利用犯罪人在刑罚执行过程中所受到的心理压力，进行强制性的思想灌输和有针对性的说服教育。这包括集体灌输和因人施教两个方面。

第一，集体灌输。集体灌输是指在一定范围内把犯罪人组织起来，集中进行强制性教育。集体灌输主要是针对犯罪心理的共性进行的。它在内容、步骤和要求上可以作出统一安排，这有助于发挥教员的主导作用，解决矫治人员不足的矛盾。同时，集体灌输具有一定的声势和威力，也具有一定的严肃性，容易造成一种使犯罪人不得不重视的气氛，从而促使犯罪人接受教育，并在集体中陶冶和改造自己。

集体灌输是强制进行的，但是在教育内容和具体方法上仍然要支持以理服人和循序渐进的原则。要坚持摆事实、讲道理，理论联系实际地灌输正确思想，反驳犯罪人普遍存在的错误认识。切忌不能触及犯罪人的思想实际，不能触及社会现实问题的高谈阔论，切忌用连自己也不信服的"大道理"代替政策法纪教育。

第二，因人施教。因人施教是指根据各个犯罪人犯罪心理的个性特点，选择最适宜的内容和方法，进行有针对性的教育。因人施教时应当分析研究具体犯罪人形成犯罪心理的具体原因，掌握犯罪人维持犯罪心理的症结所在，然后才能对症下药。

因人施教可以单个进行，也可以分类进行。单个施教应当在矫治主体与矫治对象之间建立了良好的心理反应和心理接触的基础上，抓住时机，选准突破口，进行启发教育。分类施教应当根据犯罪人在犯罪性质、恶习程度、年龄、性别、职业方面的特点，确定有针对性的教育内容，选择适当、有效的教育方法，分类进行教育，帮助他们消除各自的犯罪心理。

（3）犯罪心理矫治的辅助措施

社会生活的复杂性决定了它对人的影响不可能是单一的。任何人的心理都必然受到来自社会生活若干方面的影响。犯罪心理，除了受到矫治工作的影响之外，也必然受到来自其他方面的影响。因此对犯罪进行心理矫治时，必须注意吸收可能影响犯罪心理的其他因素，以强化心理矫治的效果；同时也必须注意来自其他方面的干扰，防止其削弱心理矫治的效果。这便是重视心理矫治辅助措施的必要性。

对犯罪人进行心理矫治时可能采取的辅助措施，主要包括以下几个方面：

第一，利用社会力量协助矫治。例如，邀请社会知名人士结合自己的身份和成就向犯罪人讲解人生的意义和成功的乐趣，启发犯罪人关心自己的前途；邀请犯罪人原来所在单位的领导介绍本单位的情况，解决犯罪人离开原单位时所关心的或遗留下来的问题；组织重新回到社会后在工作中作出了成绩的劳改释放人员回监狱向犯罪人现身说法，以帮助他们增强改恶从善、重新做人的勇气和信心等。利用社会力量对犯罪人进行教育，具有启发犯罪人接受矫治、树立矫治好的榜样，强化矫治的作用。

第二，利用家庭力量协助矫治。家庭的社会性（一种特殊的社会组织形式）和自然性（以婚姻和血缘关系为纽带）的结合使它对家庭成员具有特殊的影响力，特别是家庭共同生活所形成的心理定式使家庭成员对犯罪人的教育极易被犯罪人所接受。因此，在犯罪心理矫治的过程中，应当注意利用家庭的力量对犯罪人进行规劝、教育，以配合犯罪心理矫治。当然，家庭成员对犯罪人的影响力是受犯罪人以前同家庭成员共同生活时的感情融洽程度制约的。

第三，帮助犯罪人学习科学文化知识，掌握生产技术。作为犯罪心理矫治的辅助措施，帮助犯罪人学习科学文化知识，可以提高他们的文化素质和分析、思考问题的能力，有助于他们克服思维的片面性，消除由于各种认识错误而导致的思想障碍；帮助他们掌握生产技术，则可以增强他们重返社会后自食其力、靠劳动生活的信心。

第四，强化狱政管理，创造有利的矫治环境。犯罪心理矫治是在特殊的场所里进行的。在这些场所里，具有各种犯罪心理的人共同生活在一起，很可能互相感染，强化犯罪心理，甚至形成黑社会的群体意识。因此，要在这种场合里对犯罪人进行心理矫治，就必须强化狱政管理，严格监视纪律，严厉制裁犯人中的邪恶势力和传播犯罪思想、传授犯罪技术的犯罪人，创造一个能相互监督、相互帮助的矫治集体。有了这样一个集体，就能互相帮助，发扬正气；互相监督，鞭挞邪恶；反矫治的言论和行为便得不到同情、包庇和支持；接受矫治、悔过自新的人便会受到鼓励和支持。这无疑是加速犯罪人接受心理矫治的有利环境。

加强狱政管理，还有助于建设一个安静整齐、清洁美化的生活环境。这对陶冶情操，消除杂乱肮脏的处所可能产生的消极、颓废的情绪和烦躁不安的思想，具有积极的作用。

狱政管理应当坚持依法办事的原则，既要立足于改造和严格管理，又要实事求是地解决犯罪人的问题，尊重犯罪人的合法权利。树立良好的狱政管理形象，便可以促进犯罪人的心理矫治，而不良的狱政管理形象本身就可能使心理矫治的成果毁于一旦。

3. 犯罪习性矫治

犯罪习性矫治的目的是改造惯犯，减少再犯率。犯罪习性是指实施某种犯罪已成习惯的动力定型和性格特征。具有犯罪习性的人在实施某一种犯罪（在极少数情况下也可能是实施多种犯罪）的时候，往往没有明显的意志选择过程或者意志选择无力抑制犯罪冲动，犯罪行为往往表现为一种嗜好或者"身不由己"的习惯动作。例如，有的惯窃犯，看见别人的钱就"手痒"，盗窃已经不是一个在犯罪与不犯罪之间进行意志选择的问题，而是如何窃得别人的钱财而不被发觉的问题。即使有的惯窃犯在盗窃之前也可能慑于刑罚的威力而想到不实施犯罪，但是由于已成习惯而无法抑制这种性格倾向。因此，矫治犯罪习性是一项非常艰苦的工作。然而这对于预防犯罪人再次犯罪又具有极为重要的意义。

（1）犯罪习性矫治的条件

第一，场所条件。犯罪习性的顽劣性使犯罪主体不可能在无拘无束的状态下自觉接受矫治。所以矫治犯罪习性必须在特定的场所进行，以造成适应矫治的环境。

这种场所只能是执行刑罚的机关在刑罚的执行过程中，在严格的管束下，才能有效地强制犯罪的人接受习性矫治。

第二，心理条件。犯罪习性矫治，离不开犯罪心理矫治。只有通过行之有效的心理矫治，使犯罪人真正认识到自己已经养成的犯罪习性的危害性和违法性，并且下决心戒除和纠正这种犯罪习性时，犯罪习性矫治才能收到应有的效果。

第三，时间条件。犯罪习性不是在一朝一夕间养成的，犯罪习性的矫治也不可能在短时间内完成。有些犯罪人，在严密的监管环境里可以暂时控制自己的犯罪习性不使其发作，但是在一段时间之后，这种被压抑的犯罪习性又会以疯狂的方式得以发泄。因此，犯罪习性矫治，必须在相对长的时间里进行。没有必要的时间保障，犯罪习性矫治就很难奏效。

（2）犯罪习性矫治的基本方法

犯罪习性矫治的基本方法包括两个方面：一是限制原有的动力定型和性格特征对行为的支配力量，使之在犯罪人身上逐渐淡化以致消除；二是反复实践新的行为规范，逐渐形成新的动力定型和性格特征。

对于具有犯罪习性的人来说，犯罪行为通常是遵循"动力定型"规律实施的，思想认识所起的作用往往是有限的。所以对犯罪人的习性矫治，应当在心理矫治的配合下着重进行行为矫正，即在相应刺激反复出现的情况下通过严格的管束限制犯罪人的行动自由或者剥夺其犯罪能力，使其强烈的冲动没有发泄的机会。这种相应的刺激可以是犯罪人日常生活环境中自然存在的，也可以是为矫治某种犯罪习性特设的。但是不论哪种情况，都应当在特定犯罪人可能受到这种刺激的场合进行严密的监视和严格的管束，甚至在必要的时候动用有关器械限制或剥夺其行为能力，以阻止犯罪习性对犯罪人行为的支配。这样长时间的反复进行，就可能打破犯罪人原有的动力定型和性格特征，使"看见钱财就手痒"的人在看到钱时能够无动于衷，使一听批评就要出拳头的人在听到批评时能够控制自己的拳头。当然，这种行为矫正类似于"以毒攻毒"的方法。运用得好，可以有效地矫正其行为习惯；运用得不好，则可能使犯罪习性在这种刺激面前变得变本加厉。因此，行为矫正必须在严密监管的条件下进行。

作为犯罪习性矫治的另一方面，应当抓好新的行为规范的训练。这包括严格的纪律训练、健康的集体生活训练和精神文明训练。严格的纪律训练，可以促使犯罪人培养适合社会要求的动力定型，以抵消犯罪的动力定型，养成遵纪守法的习惯。健康的集体生活训练和精神文明训练，可以养成新的性格特征，消除具有犯罪倾向的性格特征，适应社会生活需要。长时间地进行这种训练，便可以使犯罪人由逆反变为顺应进而变为自觉的生活习惯，形成新的动力定型系统。同时，这种训练也有助于培养犯罪人的自我抑制能力，使其在新的犯罪刺激或诱惑面前，有可能通过自我抑制来控制自我，不去实施犯罪。

犯罪习性矫治，应当贯彻行为矫正与心理矫治相结合、个别矫治与集体矫治相结合、强制矫治与鼓励犯罪人自觉矫正相结合的原则，讲求实效，使刑罚的执行过程真正成为个别预防的过程。

（3）犯罪习性矫治的辅助措施

犯罪习性矫治的辅助措施，主要是严格狱政管理和加强劳动改造。

狱政管理对于防止犯罪意识传播和犯罪习性蔓延具有至关重要的意义。只有严格的狱政管理，严密监视和控制犯罪人的活动，才有可能创造良好的矫治环境，促使犯罪人接受矫治。否则，犯罪习性矫治的效果就会在犯罪群体的暗中抵触中化为乌有。

生产劳动既可以帮助犯罪人树立新的人生观，引导其走向新的生活方式，也有助于消除懒惰散漫、投机取巧、好逸恶劳等恶习，培养良好的生活习惯和品质。同时，有规律、有秩序的集体劳动，还可以充实犯罪人的矫治生活，使之没有过多的时间和精力沉溺于原有的犯罪习性之中；并且可以帮助犯罪人消除他们特有的"孤独感"，增进对别人的了解和信任。这对于牵制原有的犯罪习性发生作用和培养新的行为习惯和性格特征，无疑具有积极的意义。

四、对犯罪人的社区矫正

对犯罪人的心理矫治和习性矫治主要是在剥夺其自由的情况下即在自由刑执行过程中进行的。对于没有适用自由刑或者因为某种原因而没有在监狱等监管场所执行刑罚的犯罪人来说，教育改造就要通过社区来进行。社区矫正是刑罚预防的一个重要方面。

1. 社区矫正的概念

社区矫正的理念源于 19 世纪末近代学派的行刑社会化思

想。龙布罗梭、菲利、伽罗法罗等人认为，不同的人实施犯罪的原因是不同的，为了防止犯罪人再犯罪，应当对不同的犯罪人适用不同的刑罚。李斯特则提出，"最好的社会政策就是最好的刑事政策"，主张在刑罚之外寻找防止犯罪的各种社会措施。20 世纪 50 年代兴起的新社会防卫运动，特别是以马克·安赛尔为代表的新社会防卫思想进一步提出了行刑社会化的主张。而 20 世纪 70 年代以来的恢复性司法，明确提出了社区矫正的理念，主张通过加害人与被害人之间的沟通和社会力量的帮助，修复被犯罪破坏了的社会关系，达到预防犯罪的效果。

我国于 2003 年开始社区矫正的试点工作，2009 年在全国全面试行。2011 年 2 月 25 日全国人大常委会通过的《中华人民共和国刑法修正案（八）》，明确规定对判处管制、缓刑以及假释的罪犯依法实行社区矫正。2012 年 3 月 14 日全国人大通过的《关于修改〈中华人民共和国刑事诉讼法〉的决定》进一步规定了社区矫正的程序。这标志着我国社区矫正法律制度的确立。2012 年 1 月 10 日，最高人民法院、最高人民检察院、公安部、司法部联合下发了《关于印发〈社区矫正实施办法〉的通知》，《社区矫正实施办法》从 2012 年 3 月 1 日起正式施行。

社区矫正是与场所矫治相对应的概念。社区矫正是指将符合法定条件的罪犯置于社区之内，由国家有关机构联合社区组织与社会志愿人员，在判决、裁定或决定确定的期限内，对其犯罪心理和行为恶习进行矫正，并促进其顺利回归社会的刑罚执行方法。社区矫正的目的是对犯了罪的人进行社会化的教育改造，使罪犯不再实施犯罪，适应并顺利回归社会。因此，社区矫正是运用刑罚预防犯罪的一种方法，一个方面。

社区矫正的特点主要是：

第一，矫正的对象具有相对的自由。对犯罪人的矫正是在犯罪人原来生活的社区进行的。犯了罪的人仍然生活在自己原来居住的社区，从事正常的工作，行动相对自由。因此，对其进行心理和行为矫正，不是在严格的管束下进行的。

第二，矫正的主体具有多元性。社区矫正的显著特征不是单纯由国家的刑罚执行机关进行的，而是最大限度地动用社区的力量对犯罪人进行教育改造。社区矫正的责任主体当然是国家法律授权的刑罚执行机关，但在执行刑罚的过程中，刑罚执行机关要组织、借助社区的有关组织和社会力量，共同开展对犯罪人的矫正工作，从而把刑罚的执行活动与社会帮教活动融为一体。

第三，矫正的方法具有一定的强制性。社区矫正不同于一般的社会帮教工作，不能完全有赖于帮教对象的自觉性。社区矫正毕竟是刑罚执行的一种方式，因此具有一定的强制性。被进行社区矫正的罪犯，虽然没有完全丧失行为自由，但也必须遵守社区矫正的各项规定。违反这些规定，就会给自己带来不利的后果。

社区矫正作为行刑社会化的一种方式，一方面可以使犯了罪的服刑人员得到有效的监管和教育改造，增加罪犯与社会的联系，促使罪犯掌握生活技能与相关社会知识、塑造罪犯符合社会正常生活的信念和人格，更好地融入社会；另一方面，可以避免监狱的封闭性和集中关押带来的交叉感染等负面影响，减少其对社会的仇恨，削弱其犯罪意识，防止其再次犯罪。

2. 社区矫正的适用对象

社区矫正适用的对象主要是所犯罪行较轻、人身危险性不大，在社区服刑不致再危害社会的被判刑的罪犯。具体包括：

（1）被判处管制的罪犯。管制是我国刑法中规定的主刑之一。管制适用于罪行较轻的罪犯。管制的特点是对犯罪分子不予关押，不剥夺其人身自由，但限制其一定的自由。被单独判处管制的犯罪分子，通常都是回到自己原来居住的地方，由当地的社区矫正机构依法实行社区矫正。

（2）被宣告缓刑的罪犯。缓刑是我国刑法规定的一种刑罚执行方法，即对于被判处拘役、三年以下有期徒刑的犯罪分子，人民法院根据其犯罪情节和悔罪表现，认为暂缓执行原判刑罚，确实不致再危害社会的，规定一定的考验期，暂缓其刑罚的执行，如果被判处缓刑的犯罪分子在考验期内没有发生法律规定应当撤销缓刑的事由，原判刑罚就不再执行的制度。被判处缓刑的犯罪分子，在缓刑考验期内，通常也是要回到其原来居住的地方，由当地的社区矫正机构依法实行社区矫正。

（3）被假释的罪犯。假释是对被判处有期徒刑、无期徒刑的犯罪分子，在执行一定刑期以后，因认真遵守监规，接受教育改造，确有悔改表现，不致再危害社会，因而附条件地将其释放的一种刑罚制度[1]。被假释的犯罪分子，通常也是在释放时交给罪犯原来的居住地，由当地的社区矫正机构依法实行社区矫正。

（4）被暂予监外执行的罪犯。暂予监外执行是为了解决犯罪分子在刑罚执行期间的某些特殊情况而采取的暂时不在监狱内执行刑罚的临时性措施。按照刑事诉讼法的规定，对判处有期徒刑和拘役的罪犯，有下列情形之一的，可以暂予监外执行：（一）有严重疾病需要保外就医的；（二）怀孕或者正在哺乳自己婴儿的妇女；（三）生活不能自理，适用暂予监外执

---

〔1〕 按照刑法的规定，假释不适用于累犯和因杀人、爆炸、抢劫、强奸、绑架等暴力性犯罪被判处 10 年以上有期徒刑、无期徒刑的犯罪分子。

行不致危害社会的。对被判处无期徒刑的罪犯，如果是怀孕或者正在哺乳自己婴儿的妇女，也可以暂予监外执行。被暂予监外执行的罪犯，也交给其原来的居住地，由当地的社区矫正机构依法实行社区矫正。

从上述人员中可以看出，社区矫正适用的对象，主要是所犯罪行较轻、主观恶性较小、社会危害性不大的罪犯，或者是经过监管改造、确有悔改表现、不致再危害社会的罪犯。

3. 社区矫正的具体实施

社区矫正作为刑罚预防的一种手段，既是动员社会力量预防犯罪的一项工作，也是有关国家机关执行刑罚的活动。因此需要严密的组织和有效的实施。为此，最高人民法院、最高人民检察院、公安部、司法部专门制定了《社区矫正实施办法》，对社区矫正活动的组织实施作出了具体的规定。社区矫正机构应当按照该实施办法的具体规定，认真组织实施社区矫正工作。

从预防犯罪的角度看，社区矫正在组织实施过程中应当高度重视以下几点：

（1）做好社区矫正前的调查评估

把犯了罪的人放在社区进行矫正，直接关系到社区内生活的人民群众的安全问题。因此，有必要在决定适用社区矫正前，对被实行社区矫正的犯罪人开展调查评估，以确认在社区内可以对其实行有效监管，不致对社区的安全产生不利影响。

为此，人民法院在判处管制、缓刑的时候，或者在决定暂予监外执行、裁定适用假释的时候，监狱管理机关或公安机关在对正在服刑的罪犯决定假释的时候，不仅要考虑犯罪的性质和情节，而且要对被告人或者罪犯的居所情况、家庭和社会关系、一贯表现、犯罪行为的后果和影响、居住地村（居）民委员会和被害人意见、拟禁止的事项等进行调查评估，以了解犯罪原因、犯罪性质、犯罪手段、犯罪后的悔罪表现、犯罪人的一贯表现、个性特征和生活环境等情况，充分考虑这些情况与犯罪分子所犯罪行的关联程度，确保进行社区矫正不致危害社区的安全。特别是被害人与犯罪人生活在同一社区的，要了解犯罪人与被害人的关系以及犯罪人回到社区服刑是否会给被害人造成新的伤害等情况，以防止导致新的犯罪。没有条件进行调查评估的，可以委托有关部门或组织进行。

在缺乏真实可靠的调查评估的情况下，仅仅根据犯罪人所犯罪行或者服刑表现，就将其移交社区进行纠矫正，很难保证社区的安全，也很难实现社区矫正的目的。

（2）坚持对社区矫正的对象进行教育改造

社区矫正并不是把犯罪分子放在社区后就任其自由活动，放任不管。因为社区矫正本身也是一种刑罚执行方式，只有对社区矫正的对象即社区矫正人员进行严格的监督管理和教育，才能达到矫正的目的。没有有效的矫正措施，就谈不上预防犯罪。

社区矫正包括：

第一，社区教育：组织社区矫正人员参加公共道德、法律常识、时事政策等教育学习活动，增强法制观念、道德素质和悔罪自新意识。

第二，社区劳动：组织有劳动能力的社区矫正对象参加社区服务，修复社会关系，培养社会责任感、集体观念和纪律意识。

第三，心理辅导：根据社区矫正对象的心理状态、行为特点等具体情况，采取有针对性的措施进行个别教育和心理辅导，矫正其违法犯罪心理，提高其适应社会能力。

第四，严格管束：要求社区矫正人员定期报告遵纪守法、接受监督管理、参加教育学习、社区服务和社会活动的情况；严格遵守人民法院的禁止令；社区矫正人员未经批准不得离开所居住的市、县（旗），不得变更居住的县（市、区、旗）等。

（3）严肃处理违反规定的矫正对象

对犯罪分子进行社区矫正，必须具有一定的强制性，才能达到教育改造、预防犯罪的目的。单纯的思想教育，对于已经有犯罪心理的人来说，是难以起到教育改造作用的。因此，在社区矫正过程中，对于违法规定的服刑人员必须进行严肃处理，才能促使其尊重法律、认真服刑，接受教育改造。

按照《社区矫正实施办法》的规定，社区矫正机构发现社区矫正人员有违反监督管理规定或者人民法院禁止令情形的，应当及时派员调查核实情况，收集有关证明材料，提出处理意见。

社区矫正人员有下列情形之一的，应当根据其严重程度，给予警告，或者依法应予治安管理处罚：（一）未按规定时间报到的；（二）违反关于报告、会客、外出、居住地变更规定的；（三）不按规定参加教育学习、社区服务等活动，经教育仍不改正的；（四）保外就医的社区矫正人员无正当理由不按时提交病情复查情况，或者未经批准进行就医以外的社会活动且经教育仍不改正的；（五）违反人民法院禁止令，情节轻微的；（六）其他违反监督管理规定的。

缓刑、假释的社区矫正人员有下列情形之一的，社区矫正机构应当向作出原裁判的人民法院提出撤销缓刑、假释的建议，由人民法院依法作出裁定：（一）违反人民法院禁止令，情节严重的；（二）未按规定时间报到或者接受社区矫正期间脱离监管，超过一个月的；（三）因违反监督管理规定受到治安管理处罚，仍不改正的；（四）受到司法行政机关三次警告仍不改正的；（五）其他违反有关法律、行政法规和监督管理规定，情节严重的。人民法院一旦作出撤销缓刑、假释的裁定，社区矫正人员就要被依法送交关押场所执行原判刑罚或者继续服刑。

暂予监外执行的社区矫正人员有下列情形之一的，应当收监执行刑罚：（一）发现不符合暂予监外执行条件的；（二）未经司法行政机关批准擅自离开居住的市、县（旗），经警告拒不改正，或者拒不报告行踪，脱离监管的；（三）因违反监督管理规定受到治安管理处罚，仍不改正的；（四）受到司法行政机关两次警告，仍不改正的；（五）保外就医期间不按规定提交病情复查情况，经警告拒不改正的；（六）暂予监外执行的情形消失后，刑期未满的；（七）保证人丧失保证条件或者因不履行义务被取消保证人资格，又不能在规定期限内提出新的保证人的；（八）其他违反有关法律、行政法规和监督管理规定，情节严重的。

严格执行这些规定，是保证社区矫正工作顺利开展的需要，也是发挥社区矫正预防犯罪功能不可或缺的措施。

（原载《犯罪学》，法律出版社 1997 年版）

反腐败要靠法治

党的十八大以来，新一届中央领导集体以身作则、率先垂范，刮起了一阵强劲的廉政清风。特别是"老虎""苍蝇"一起打，反腐败斗争进入一个新的高潮，得到全国人民的拥护和支持。但是，要想让反腐败的斗争长久地开展下去，就不能不靠法治。

一、反腐败必须依靠法治

靠人治也能反腐败，甚至可能取得很大的成效。特别是当最高领导层具有坚定的政治决心的时候，反腐败可能快速地推进，取得明显的成效。但是，靠人治来反腐败，第一，容易受人为因素的影响。当政治领袖反腐败的决心坚定、凝聚力强时，反腐败的成效就明显；政治领袖反腐败的决心动摇时，或者号召力下降时，反腐败的效果就会明显下降；当最高领导层随着年龄、届满或其他原因而发生更替时，反腐败的命运就很难预测。第二，容易导致不公平。由于反腐败是根据最高领导层的决心进行的，领导层的好恶、亲疏就可能影响到反腐败的效果，甚至会影响到反腐败的对象，哪些行为是重点惩治的腐败行为、哪些行为可以容忍，就可能随领导人的意愿而发生变化；哪些人要严厉打击，哪些人可以放一马，甚至哪些人需要保护，都可能因领导人的态度不同而异，或者查办腐败案件的人会主动地猜测领导层的想法，为讨好领导人而严惩不贷或者网开一面。第三，容易形成运动式反腐。领导层心血来潮时，或者感到腐败问题严重时，或者遇到政治斗争需要时，会猛刮一阵风，开展声势浩大的反腐运动。这种运动式反腐，除了容易出错之外，时间稍微长点，大家都会感到筋疲力尽，不得不放松反腐的力度。再过一阵子，腐败问题严重到一定程度，不治理不行了，又搞一次运动。因此，靠人治反腐败具有一定的随意性，很难长久，更难体现公平正义。

与之相反，法治是通过法律制度的贯彻实施来反腐败的。法律规则对任何人具有相同的效力，任何人违反法律规定，实施腐败行为，都要受到法律的制裁；任何人因腐败行为而受到的法律制裁都是按照相同程序进行的，所受制裁的严重程度都是按照相同的标准决定的。因此，它既不因领导层的更替而改变，不因领导人的好恶而改变，也不因腐败分子的身份、地位以及与领导人的关系而区别对待。靠法治来反腐败，具有一贯性、长久性、公平性。其效果也许不是很快，但能打破某些人的侥幸心理，满足人们的公平要求，赢得所有人的诚服，所以必定能够长远地进行下去，必定能够通过反腐败引导人们的权力行为和心理，形成一种遏制腐败的长效机制。

靠人治反腐败也会建立一整套制度包括法律制度，但是这种制度是领导层为别人制定的，而不是为包括自己在内的所有人制定的。因此，这种制度往往对下属很管用，但不对领导或者最高领导层构成约束。一旦最高权力不受制度的约束，上级领导可以在他的权力范围内为所欲为，下级领导就会效仿上级领导，在自己的权力范围内实施类似于上级领导可能实施的腐败行为，制度也就成了摆设，成为整治异己时才使用的工具。并且，这种制度的执行往往是因人而异的。因为在人治的背景下，与领导人的关系亲疏往往决定一个人的命运前程，人际关系也就因此而高于一切制度。同样的制度，如果是关系圈内的人违反了，往往会搞"下不为例""功过相抵"；如果是关系圈外的人违反了，则会搞严格遵守制度规定，决不姑息迁就。不仅如此，由于这种制度是在人治的背景下制定的，一旦它对制定者构成威胁，就可能随时被修改。而这种修改往往是因人而异的，甚至仅仅是根据最高领导层的好恶进行的。因此这种制度往往缺乏制度应有的连贯性和恒力，难以真正发挥规范的作用。与之相反，靠法治反腐败，虽然也是通过制度来约束权力运行的，但这种制度是按照法治的原则和精神制定的，亦即它是适用于包括领导层在内的所有人的。在法治的背景下，无论是权力机构中的下层或者上层包括最高领导层，都必须按照制度所确定的规则来行使权力，任何人违反制度，实施了腐败行为，都要受到法律制裁。这种制度就具有普通的拘束力，能够规范所有拥有权力的人行使权力的行为，从而真正发挥制度的作用。并且，这样的法律制度不是哪个个人包括最高领导层可以任意修改的，它的修改要经过严格的预先设定的程序，要征求众多的人的意见，修改的结果也会保持制度的连续性。

靠人治反腐败能起到预防腐败的作用，但不会长久。因为，这种警示作用，或者是基于人们对最高领导人权威、魅力的敬畏，或者是慑于反腐败手段的严酷。前者往往会随着领导人的更替或者权威、魅力的丧失而失去作用，后者则会因为过于严酷而难以长期维持。因为急风暴雨式的反腐败在任何情况下都只能是一种临时手段，无论是反腐败机构和人员的精力还是社会的承受力，都不可能长久坚持。特别是急风暴雨式的反腐败往往使用的是严酷的制裁手段，这种手段因其严酷而不可能普遍使用，其结果必然要在推行一段时间之后有所收敛，并且不可能对每个腐败分子都适用酷刑。这就迫使反腐败的机关不得不对有些人网开一面，以减少过度地伤及权力结构中的基本队伍。这种反腐败的结果虽然会造成强大的声势，使拥有权力的人短时间内不敢滥用权力、以权谋私，但也会造成反腐败的不公平待遇，有些腐败行为可能受到了过度的制裁，有些腐败行为则可能因网开一面而没有受到制裁，以致在社会上造成反腐败没有一视同仁的印象。这种印象，不仅对受到制裁的腐败分子难以达到心悦诚服、吸取教训的效果，而且对其他人也难以起到威慑的作用。靠法治反腐败，虽然并不严厉，但可以做到用一个标准对待所有拥有权力的人，受到制裁的腐败分子会认识到这是违反制度的必然结果而从中汲取教训；虽然没有急于求成，但因形成制度而能够作为约束权力的常态被长期坚持，因而可以逐步改变人们的行为习惯和思维模式，引导人们远离腐败，正确对待和行使权力。

二、反腐败要进一步完善立法

反腐败既然要靠法治，首先就要有完备的法律制度。完备的法律制度是法治运行的先决条件。法治是通过法律来实现社会管理的，没有完备的法律制度，法治就是一句空话。完备的法律制度包括三个方面的含义。

第一，法律制度具有内容上的完整性。惩治腐败的法律规范与约束权力的法律规范要相互衔接、相互配合，形成一个整体。如果只有收受贿赂后如何制裁的法律规范，缺乏如何行使国家权力和公共权力的法律规范，行使公权力的人即使因为制裁的严厉性而不敢腐败，也不知道如何正确地行使手中的权力。如果只有腐败行为构成犯罪的要严厉处罚的规定而没有不构成犯罪的如何处理的规定，就可能给官员们一种暗示，即：一旦犯罪了，就掉进了深渊，只要不构成犯罪，就万事大吉。尤其是对那些没有好处就不为民办事的官员，如何没有法律规范的约束，一味强调惩治腐败，是达不到建立廉洁高效政府之目的的。因此，惩治腐败的法律体系，不仅要有如何制裁腐败行为的法律规范，而且要有约束国家权力和公共权力行使的法律规范；不仅要有制裁腐败行为的法律规范，而且要有整治公权力行使过程中不作为、乱作为的法律规范；不仅要有刑事制裁方面的法律规范，而且要有行政处罚、纪律处罚方面的法律规范。不同的法律规范互相协调配合，形成公权力运行的规范体系，才有可能全面地预防和遏制腐败。

第二，法律制度具有结构上的严密性。惩治腐败的法律制度要考虑到腐败现象的方方面面，保证所有的腐败行为都将按照其危害性的大小受到不同程度地制裁，不能出现惩罚的真空地带。如果某些行为受法律的制裁，而与之相类似的行为不受法律的约束，人们就会为逃避法律的制裁而实施法律管束不到的类似行为，法律的作用就无法真正发挥。腐败问题主要是在权力运行过程中发生的权力异化现象。反腐败的法律制度，应当能够涵盖权力运行的各个领域、各个环节和各种表现。如果权力运行的某些领域或者环节不受法律的约束，或者可以不承担违反法律的后果，反腐败的法律制度就很难说是完备的。

第三，法律制度具有价值判断上的合理性。法律规范应当对大致相同的行为按照大致相同的标准来进行价值判断或惩罚。如果缺乏大致相同的标准，就可能导致法律适用的不公平、不合理。这样的法律很难赢得人们的尊重，因而也难以真正成为约束人们行为的规范。

从我们国家反腐败法律制度的实际情况看，除了法律体系不够完整之外，也还存在着某些不严密、不合理的问题，需要进一步完善。例如，同样是收受贿赂的行为，究竟应该用什么样的标准来衡量其社会危害性的大小、来确定惩罚的尺度？按照现行刑法的规定，收受贿赂 5000 元以下的不受刑罚处罚；收受贿赂 5 万元以上不满 10 万元的，处 5 年以上有期徒刑，收受贿赂在 10 万元以上的处 10 年以上有期徒刑或者无期徒刑。这就意味着，收受贿赂罪基本上是每 1 万元判处 1 年有期徒刑[1]。但在实践中，收受贿赂 100 万元以上、1000 万元以上的，大有人在。对这样的行为如何处罚？按照现行刑法是无法作出价值判断大致相同的判决的。因为，我们国家刑法中规定的有期徒刑最高也就是 15 年，无期徒刑实际执行的时间也很少有超过 30 年的。另外，国家工作人员利用职务上的便利，收受他人财物，为他人谋取利益的，构成贿赂罪，要受到刑法的制裁，但是同样是利用职务上的便利收受他人财物，没有为他人谋取利益的，就不构成受贿罪，反而不受刑法的制裁。这种连做人的起码道德都不讲的行为，在法律上不受任何惩罚。其价值判断很难说是正义的体现。同样是利用职务上的便利收受他人提供的好处，但是如果不是以"财物"的形式表现，就不构成受贿罪。这样的法律，也就为行贿和受贿双方提供了各种各样逃避法律制裁的可能。

受贿罪与行贿罪不协调的问题，也是我们国家刑法立法中一个严重的缺陷。按照现行刑法的规定，一个人向国家工作人员行贿，国家工作人员可能构成受贿罪，但是行贿的人可能并不构成犯罪（因为只有为谋取不正当利益而行贿的行为才构成

---

〔1〕 实际上，受贿罪的社会危害性，不仅仅表现在数额方面，更多地表现在是主动地利用职权谋取个人利益还是被动甚至被迫收受他人财物、是否违反法律规定为他人谋取利益、是否给国家或者他人的利益造成损害、是否造成恶劣的社会影响等方面。

行贿罪）。所以，行贿的人可以肆无忌惮、千方百计地向国家工作人员行贿，迫使国家工作人员为其谋取利益[1]。特别是在经济活动中，行贿的数额往往是十分巨大的。仅仅惩治受贿罪，而放纵行贿的行为，很难有效地遏制腐败。

因此，反腐败要靠法治，就必须完善法律的规定，保证法律规范的合理性和可适用性。用有效的法律来规范公权力，引导国家工作人员正确行使公权力。

三、反腐败要进一步完善司法

反腐败要靠法治，除了完善法律体系并运用法律教育和引导行使公权力的人员正确行使公权力，特别是杜绝以权谋私之外，最为重要的是严格按照法律的规定惩处违反法律的腐败行为，在人们的心中真正树起法治的权威。而这方面的工作主要是通过法律的适用来实现的。

运用法律的手段来惩处腐败，首先要遵循法治的一般原则。对腐败行为的查处要依法进行。特别是对构成犯罪的腐败行为，应当严格按照刑事法律的规定，由有权管辖的司法机关来查处。由没有司法权的机关来查处腐败犯罪案件，无论眼前的效果如何，总是无法树立法治的权威，难以让人相信是法律在起作用。对于腐败犯罪案件，要严格按照法律规定的程序和手段来查处。特别是在新修改的刑事诉讼法施行之后，如果违反法定的程序查办腐败犯罪案件，同样会破坏法律在人们心目中的形象，危害法治的权威。如果用纪律处分的方式来查办腐败犯罪案件，不仅难以保证对腐败犯罪分子处罚的公正性，而且难以树立法治在人们心中的威信，无法达到用法律来规范和引导人们行为的效果。

---

〔1〕 当然，为了谋取正当的利益而被迫行贿的，应当受到同情而另当别论。

运用法律的手段来惩处腐败，必须遵循法治的精神。一方面，对腐败行为的制裁，特别是对腐败犯罪案件的处理，要排除人为因素的干预，严格依据法律的规定进行。构成犯罪的，要一律按照刑法的规定给予刑罚处罚，除非具有法定的免除处罚的情形；不构成犯罪的，就不能作为犯罪来处理。另一方面，对腐败犯罪的实体处罚要体现法律正义。大致相同的案件要作出大致相同的处理，不能因为职务的高低、领导人的关注与否而实行区别对待。

运用法律的手段来惩处腐败，一定要增强司法机关查处腐败犯罪案件的能力。面对客观存在的腐败犯罪案件，有管辖权的司法机关如果束手无策，腐败犯罪分子就得不到应有的法律追究，法治反腐的效果就难以发挥。而要有力地查处腐败犯罪案件，司法机关就要不断提高查办腐败犯罪案件的能力。增强查办腐败犯罪案件的能力，第一，要树立司法机关在查办腐败犯罪案件方面的权威，按照法律规定应当有司法机关管辖的案件，就应当及时地移交给司法机关，由司法机关按照法定程序进行查办，而不能由其他机关首先查办，查清楚了再移交司法机关"走程序"。这样做，表面上是尊重司法机关，实际上是架空了司法机关。第二，既然要依靠司法机关查办腐败犯罪案件，就应当赋予司法机关必要的职权和手段，保证司法机关有能力完成查办腐败犯罪案件的任务。如果司法机关查办腐败犯罪案件的工作处处受阻，或者缺乏查办腐败犯罪案件所必要的手段，依靠法定程序难以查清楚案件的事实真相，就可能导致两种结果：一是不得不通过非法律的手段来查明案件的事实真相。这样虽然案件查清楚了，法治却遭到了破坏。二是因查不下去而放弃职责。这样做，无疑等于放任腐败分子继续腐败，反腐败就将成为一句口号。第三，司法机关自身要有过硬的本领。要充分发挥司法机关在查办腐败犯罪案件中的主力作用，就必须造就一批能够突破腐败犯罪案件、自身廉洁守法的侦查能手，善于运用法律手段查办腐败犯罪案件；要配备精良的设备和获取案件信息的手段，及时掌握查办腐败犯罪案件所需要的信息资料，能够进行必要的情报分析；要有获取和固定证据的手段和技术，能够有效地把收集到的证据固定下来，提交法庭审查确认，从而保证使真正有罪的腐败分子受到法律的制裁。

运用法律的手段来惩处腐败，需要进一步更新执法理念。司法机关查处腐败犯罪案件，自己首先要坚守法律的底线，尊重案件的证据和事实，严格依法办案。一方面，不能片面强调办案的社会效果，不能受社会舆论的影响而违背法律正义的内在要求处理案件；另一方面，不能固守案件的实体处理因时因地而变的传统观念，不能对大致相同的案件，今天一个处罚标准，明天又一个处罚标准。法律的规范作用是通过长期坚持而被人们所认知、而遵从的。法律如果随时在变，人们就将无所适从。

当然，反腐败是不是靠法治，关键不在司法机关，而在于我们的执政党是不是依法执政。目前，我们国家正在按照党的十八届三中全会、四中全会的决议，全面深化改革，全力推进国家治理体系和治理能力的现代化。国家治理体系和治理能力的现代化，本身就意味着法治化。在反腐败斗争中，法治化尤为重要，应当成为我们的首选。但是，能不能真正转变观念，把反腐败斗争纳入法治化的轨道，还要看我们的执政党是不是真的相信法治，真正坚持法治国家、法治政府、法治社会一体建设，充分发挥司法机关在反腐败斗争中的主体作用。

（原载《反腐败体制机制创新研究》，
中国人民公安大学出版社 2016 年版）

腐败犯罪的原因与预防[*]

腐败问题是我国在实行经济体制改革和建设社会主义市场经济过程中面临的一个严重的社会问题。多年来党和国家一直在坚定不移地反腐败，采取了许多措施来治理腐败问题。但是腐败现象依然在向公共权力出现的社会生活的一切领域渗透，腐败问题仍然是人民群众反映强烈的社会问题，反腐败仍然是关系到执政党生死存亡的严峻斗争。这就使人们不得不对我们多年来采取的反腐败措施和路径进行反思：为什么党中央如此坚定的决心、全国各级纪律检查机关和检察机关花费巨大的精力和心血还不足以遏制腐败现象？

一、权力制约与反腐倡廉的认识论基础

2000 年 12 月，中纪委第五次全会提出了从源头上治理腐败的思想。从源头上治理腐败，可以说是切中了问题的要害，是解决腐败问题的根本措施。2005 年 1 月，中央在科学全面地总结反腐倡廉基本经验的基础上，提出了《建立健全惩治和预

---

　　* 本文在作者为国家哲学社会科学基金重点项目"权力制约与反腐倡廉的理论和制度研究"撰写的总体报告，原标题为"用制度来规制权力——反腐倡廉的制度设计"。

防腐败体系实施纲要》。这个纲要构筑了以"思想道德教育的长效机制、反腐倡廉的制度体系、权力运行的监控机制"为内容的惩治和预防腐败体系，并强调"教育是基础，制度是保证，监督是关键。三者统一于惩治和预防腐败体系之中，相互促进，共同发挥作用"的思想。纲要提出的惩治和预防腐败体系及其思路是完全正确的。问题是如何贯彻这个纲要，切实有效地推进我国反腐败斗争，建设廉洁高效地公共权力运作机制。

1. 教育是基础

不教而诛是无法达到惩治腐败犯罪目的的。只有从教育入手，使全体国家工作人员牢固树立执政为民、廉洁奉公的职业伦理和道德情操，才有可能使我们的法律得到公正切实的遵守和执行，才有可能使我们的制度按照其设计的初衷来贯彻，才有可能使我们的公共权力按照人民利益的要求来运作。但是如何抓好对国家工作人员的教育，是我们不能不认真思考的问题。改革开放以来，党和国家对国家工作人员的教育可以说是始终都在进行，几乎每年都有诸如马克思主义世界观、人生观、价值观的教育，权力观、地位观、利益观的教育，艰苦奋斗、廉洁奉公的教育，立党为公、执政为民的教育，社会主义道德教育，共产党员先进性教育等，以及各种形式的专项教育，甚至包括带有整改性质的教育。实践证明，并不是任何教育对于解决国家工作人员的廉政问题都能奏效。总结多年来抓教育的经验教训，我们认为，在贯彻落实纲要所构筑的惩治和预防腐败体系过程中，坚持教育是基础的思想，有三个问题是需要我们认真研究解决的：

第一，教育的针对性问题。我们必须切合实际地、实事求是地分析国家工作人员中腐败问题产生的思想根源和现实原因，有针对性地进行教育，才能解决国家工作人员的思想认识问题。世界上并没有一劳永逸的教育措施，无的放矢的远大理想教育，海阔天空、头头是道地高谈阔论，看似在抓根本性、远大教育，实际上并没有解决国家工作人员产生腐败的现实的思想原因，因而是不可能收到教育者所期望出现的效果的，甚至可能导致南辕北辙的效果，培养出一批又一批口是心非的领导干部。

第二，存在与意识的关系问题。存在决定意识是马克思主义哲学的基本观点，也是辩证唯物主义的出发点。应当看到，在我们的国家工作人员中，长时间的大规模的出现腐败现象，必定存在着导致这种腐败产生的客观因素。思想上的问题与社会中客观存在着的某些因素尤其是制度性的因素之间具有密切的关系。分析产生腐败的思想原因，一定要剖析这些思想产生的客观存在即现实基础。离开了或者无视客观存在的问题，或者有意无意地回避或不敢面对现实中导致腐败的社会问题，把国家工作人员中出现的腐化堕落现象完全归咎为个人的思想道德问题，把腐败现象完全视为个人的贪得无厌，是片面的、难以令人信服的，因而也是缺乏说服力的。腐败问题固然与个人的思想道德分不开，所以每个干部都要对自己的行为负责，但是也要实事求是地分析党培养多年的、经过组织反复考察甚至经过严峻考验的干部为什么会突然堕落甚至走上腐败犯罪的道路，其思想蜕变的客观基础是什么。只有抓住这些引起思想蜕变的客观因素并从解决这些问题入手，教育才会有说服力，教育才会有客观的基础。

第三，个人思想与个人利益的关系问题。正像存在决定意识一样，物质决定精神。个人的思想观念与个人的物质利益也是紧密联系在一起的。尤其是腐败这种与物质利益直接关联的现象，其产生的思想根源也必然地与国家工作人员的物质待遇直接相连。可以说，国家工作人员思想认识上普遍存在的利益平衡观的破坏，是国家工作人员中腐败现象滋生蔓延的极为重要的原因。因此进行廉政教育就必须要结合国家工作人员的物质利益，合理解释或解决国家工作人员的物质待遇问题。只有使其能够面对实现保持思想上的公平和平衡，才有可能防止其在具有支配公共权力的情况下不利用这种公共权力谋取个人的私利。因此，教育应当与制度建设相结合，应当围绕制度建设来进行，用制度的合理性来促进国家工作人员的思想道德建设。

有一种观点认为，在同样的社会环境下，有的人走上了腐败犯罪的道路，而大多数人并没有犯罪，这说明腐败犯罪的人个人思想道德上的堕落是导致腐败的主要原因，因此应当把思想道德问题当作反腐败的首要问题来抓。这种观点割裂了思想道德与社会存在之间的关系，忽视了腐败产生的真正原因。这种观点，不仅不能合理地解释腐败现象蔓延的真实原因，而且对于解决腐败问题是非常有害的。

我们看问题，首先应当区分作为纯粹个人行为的现象与带有一定普遍性的现象。我们国家的腐败问题如果仅仅是个别人思想道德堕落的问题，就不致受到全党全国的如此重视，就不能说是一个关系到党的生死存亡的问题。因此我们思考腐败问题研究治理腐败的对策，就不能仅仅看到或者仅仅立足于已经走上犯罪道路的极少数干部，而应当把已经出现的腐败现象以及还可能进一步出现的腐败现象作为分析研究问题和提供对策建议的出发点。在相当多的国家工作人员中间存在着的腐败现象，就不能统统说成个人的思想道德问题。作为一种带有一定普遍性的问题，其背后必定隐含着某种必然性的东西。如果只看现象而看不到这种导致腐败产生的带有必然性的东西。反腐败就只能是治标不治本，其结果也只能是越反腐败现象越严重。

其次，一个经过党组织反复考验和考察的干部，在党的教育不断进行的环节中为什么会思想道德会发生反向变化？这种蜕变的原因是什么？单纯从个人思想上找原因显然是不够的。如果不能合理地解释个人腐败行为背后的客观原因及其对个人的影响，一味地指责个人的思想道德，恐怕是难以具有说服力的。

最后，腐败犯罪之所以会在具体的干部身上发生而没有在其他干部的身上发生，本身并不意味着没有发生腐败犯罪的干部就一定比发生了腐败犯罪的干部思想道德好。因为存在决定意识的规律总是通过具体的个人发生作用并表现出来的。就腐败犯罪而言，特别是就受贿犯罪而言，受贿行为本身具有一定的被动性，因而并不完全取决于干部个人的思想道德，而与他人是否行贿以及干部是否拒绝贿赂紧密相连。干部个人的权力只有在他人希望通过这种权力谋取某种利益的愿望结合在一起时，权力的腐败才会出现。实践中并不是每个干部手中的权力都能够为他人谋取利益，并不是每个干部都认识希望利用他手中的权力谋取利益的人，也不是每个希望利用干部手中的权力谋取利益的人都能与掌握相关权力的干部建立联系。因此，虽然在理论上每个干部手中的权力都可能被滥用都可能成为行贿的目标，但是实际上，行贿的人通常总是把目标锁定在个别干部的身上。这就导致了发生腐败犯罪的干部，在每个时期都必定是干部队伍中的一小部分。腐败犯罪虽然发生在个别干部的身上，这并不意味着这种现象不具有必然性，不意味着发生腐败犯罪的现象只是干部个人的思想道德问题。仅仅把腐败问题仅仅视为个别干部的思想道德问题，在理论上不利于寻找腐败作为一种社会现象产生蔓延的根本原因，在实践上可能忽视制度改革和创新的重要性，用"教育万能"的思想指导反腐败的工作。于是，腐败问题就难以走出恶性循环的怪圈。

2. 制度是保证

在惩治和预防腐败体系中，制度是我们所要建设的核心。只有加强制度建设，防止腐败才会有保障。邓小平曾经指出："我们过去发生的各种错误，固然与某些领导人的思想、作风有关，但是组织制度、工作制度方面的问题更重要。这些方面好的制度可以使坏人无法任意横行，制度不好可以使好人无法充分做好事，甚至走向反面。……领导制度、组织制度问题更带有根本性、全局性、稳定性和长期性。这种制度问题，关系到党和国家是否改变颜色，必须引起全党的高度重视。"[1] 纲要强调要"推进从源头上防治腐败的制度改革和创新"。这种制度改革和创新，包括深化干部人事制度改革，深化行政审批制度改革，深化财政、金融和投资体制改革，推进司法体制改革，规范和完善工程建设招标投标、土地使用权出让、产权交易、政府采购等制度。这些领域确实是近年来容易产生腐败的高发地带，加强这些领域的制度建设对于从源头上预防腐败确实具有至关重要的意义。

可以说，纲要抓住了腐败的关键环节和重点部位。只有通过改革的制度创新，完善这些方面的制度，惩治和预防腐败的体系才能真正建立健全。当然，在这些方面，我们需要进一步研究，究竟是哪些制度导致了这些领域的腐败，如何有效地防止这些领域的腐败。实践证明，并不是任何一项制度都能够防

---

〔1〕《邓小平文选》（第二卷），人民出版社 1994 年版，第 333 页。

止腐败。因为这些年来，我们在这些领域并不是没有规章制度。无论是在干部人事管理方面还是在工程建设招标投标方面，无论是在财政金融方面还是在司法体制方面，我们都有一系列的规定制度，并且我们一而再、再而三地强调要严格执行规章制度，甚至颁布了许许多多的"严禁""不准""务必"。然而这些制度和贯彻落实制度的要求并没有遏制这些领域腐败现象的蔓延，这是需要我们认真反思的。究竟腐败产生的原因在哪里？究竟反腐倡廉的制度建设应当从哪里入手？要充分发挥制度在惩治和预防腐败中的保证作用，就不能不对这个问题作出科学的实事求是的回答。这也是本课题所要着力研究的问题。

3. 监督是关键

的确，监督对于建立健全惩治和预防腐败体系具有关键性的作用。特别是在我们国家，监督在我们国家的权力架构中具有重要的地位，监督机制是保障国家权力廉洁高效地运作的一个关键环节。因为我们国家的权力结构并不是按照"三权分立"的模式来构建的，而是按照中国共产党领导下的人民代表大会制来构建的。整个国家的权力以及各级、各层面的国家权力，都是按照民主集中制的原则建立和运作的。这种既有分权也有集中的权力架构，很容易在各级、各层面国家机关的权力中形成一个没有其他权力可以与之抗衡的权力中心。在这种分权制衡不够充分的权力架构中，权力滥用的可能性就比较大，因而监督显得尤其重要。只有加强对国家权力的监督，才能防止权力的滥用，保障权力行使的正确性。纲要提出了加强对领导机关、领导干部特别是各级领导班子主要负责人的监督，加强对重点环节和重点部位权力行使的监督，提高监督的整体效能，以及充分发挥惩治在预防腐败体系中的重要作用的思路。

整个思路是对多年来反腐败成功经验的科学总结，可以说是抓住了监督机制中存在的突出问题。问题在于如何按照纲要的要求实现"对领导机关、领导干部特别是各级领导班子主要负责人的监督"和"对重点环节和重点部位权力行使的监督"，如何"提高监督的整体效能"。我们认为，要构建切实有效的监督机制，使监督机制真正发挥监督的作用，除了实事求是地评价现行的监督机制，分析现行监督机制存在的问题，有效地改革现行监督机制中存在的问题以构建科学合理切实有效的监督机制之外，重要的是把监督机制制度化，使之不因领导人的个人意志而转移。

基于这种思路，我们把权力制约的制度建设作为构筑反腐倡廉长效机制的核心，力求通过制度改革和创新来加强对公共权力运作过程的监督与制约，通过制度改革和创新来构建国家工作人员廉洁奉公的思想基础，通过制度改革和创新来建设清正廉明、高效运作的公共权力行使机制，真正实现从源头上预防腐败的目标。这就是在"教育、制度、监督"三位一体的惩治和预防腐败体系中为什么要特别强调制度的原因。

二、腐败原因的制度分析

关于腐败现象产生的原因，学术界有许多研究。许多学者从商品经济、市场经济的负面影响，从社会转型时期的矛盾、问题，从人性本身的弱点，从腐败犯罪分子本人的思想道德等方面，分析了腐败现象产生的客观原因和主观原因。这些研究对于寻找治理腐败的对策都是十分有意义的和必要的。但是，只有这种分析和研究是远远不够的。因为，关于市场经济负面影响的分析，无法回答在市场经济发达的国家，为什么腐败现象并不是一个突出的社会问题；关于腐败犯罪分子主观原因的分析，无法回答主观原因产生的客观基础。唯有从制度中的缺陷入手，才能抓住关键，看到腐败产生的源头，从根本上解决腐败问题。

（一）"前腐后继"的蕴义

1995年，贵州省国际信托投资公司总经理闫建宏因贪污受贿伏法。组织上提拔向明序担任贵州省国际信托投资公司总经理，并告诫他要从闫建宏案中汲取教训，谨慎用权。向明序也信誓旦旦地向组织保证，不辜负党和人民的期望。然而，闫建宏落马刚刚一年，向明序就重蹈闫建宏的覆辙。

河南省交通厅连续三任厅长曾锦城、张昆桐、石发亮均因贪污受贿被判刑。

广西宁明县原县委书记、柳州地委副书记方贡元，原县长、县委书记、南宁地区司法局局长闭振联，原宁明县县长、天等县县委书记汪提波，原宁明县县长、南宁地区科协党组书记、主席欧拥军在宁明县任职期间都发生了严重违法违纪行为，被司法机关依法查处。

这些真实的案件说明，"前腐后继"现象具有一定的普遍性而绝非偶然。那么，出现这种"前腐后继"现象的原因何在呢？有人认为，出现这种现象的原因是这些领导干部的观念错位，即全心全意为人民服务的宗旨意识没有了，取而代之的是极端利己主义思想和独断专行的作风。有人认为之所以会出现这种现象，是因为"上梁不正下梁歪"，前任把这个单位或地方的风气搞坏了，后任跟着学。有人认为，出现这种现象的原因是组织上用人不当。这些原因，无疑是"前腐后继"的原因之一。但是这种现象的反复出现，特别是在明知自己的前任因腐败而受到法律制裁的情况下还要步其后尘，总是有某种必然的东西在起作用。而这种带有一定的必然性的因素才是支配这种现象的根本原因或主要原因。

我们的研究表明，腐败现象不断蔓延并出现"前腐后继"现象的原因之一是领导干部在市场经济条件下对权与利的心理失衡，而导致这种心理失衡的客观原因在制度。

1. 分配制度不合理使领导干部难以抵御物质上的诱惑

物质生活是人类最基本的生存方式，物质需要是人类的第一需要。对物质需要的最低限度的满足，是人类一切活动的基础。掌握国家、社会公共管理权力的国家干部，同样有一个满足与其社会地位相适应的基本物质需求的问题。这种需求的满足程度直接关系到其运用公共权力的状况。

在计划经济条件下，尽管社会可支配的物质总量较少，但是由于每个人生活资料的供给都是按计划进行的，而这种计划供给的方式能够在大体上保证国家干部的收入高于其他劳动者的收入，并且级别高的国家干部通常也会比级别低的国家干部收入高。国家干部作为社会的管理者，他们的收入可以满足其作为社会上流人士的物质需要和心理需要。这就使各级国家干部对自己的身份有一种自我认同感，进而珍视党和人民赋予自己的权力，能够廉洁、谨慎地行使权力。

但是，在商品经济、市场经济条件下，社会劳动收入的分配方式发生了根本性的变化，有的人平均每天的收入可以比其他人每年的收入还要多，从而在社会上出现了贫富之间的巨大落差。然而，在社会劳动收入初次分配的基础上，我们国家没有及时地通过社会财富的二次分配来调节国家干部的分配制度，或者说对国家干部的收入的调整没有跟上社会收入总量的增长速度，以致国家干部的收入长时间保持在低收入的水平。"工薪阶层"一度成了低收入阶层和低档消费的代名词。低收入的国家干部，除了面对低收入的其他社会阶层之外，还要面对比自己收入高得多的社会阶层并要作为社会的管理者出现在他们的面前。在这种情况下，相形见绌的感觉很容易使国家干部产生一种自卑感，他们的辛劳、他们的付出，他们作为社会管理者所应有的尊严和需求，与他们的收入之间的差距，很容易使这些多年为党和人民艰苦奋斗的国家干部们产生心理上的失衡。

国家干部中普遍出现的这种心理失衡是十分危险的。一方面，国家干部手中有权，掌管着各个方面社会公共事务管理的权力，这就使国家干部必然成为追求最大利润的各类市场经济主体拉拢的焦点，成为各种诱惑腐蚀的对象。而在另一方面，心理失衡又会使一些国家干部不再珍视党和人民的重托，不愿保持清廉的本色，以致丧失了抵御物质上的、精神上的各种诱惑的盾牌，缺乏内在的自我约束的动力。因而在各种诱惑面前，一些国家干部很容易把自己手中的权力作为换取个人或者小单位利益的筹码。当这两个方面结合在一起的时候，腐败现象的出现，就是难以避免的。特别是在一些能够为市场经济主体带来巨额利润的部门，领导干部被腐蚀而走上腐败犯罪道路的机会和概率自然也就是最高的。

2. 国家干部任用制度中的暗箱操作使领导干部难以树立全心全意为人民服务的思想

长期以来，我们的国家干部选拔、任用和晋升，都是在极度保密的状态下进行的。即使在中共中央作出公开选拔领导干部的决定以后，许多单位的干部选拔任用工作也只是过程公开和最终结果公开，而不愿公开每个环节的情况。一个国家干部被提拔或者落选，本人和周围的群众都不知道为什么。这种国家干部选拔任用制度，使许多国家干部把自己的提拔晋升看作是上级领导机关和领导人的事，甚至一些国家干部认为，自己能否被提拔关键是看上级领导是否赏识自己，而不认为提拔与否与工作的业绩有什么直接关系。这种国家干部制度所导致的这种思潮，无形中就在各级国家干部中产生了"唯上是从"的思维定势和工作作风。一些国家干部，把自己的工作重心不是放在如何做好工作让人民满意方面，不是尽职尽责地踏实工作，而是把自己的注意力集中在上级领导的好恶上，整天揣摩领导的意图，考虑如何让领导满意，甚至不惜弄虚作假，欺上瞒下。这些国家干部必然丧失全心全意为人民服务的宗旨意识，必然丧失领导干部应有的党性原则和道德情操，腐化堕落、滥用权力自然是在所难免。正是这个原因，一些腐败犯罪分子在人民群众举报不断的情况下还被上级提拔重用。这种现象更使国家干部们认为，只要让上级满意，就有提拔的希望，什么为人民服务，什么办实事、讲真话，什么清正廉洁，似乎与提拔晋升毫不相干。

3. 国家干部管理制度中的随意性使领导干部难以树立坚定的理想信念

在国家干部管理方面，我们的一些制度和习惯做法容易使国家干部产生危机感，以致形成"有权不用过期作废"的心态。例如，我们国家各个地方经济、社会环境差别很大、工作难度不同，同一级别不同岗位的地位和权力大小不一，即便是同级调动甚或是升迁调动，也很可能给国家干部本人带来很不一样的后果。而我们的国家干部调动制度，通常都不讲调动的理由，甚至不考虑国家干部本人的特殊情况包括个人的特长和具体困难。这就使一些国家干部产生"前程未卜"的感觉，无论自己做得如何，都可能随时被调到自己不愿意去的地方任职。这种调动制度，很容易使一些国家干部在在位期间及时利用手中的权力为自己、亲友或给自己好处的人谋取私利，而不考虑自己所任职务的长远规划。这种状况的客观存在，使我们党在党员干部中长期进行的理想信念教育，在很大程度上，难以产生应有的效果。面对这种状况，一些党员干部胸无大志，满足于"形象工程"，只搞短期行为，不做长远规划，甚至进行掠夺性开发；有的党员干部滥用权力，为非作歹，以权谋私；有的则消极颓废，养尊处优，及时行乐。因此，可以说，我们的国家干部制度本身使国家干部缺乏廉洁自律的动因，缺乏长远的奋斗目标，以致急功近利，只注意眼前利益和需要的满足。

我们的国家干部考核制度，通常都是泛泛的一般性的考核，谁能说会道、谁能贪天之功，谁的考核成绩就好，很少有人去仔细核查个人述职的真实程度，以致考核结果难以反映国家干部思想工作的实际情况。这在一定程度上就助长了官僚主义、形式主义、弄虚作假的风气。另外，国家干部考核，往往是只考核国家干部做了什么，而很少有人过问有哪些该做的没有做，以致消极怠工，当为不为的现象严重。而这种现象的存在，就使许多人为了办成合理合法本来就应该办的事而不得不向有关官员行贿。

我们的国家干部退休制度，同样使一些退休的和在位的国家干部产生心理失衡。因为我们国家过去长期实行国家干部低薪制，工作多年的国家干部家里往往没有多少积蓄，退休时又没有多少养老金。退休工资和待遇，与在岗国家干部相比，实际上也会有明显差距。因此，国家干部一旦退休，其生活境况将明显下降。这就使一些国家干部在退休前"晚节不保"，以权谋私。这就是一度出现的"五十九岁现象"。而如今，"五十九岁现象"不但没有销声匿迹，而且不断向低年龄段蔓延，出现了"三十六岁现象"。这种现象的出现，应该说，在很大程度上，与我们的国家干部退休制度的不完善有关。

（二）"一把手综合症"

2004 年 2 月 10 日《检察日报》第五版廉政周刊上发表了一篇廉政时评："给'一把手综合症'动手术。"文中写道："早在五年前，有专家提出了'一把手综合症'的概念，认为绝大多数一把手在未提拔之前的为人为官都是比较谨慎的，他们之所以能当上一把手，主要靠的是自己的能力、水平和工作实绩。只是到了一把手这个岗位以后，地位变了，环境变了，其为人为官的准则也发生了改变；更有极少数人不善于自我调控，对手中的权力持放任态度，终至于蜕化变质，沦落为党和人民的罪人。由担任一把手而开始染上'一把手综合症'；由染上'一把手综合症'而不知医治最终堕落为腐败分子；由一把手腐败案揭露给当地或该部门带来'地震'，从而引发严重的政治、经济和社会危机——这就是近几年来多起触目惊心的腐败案的发生发展规律。成克杰案件、李嘉廷案件、王怀忠案件、田凤山案件等，莫不如此。一把手腐败问题，已不再是互不相联的个案，而是具有相当普遍性的'现象'；已不再是一时一地的个别现象，而是较长时间多种因素积累爆发所致，显然有深刻的社会历史原因。"[1] 该文没有指出这个社会历史原因是什么，但是，该文对这种腐败现象的分析却是准确的。

我们研究发现，我们国家各个行业、各个部门的各级领导岗位上的一把手，绝大多数都是具有较高的政策水平和领导能力、为党和国家做出了突出贡献的优秀人物。一把手腐败作为一种现象出现，实在是一件让社会各阶层人们痛心的事情。而导致这种现象不断出现的因素，除了个人放松了思想道德修养等主观方面的原因之外，与我们的权力配置制度不无关系。所

---

〔1〕 李雪慧：《给"一把手综合症"动手术》，《检察日报》2004 年 2 月 10 日。

谓"一把手"，通常是指党政领导班子的主要负责人，或党政机关及其职能部门的正职，包括国有企业事业单位的主要负责人。为什么要把党政领导班子的一把手称为"主要负责人"？这是一个耐人寻味的问题。主要负责人通常理解为负主要责任的人，但是对什么负主要责任，通常就没有人界定，似乎也无法界定。因为我们的所有法律法规、规章条例、制度规定，几乎都没有对一把手的职责作出明确的界定。一个省、一个市、一个县的"一把手"到底有什么权力，对哪些事情有权管，特别是对哪些事情无权管？对什么事情应当负责任，对什么事情不应当负责任，恐怕连一把手自己都很少有人能说清楚。由于每个单位、每个部门、每件事情都有具体的管理人员，所以一把手特别是一个地方上的一把手，可以什么都不管，对什么都不负责任；也可以什么都管，对什么事情都负责任。于是，一把手的权力就有了巨大的伸缩性，可以延伸到本地区公共权力所能及的一切领域、一切场合。而这种权力既然没有边界，因而也就没有限制。没有哪个机构或者人员能够指责一把手哪些事情该管、哪些事情不该管。

这种制度所设定的这种权力是十分可怕的。因为它给一把手赋予了一种在自己管辖的范围内至高无上的权力，而这种权力又是以一种无形的方式出现的，人们很难对它进行界定，也就无法对它进行制约。如地方党委的一把手要去"招资引商"，地方党委一把手的"条子"在本地可以畅通无阻。另外，这种以无形的方式出现的至高无上的权力，对于一把手本人而言，同样是可怕的。因为他本人难以预料上级领导机关和上级领导人如何考察评价他的政绩，因而难以把握自己在哪些方面努力上级会认可；而在哪些方面所作的努力反而会引起上级的不满。由于职权范围的不明确，一把手有时难以分辨自己的活动中哪些是滥用职权、哪些是玩忽职守，一旦遇到紧急情况，就难免有如坐针毡的感觉。当然，由于职权范围的不明确，一把手也会有至高无上的感觉，甚至认为自己就是一方诸侯，可以为所欲为。

在这种制度设计的状态下，一把手滥用权力的现象就在所难免。而一把手对自己的经济收入与地位需求之间的反差的认识，同样难免会使他们滋生以权谋私的思想。这种思想在一定的机会面前，很可能导致腐败犯罪的发生。

一把手的职权范围不明确，容易使民主集中制流于形式。由于一把手对本单位、本部门、本地区的事情要负主要责任，因而在一把手决心要办某件事的时候，决策的民主化就难以实现，其他领导班子成员的意见对于作为"主要负责人"的一把手只能起参考作用，而不能左右一把手的决策，民主集中制的组织原则在实践中通常都是在民主基础上由一把手来集中。这样的决策机制就自然而然地使一把手凌驾于本级组织之上，同时也就无法形成对一把手的制约机制。而一把手决定一切的权力运作机制，同样使一把手对于某些不便或者不愿公开议论的事项不拿到会议上去议论，而在私下与有关人员商定或自行决定，以致使整个决策过程处于保密之中。缺乏透明度的决策过程是无法进行监督的，其中可能存在的问题也是难以被发觉的。久而久之，这种决策过程就可能被利用来进行某些不愿为人知的事情。在我们国家，很多单位都是实行"领导集体、分工负责"的工作机制。但是，在这种"集体领导、分工负责"的工作机制中，真正具有决策权的是作为"主要负责人"的一把手。因为一把手要对本单位的一切事情负主要责任，他就不能不参与各个事项的决策，而一旦一把手参与决策，享有最终话语权的，当然是一把手，而分工负责的领导往往是有职无权。但是，一旦出了问题，分工负责的领导又难辞其咎。这种负责机制与决策机制不一致的权力运作过程，极易导致责任不清。一些领导干部借机假公济私，为他人谋取不正当利益的行为，在这种状况下，往往不易被发现，也难以被追究。

权力过于集中而又缺乏监督，必然形成国家干部之间的人身依附关系。正如邓小平曾经指出的："不少地方和单位，都有家长式的人物，他们的权力不受限制，别人都要唯命是从，甚至形成对他们的人身依附关系。"[1] 由于下级的命运掌握在上级的手里，而上级的职责权限又是不明确的，因而下级在任何方面都必须服从自己的上级，否则就可能给自己带来不利的后果。这种唯命是从的上下级关系，虽然是在工作中形成的，但它的作用往往延伸到职责范围以外。因为上级的决策机制是不透明的，在决定下级命运的问题上，究竟是工作上的原因还是个人感情上的原因在起作用，下级是不得而知的。为了防止因个人感情方面的原因影响自己的命运，下级对于上级的服从，就不能仅仅限于工作方面，而是不得不考虑上级在各个方面的喜怒哀乐，不得不满足上级提出的各种要求。这其中就难免包括某些滥用职权或者以权谋私的要求。在这种人身依附的上下级关系中，下级国家干部无法形成和维持独立的人格尊严，因而也就难以坚持原则，抵制来自上级的不当干预。

（三）为什么在腐败犯罪后还会被提拔

为什么一些腐败犯罪分子在实施了一系列腐败行为之后反而被提拔重用？这是人们反复思考和提及的一个难以回答的问题。出现这种情况的原因，应该说是复杂的。但是其中一个原因是人们议论最多的，也是需要我们认真研究的。这就是对领

---

〔1〕《邓小平文选》第二卷，人民出版社1994年版，第331页。

导干部的监督问题。

按照党的十五大和十六大报告的提法，我们党有"党内监督""法律监督""群众监督""互相监督""民主监督""组织监督"，在十六大报告第五部分中，"监督"一词就出现了17次。应该说，我们党十分重视对党员干部的监督问题，并且我们党具有各种各样的监督机制来监督党员干部的行为。但是，为什么腐败问题依然严重到成为人民群众反映最强烈的问题之一？我们的监督机制对遏制腐败到底有没有效果、效果多大？这是需要认真思考的。

仔细考察我们党和国家的监督机制，我们就会发现，只有纪委的纪律检查、政府的审计和检察机关的法律监督是比较有效的。因为这三种监督都是由专门机关作为职责进行的，因而这些机关具有行使监督权的责任感和使命感，并且具有进行监督所必要的手段和渠道。但是这种监督毕竟是一种事后监督，它只能遏制腐败现象的蔓延，而不能防止腐败现象的发生。除了这三种监督之外，其他监督都存在一个谁监督谁、通过什么程序监督、用什么手段监督、监督什么以及不监督对自己有什么不利的问题，而这些问题无论是在制度层面还是在实践层面，都没有得到解决。在党内监督、民主监督、互相监督中，党员干部既是监督的主体，同时又是被监督的对象。谁都有监督的权利，但谁都没有监督的责任，不监督别人，丝毫不影响自己的升迁。但是如果想监督别人，又是十分困难的事情。因为许多国家干部并不了解本单位、本部门、本地区重大问题的决策过程，很难发现重大问题决策中存在什么不当甚或权钱交易的情况，即使发现了或者听说了，要想行使监督的权利，也很难找到负责任的受理者。更不用说自己的命运掌握在他人手里的人要对决定自己命运的人进行监督需要多么大的勇气和胆识。而这往往也是常人难以做到的。即使是平级之间，由于处在同一个命运共同体之中，低头不见抬头见，要对他人的腐败行为进行监督，也是很难的。特别是这种监督的结果在很大程度上并不取决于监督的正确与否，而是取决于上级领导的接受程度，而上级领导的接受程度又是不公开的。这就使同级之间即使有监督的勇气也难以进行有效地监督。这也是我们的监督很多，而监督不力问题依然存在的根本原因。

三、腐败的个体因素与制度因素的关系

在我们国家，腐败始终是通过个人或者个别单位的具体行为表现出来的，因而个人的主体性应该说是腐败产生的直接原因。检察机关查办的职务犯罪案件表明，每一起腐败犯罪案件的发生，都是其滥用职权、玩忽职守、以权谋私、贪赃枉法的结果，都与其丧失理想信念、缺乏法制观念、道德堕落等自身的原因有关。因此，对于腐败犯罪分子，依法追究其刑事责任是完全应该的。

在分析腐败犯罪的个体原因时，我们首先需要对其有一个基本的评估，即腐败犯罪是个别人的变态反应，还是正常人的犯罪行为。如果腐败犯罪只是个别人的变态反应，那它就不具有典型意义，只要在惩治的同时针对各个腐败犯罪分子的个体人格进行分别矫治就行了，而没有必要兴师动众地让更多的人去从中汲取教训，也没有必要广泛地开展预防工作。但是，腐败犯罪持续时间之长、涉及范围之广，使人们无论如何不能将其视为个别人的变态反应。按照中央的估价，腐败决不仅仅是个别人的非正常反应。既然如此，腐败现象的发生，就是遵循人类行为的一般规律出现，因而腐败的原因就是有规律可循的。

也正因为如此，我们研究腐败产生的原因，寻找预防腐败

的对策，也才是有意义的和可能的。如果仅仅把腐败看作是个别人的个别行为，否认它是受某种规律性支配的社会现象，也就从根本上否定了腐败产生的社会原因及其规律性，预防腐败的所有政策、战略和措施也就丧失了存在的逻辑前提和理论基础。因此，对于腐败问题，我们不能仅仅将其作为个人行为来看待，而应当透过个人行为分析其中隐含的带有规律性的因素，并以此为基础，构建科学、合理、有效的反腐倡廉机制。

辩证唯物主义的基本原理和犯罪学的研究成果为我们研究腐败产生的规律提供了分析工具。运用这些分析工具，通过对大量腐败犯罪案件的深入研究，我们可以得出如下的结论：中国现阶段出现的腐败问题是我们的某些制度不适应市场经济的要求而导致的某些不完善不合理因素的必然产物。对于腐败的主要原因在制度这个结论，有的同志提出了为什么在同一制度下有的人腐败有的人不腐败这样的诘问。这个问题其实是一个不难回答的问题。

第一，当我们说腐败的主要原因在制度的时候，并没有否认个人在产生腐败中的作用。谁也不会说，因为腐败的主要原因在制度，腐败犯罪分子就可以不对自己的腐败犯罪承担刑事责任了。如同人们说贫穷是财产犯罪的根源并不意味着大家认为每个穷人都是盗窃犯一样。虽然贫穷可以导致许多人为获取钱财而实施某些犯罪，但是古往今来都有许许多多的人宁可饿死也不去行窃。大多数人不去行窃，并不意味着贫穷是产生财产犯罪的根源这个论断就不能成立。事实上，任何客观因素发挥作用，都是通过人的主观能动性实现的。而每个人，既是社会的人，也是个体的人。每个人都有自己的遗传基因，有自己的不同于其他人的人生经历和成长过程，有自己的思维方式，有自己的个性特征和品德情操。每个人对社会存在的反映方式不可能是完全相同的。因此任何客观原因都不可能是一维性的引起某种行为发生。人饿了要吃东西，是一个规律。但是一个人吃饱饭后多长时间会饿，从感觉饿到吃东西之间需要多长时间，则是因人而异的。同样地，制度中的不完善和不合理的因素会产生腐败，但是这种腐败的原因对谁起作用，什么时候起作用，起多大的作用，则会因人而异。这种差异并不能否定规律的存在和作用。

第二，制度上的不完善和不合理是导致腐败现象大量发生的原因，这个结论只是揭示了某种带有规律性的现象，或者说它只是揭示了腐败现象与制度因素之间的必然联系。而这种联系实际导致腐败的发生，则要受多种因素的影响。除了人本身的因素之外，机会也是一个重要的因素。在实践中，有的人虽然也想腐败，但是却没有适当的机会，甚至有的人为此着急，也无济于事。因为腐败的主要表现形式是权力与金钱之间的交易，而这种交易又是以有钱的人想利用权力给自己谋利益为前提的。

因此，对于国家工作人员而言，其要实施腐败即收受贿赂，必须具备四个条件：一是自己手里有可以给他人谋利益的公共权力；二是有人想通过该国家工作人员为自己谋利益；三是想要给自己谋利益的人手中有足以打动该国家工作人员的财产；四是这个想要为自己谋利益的人有机会与该国家工作人员接触。这四个条件只有同时具备，国家工作人员才有可能收受贿赂。其中缺少任何一个环节，即使国家工作人员心里想受贿，也难以实现其收受贿赂的愿望。一方面，并不是每个国家工作人员手中都有能够为他人谋取利益的权力（事实上国家工作人员中只是极少的一部分人拥有较多的能够为他人谋利益的权力）；另一方面，收受贿赂的机会并不是随时对每个国家工作人员开放。所以，在相同的制度下真正能够收受贿赂的人绝不可能是每一个国家工作人员，而只能是国家工作人员中的一部分人。

第三，我国目前的腐败决不是个别现象。之所以党中央把腐败问题看作是一个关系到执政党生死存亡的问题，是因为腐败已经大面积地渗透到公共权力运作的各个方面，以致对执政党的执政地位构成了一种威胁。尽管被依法追究刑事责任的腐败犯罪分子在我们国家工作人员中所占的比例并不多，但是应该看到，因构成犯罪追究刑事责任的人只是腐败分子中的极少一部分。一方面，在我们国家工作人员中还有相当一部分的腐败犯罪分子没有被揭露出来，因而查办腐败犯罪案件依然是一项重要的任务；另一方面，由于我们人为地对腐败行为构成犯罪设置了很高的门槛，以致大量的腐败行为没有作为犯罪来追究。如果按照行为的性质来认定腐败而不考虑收受贿赂的数额的话，完全没有因为职权而收受他人财物的国家工作人员恐怕是为数不多的。

第四，特别值得我们反思的是：为什么改革开放以来，我们一直在开展反腐败斗争，仍然不断地有那么多的干部包括领导干部走上腐败犯罪的道路？为什么在一些岗位上反复出现了领导干部前赴后继地走上腐败犯罪的道路？如果说这些干部本来就是道德败坏品质恶劣之徒，那么，我们就应该反思一下我们的用人制度：为什么经过那么复杂的选拔程序不能选拔出优秀的人才，而让这些道德败坏品质恶劣之徒平步青云，爬到那么高的领导岗位上去？如果说这些干部在任用时都是品行兼优的好干部，那么为什么他们一旦被提拔到重要的领导岗位上之后，就走上了腐败犯罪的道路？这是否意味着我们的权力制约机制中存在着容易导致权力滥用和腐败的问题？这些问题，仅仅用个人的思想品德或个人自身的原因来回答，是难以做出令人信服的解释的。

存在决定意识，是马克思主义辩证唯物论的基本原理。按照这个原理，我们分析腐败现象产生的原因，无疑首先应当从客观存在入手，研究现实社会中客观存在的问题，然后分析这些问题是如何通过人们的主观能动性反映在人们的思想上，进而再反作用于人们的行动的。如果不遵循这样的研究思路，而是就事论事地研究个别现象，寻找其发生的最显层原因，甚至把客观存在的腐败仅仅归根于人的主观恶性，而不去追问这种主观恶性缘何而生，那就背离了马克思主义的基本原理。

四、制度链理论

权力制约通常是指用一种权力来制约另一种权力，或者用权利来制约权力。但是，任何权力和权利都是与具有主体性的特定主体相联系的。而主体性不仅意味着能动性，而且意味着随意性。要想使权力制约不受各个权力主体或权利主体的随意性的影响，就必须求助于一种不以单个人的意志为转移的力量来规范权力。这种不以权力主体或权利主体个人意志为转移的力量就是制度的规范作用。无论是用权力来制约权力，还是用权利来制约权力，都必须在制度所设定的规则下进行。没有严格的预先设定的规则，对权力的制约就可能是任意的。而对权力的任意制约，不仅会妨碍权力的有效行使，破坏权力存在的社会管理功能，而且会遭到被制约的权力的同样任意的抵制，导致受制约的权力仍然不受制约。

所谓制度，是指在比较长的时间内要求人们共同遵守的行为规则。在宏观上，制度通常是指社会制度，即在一定的历史条件下形成的政治、经济、文化等各方面的规范体系；在微观上，制度是指在一个组织或一定范围内要求大家共同遵守的办事规程或行动准则。制度必须具有一定的持续性，旨在在比较长的时间内发挥规范人们的一定行为的作用。朝令夕改的规定不能称之为制度。对制度问题的考察，使我们深刻认识到制度之间相互作用的重要性，从而提出"制度链理论"。

所谓制度链，是指任何制度都是在与其他制度的相互作用中对人的行为产生影响、进行规制的，各种制度相互关联形成一个紧密联系的链条，每个制度都是这个链条上的一个环节，制约并受制于其他制度设定得是否合理和作用发挥的程度。一个制度的建立，必然要对相关的其他制度产生影响，并且这种影响将决定一个制度的功能发挥；一个制度功能作用的发挥必然要依赖于相关制度所形成的社会意识形态对它的认可程度，并在这种认可程度下产生正面的或负面的影响；一个制度发挥作用，同时也依赖于有关违反该制度的制裁机制的建立及其运转情况。这种在同一层面上建立的制度所形成的链条与不同层面上的制度链相互交叉，并与人们对制度的认可程度和违反制度时实际引起的后果相联系所构成的制度链，是一切有效的制度发挥作用的基本模式。

（一）制度之间的相互联系

"通过求助于'制度'这一观念而经常提出的一个特殊问题是促使人们注意存在于人类现实或社会现实与运转中的思想体系之间的结构上的关系和功能上的相互依赖性。……法律制度的维护特别有赖于社会制度本身的或其中的行动，有赖于由制度组织起来的人民团体的行动。毫无疑问，还有其他一些同样重要的联系。"[1] 这说明，许多制度都是在相互影响中发生

---

〔1〕 ［英］麦考密克、［奥］魏因贝格尔：《制度法论》，中国政法大学出版社1994年版，第35—36页。

作用的。看似各自独立的制度，其作用的发挥往往要依赖于或者受制于其他制度的作用；而每一制度的设计和运行状况又必然会反过来制约和影响与之相连的其他制度。

要求公务员廉政的制度，首先依赖于保障公务员满足与其社会地位相适应的物质需要的供给制度。国家的公务员供给制度如果不能给公务员满足与其社会地位相适应的物质需要提供保障，公务员必然要通过其他方式来满足这种需要。由于我们国家长期实行公务员的低工资标准，在这种供给制度显然不能满足公务员的物质需要的情况下，国家不得不允许各个单位自行提供"补贴"以弥补这种不足。于是就形成了一种没有明文规定而被普遍认可的制度，即各单位可以在国家规定的工资标准之外发放补贴。这种工资之外的"补贴"制度，也就不言而喻地鼓励各个单位在国家的财政预算和财政拨款之外自行"创收"。于是，"创收"便成了一种约定俗成的制度之外的"制度"。其中，靠国家财政供给的国家机关、国有事业单位和人民团体并不是经营性企业，它们"创收"的渠道，主要是它们所拥有的公共权力所形成的"资源"。用这种"资源"来为小单位"创收"，必然会影响到公共权力的运用，滋生各种各样的权力腐败。这就是所谓的"制度性腐败"。

这种虽然没有明文规定但却普遍实行并且被官方默认（因为各单位都公开地把它纳入工资序列）的补贴制度本身，导致两方面后果：一是禁止"小金库"的制度无法推行。尽管有关权威文件明确禁止各单位设立"小金库"，有关中央机关也三令五申地要求各单位取缔"小金库"。但是，"小金库"自20世纪80年代出现以来，可以说至今没有销声匿迹，而是在不断地变换存在方式，顽强的生存着。一个最重要的原因就是它有存在的必要，它可以弥补财政拨款的不足，解决各单位的某些不得不开支而又不能在财政拨款中开支的项目，其中包括各单位发放给国家干部的各种补贴。二是由于各个单位所拥有的能够用来"创收"的"资源"是不同的。一些能够给其他社会主体带来物质利益或其他好处的单位和部门，其"创收"的渠道就多，收获就大。与之相比，另外一些单位和部门可以"创收"的资源可能就要少一些。这种不平等条件下进行"创收"的结果，就使同一级别的国家干部，仅仅由于所在单位的不同，在经济收入和住房等福利待遇方面形成明显的有时甚至是巨大的反差，进而引起国家干部们心理上的不平衡。

"小金库"的存在，既加剧了以权谋私（为小单位）的步伐，也由于"小金库"的账目毕竟是"账外账"而难以对其进行规范化管理，以致一些贪婪的单位领导和直接经手"小金库"财物的人员贪污、挪用"小金库"财物的现象屡屡发生。而同一级别的国家干部仅仅因为所在单位的不同所出现的福利待遇的差别，则使不同的单位和部门之间互相攀比，你追我赶，尽可能最大限度地挖掘本单位或本部门的"资源"，只怕本单位或本部门的国家干部福利待遇低于其他单位或部门而留不住人才，从而加剧腐败的蔓延。一些国家干部则通过非正常的手段向福利待遇好的单位和部门调动。

与之相关的是财物报销制度。自从 20 世纪 80 年代中期以来，财政部规定的客饭标准就一直无法满足招待客人的最低需要，财政部规定的国家干部出差住宿标准，同样一直就没有与国家干部身份相适应的客房。由于这些制度在实践中根本就无法执行，所以就导致了两个普遍被认可的习惯做法：一是在发票上作假。为了使招待客人的费用能够顺利报销而又不违反财务制度，有的就虚报客人人数，明明来了两个客人，在报销时不得不注明有 10 个客人用餐；或者一次招待，开出两张发票，一张发票按照财务制度规定的标准开出，以便在受财务制度管束的账目中报销，另一张发票则在本单位的"小金库"中报销。这也促使各单位不得不想方设法去建立"小金库"以解决财务上的难题。二是转嫁开支。上级机关的国家干部到下级机关或单位出差，下级机关或单位由于找不到既适应上级机关或单位干部的身份又符合其住宿标准的客房，只好安排超标准的客房，其超过住宿标准的部分费用，只能是转嫁给下级机关或单位去"消化"。于是，各个单位和部门就不得不在国家规定的账目和预算经费之外储备一批资金以解决这种非正常开支。这种在发票上作假和转嫁开支的做法，由于普遍实行而又没有被作为制度予以明确规定，因而也就谈不上界定其范围和规范其操作，以致在解决正常的财务问题之外为任意扩展使用提供了便利，同时也就为腐败的蔓延提供了渠道。

（二）主体对制度的认可程度

任何制度的贯彻落实，都在很大程度上依赖于受该制度约束的人们对制度本身的必要性和合理性的认可程度。一种制度，只有当人们认识到它存在的必要性和合理性时，制度所建立的行为规则才会成为人们自我约束的内在动力而对人们的行为起规范作用，人们才会自觉地遵守该制度。

但是，检讨一下我们关于廉政的制度规定就会发现，有的制度其本身是难以被人们普遍认同的，因而在实践中也是难以贯彻落实的。例如请客送礼的现象，既有作为人际交往的社会需要的一面，特别是在中国这样一个人情味十分浓厚的社会环境中，它的存在符合人们普遍认可的社会习俗；也有拉拢腐蚀国家干部，引起公共权力腐败的可能。如果我们实事求是地对请客送礼的具体情况加以区分，建立起严格禁止可能影响公务活动的请客送礼的制度，就有可能得到绝大多数国家干部的认同，而自觉地把自己请客送礼或者接受吃请和礼物的行为控制在制度允许的范围之内。并且在这种制度下，建立起区分正常的请客送礼与可能影响公务活动的请客送礼的标准，也是完全可能的。而明确界定二者之间的界限，也会使追究违反制度行为的活动易于进行，易于被人们所认可。但是，如果我们对请客送礼的情况不加区分，笼统地制定不许请客送礼的制度。那么，这种制度就不易被干部们普遍认可和接受，就难以引起人们的尊重，从而也就不可能真正落实。在这种情况下，似乎建立了严格的禁止制度，但由于对请客送礼采取了一概否定的态度，无论什么样的请客送礼都要禁止，实际上哪一种也禁止不了。其结果是：无视这种制度而进行影响公务活动的请客送礼现象普遍化，并且难以进行有效的追究。

人们对制度的认可与否，不仅关系到他本人是否愿意和自觉地遵守该制度，而且关系到他是否认可别人实施违反制度的行为。一项制度，如果受其约束的人们普遍认为它是必要的和合理的，人们就会把作为评价是非的标准。一旦有人违反这项制度，别人就会批评他、劝阻他，要求他改正自己的错误，遵守制度的规定。但是，一项制度，如果受其约束的人们不认为它是必要的或合理的，那么人们在看到其他人违反该制度的时候，也就不会认为这种违反制度的行为是错误的和不应该实施的。周围的人们对违反制度行为的不同态度，反馈给行为人，又会遏制这种违反制度行为的泛滥，或者助长这种违反制度行为的蔓延。

人们对制度的认可程度，既取决于制度本身，也取决于制度之间的和谐程度。在现实社会中，任何制度都是在相互作用中对人的行为产生影响作用的。制度之间相互作用的状况首先影响到人们对制度的认识和评价，然后再会影响到人们的行为选择。例如，公务员住房制度。在建设社会主义市场经济的决策作出之后，我国对公务员住房制度进行了改革，试图建立按照市场经济规律运作的国家公务员住房制度。如果孤立地看待这项改革，应该说是顺理成章的。但是，如果与相关的制度结合起来看，这项制度的弊端，或者说它所导致的不公平、不合理，就会昭然若揭。

首先，与公务员工资制度之间的矛盾。我国长期实行公务员低工资制度，其合法收入不足以购买一套商品房。即使是"经济适用房"，其售价也大大超出公务员工资收入的承受能力。而贷款购房对于年龄大的公务员又重债难负，甚至金融机构不愿给快要退休的国家干部贷款。这种公务员购房制度，与公务员低薪制的工资制度之间的矛盾，使完全靠工资收入养家糊口的国家干部们难以接受，特别是对于年龄比较大、工作时间比较长的国家干部来说，更是难以接受。这种制度在客观上就迫使一些公务员为了能够买上一套住房以安度晚年而不得不通过各种方式去借钱或者"捞钱"。

其次，不同地域之间的差别导致的不公平。由于公务员购房制度推行的基础是公务员单位原来分配给公务员的住房，而这种住房分布在城市的各个角落。按照市场经济的运行规律，不同地段的商品房售价是不同的。但是国家在把公务员的原住房售给公务员的时候，几乎是按照大致相同的标准发售的。由此引发的问题是，公务员按照大致相同的货币购买的相同面积的住房，在其将该住房在商品房市场上出售的时候，由于地段的不同，有的可以卖出比其他人多出一倍甚至两三倍的价钱。而这种市场价的差额可能比该公务员一辈子的收入还要多。以北京为例，20世纪90年代实行公务员房改制度时，在西单、王府井一带购买单位住房，与在石景山、丰台一带购买同样面积的单位住房，对于同一级别和工作年限的国家干部而言，其售价的差额不到 1 万元。但是无论是在当时还是在现在，其作为商品房的实际售价都是一倍以上。100 平方米的住房，其价格差，在 20 世纪 90 年代初，大概是 20 万元，比一个即将退休的国家干部一辈子工资收入的总额还要多；在 21 世纪初，大概是 40 万元，也相当于一个即将退休的国家干部大半辈子的工资收入总额。仅仅因为单位住房地段的差别而形成的巨大差别，其公平性是值得怀疑的，由此引起的国家干部心理上的不平衡不仅是长久的，而且必然会影响到公务员对自己的单位、对自己的工作、对自己劳动的价值等问题的看法和想法。而这些看法和想法也必然会影响到他的敬业精神和对勤政廉政的态度。

最后，与国家干部调动制度之间的矛盾。国家干部调动制度是国家干部管理使用中不可避免的一项制度。为了党和国家的事业，许多国家干部都能服从工作需要，按照组织上的安排，到异地去工作。但是，公务员购房制度与国家干部调动制度相结合，就给国家干部管理制度带来了难题，造成国家干部待遇上的不公平。由于各地经济文化发展的不平衡，不同地方的房屋价格差距巨大。一个住在西湖附近的国家干部被调动到贵阳去工作，他卖掉西湖附近的住房，可以在贵阳买相同面积的三到四套住房。他拿出两套来出租，其收入就可能超过他正常的工资收入。一个在西安工作的国家干部被调动到上海去工作，他卖掉西安的住房，在上海买一套同样大小的住房，可能就要背上巨额债务。但是如果他们都不卖掉现有的住房，而在新的工作单位重新购买经济适用房。他们无形之间就占了国家的便宜，在购房制度上享受了两次优惠待遇。如果一个国家干部，从甲地调到乙地工作，然后又从乙地调到中央工作。应该肯定地说，这样的国家干部无疑是一个好干部。但是他的住房问题如何解决？他会不会因为频繁调动和公务员房改制度之间的不协调而成为百万富翁，或者一贫如洗？这对他本人或者他周围的其他国家干部是否公平？这不仅是一个值得研究的问题，而且其实际情况对国家干部本人以及其他国家干部的心理影响必然会危及廉政制度建设的许多方面。

（三）违反制度的后果

一个制度能否被切实遵守，与违反这个制度时制裁规范是否能够有效地发挥作用，具有极为密切的关系。制度所确立的行为规则，只有在绝大多数人都认同的情况下才会被普遍遵守。但即使是在这种情况下，也总会有人不愿遵守，或者不是自觉地或心甘情愿地遵守制度所确立的行为规则。对于这些人而言，违反制度时制裁规范所形成的社会压力，比制度本身更能强制其遵守制度。制裁规范作为对违反制度行为的否定性评价，可能对实施违反制度行为的人带来名誉上的负面影响，甚至可能导致其某些权利或利益的丧失，因而可以作为一种社会压力而抑制违反制度的动机，而促使人们选择遵守制度的行为。但是制裁规范的作用必须通过在违反制度的场合的具体实施才能展现出来。制裁规范如果不能及时有效地适用于违反制度的行为，或者不能公正地、一视同仁地适用于所有违反制度的场合，它就会为人们所鄙视，它的作用也就不可能真正发挥。

检讨我们关于廉政制度的制裁规范及其运作状况，也可以看出我们对腐败犯罪打不胜打的制度性原因。

1. 制裁机制的滞后性

近年来，反腐败的力度不断加大，前后查处并严厉惩处了一批领导干部包括高级领导干部腐败犯罪的案件。这既表明党中央坚决反腐败的坚强决心和政治信念，也表明反腐败斗争取得了显著成效。但是，从已经查处的腐败犯罪案件看，绝大多数腐败犯罪分子都不是在实施腐败行为之后及时被发现和查处的，而是在腐败行为持续了较长时间之后，甚至在实施了腐败行为并被提拔重用之后，才被发现和查处的。这种现象说明，与廉政制度相配套的惩治腐败的制裁机制，还不能在违反廉政制度的腐败案件发生时，及时启动，不能及时有效地发挥制裁机制对人们在选择违反廉政制度时所应有的遏制作用。

我们党总结多年来反腐败斗争的经验，提出了反腐败总体格局。这就是党的十五大报告中提出的"党委统一领导，党政领导齐抓共管，纪委组织协调，部门各负其责，依靠群众的支持和参与"。这个总体格局对于领导我们国家的反腐败斗争，动员各种社会力量参与反腐败斗争，是非常必要的。但是从实践中看，这个总体格局在查办腐败案件方面，还存在着某些需要完善的地方。

首先，查办腐败案件的责任主体不够明确。虽然在总体格局中明确规定"党政领导齐抓共管"，但是，实际上每个单位的党政领导都有许多事情要做，客观上不可能把主要精力放在查办腐败案件上。而"部门各负其责"中的责任，在实践中有时并不是十分明确。例如一个发生在中央机关的腐败案件，很可能是该部委的机关党委有责任调查，中纪委派驻该部委的纪检组有责任调查，行为人所在单位的领导有责任调查，检察机关也有责任调查。同一个案件究竟应该由那个主体来调查？各个调查主体之间的关系如何协调？不调查时对自己可能带来什么不利后果？这些问题在实践中始终没有得到有效的解决。这种状况不能不影响到对腐败案件的查处力度。

其次，查办腐败案件的手段不够有力。目前，纪检监察部门办案主要靠"两规""两指",检察机关办案则是运用刑事诉讼法规定的侦查手段。无论是纪检监察部门还是检察机关,党纪和国法都没有赋予它们运用秘密侦查和技术侦查来调查腐败案件的权力。而腐败案件本身的特殊性,决定了查办这类案件,仅仅依靠公开的调查和侦查手段,不能完全适应查办腐败犯罪案件的需要,在许多情况下是难以查明案件真相的。但是,如果纪检监察部门或者检察机关在没有法律明确授权的情况下使用秘密侦查和技术侦查手段,即使是案件破了,腐败分子也得到了应有的惩罚,其社会效果也是不好的。因为对违反制度行为的制裁是通过违反法律的手段实现的,而这种制裁机关的违法本身就给人们提供了为了达到目的而可以不顾制度规定的示范。这种示范的负面效应远远大于制裁规范所能发挥的作用。并且,如果采取违法的手段来查办腐败案件,在实践中就可能使宪法和法律赋予公民的基本权利受到来自组织的不法行为的侵害,而这种合法权利受到侵害的情况是没有任何救济渠道的。这不仅会给各级领导干部造成心理上的恐惧,而且会严重损害我们国家的国际形象,妨碍依法治国方略的实施。

最后,腐败案件线索来源不够畅通。腐败案件的线索在很大程度上依赖于人民群众的举报。只有有关的知情人员及时向查办腐败案件的机关提供腐败行为发生的线索,腐败行为才能被及时揭露。但是从我们国家目前的情况看,党的纪律检查部门、行政监察部门、检察机关、各级各单位的信访部门,以及国家干部人事管理部门,都在受理可能涉及腐败行为的举报线索。这种多头受理腐败案件线索的状况,一方面使与腐败案件有关的举报线索来源分散,难以综合分析有关案件的情况以便决定立案调查;另一方面由于没有不移送举报线索的责任追究制度和负责任的线索协调机构或者高效率的举报线索处理中心，这些线索的收集汇总在实践中常常受阻。即使有举报，甚至人民群众对某些国家干部多次多途径举报，这些国家干部照样做官、照样提拔，而举报却无人查处。

制裁机制的滞后性，使人们在看到违反廉政制度的腐败现象的时候和地方，看不到制裁规范发挥作用，使人们对廉政的期盼丧失信心。制裁机制的滞后性，使实施腐败行为的人看不到违反廉政制度会给自己带来什么不利后果，以致蔑视有关廉政的制度规定。制裁机制的滞后性，也使已经实施了腐败行为的人由于得不到及时的制裁而在腐败的道路上越走越远。制裁机制的滞后性，同时还会使腐败现象因为得不到及时地遏制而感染腐败犯罪分子周围的人，以致不断地蔓延扩散，成为人民群众反映强烈的一个社会问题。这也是为什么腐败犯罪的数额越来越大、案件越查越多的一个重要原因。

2. 制裁规范的不严密性

腐败行为最集中最突出的表现在滥用职权和收受贿赂两方面。但是，无论是纪检监察部门，还是司法机关，按照滥用职权的有关纪律处分的规定或者刑法规定，以滥用职权来追究领导者的纪律责任、行政责任或法律责任的，在实践中非常罕见。因为我们国家关于各级领导干部、各个领导岗位上的职权范围的规定并不明确，是否违反职责权限，滥用了自己的职权，本身在实践中就难以界定。而有关对滥用职权行为追究责任的规定，更是过于笼统，难以作为追究责任的具体标准。至于对贿赂行为的处罚，无论是在规定上还是在实践中，都存在着某些不完善甚至不尽合理的地方。

首先，就受贿罪而言，刑法规定的构成要件过于严格，以致使相当多的受贿行为难以通过刑法来遏制。按照刑法的规定，受贿罪的犯罪对象只能是财物。也就是说，只有收受他人财物的行为才有可能构成受贿，如果是接受其他足以满足本人或家庭成员的需要的利益，则不构成受贿。但是实际上，人的需求是多方面的，财物可以满足人的物质需求，某些财产性利益同样可以满足人的物质需求；除了物质需求之外，满足人的其他方面的需求同样可以给人带来快感和愉悦。由于我国刑法把贿赂的对象仅仅局限于财物，在实践中就有人为了规避法律而专门提供财物以外的好处来腐蚀拉拢国家工作人员，以求国家工作人员利用职权为其谋取利益。另外值得特别一提的是，按照我国刑法的规定，收受贿赂的行为，只有符合"为他人谋取利益"的要件，才能构成犯罪。这从表面上看，似乎满足了贿赂犯罪是一种权钱交易的犯罪这样一个传统观念所要求的本质特征，但是实质上，这个要件不仅大大缩小了惩罚受贿罪的范围，而且助长了国家工作人员道德上的堕落。由于收受他人财物的行为必须有为他人谋取利益的行为才能构成犯罪，才受刑罚处罚，而收受他人财物之后不为他人办事，则不受刑罚处罚，这在客观上就有意无意地在鼓励那些拿了别人的财物而不为人家办事的背信弃义的国家工作人员。

其次，就行贿罪而言，按照第389条的规定，只有为谋取不正当利益而给予国家工作人员以财物的行为才构成行贿罪。而在实践中，相当多的人给予国家工作人员以财物或者提供其他方面的好处，并不要求国家工作人员立即为自己谋取利益，因而也就不存在不正当利益的问题。即使是为了以后请求国家工作人员为自己谋取利益，也未必就是不正当的利益。特别是在市场经济条件下，哪些利益是正当的、哪些利益是不正当的，在实践中往往难以区分。因此，在绝大多数行贿的场合，即使查明行为人确实给了国家工作人员财物，也很难按照行贿罪来追究刑事责任。

最后，就惩罚贿赂犯罪的实践而言，要准确界定接受亲朋好友的馈赠与收受贿赂的界限，甚至是接受毫无亲戚朋友关系的人提供的财物的行为，要证明其构成受贿，往往是十分困难的。特别是我们国家的金融监控机制不健全，资金流转的来龙去脉难以查清，贿赂犯罪通常又都是在没有被害人的双方自愿的情况下实施的，所以要提供足够的证据证明贿赂犯罪的存在，在客观上具有一定的难度。加之查办腐败犯罪案件的机关在人力物力资源的有限性和所拥有的法律手段的局限性，真正查处并依法追究刑事责任的腐败犯罪，在可能发生的腐败案件中所占的比例是极为有限的。另外，在实践中，为了保证查办腐败案件的顺利进行，促使行贿人作证以证实受贿行为的存在，有关办案单位往往是对愿意交代行贿事实的行贿人不再进行追究。这在很大程度上就有意无意地助长了行贿行为，使行贿之风在社会上特别是在那些可能给行贿人带来好处的行业中越刮越烈，成为一种难以治愈的顽症。[1]

3. 制裁结果的不平衡性

从近年来查处腐败犯罪案件的实践看，除了相当一部分腐败案件线索由于线索不畅以及人力物力不足而没有及时查处外，已经查处的案件中处理结果的不平衡性也是一个不容忽视的问题。目前我们国家查办腐败案件，大多数是由纪检监察部

---

[1] 一个电力局物资公司经理对办案人员说："在电力系统，业务员向客户方送红包，已成了不成文的规矩。每次开招标会，我住在宾馆里，供货厂家的业务员就排着队给我送红包，每人送一两千或三五千或上万元不等。根据惯例，这些钱都装在一个信封里，内附一张业务员的名片，以便在招标时让我帮助推荐，至少不要提反对意见。……其实，我的权力更多的是在控制货款上。每年物资公司要采购两亿元的物资，货款先给谁，后给谁，给多少，都由我决定。这样，供货厂家就争着给我送钱，希望我能按时付给他们货款。他们来见我，很少是空着手的，一次送几千元的有，送几万元的也有。钱接得多了，我也就麻木了。"参见《检察日报》2004 年 9 月 23 日第 5 版。

门进行的。纪检监察部门查办的腐败案件，绝大多数都是以纪检监察部门自行处理结案的，其中也有一部分是移交检察机关。纪检监察部门移交检察机关的腐败案件以及检察机关依照法律赋予的职权自行立案侦查的腐败犯罪案件，则由检察机关起诉到法院，由法院经过审判程序审理并依法判处。

从对腐败案件处理的结果上看，在由纪检监察部门自行处理的腐败案件中，对于大致相同的腐败行为，不同地方的纪检监察部门所给予的党纪处分和行政处罚，在轻重程度上，差别很大；在由法院判处的腐败案件中，对于大致相同的腐败行为，不同地方的法院判处的刑罚，在轻重程度上，差别也很大；而纪检监察部门给予腐败行为的制裁，与法院对腐败行为所判处的刑罚，就数额和情节大致相同的腐败行为而言，其轻重程度同样是很大的。这种状况，是人们对违反廉政制度的制裁规范的合理性产生了种种疑虑。制裁的结果难以发挥制裁规范在遏制腐败犯罪心理中应有的功能作用。

由于上述原因的作用，我国在维护廉政制度的制裁机制中存在着某些明显的弊端：一是对腐败行为制裁的数量不多，相当多的腐败行为并没有受到应有的制裁，实际处罚的只是其中的一小部分；二是制裁结果不够公平，对于大致相同的腐败行为，实际给予的制裁的轻重相差悬殊；三是对与国家工作人员的腐败行为相关的某些行为如行贿行为等，没有给予必要的处罚。这些弊端所引起的负面效应，在客观上大大抵消了惩治腐败所能发挥的积极作用。第一，它使人们在看到腐败的时候看不到制裁机制的威力。第二，它使实际受到制裁的腐败分子感到自己所受到的处罚不公平。即使是完全依法作出的就个案而言十分公正的判决，在不平衡状况下的相互比较中也会感到不公平。第三，这样的制裁机制不能深入人心从而也就不能真正从源头上防治腐败。

以上分析表明，制度是在相互作用中发挥作用的，廉政制度的建立和发挥作用，需要相关制度的支持和协助，需要受廉政制度约束的人们的普遍认可和自觉遵守，更需要保障廉政制度被切实遵守的制裁机制的完善和发挥作用。这些因素构成一个纵横交错的立体制度链，保障并制约着廉政制度。一个有效的廉政制度，只有在这种制度链的协调和相互作用中才能真正建立和运作。

五、反腐倡廉的制度构建

（一）反腐倡廉制度设计的基本思路

党的十六届三中全会提出、四中全会确认的反腐倡廉机制是教育、制度、监督三位一体的构想，即"坚持标本兼治、综合治理、惩防并举、注重预防，抓紧建立健全与社会主义市场经济体制相适应的教育、制度、监督并重的惩治和预防腐败体系"[1]。这种三位一体的构想是科学的全面的预防腐败的理论创新的成果。

在三位一体的构想中，制度建设是根本并且是当务之急。因为，无论是以解决群众反映强烈的突出问题为重点，坚决纠正损害群众利益的不正之风，还是以查处发生在领导机构和领导干部中滥用权力、谋取私利的违法违纪案件为重点，严厉惩处腐败分子，都是针对已经出现的问题而采取的遏制措施，因而都属于"治标"的范畴。这些措施对于预防和遏制腐败是必不可少的，但不是治本的措施，不能从根本上解决腐败问题。而加强思想道德和纪律教育，表彰勤政廉政典型，督促各级党员领导干部加强党性修养，对于培养党员领导干部的道德情操

---

〔1〕《中共中央关于加强党的执政能力建设的决定》，人民出版社2004年版，第38页。

和抵制腐败诱惑，是非常必要的。但是存在决定意识，不真正解决现实中存在的问题，思想教育就可能成为无源之水、无本之木。从已经查处的腐败案件中看，一些腐败犯罪分子在会上大讲勤政廉政和抵制腐败、会下大搞腐败犯罪。这种事实说明，单纯的思想教育是难以治理腐败问题的。思想教育惟有与解决现实问题相结合，才有可能发挥其应有的作用。正如邓小平曾经指出的，"制度问题不解决，思想作风问题也解决不了"。[1]

制度建设之所以是构筑反腐败大堤的根本，是因为制度能够提供一种相对稳定的、人人都必须遵守的办事规程和行为准则。合理而健全的制度，可以有效地保障公共权力按照既定的规则来运作，从而防止手中握有权力的个人的恣意行为，人们也可以从中养成高尚的情操和良好的办事习惯。但是制度不合理，就可能使所有受制度管辖的人产生蔑视制度的心态，不愿受制度的约束，因而导致人们无章可循或者规避制度的状态。并且，个人行为的影响力毕竟是有限的，而制度的影响力却是普遍的，是个人的力量难以扭转的。正如邓小平曾经指出的："领导制度、组织制度问题更带有根本性、全局性、稳定性和长期性。这些制度问题，关系到党和国家是否改变颜色，必须引起全党的高度重视。"[2]

制度建设之所以是构筑反腐败大堤的当务之急，是因为改革制度方面存在的问题已经成为我们建设反腐倡廉体系的瓶颈。这些年来，在党中央的正确领导下，我们国家不断加大反腐败的力度，查办了一批领导干部腐败犯罪的案件，并且结合

---

〔1〕《邓小平文选》第二卷，人民出版社1994年版，第328页。
〔2〕《邓小平文选》第二卷，人民出版社1994年版，第333页。

这些案件不断进行勤政廉政教育，可以说在惩治腐败和思想教育方面下了很大的功夫，花了很大的气力，也取得了显著的成效。现在的问题，关键在于制度建设，即如何建立健全我们国家的领导制度、组织制度，依靠制度本身的力量来预防腐败，是当前反腐败工作所面临的必须尽快解决的关键问题。

制度建设涉及权力制约的三个方面：

一是领导制度，即公共权力的配置和运行机制。腐败的基本特征是利用公共权力以谋取私利。因此，如何通过科学合理地配置公共权力，建立起权力制约机制，尽可能地消除不受制约的权力，以防止个人独断专行；如何通过规范权力运行的过程，保障权力行使的正确性，以防止以权谋私，是我们在反腐倡廉制度设计中首先面临的、带有根本性的问题。

二是组织制度，即国家干部选任和管理制度。在我们国家，公共权力的行使是通过党和国家的干部特别是各级领导干部来实现的。腐败现象也是在国家干部身上发生的。因此国家干部制度直接关系到公共权力的运行，直接关系到党风廉政建设，是反腐倡廉制度设计中深层次的、全局性的问题。这个问题能否科学合理地解决，是反腐倡廉的其他制度和措施能否落到实处的关键。

三是监督制度，督察和惩处腐败犯罪的制度。制度之所以会成为人们普遍遵守的办事规程和行为准则，就在于它是靠强制力来维护的。对于违反制度的人给予必要的惩罚，是保障制度被遵守的基本条件。因此完善监督机制，使违反制度的人及时受到应有的制裁，是反腐倡廉制度设计中不可或缺的组成部分。

遵循这种思路，我们重点从上述三个方面展开反腐倡廉制度设计的研究。

（二）完善公共权力的配置和运行机制

1. 合理配置权力，改善权力结构

邓小平曾经尖锐地指出："如果不坚决改革现行制度中的弊端，过去出现过的一些严重问题今后就有可能重新出现。"按照邓小平的看法，从党和国家的领导制度、国家干部制度方面来说，主要的弊端就是官僚主义和权力过分集中的现象等。官僚主义的总病根是我们的各级领导机关，都管了很多不该管、管不了、管不好的事。官僚主义的另一病根是，我们的党政机构以及各种企业、事业单位领导机构中，长期缺少严格的从上而下的行政法规和个人负责制，缺少对于每个机关乃至每个人的职责权限的严格明确的规定，以致事无大小，往往无章可循，绝大多数人往往不能独立负责地处理他所应当处理的问题。当然，官僚主义还有思想作风问题的一面，但是制度问题不解决，思想作风问题也解决不了。权力过分集中的现象，就是在加强党的一元化领导的口号下，不适当地、不加分析地把一切权力集中于党委，党委权力又往往集中于几个书记，特别是集中于第一书记，什么事都要第一书记挂帅、拍板。党的一元化领导，往往因此而变成了个人领导。权力过分集中在个人或少数人手里，多数办事的人无权决定，少数有权的人负担过重，必然造成官僚主义，必然犯各种错误，必然要损害各级党和政府的民主生活、集体领导、民主集中制、个人分工负责制，等等。这也说明，官僚主义和权力过分集中是密切相关的两个问题。权力过分集中必然导致官僚主义，官僚主义主要表现为高高在上，滥用权力，专横跋扈，徇私行贿，贪赃枉法，等等。[1] 我国政治体制中，突出的弊端是权力过分集中，其他

---

[1]《邓小平文选》第二卷，人民出版社 1994 年版，第 327—334 页。

弊端的长期存在都程度不同地与权力过分集中相联系，可以说我国原有的政治体制是一种权力过分集中的政治体制。由于权力集中在少数人手中，主要靠人的因素而不是靠制度的因素，必然忽视制度和法律的建设，已有的制度和法律也没有应有的权威，官僚主义以及个人专断、家长制、形形色色的特权现象也就难以避免，造成权力滥用又不受制约、决策错误而又不易纠正和工作的低效率。[1] 因此，邓小平指出：政治体制改革的内容，"首先是党政要分开，解决党如何善于领导的问题。这是关键，要放在第一位。第二个内容是权力要下放。第三个内容是精简机构，这和权力下放有关。"[2]

但是目前，几乎在每个地方，除了党委、政府的一把手都要管经济工作、都有招商引资的职权之外，党委各有一位主管工业、农业、政法、文教卫生的副书记；政府各有一位主管工业、农业、政法、文教卫生的副省长、副市长或副县长；人大各有一位主管工业、农业、政法、文教卫生的副主任，政协各有一位主管工业、农业、政法、文教卫生的副主席。这种状况，在客观上，就造成了对于同一个事项不同的国家机关似乎都有权管的局面。但是到底该由谁管，谁应当管，不管或者管失误时应当承担什么样的责任，却没有通过规范性文件加以明确具体的规定。这在实践中就容易造成某些事项争着管，某些事项无人管，出了问题谁都不负责任的状况，甚至在同一问题的处理上出现地方党委与地方政府意见不一致时具体办事人员无所适从的局面。这种状况说明，我们国家在权力配置方面，确实存在着权力交叉、重叠，配置不科学、不合理的问题。

---

〔1〕 全国国家干部培训教材编审指导委员会组织编写：《邓小平理论基本问题》，人民出版社 2002 年版，第 276 页。

〔2〕 《邓小平文选》第三卷，人民出版社 1993 年版，第 177 页。

正是看到这些问题的严重性，党的十六大政治报告中明确提出：要"建立结构合理、配置科学、程序严密、制约有效的权力运行机制，从决策和执行等环节加强对权力的监督，保证把人民赋予的权力真正用来为人民谋利益。"[1] 只有科学地配置权力，建立合理的、能够有效制约的权力结构和严密的行使权力的程序，才有可能从根本上克服权力过分集中和某些权力不受监督制约的问题，进而实现从源头上预防腐败的目标。

在集权的情况下，人们往往重视决策的程序和方式。但是，只要权力集中在少数人的手里，民主集中制就永远是集中高于民主。因此，只有实行分权，才能做到制衡。如果没有明确的分权，并保障权力独立行使的制度，就改变不了个人说了算的权力运作机制。所谓分权，就是对于每一种具体的权力，都要明确规定它的有效范围，超过了它的有效范围，这种权力就不得要求其他人服从它。只有明确权力的范围，才有可能限制权力的滥用。特别是对于"一把手"的权力，如果没有明确的界定，就不可避免地会成为一种无所不包、无所不能的权力。这样的权力不仅是危险的，而且是可怕的。[2]

合理配置权力是权力制约的基本前提。只有明确规定各个国家机关、各个管理岗位的权力范围，才可能有效地监督和界定管理活动是否超越了职权范围，才能确定权力主体是否滥用了自己手中的权力。并且，对权力范围的规定，应当尽可能地合理，尽可能地具有科学依据。权力范围规定的不合理，就可

---

[1] 《十六大报告辅导读本》，人民出版社 2002 年版，第 33 页。

[2] 中国人的传统观念是：如果不管人、不管钱，就管不了事。所以强调管人、管钱与管事相统一。其实这是一个误区。管人、管钱与管事统一的结果必然是一个人对什么都可以说了算，从而形成个人的绝对权威。一旦个人具有绝对权威，他就可以决定其他人的命运，从而在领导者与被领导者之间形成一种人身依附关系，使其他人在任何时候、任何情况下、任何事情上服从自己。这样一来，权力分工就丧失了其应有的意义。

能使权力制约在实践中无法实现。

合理配置权力，主要涉及三个方面：

（1）应当明确规定党和国家机关的权力范围，确立越权无效的原则，认真解决权力交叉、权力重叠、党权与政权不分的问题

早在65年前，董必武就指出："党包办政府工作是极端不利的。政府有名无实，法令就不会有效。"[1] "政府在党领导下所颁布的法令，所公布的布告，所提出的号召，我们的党组织和党员首先应当服从那些法令、那些布告，那些号召，成为群众中爱护政府的模范。"[2]

在我们国家，中国共产党是执政党，是全中国人民的领导核心。党的权力处于一切权力的巅峰。这是我们的社会主义事业取得成就的根本保障。但是也应当看到，党的权力是指党中央领导集体的权力，而不是每个党员领导干部的权力，也不是党的各级组织的权力。除了党的中央委员会之外，党的各级组织在哪些管理事务方面拥有公共权力，拥有什么样的公共权力，其行使的范围有多大，应当予以明确的界定。不能因为执政党要统揽全局，党的各级组织就有权管理本地区、本部门、本单位的一切事务。

按照《中国共产党章程》的规定，"党的领导主要是政治、思想和组织的领导"。党章的这个规定，实际上已经界定了党领导的范围，即党的领导主要有三个方面，即政治上的领导、思想上的领导和组织上的领导。政治上的领导，意味着就重大问题作出政策性决定以保证社会发展方向的权力。关于重大问

---

〔1〕《董必武法学文集》，法律出版社2001年版，第3页。
〔2〕《董必武法学文集》，法律出版社2001年版，第3页。

题，党章中没有明确限定其范围，宪法中也没有对此作出明确的规定。但是我们认为，这些重大问题应当是国家现有的法律法规中没有规定的事项，并且应当是带有政策性的问题，而不是国家事务中的具体问题。[1] 思想上的领导，意味着控制社会的大众传播媒介，保证以正确的思想引导社会舆论，对人民群众进行宣传教育的权力。组织上的领导意味着制定人事管理制度方面的方针政策、控制国家机关国家干部的选拔任免的权力。除了这些方面的权力之外，其他方面的权力应当由有关的国家机关按照宪法和组织法规定的分工独立行使，而不应当由地方党委来管。特别是对于地方各级人民代表大会组织法、地方政府组织法和人民法院组织法、人民检察院组织法中已经明确规定由有关国家机关行使的权力，应当由这些国家机关按照法律的规定独立自主地行使，而不应当再由党的机关实施直接具体的领导。

按照《中国共产党章程》的规定，"党必须保证国家的立法、司法、行政机关，经济、文化组织和人民团体积极主动地、独立负责地、协调一致地工作"。党要保证国家的立法机关、司法机关和行政机关"独立负责地"工作，就必须明确规定这些国家机关的职权范围，从制度上保证这些国家机关能够独立自主地行使职权。否则，就难以要求这些国家机关及其工作人员"负责地"工作，也难以保证这些国家机关及其工作人员"积极主动地"工作。同样地，经济组织、文化组织和人民

---

〔1〕 经济建设是党和国家的中心工作，各地党委抓经济是完全可以理解的。但是地方党委如何抓经济却是值得研究的。党委书记亲自去招商引资、亲自决定上项目、亲自决定资金的使用等做法，是成克杰等腐败大案中暴露出的权力腐败的先决条件。因此，党的十六届四中全会决议中明确指出："党领导经济工作，主要是把握方向，谋划全局，提出战略，制定政策，推动立法，营造良好环境。"

团体的工作，也只有在保证其独立行使管理职能的前提下，才能要求其"积极主动地""独立负责地"工作。没有相对的独立性，就不可能有负责任的工作。因此，对于涉及政治方向的重大政策的决策和调整，对于思想教育问题，对于组织人事问题，应当由党的组织来决定。对于各个国家机关职权范围内的具体事项，应当由有关的国家机关独立自主地作出决定，依法予以处理。例如，一个建设项目的审批，一项工程的招标投标，一个案件的处理，等等，应当由有管理权的国家机关或经济组织独立自主地去作出决定或处理，而不应当由党的组织去决定或者处理，不应当由党组织的书记个人说了算。

人大是国家权力机关。国家权力机关的职权主要是决策性的权力，即就国家事务的宏观问题制定法律、对关系到社会发展和国计民生的重大事项进行决策并督促有关国家机关执行这些法律和决策的权力。人大要把执政党的意志与人民的意志结合起来，通过民主的形式把执政党有关重大事项的决定变成国家权力机关的决策[1]，并为其他国家机关履行职责提供法制保障。人大除了立法权和重大事项的决策权之外，还有监督权。但是人大的监督权是以权力机关的身份来监督其他国家机关执行人大所制定的宪法和法律以及人大所决定的事项的，因而其所监督的应当是执行的结果，而不是执行的过程。

政府是国家权力机关的执行机关。国家权力机关通过政府管理社会各个方面的公共事务，政府各部门按照国家权力机关

---

〔1〕 有学者认为，执政党的决策权是对国家事务实体上的决定权，人大的决定权是对国家事务程序上的决定权。执政党的决策是幕后的，这种决策要走向前台，必须经过法定程序，即通过人民代表大会按照法律规定的程序得以通过，成为人大的决议，才能发生作用。这一法定程序可以形成对执政党的制约。参见杜力夫：《权力监督与制约研究》，吉林人民出版社2004年版，第372—374页。

制定的法律和作出的决策管理社会的公共事务，并对国家权力机关负责。因此，各项社会公共事务的具体管理应当由政府机关统一进行，其他国家机关不应当再对具体的社会公共事务进行管理。地方党委和地方人大可以要求和监督同级政府贯彻执行自己制定的政策和对重大事项所作出的决定，但是不能直接替代政府行使公共事务管理方面的权力。

在中国的宪政结构中，法院和检察院是作为国家的司法机关来设置的。其中，法院是国家的审判机关，行使审判权；检察院是国家的法律监督机关，行使法律监督权[1]即检察权。按照宪法和法律的规定，审判权和检察权应当由法院和检察院分别独立行使。其他国家机关包括党的机关，并没有审判权和检察权，因此也不应当行使这方面的权力。其他国家机关包括人大可以监督法院和检察权行使权力的活动，但是不能替代法院和检察权行使职权。

（2）明确规定领导集体的范围和个人的领导责任，正确处理集体领导与个人负责的关系

我们国家，在各种组织法中，对领导者、领导集体、部门领导人的权力和义务，缺乏明确的分工，更没有各司其职的保障措施。因此在实践中很难保证严格按照各自的职责范围来行使职权。其结果，往往是地位高、权力大的人，对什么事都可以说了算，从而形成一个人决定一切事务甚至决定其他人命运的权力。这种权力的真正可怕之处在于使国家干部之间形成有

---

〔1〕 检察机关的法律监督权与人大的监督权是两个不同层次的权力。人大的监督权是权源上的、宏观的、带有决策性质的监督权。这种监督权的范围是十分广泛的，这种权力是通过议事的方式来实现的，因此这种监督权的行使要遵循人大的议事规则。检察机关的法律监督权是由人大赋予的就法律实施过程中的具体问题所进行的个案的、具体的、程序性的监督权。检察机关法律监督权的范围是有限的，是由人大赋予的。法律监督权是通过具体的办案活动来实现的，因此要受到办案的程序规则的严格限制。

形无形的人身依附关系，导致制度虚无。因此应当严格界定集体领导的范围和个人负责的领域，明确规定各个领导集体的领导责任和每个领导人个人的职责权限，正确处理集体领导与个人负责的关系，促使每个国家机关工作人员认真负责地对待自己的工作。

在权力配置中，有些权力有时可能是授予某个集体的，有时则可能是授予某个岗位上的个人的。当权力授予某个集体时，只有领导集体才能决定该权力的行使。当权力授予个人时，其他人就不应当干预这种权力的行使。此外，应当明确设定每个管理岗位的权力范围，既包括明确规定授予该岗位领导者的职权，而且应当包括明确规定要求该岗位领导者履行的义务。

对于必须由领导集体决定的事项，应当通过列举的方式逐一作出明确的规定，并且同时规定凡属这类事项，未经集体讨论并以绝对多数形成决议，任何领导者个人的意见或指令都是无效的。除了必须由领导集体决定的事项之外，一切事务都应当由分工负责的领导人自己独立自主地作出决定，而不得在作出决定之前去请示自己的上级领导或者提交领导集体讨论决定。对于自己决定的事项，领导人应当独立承担领导责任。无论是领导集体作出的决定还是领导人个人作出的决定，都应当以书面的形式交由具体承办人员去执行。国家机关工作人员对于领导交办的事项和经领导审批的事项，应当严格按照领导的决定去办理，除非涉及明显的严重违法的问题。在没有领导集体或领导人的书面指令的情况下，国家机关工作人员应当按照自己岗位职责的要求独立自主地处理自己所负责的事项，并对这些事项的处理结果承担全部责任。

（3）明确规定各级国家机关中不同岗位工作人员的权力范

围，真正解决职责权限不明，责任不清，办事拖拉，效率不高的问题

目前，各级各个国家机关都设置了一系列部门。这些部门的设置是否真正必要、是否具有明确的职责权限范围，是一个值得认真思考的问题。设置过多的不必要的机构和岗位，必然导致扩权、低效、扯皮等弊端，同时增加国家的财政负担。为了有效地限制权力和防止权力的滥用，很有必要大大减少各个国家机关的内设机构，并明确规定每一个内设机构的职权范围。对于那些没有必要设置的、职责权限不明的、权限范围交叉的内设机构，应当下决心进行撤销或者调整，以保证机构设置的科学性、合理性。

在每个国家机关内部，应当明确规定各个岗位的权力范围，保证让不同的岗位行使不同的职权。目前，在许多国家机关，分管的领导对自己分管部门的一切事务都有决定权。这在客观上就使部门领导处于没有任何权力的地位，部门内部的工作人员更是什么事都不能做主。其结果，不仅工作效率低下，而且权力过于集中。一些人为了谋取不正当利益，往往集中向一两个掌握权力的领导行贿，一旦主管领导点头，行贿人的目的就能达到，甚至是违法违规的事情也能办到。这种状况，既严重损害了国家机关一般工作人员的积极性和责任感，也容易导致权力被腐蚀和滥用。因此明确规定每一个岗位的权力范围和责任，使任何人特别是领导人的越权行为无效，使滥用权力的人特别是滥用权力的领导人及时被发现并受追究，是防止个别领导人垄断一个地方、一个单位、一个部门的权力的有效途径。

2. 健全权力运行机制，防止权力滥用

保障权力正确运行、防止权力滥用最有效的方法是为权力

运行设定一定的必须遵守的原则，任何权力的行使都必须受这些原则的约束。通过这些原则建立的权力运行机制，能够在权力行使的过程中及时地发现违规操作的情况，防止权力的滥用。权力运行必须遵循的原则，主要是：

（1）法治原则

法治原则是现代法治国家权力运行最基本的原则，也是规范权力运行、防止权力滥用的基本保障。权力运行的法治原则，主要包括三个方面的内容：

第一，行使权力的主体必须具备主体资格。权力总是具有特定性，任何一项权力，只有当法律、法规、规章将其赋予特定的单位或个人时，该单位或个人才具有行使该项权力的主体资格。不具有某项权力的主体资格，就不得行使该权力。如果不具备某项特定权力主体资格的单位或个人行使了该权力，应当视为无效行为，而不允许其具有法律效力，不得对其他主体产生约束力。具有权力主体资格的单位和个人只能行使法律、法规、规章赋予自己的权力，而不能在法律、法规、规章的授权之外行使权力。地方各级党委、各个国家机关和各级领导干部都应当破除权力当然取得的观念，不能以为自己是一个地方或者一个单位的领导，就自然具有支配本地、本单位一切事务的权力。特别是对于自己职权范围以外的事项，领导机关和领导人不得滥用权力发布指令，要求有关单位和个人按照自己的意志行事。

第二，权力的内容不得涉及主体自身的利益。回避是现代管理制度的重要组成部分。回避的基本理念就是任何权力的行使不得涉及权力主体的利益，一旦某项权力的行使可能与行使权力主体的利益相关时，就应当由其他主体来决定或者审查。因为权力的行使如果可能关系到权力主体的利益，权力的行使就有可能偏离客观公正的立场，权力的行使就难以保障其正确性。因此，即使是在自己的权力范围内行使权力，如果这种权力的行使可能涉及主体自身的利益时，有关个人也应当主动提出或者被要求回避而不得就所决定的事项发表意见以影响其他决策者。如果权力主体是无法回避的，那么权力主体所作出的决定应当提交其他国家机关去审查或批准，以保障这种权力行使的正确性。

第三，权力的行使必须具有法律依据。有资格行使某项权力的主体并不意味着可以任意行使该项权力。具备行使某项权力的主体资格的单位或个人行使该项权力，应当严格依法进行。在法律法规有明文规定的情况下，权力的行使应当符合法律法规的具体规定；在法律法规没有明文规定的情况下，权力的行使应当符合法律的精神。根据法律的规定或精神所作出的决定，应当详细说明其理由。说明行使权力的依据和理由，既是权力对象理解和遵从权力主体所作出的决定的基础，也是其他权力主体监督或者审查其决定是否合法的基础。没有法律依据和正当理由，即使是具备主体资格的单位或个人在自己的权力范围内行使权力，也难以保证权力行使的正确性。因此，要求权力主体在行使权力时说明其行使权力的依据和理由，对于防止误用和滥用权力是十分必要的。

（2）程序规则

任何权力的行使都必须遵循一定的程序规则。程序是以固定的、外在的形式出现的操作规程。权力行使的程序规则，即是行使权力所必须经过的操作程序以及贯彻其中的行为准则。人大及其常委会行使权力，决定重大事项，必须经过提出议案、审议、表决等程序。党委决定重大事项，也应当按照事先设定的议事规则，经过一定的程序作出决定。人民法院和人民检察院行使审判权和检察权，应当严格按照诉讼法规定的程序进行。政府各部门特别是行政执法部门的执法活动应当严格按照有关法律规定的程序进行。这似乎是没有争议的。但是领导人作出决定是否也必须遵守一定的程序规则，在实践中往往是最容易被忽视的。我们认为，无论是一个集体，还是一个个人，在法律赋予的权力范围内行使权力，都必须遵循必要的程序规则，按照一定的程序进行。

程序规则有严格的与简易的之分。严格的程序规则往往把权力的行使设定为一个过程，权力的行使必须经过一定的阶段，如提出需要决定的事项、研究讨论该事项并提出解决问题的方案、通过一定的组织形式形成决议、执行决议等。其中每一个过程的启动或进行，都必须具备一定的条件，履行一定的手续，形成一定的材料。简易的程序规则往往是简化了某些手续和过程。但是无论是严格的还是简易的程序规则，都要求权力的行使必须以看得见的形式出现，都要求权力的行使遵守一定的规则而不得任意行使。

对于决定重大事项的权力，应当设定严格的程序规则。越是重要的权力，就越应当由集体来行使而不应当交由个人去行使，就越应当要求严格遵守权力行使的程序规则而不允许草草作出决定。对于决定一般事项的权力则可以设定简易的程序规则，或者交由领导者个人来决定。但是无论是对重大事项行使权力还是对一般事项行使权力，无论是按照严格的程序规则还是按照简易的程序规则行使权力，都必须符合程序规则的最起码的要求，即必须把作出决定的理由和过程以看得见的形式固定下来。即使是领导者个人的决定，也应当规定只有当其以书面形式出现并能够保存时才是有效的。

长期以来，我们的许多决定包括行使重大权力的决定，都是以集体议论或者口头指令的方式出现或者发布的。这类决定像一只无形的手，挥舞着巨大的权力，在许多方面操纵着国家机器的运转。这种状况，在客观上为个别人滥用权力提供了制度保护。在我们国家的权力运行机制中，如果能够成功地杜绝那些看不见因而也无法查证但却能够支配人们行动的、口头传达的"组织决定""领导指令"和"会议精神"，如果能够旗帜鲜明地宣布一切不符合程序规则的决定一律无效，那么，滥用职权、法外用权、越权行事等现象，就必将大大减少，权力运行的法治秩序就会逐步建立。

（3）透明原则

权力的暗箱操作为滥用权力和以权谋私提供了温床和保护。而权力行使的透明原则则是政治文明的重要标志，因为它能够使更多的人监督权力行使的过程和结果，从而防止权力的滥用。权力行使的透明原则也是使更广大的人民群众认识和理解权力行使的合法性和合理性，从而使党和国家机关的决定获得人民群众的信任和支持的基本保障。

权力行使的透明原则，应当包括四个方面的内容：第一，行使权力的依据公开。公开行使权力的依据，不仅包括法律政策方面的依据，而且应当包括行使权力的事实依据和背景材料。第二，作出决定的过程公开。公开作出决定的过程，应当包括作出决定的全部过程而不只是领导者认为适于公开的某个环节。第三，决定的内容公开。第四，执行决定的结果公开。

在实践中，有些单位在行使权力时，只向权力所涉及的对象公开自己的决定而不向社会公开，只公开决定的内容而不公开作出决定的过程、依据和背景，甚至不公开决定执行的结果。有的是形式上公开而实质上不公开，如在公开选拔领导干部的时候，只公开选拔的过程而不公开每个阶段的实际情况，只动员人们参与民主测评，但是测评的结果不向参与测评的人员公开，组织被选拔的人员参加考试，但是考试的成绩不向参加考试的人员公开，组织专家公开面试，但是面试的结果不向被面试的人员甚至不向进行面试的考官公开。这种做法，在形式上似乎是遵循了公开选拔国家干部的原则，实际上只是盗用了公开选拔的名义。这样的公开选拔，依然是参与选拔的人员和公众无法对选拔国家干部的合理性、公正性进行监督。确立权力行使的透明原则，是为了便于对权力行使情况的监督。又如在政府投资的重大工程项目的招标过程中，虽然招标的过程和项目是公开的，但是中标的理由和中标单位的情况往往是不公开的。这就让没有中标的单位无法判断为什么其他单位中标而自己没有中标，无法判断中标的单位是凭据自己的实力还是因为其他不为人知的因素而中标。如果不能保证使公众真正了解权力行使的过程和情况，就违背了透明原则的初衷，难以防止和监督滥用权力的行为。因此我们主张的透明原则是实质上的透明，即真正能够让公众了解权力行使的决策过程和执行情况的透明，而不是遮遮掩掩的公开。当然实质上的透明是要通过一定的形式实现的。但是仅有形式上的公开，并不是真正的透明原则。

当然，透明原则也是有例外的。对于涉及国家秘密的事项，无论是决策的过程还是决策的内容都应当严格采取保密措施，而不能适用透明原则。

对于适用透明原则的权力行使情况，包括权力行使的过程、依据、结果等，应当通过一定的便于公众了解和查询的方式公开，不能只是向当事人公开而不向公众公开，不能只是为了形式而在人们不易发觉、不便查询的所谓大众传播媒介上发表。

透明原则还应当与质询制度相结合。行使权力的有关机关应当及时地、负责任地回答有关当事人和人民群众的查询和质询，无保留地公开公众质询的情况，以便人民群众能够及时有效地监督权力行使的情况。

对权力行使范围的严格限定和对权力行使过程的规范，这两个方面的有机结合，是防止任意扩权、滥用权力和以权谋私的制度保障。严格遵守权力范围的规定，严格按照权力行使的规则行使权力，就可以在很大程度上减少权力腐败现象的发生。

（三）改革完善国家干部管理制度

在中国，国家干部是行使公共权力的主体。国家干部制度[1]的合理与否，对于培养国家干部的爱岗敬业精神，对于消除公共权力中的腐败现象，具有至关重要的意义。

多年来，我们党在干部管理方面形成了一系列规章制度，积累了丰富的管理经验。但是也在一些问题。正是这些问题的存在，使国家干部队伍出现了严重的腐败问题。我们的研究表明，目前我国国家干部管理方面存在的突出问题，主要是：

第一，管人与管事相统一，形成下级对上级的人身依附关系。长期以来，我们国家在国家干部管理方面流行着一种观念，即"人事人事，既要管人也要管事"。其结果，国家干部的政治生命完全控制在上级领导的手里，以致形成下级对上级的依附关系，所有的国家干部都必须唯上命是从，否则其没有

---

〔1〕 本文使用"国家干部制度"而没有使用"公务员制度"，是因为公务员是一个特定的概念，不能完全包括我们国家组织人事管理部门管理的所有人员的范围。特别是各级党组织的机关工作人员，在哪个国家都不能称为公务员，但是在我们国家，由于共产党是执政党，党组织的机关工作人员无疑是行使国家权力的重要力量。所以本文沿用我们国家传统的称谓，笼统地称为"国家干部"。

"好日子过"。

第二，考评机制不科学，造成价值取向上的偏差。现在流行的国家干部考评制度，至少存在两个缺陷：一是在内容上，华而不实、没有具体衡量标准的成分太多，能够真正反映国家干部的工作业绩的、可以用一定的客观标准来衡量的成分太少；二是考评的方法多采取民主测评的形式进行。这种考评制度实施的结果，一方面使一些国家干部把主要精力放在说大话、空话、假话上而不是放在办实事上，另一方面也使许多国家干部不得不把更多的精力放在人际关系方面，包括与上级的关系，与同级的关系以及与下级的关系。踏踏实实地工作、敢于坚持原则而又不说大话的人，往往在民主测评中得不到高分，相反地，会说大话、空话、假话而又善于搞关系的人，无论干不干工作，民主测评的结果总是"令人满意的"。考评制度引起的这种价值导向，与国家干部应当勤政廉政的要求是背道而驰的。

第三，缺乏安全感，难以培养爱岗敬业的职业情操。多年来，我们在国家干部管理方面作了许多"禁止""不准"性的规定，违者将要受到相应的惩罚。但是实际上，一方面既难以做到也没有必要，另一方面违者并没有都受到处罚。其结果，就使国家干部们对这些禁令和"不准"视而不见以致违者成风，但是同时，回过头一想，似乎人人都有一些违规的行为，如果上级认真追究起来，轻者可能要受处分，重者恐怕"乌纱帽"难保，以致许多国家干部缺乏安全感。在这种心态的笼罩下，爱岗敬业的工作热情和廉洁奉公的职业操守就很难养成。

第四，物质保障不足，导致以权谋私。如前所述，我们国家长期以来在实行大众化的国家干部选任标准的同时也实行大众化的国家干部待遇。其结果，使许多国家干部在市场经济的各种物质诱惑面前没有自觉抵御的盾牌，以致看见别人"发财"就心理失衡，甚至利用手中的权力谋取私利。

鉴于国家干部管理制度方面存在的以上问题，我们认为，国家干部制度改革的价值取向，应该是既要让各个岗位上的国家干部都能够掌握自己的命运，珍惜自己的工作岗位，谨慎行使手中的权力，又要使任何岗位上的国家干部都不能恣意横行。具体措施主要是：

1. 改革国家干部管理模式

革除管人与管事相统一的观念，实行"管人"与"管事"相分离。

第一，撤销目前设在各个机关、单位的人事部门或者组织部门，在较大区域内组建党委（党组）直接领导下的组织人事管理部门，对国家干部进行统一管理。

第二，组织人事部门专门从事国家干部的选拔、考核、任免、调动工作。领导岗位空缺时，由组织人事部门统一组织在具备任职资格的国家干部中公开竞争上岗，或者选举产生。任职的条件、资格和选拔的标准应当事先公诸于众。国家干部的职级和级别及其晋级，应当规定明确的标准并按照该标准自动调整。组织人事部门及其工作人员不得参与所属区域内其他任何方面的管理工作，不得给其他部门的国家干部分配工作任务，更不得下达任何指令性的任务。

第三，其他各单位、各部门的领导有权给本单位、本部门的国家干部分配工作、下达指令，进行培训和批评教育，但是无权决定本单位、本部门国家干部的晋升、罢免、职务调动和工资级别，无权决定本单位、本部门空缺岗位的国家干部人选。任何国家干部，在工作上都要对本单位、本部门及其领导负责，但是在组织人事关系方面不受本单位、本部门领导的制约。单位或部门及其领导认为所属干部不能胜任其岗位的工作或者犯有错误时，应当向组织人事部门提出要求调动、降级或者处分的建议，由组织人事部门组织考核和处理，而不能由用人单位自行处理。

第四，明确规定国家干部的行为准则。对于目前国家干部管理方面的纪律要求，应当进行认真的清理，把那些必须做到、能够做到并且属于纪律范围内的行为规范作为对国家干部的基本要求，以便保证其切实遵守并便于严肃查处违反纪律的行为。属于制度方面的问题，应当通过完善制度来解决，而不应当作为对国家干部的纪律要求；属于法律范围内的问题包括违法犯罪问题，应当通过司法程序来解决，而不应当作为对国家干部的纪律要求，由国家干部管理部门去查处。模棱两可、难以界定和无法做到的规定，应当修改；没有意义的规定，应当废除。需要作为纪律的行为规则应当明确地加以规定，并能够保证其被严格执行。

2. 改革国家干部考评机制

国家干部考评的重点是履行岗位职责的情况。其目的是督促国家干部认真履行岗位职责，及时淘汰不能胜任岗位职责的国家干部。因此，国家干部考评应当提出其在自己的岗位上所作出的工作业绩，而不是国家干部的政治思想、人际关系。为此，首先应当明确设定不同岗位的业务范围和工作职责，并以此作为考核国家干部的根据。不能直接反映国家干部履行岗位职责情况的因素，就不应当作为考核的内容。

考核国家干部的方式不能通过民主测评的方法来进行。一方面，因为每个国家干部（如果他有足够的工作要干的话）通常都在忙于自己的工作而很少有时间和精力去关注其他人的工作情况，即使了解，也是知之不全，更谈不上准确。所以民主测评的结果往往不够客观、不够公正，难以真实反映一个国家干部的工作情况。另一方面，民主测评容易引导国家干部更多地去关注其他国家干部与自己的关系和对自己工作的评价，而容易忽视自己岗位职责本身的要求，导致重人际关系、轻工作业绩的结果，特别是容易诱导国家干部不去关心自己的管理或者服务的对象对其工作情况的评价。

借鉴国外的考核办法，我们认为，对国家干部的考核，应当采取个人述职、领导审查、组织人事部门考核的方式进行。每一年或者每个任期，可以要求每个国家干部就自己履行岗位职责的情况写出书面报告，由其主管领导对其真实性进行审查，然后交由组织人事部门按照每个国家干部的岗位职责进行考核。

对于工作中出现重大失误或者犯有严重错误的国家干部，应当就其工作失误或者错误，由其主管领导提请组织人事部门，由组织人事部门及时进行审查处理，或者组织人事部门根据举报进行审查处理。审查处理的情况应当作为干部升降、动迁的依据。

3. 充分保护国家干部的权利和待遇

国家干部是国家权力运作的中坚力量，也是社会的精英，理应享受社会上层人士的待遇。这种待遇包括物质保障和权利保障两个方面。[1]

低收入一直是我们国家干部待遇的基本特征。低收入既不

---

〔1〕 法国 1983 年 7 月 13 日关于公务员的权利与义务的第 83—634 号法第 30 条规定："当公务员犯了严重错误时，无论是失职还是触犯法律，行使纪律权的部门应立即通知纪律委员会并中止肇事者的职务。被中止职务的公务员，保留其待遇、住房补贴、家庭附加待遇和固定家庭补助。其情况应在 4 个月内结案。如果期满时，行使纪律权的当局未能作出任何决定，而当事人又没有受到法律追究，当事人即被恢复原职。当公务员受到刑法追究而未恢复公职时，可能减少上款所说待遇，但减少数目不得超过一半。然而，该公务员继续享受全部家庭负担补贴。"

能培养国家干部的职业自豪感和爱岗敬业的精神，也不能增强国家干部抵御各种物质诱惑的免疫力。因此预防权力腐败的一个重要而急迫的改革方案是大幅度地提高国家干部的物质待遇。

然而，在这方面我们一直面临着国家财政困难与提高国家干部待遇所需经费之间的矛盾。我们认为，解决这个目的的根本出路是大幅度减少国家干部的人数。目前，由国家财政供给的国家干部的人数非常庞大，给国家财政增加了巨大的压力。但是仔细分析国家干部的组成及其工作情况，便不难发现，在所有靠国家财政供给的国家干部中几乎有二分之一的人是多余的。一方面有相当多的机构是多余的或重叠的，另一方面有相当多的人是无所事事的。这种状况的存在，既增加了国家的财政负担，又人为地找出了许多不该用公共权力去管的事，进而增加了国家干部自身的负担。因此，要想提高国家干部的物质待遇，首先就必须进行国家机构改革和干部制度改革，下决心大幅度削减国家机关特别是各单位内设机构的数量和编制，从而使干部工资的调整不致造成财政上的沉重负担。

干部工资制度的改革，应当遵循这样的思路：同一级别的干部，无论干什么工作，都应当保持相同的物质待遇。其差别仅在于工作年限的长短、特殊岗位的补贴、不同地区的补助，而不应当是单位与单位之间的差别。

干部的物质待遇绝不仅仅是每年或者每月的薪水和补贴。因为这只能满足国家干部当下的利益。对于勤勤恳恳、廉洁自律的国家干部，最好的奖赏应该是保证其在辛劳若干年之后能够获得一笔可观的养老金，即使其在工作期间分文未存，也可以过体面的生活。这种对未来的期待，比在位时要什么就有什么、退位时什么都没有的状况，更有利于激励国家干部谨慎地对待手中的权力，更有助于国家干部自觉地抵制各种诱惑，防止在工作中犯错误。

除了物质待遇之外，国家干部的权利应当得到充分的保障。国家干部作为公民应当享有的公民权利，应当受到法律的保护，未因法定事由、未经法定程序，任何机关和个人不得剥夺。国家干部作为国家工作人员，其履行岗位职责的权利以及应当享有的待遇，应当受到各级领导机关的尊重，不得随意剥夺或者限制。干部岗位的变动，应当有充分的理由，并且这种理由应当是公开的、允许申辩的。对于侵犯国家干部基本权利的行为，应当设置必要的、有效的救济渠道，以保障其权利得到维护。一个国家，如果连干部的权利都不能给予充分的法律上的保障，要依法治国、要保障公民的权利，就是十分遥远的事情。在这方面，我们还有很长的路要走。

（四）强化对权力的监督机制

在中国的传统文化中，超越规则而办成一件事情往往被认为是权势、能耐的标志。在我们看到的腐败犯罪案件中，无视制度、违反规定的情况也大量存在。这个事实告诫我们，要想用制度来规制权力，防止权力的滥用和腐败，就必须研究和建立健全有效的监督机制，严厉制裁违反制度的行为，以保障制度被切实遵守。唯有这样，才能发挥制度的作用，形成依法治国所必需的法律秩序。

目前，我们国家有各种各样的监督形式，如权力监督、民主监督、法律监督、行政监督、舆论监督，等等，似乎监督机制十分发达、十分健全。但是实际上监督作用发挥并不充分[1]。究其原因。我们认为，最根本的问题是所有能够产生实

---

　　〔1〕　目前在查办腐败案件方面，最权威、最有效的当属中纪委，因为中纪委查办案件不受地方各级各部门的控制和干预。但是由纪委查办犯罪案件在管辖范围上与行政监察、法律监督如何区分亦是一个值得研究的问题。

际效果的监督手段都是在监督对象的控制下使用的[1]，因而其监督的范围和效果必然是有限的，有时甚至是形式上的。

权力监督的对象是权力主体即行使公共权力的机关和人员。但是如果监督的主体和手段完全控制在监督对象的手里，那么这样的监督就只能是权力主体让监督才能监督，不让监督就不能监督；让监督谁才能监督谁，不让监督的人就不能监督；让怎么监督才能怎么监督，让这么监督就不能那么监督。这样的监督当然就不可能对监督主体形成真正的压力，不可能有效地发挥监督的作用。

因此，构建有效的权力监督机制，最关键、最困难的问题是如何使监督主体脱离监督对象的控制。在现有的监督机制中，我们认为，强化和完善以下三种监督是非常必要的：

1. 审计监督

审计是指由专职机构和人员，依法对有关单位的财政、财务收支及其有关经济活动的真实性、合法性和效益性进行审查，评价经济责任，用以维护财经法纪，改善经营管理，提高经营效益，加强宏观经济调控的独立性经济监督活动。审计作为一种特殊的监督形式，对行政机关及其工作人员在经济方面的行为具有直接、有效的监控作用。

审计监督所以有效，主要有五个方面的原因：

第一，在领导体制上，审计机关直接隶属本级最高行政首长，摆脱了其他机构和人员的干预，具有一定的权威性。

第二，审计监督工作上由专门机构和专业人员进行的。审计的主体是审计机构和审计人员。审计机构即政府的审计机

---

[1] 人民群众的监督和民主党派的监督，由于没有发挥作用的机制，很难说是一种能够产生实际效果的监督。

关，内部审计机构和会计师事务所；审计人员即专门从事政府审计、内部审计的人员和执业的注册会计师等。审计人员具有必要的专门知识和明确统一的审计依据即国家颁布的财务会计通则、准则，以及会计制度和《中国注册会计师独立审计准则》等法规。

第三，审计监督具有专门的手段。如要求报送权、检查权、调查权等。按照审计法的规定，审计机关有权要求被审计单位按照规定报送预算或者财务收支计划、预算执行情况、决算、财务报告，社会审计机构出具的审计报告，以及其他与财政收支或者财务收支有关的资料；有权检查被审计单位的会计凭证、会计账簿、会计报表以及其他与财政收支或者财务收支有关的资料和资产；有权就审计事项的有关问题向有关单位和个人进行调查，并取得有关证明材料。

第四，为了保障审计工作的顺利进行，审计法明确规定了被审计对象协助审计的义务，以及违反协助义务的法律后果。

第五，审计机关具有处置权。根据审计的情况，审计机关有权直接对被审计对象进行制止并采取措施。按照审计法的规定，审计机关发现被审计单位违反国家规定的财政财务收支行为，有权按照法律、行政法规的规定作出处理。审计机关发现被审计单位违反本法规定，转移、隐匿、篡改、毁弃会计凭证、会计账簿、会计报表以及其他与财政收支或者财务收支有关的资料的，有权予以制止。被审计单位违反本法规定，转移、隐匿违法取得的资产的，审计机关、人民政府或者有关主管部门在法定职权范围内有权予以制止，或者申请法院采取保全措施。对被审计单位违反国家规定的财务收支行为，审计机关、人民政府或者有关主管部门在法定职权范围内，依照法律、行政法规的规定，责令限期缴纳应当上缴的收入，限期退还违法所得，限期退还被侵占的国有资产，以及采取其他纠正措施，并可依法给予处罚。审计机关认为对负有直接责任的主管人员和其他直接责任人员依法应当给予行政处分的，应当提出给予行政处分的建议，被审计单位或者其上级机关、监察机关应当依法及时作出决定。

通过审计监督，可以促进被审计单位改进管理，堵塞漏洞。审计机关和审计人员对被审计单位的经营管理活动及内部控制制度是否合理、合法、合规，是否健全、有效进行全面的评价，指出其合理的方面，以便发扬和推广；揭露其薄弱环节和存在的问题，并提出改进措施和建议。审计的过程和结果都有利于被审计单位提升管理水平，防止腐败的发生。同时，通过对被审计单位的财政和财务收支以及经营管理活动进行监督和鉴证，能够揭露弄虚作假、营私舞弊、违法乱纪以及铺张浪费等行为，并依法追究责任，执行经济裁决，或者通过被审计单位的上级给予行政处分或者司法机关给予法律制裁。因此，加强对遵守制度情况的监督，应当充分重视和发挥审计的作用。

为了充分发挥审计工作在监督国家财政制度和财政预算执行情况、防止公共财政使用中的腐败方面的作用，我们认为，有必要从以下几个方面加强和改善审计监督：

（1）改革审计机构的管理体制。目前，各级政府机关中都设有审计机构。这种庞大的审计机构过于分散，不利于形成普遍审计与重点审计相结合所需要的人才优势。同时由于审计机构设在各级政府之内，容易受本级政府的控制而不利于加强中央对地方财政的监督。因此建议改变目前由各省、自治区和直辖市以及它们管辖的市、县、区层层建立审计机构的状况，建立一个由国务院（审计署）垂直领导的单一系统，以便严格统一地执行审计法，并减少管理机构和管理人员。同时要加强对审计机构和审计人员的资格审查和管理，保障审计工作的专门性和专业水准，提高审计的科学性。建立异地审计的制度，严格执行审计法规定的回避制度。

（2）突出审计的重点。从遏制腐败的角度来看，强化审计监督的作用，关键是要把公共财政、国家预算和国有金融机构作为国家审计的重点。根据现行《审计法》的规定，审计机关有权对国务院各部门和地方各级人民政府及其各部门的财政收支、国有的金融机构和企业事业组织的财务收支，以及其他依照该法规定应当接受审计的财政收支、财务收支等的真实、合法和效益进行审计监督。这一法律所规定的审计范围是非常宽泛的，然而实践却证明，过于宽泛的审计范围因受到诸多限制而必然导致出现重点不够突出、审计不够深入甚至出现审计真空的现象。因此我们建议，审计的重点应当集中在公共财政、国家预算和国有金融机构。这样有助于强化对与公共权力有关的重点部门和岗位的审计监督，同时也有助于引导国家审计从真实、合法、合规向效率、效果延伸。

（3）建立科学合理的问责制。审计工作应当与行政监察工作相结合，以保障违规行为问责制的切实执行。目前，审计工作与行政监察工作脱节，审计中发现的财政管理和财务管理方面的问题，特别是违反财政和财务制度情况背后可能隐藏的贪污贿赂等腐败现象，没有机构和人员进一步去查究，难以形成预防腐败的合力。因此建议审计机构与行政监察机构合并或结合，以便充分利用审计监督的优势，严肃追究违反财政制度和财务管理规定的单位和个人的行政责任，并有效地查处违反财政制度和财务规定背后的腐败现象，加大查处以权谋私行为的力度。

问责制切实执行的基本前提之一是制度和规定本身的科学性、合理性。制度本身规定的不科学，就无法切实执行；制度本身规定的不合理，即使据以处罚了再多的违反制度的人和事，也不能达到制止违反制度行为的发生。为了保障财政制度和财务规定的切实遵守和按照制度严格处罚违反制度的行为，为了防止某些人以制度本身规定的不合理为由明目张胆地违反制度、漠视甚至蔑视制度或者在制度无法执行的借口下实施滥用职权、以权谋私的活动，就必须认真审查和改革我们现行的财政和财务管理制度，实实在在地废除那些不合理的、不适应社会发展的财政和财务规定，确保现行、有效的制度是科学、合理和必要的制度，因而也是必须严格遵守和执行的制度。在此基础上，严格执行财政和财务管理制度，对于违反制度的行为进行严格追究。

（4）建立严格的案件移送制度。应当认真研究和建立案件移送制度，保障审计机关与检察机关联系的畅通。在审计工作中发现的严重违反财政和财务管理规定以致构成犯罪的行为，以及违反财政和财务管理规定背后可能隐藏职务犯罪的情况，审计机关应当及时地将有关材料作为证据予以保全，并保证准确、如实、完整地移送给司法机关，以便追究有关单位和个人的刑事责任。

2. 法律监督

法律监督是检察机关运用法律规定的手段、依照法定程序进行的能够产生法律效果的监督。按照宪法的规定，检察机关是国家的法律监督机关，依法独立行使检察权。

反腐倡廉最直接、最有效的方式是对滥用权力、以权谋私、徇私枉法的犯罪追究刑事责任。通过检察机关的法律监督查办腐败犯罪案件、制裁腐败犯罪分子，是保障权力按照制度设定的轨道运行的必不可少的重要环节。充分发挥检察机关的法律监督作用，有效地查办腐败犯罪案件、严厉惩治腐败犯罪分子，对于遏制和预防权力腐败、保障廉政制度的落实，具有非常重要的意义。

法律监督与人大的监督相比，它是作为一种职责必须履行的，这种职责作为一种法律义务能够保障它的必为性；与舆论监督、民主监督相比，它是使用能够产生法律效果的专门手段进行的，这种手段能够保障它的有效性；与党内监督相比，它是严格按照法律规定的程序进行的，这种法律程序能够保障它的合法性。因此，与其他监督相比，法律监督应该说是我们国家最为有效的、最具正当性的监督方式，应当成为权力制约监督机制中重点加强的监督方式。

检察机关恢复重建以来，在查办腐败犯罪案件、惩处腐败犯罪分子方面发挥了应有的作用。但是与党和人民的要求相比，与反腐败斗争的需要相比，检察机关在法律监督方面的作用还没有充分发挥。其原因是多方面的。但是最主要的原因，我们认为有三个方面：

第一，受1975年宪法取消检察机关的影响，1978年宪法在规定检察机关的组织结构时没有按照1954年宪法的规定将其设定为全国统一领导的体制，致使国家的检察机关变成了地方的检察机关，受地方权力的控制和影响很大。特别是在反腐败方面，地方各级检察机关要受地方党委和政府的领导，以致发生在地方上的某些重大腐败案件，当地检察机关反而难以查办。

第二，监督手段有限，难以适应查办腐败犯罪案件的需要。目前，检察机关按照法律规定能够使用的监督手段，主要是公开侦查的手段。这些手段对于查办职务犯罪案件是必不可少的，但又是远远不够的。因为职务犯罪的突出特点是犯罪行为的隐蔽性和犯罪主体反侦查的能力强。这两个特点在客观上就决定了仅仅通过一般的侦查手段，在许多场合下是难以突破案件的。

第三，检察官队伍没有按照精英化的要求来建设，整体素质有待提高。检察机关恢复重建以来，长期按照一般国家干部的标准进入和选拔干部，以致积累了一大批没有受过正规的法律教育、缺乏严格的职业训练的检察人员。并且对检察机关的管理也是一直按照一般国家机关的管理模式进行的，没有反映检察机关的职业特点，不能满足检察工作的专业要求。尽管检察机关的许多干部在检察工作实践中不断学习、努力实践，积累了一定的工作经验，不乏杰出人才，但是在总体上，仍然没有改变专业化程度不高的状况，难以适应法律监督专门机关的需要。

为了强化法律监督，充分发挥法律监督在国家权力制约机制中的作用，我们认为，应当着力解决妨碍强化法律监督的重大问题，通过司法体制改革和完善立法，增强检察机关法律监督的能力。这方面的构想主要有以下几个方面：

（1）扩展法律监督的空间

强化法律监督，首先必须解决法律监督的客观需要与法律监督权限范围之间的矛盾，赋予检察机关履行法律监督职能所必需的权力。需要通过改革增加和完善的职权主要有：

第一，提请违宪（违法）审查权。对于一切违反宪法精神和法律规定的行政法规、部门规章、地方性法规和司法解释，检察机关都应当有权向全国人大及其常委会提请审查的权力。

第二，职务犯罪案件的统一受理权。作为国家专门的法律监督机关，对于人民群众控告举报国家工作人员违法行为的案件，应当由检察机关统一受理。检察机关认为存在违法事实需要追究刑事责任的，向人民法院提起公诉，由人民法院依法审判；有违法事实但不需要追究刑事责任的，交由有关机关追究行政责任或给予纪律处分；没有违法事实存在的，应当还被控告举报人以清白。

第三，办结案件审查权。对于一切社会主体向检察机关提出申诉的有关执法机关和司法机关办结的案件，检察机关应当有权进行审查，以便确认期间是否存在着违反法律的情况。

第四，民事和行政案件公诉权。对于违反宪法和法律并侵犯国家和社会公共利益的行政决定，或民事侵权行为，如果没有具体的被害人，或者被害人人数多且分散，在实践中往往就会出现无人提起行政诉讼或民事诉讼的状况。检察机关作为国家的法律监督机关，在这种情况下，就应当有权代表社会公共利益，对违法的行政决定或侵权行为提起公诉，以便保护社会公共利益，维护法律的尊严。

第五，督促执法权。全国人民代表大会制定的法律和国务院制定的行政法规，在实践中有权或者有义务执行的机关和人员不执行法律规定或者不履行执行职责的情况，非常严重。鉴于这种情况，应当赋予检察机关督促有关机关采取必要措施执行有关法律的权力。对有义务执行法律法规但由于渎职而不执行的，检察机关应当有权提请其上级主管部门依法追究其行政责任或法律责任。

（2）增强法律监督的能力

无论法律规定的权力有多大，如果监督主体缺乏监督的能力，仍然无法进行有效地监督。因此提高法律监督的能力，对于强化法律监督，具有特别重要的意义。增强法律监督的能力，涉及两个方面：一个是在法律层面上完善关于法律监督手段和效力的规定；另一个是在工作上提高法律监督的水平。

就法律层面而言，主要是增强检察机关发现违法和纠正违法的能力。

发现违法是进行法律监督的前提。只有及时发现违法情况的存在，才能够有针对性地进行监督。发现违法也是保证法律监督有效性的基础。检察机关所提出的监督意见要想具有说服力，就必须有充分的证据来支撑。因此，要保证法律监督及时有效地进行，要充分发挥法律监督在维护法律正确实施中的作用，检察机关就必须及时准确地发现违法事实的存在，并且能够提供确实充分的证据证明自己的监督意见具有客观存在的事实基础。

发现违法需要一定的手段。证明违法的证据，只能通过一定的手段来取得。没有有效的发现违法的手段，而仅仅依靠举报人提供的线索或者当事人的一面之词，检察机关既难以获取充分的证据并据以认定违法事实的存在，也难以提出让被监督者接受的监督意见。发现违法的手段，主要是调查取证的手段，包括运用国家强制力调查取证的手段即侦查手段。对执法过程中违法情况的调查，特别是对职务犯罪的侦查，在很大程度上依赖于侦查能力的提高。但是从检察机关的实际状况看，侦查能力不高严重制约着检察机关查办职务犯罪职能作用的发挥。因此，要强化法律监督，就必须通过立法赋予检察机关有效的发现违法的手段，其中包括赋予检察机关直接使用技术侦查手段的权力、要求涉嫌职务犯罪的单位和知情人员提供有关案件的材料和证据的权力等，使其能够真正胜任自己的工作，切实履行法律监督职责。

当然，提高检察机关发现违法的能力，绝不仅仅是一个法律规定的问题。检察机关自身侦查水平的提高同样是一个不容忽视的极为重要的方面。检察机关自身，应当采取积极有效地措施，加强专业技术和技能的培训，不断提高侦查人员的法律水平、扩展知识面特别是对权力运作过程的了解，增强职务犯罪侦查的实战能力。

发现违法的目的是纠正违法。法律应当明确规定检察建议的法律效力。这种规定应当包括以下内容：第一，法律应当扩大检察机关有权向有关单位发出纠正违法通知的范围。检察机关在履行法律监督职能的过程中，发现任何单位存在违法情况，都有权向其发出纠正违法通知，要求有关单位和人员限期纠正存在的违法情况。第二，法律应当对检察建议作出明确的规定，赋予检察机关结合办案就预防犯罪和防止再发生违法情况向有关单位提出改进工作的建议。第三，法律应当明确规定有关单位和人员的义务。第四，纠正违法通知和检察建议作为法律监督的一种方式，应当慎重使用。

（3）增强检察机关抗干扰的能力

增强检察机关抗干扰的能力，是强化检察机关的法律监督职能的一个极为重要的方面，因而也是检察改革中必须着力解决的问题之一。增强检察机关抗干扰的能力，应当重点从以下几个方面进行：

第一，改革领导体制，落实宪法规定的检察机关的领导关系。作为检察改革的一项内容，应该考虑如何落实宪法规定的检察机关领导关系问题。我们认为，按照《宪法》第132条的规定，检察机关应当实现上下级之间的直接领导关系，即最高人民检察院领导地方各级人民检察院的工作、上级人民检察院领导下级人民检察院的工作。而各级人民检察院的工作都包括履行法律监督职能、查办案件方面的工作；干部人事和人员管理、培训方面的工作；经费保障和设备装备配备及其管理使用方面的工作；等等。这些工作都应当属于领导的范围。与之相适应，在最高人民检察院向全国人民代表大会及其常务委员会负责并报告工作的同时，地方各级人民检察院应该向自己的上级人民检察院负责并报告工作。加强最高人民检察院和上级人民检察院的领导，既是增强检察机关抗干扰能力的最有效的措施，也是强化法律监督的重要举措，同时也是落实宪法规定的必然要求。

第二，改革检察机关人事管理制度，实现检察一体化。检察机关的根本任务是维护国家法制的统一、保障宪法和法律的正确实施。为此，检察机关在内部组织和权力运作方面就应当是高度统一、互为一体的。如果检察机关内部组织混乱，权力行使不统一甚至各自按照自己对法律的理解和态度行事，检察机关的任务就不可能真正实现。因此，检察一体化可以说是检察机关为完成其根本任务而必需的组织保障。同时，检察一体化，也是提高工作效率，保障法律监督权有效行使的重要措施，是提高检察机关抗干扰的能力，依法独立行使检察权的组织保障。

第三，提高检察官的待遇，增强检察官拒腐蚀的能力。要增强检察机关抗干扰的能力，就必须重视提高检察官的待遇，使检察官在履行法律监督职责的过程中有一种对职业的自豪感和使命感，在市场经济环境中具有抵制各种诱惑的盾牌和严格自律的动因。提高检察官的待遇，绝不仅仅是保障检察官工资的按时发放和增加检察官津贴的问题。检察官的物质待遇无疑是满足检察官生活需要的基本保障。提高检察官的人格尊严，则是提高检察官待遇的一个重要方面。

3. 舆论监督

舆论监督是通过新闻媒介对国家机关、国家机关工作人员的渎职和腐败行为以及与公共利益有关的决策事项进行披露和批评，督促有关国家机关改进工作或者查处违法责任人的活动。[1] 舆论监督的主体是人民群众；舆论监督的主要途径是新闻传媒；舆论监督的对象是一切公共权力及其行使者。与腐败的隐蔽性特征相反，曝光和公开性是新闻媒介的本能。及时有效的舆论监督可以将腐败丑行暴露在光天化日之下，或者为司法机构惩治腐败提供线索，寻找证据。并且，舆论监督不受地域、行业、领域限制，可以对社会进行全方位扫描，而且可以渗透到社会的各个层次和方面，有关监督意见一旦发表，就可以最大限度地调动社会的正义和良知，动员全社会的力量同一切腐败现象作斗争，形成强大的社会舆论和势力。因此，舆论监督也是最有效的监督方式之一。我们国家尤其应当高度重视新闻媒介在舆论监督方面的作用。

舆论监督的重要功能之一，就是动员社会力量监督公共权力的运行，促进党和国家工作的廉洁高效，克服不正之风和腐败行为。从反腐倡廉的角度来说，舆论监督的意义主要表现在两个方面：

第一，舆论监督是以权利制约权力的重要形式，是以权力制约权力监督方式的必要补充。在以权力制约权力的监督机制中，职能部门之间及其与专门的监督机构之间按照法律规定的程序进行监督制约。舆论监督则是直接反映民意，表达人民群众意见的方式，具有监督公共权力的永不枯竭的动力，可以推动以权力制约权力的机制持久地、一贯地发挥作用。

第二，舆论监督为法律监督和行政监督机构充分地履行遏

---

[1] 舆论监督虽然也包括公民之间就公共权力运作情况所进行的议论（即社会舆论），但是这种议论如果没有通过一定的载体反映出来，就难以发挥监督的作用。因此我们重点研究新闻媒介对公共权力运作的监督。

制腐败的责任提供了丰富的信息资源。社会信息具有分散性，一个监督机构无论如何主动和积极，都不会收集尽全部的社会信息，况且其时间和精力是有限的，而舆论监督由于自身的特点，却可弥补其他监督的不足。实践中，公民或传媒的揭露提供了大量的政府机构或政府官员违法的犯罪线索。

近年来，新闻媒介在舆论监督方面作了许多有益的探索。各新闻单位和广大新闻工作者充分利用各自的优势和特点，广泛宣传党中央关于党风廉政建设和反腐败斗争的指导思想、基本原则和坚强决心，及时报道了党风廉政建设和反腐败斗争的成果，揭露了违纪违法案件和不正之风，有力地配合了反腐败各项工作的开展。但是，从总体上看，舆论监督的力度与人民群众对反腐败报道的要求还不太相称，舆论监督的作用还没有充分发挥出来。究其原因，既有新闻理念、新闻机构和新闻工作人员社会责任感方面的原因，也有管理制度方面的原因。如有的新闻机构和新闻工作人员尤其是新闻管理部门，长期形成了正面报道的传统，喜欢报喜不报忧，对公共权力运作中的问题特别是涉及个别领导人的问题，往往是文过饰非、轻描淡写，不愿或者不敢直接、如实、公开曝光。又如有的新闻媒体的管理部门对披露公共权力腐败问题的报道"层层把关"，严格审查，甚至禁止报道，有的甚至对报道腐败问题的新闻机构和新闻工作人员进行打击报复。这种现象严重妨碍了舆论监督在反腐倡廉机制中功能作用的发挥。

因此，要充分发挥舆论监督在反腐倡廉机制中应有的功能作用，我们认为，应当重点从以下几个方面进行改革：

（1）更新新闻理念，加大披露腐败问题的力度

长期以来，我们的新闻媒介都是以正面宣传为主，日复一日、年复一年、连篇累牍地报道大好形势和取得的伟大成就，

对于工作中出现的失误和存在的问题视而不见，或者遮遮掩掩，或者轻描淡写，除非司法机关已有定论，不敢真名实姓地报道领导干部中存在的问题特别是滥用职权、以权谋私方面的问题。各级领导干部和领导机关，以及广大群众普遍形成了一种观念：一旦新闻媒介上报道某个单位或者某个领导干部存在的问题，似乎这个单位或者这个人就一无是处、百病难医。这种观念使人们把新闻媒介的反面报道看得比有罪判决还严重，以致各级领导对媒体曝光讳莫如深，被曝光的单位和个人也如坐针毡。这种效果反过来又使新闻媒体不敢轻易真名实姓地报道腐败问题。在实践中，即使报道这方面的问题，通常也都是报道级别低自己两级以上的单位和个人的问题。这种状况严重妨碍了媒体在舆论监督方面作用的发挥。因此，为了充分发挥新闻媒体在监督公共权力部门和国家干部谨慎、正确行使公共权力中的作用，实有必要更新我们的新闻理念。

更新新闻理念，并不仅仅是新闻工作者的事情，而是全社会的事情，尤其是各级领导机关和领导干部要改变对媒体曝光的看法，正确对待新闻媒介的舆论监督。一方面，新闻机构和新闻工作者应当增强新闻职业的社会责任感，善于、敢于通过新闻调查途径去捕捉、发现现实生活中存在的腐败问题，客观、真实地反映和报道存在的问题，督促、鞭策有关机关和人员改进工作、弥补失误、廉洁奉公，正确行使人民赋予的权力；另一方面，要引导人们正确对待媒体曝光，不能把媒体曝光的问题视为千真万确的事实，更不能用媒体的眼光对待曝光中涉及的单位和个人。要增强社会特别是各级领导机关和领导干部对媒体曝光的承受力，既认真负责地对待和解决媒体上报道的问题，实事求是地处理暴露出来的问题，又不能把媒体的影响力看得太重，影响正常的工作秩序和工作程序。那种媒体一曝光或者一炒作，问题就上纲上线，以致违反法律规定和正常程序来处理有关的人和事的做法，不是实事求是的作风，也不是对待舆论监督的正确态度。

（2）改革管理模式，规范舆论监督

对于新闻媒介要加强管理，防止利用新闻媒体操纵社会舆论以影响国家机关的某些决策活动和公职人员的选举活动。新闻机构本身也要认真负责地对待自己的报道，客观真实地反映情况，不能捕风捉影，仅凭道听途说就报道腐败现象。实践中，有的新闻媒体仅仅根据一方当事人的一面之词就大肆渲染司法腐败或者领导干部的腐败行为的做法，是一种不负责任的做法。应当通过规范新闻行为而使新闻媒体正确行使舆论监督权。

但是现在流行的某些管理方式本身也是需要改革的。如公共权力机关甚至某些个人控制、操纵新闻媒体，向其发布指令强迫新闻机构按照自己的意志和要求进行报道非政府行为特别是有关滥用职权、以权谋私等腐败案件的做法，对涉及地方公共权力机构或领导干部腐败、工作失误、不当做法的报道进行行政性的事先审查等，既不符合新闻工作的规律，也不利于充分发挥新闻媒介的舆论监督作用。因此有必要改革事先审查的管理模式，由事先审查改为事后追究，在赋予新闻机构更多的自主权的同时，培养新闻机构和新闻工作者对自己的报道独立负责的精神。

目前，我们国家对设立新闻机构的资格审查非常严格，这是非常必要的。但是仅有这种审查是远远不够的。如果不坚持对新闻职业从业资格进行严格的审查，同样难于保证新闻工作的质量。因此，加强对新闻工作的管理，不仅包括对新闻机构的管理，而且更应当包括对新闻工作者从业资格的管理。事先的资格审查与事后对失真报道的追究，是保证新闻媒介舆论监督正确发挥作用的两个极为重要的方面。

（3）加强新闻机构与公共权力之间的互动

公共权力机构特别是对滥用职权、以权谋私、徇私枉法等腐败行为具有查处之责的公共权力机构，应当加强与新闻机构的联系，尊重和重视舆论监督所提供的腐败案件线索。一方面，要根据新闻媒体上曝光的腐败现象，顺藤摸瓜，及时发现、查实或者排除腐败行为，一旦发现腐败行为，应当一查到底，根据自己查证属实的事实追究有关单位和人员的法律责任。另一方面，要主动加强与新闻机构的联系，从新闻线索中查找腐败行为的线索，特别是对于新闻机构发现的但又没有条件进一步查证的腐败线索，具有查处之责的公共权力机构应当运用自己的调查手段认真调查，以便证实或者排除这些线索。新闻机构也应当主动向有关公共权力机构反映自己发现的腐败线索，通过有查处之责的机构追究有关单位和人员的责任。对于某些有关腐败行为的线索，通过有关机关的调查核实而予以排除，并通过新闻媒体给公众一个真实可靠的说法，不仅可以还有关单位或个人的清白，减少不必要的猜测和怀疑，而且可以消除对公共权力机构和领导干部的误解，增进人民群众对公共权力机构及其工作人员的信任。

（4）完善立法，充分保障新闻机构和新闻工作人员的舆论监督权

通过新闻立法，不仅可以规范新闻活动，增强新闻机构和新闻工作者的社会责任感，提高新闻媒介舆论监督的真实程度，而且可以在更大的程度上、更广的范围内保护新闻机构和新闻工作者合法的职业活动，加大新闻媒介舆论监督的力度。

从我们国家目前的实际情况看，新闻立法需要重点解决三

个方面的问题：一是规范对新闻机构和新闻工作者的管理行为，避免滥用管理权限制新闻媒介舆论监督的现象；二是规范新闻行为，加强和完善对新闻机构和新闻工作者的管理，建立完备的事后审查制度；三是加强对新闻机构和新闻工作者合法权益的保护，特别是对客观真实地报道公共权力运作过程中存在的问题、披露腐败现象的新闻行为的保护，防止利用公共权力打击报复甚至迫害报道自己或者本单位腐败现象的新闻机构和新闻工作者。

（原载《权力制约与反腐倡廉》，
中国方正出版社 2009 年版）

从 "严打" 看我国
刑事政策的走向

刑事政策是国家基于对犯罪现象和犯罪原因的科学分析，为保障社会利益和社会秩序，实现惩罚和预防犯罪而采取的策略和措施的总称。刑事政策对于刑事立法和刑事司法具有直接的指导意义，对于维护社会的安全与稳定具有重大的影响。因此，刑事政策的科学性、合理性，是刑事法律科学研究的重大课题。

一、我国刑事政策的演变

刑事政策是国家意志的体现，是由物质生活条件所决定的，并且受国家的政治、社会经济状况、文化条件、历史习惯等多种因素的影响，并随着社会环境的变化而不断发展变化。其中影响刑事政策制定的最主要因素是社会治安形势和犯罪态势。"刑事政策的发展历史表明：社会治安和犯罪的状况，直接引起刑事政策的变动。"[1]

新中国成立以来，我国长期坚持的基本刑事政策是 "惩办

---

〔1〕 何秉松主编：《刑事政策学》，群众出版社 2002 年版，第 233 页。

与宽大相结合"的刑事政策。"惩办与宽大相结合"的刑事政策，经历了从革命根据地时期到社会主义革命与建设时期的不断完善与发展，形成为宽与严两个方面相辅相成的、统一的、合理的刑事政策。它注重根据犯罪分子的不同情况，做出具体分析和进行区别对待，强调"坦白从宽、抗拒从严、首恶必办、胁从不问、立功折罪、立大功受奖"，坚持惩办与宽大相结合，对惩治犯罪，保护人民，稳定社会秩序起到了非常重要的作用。

然而，20世纪80年代以来，随着改革开放政策的推行，社会由封闭转向开放，社会结构由静态转向动态，社会意识形态领域的多元化，社会利益结构的分化与重组，人们的价值观念发生重大变化，社会流动性增强。这在客观上引起刑事案件剧增，特别是暴力犯罪案件大幅度上升，社会治安严重恶化。针对犯罪状况的实际变化，全国人大常委会于1983年作出《关于严惩严重危害社会治安的犯罪分子的决定》，强调从重从快打击严重危害社会秩序和社会治安的七类犯罪，开展了以"从重从快"为特征的严厉打击刑事犯罪活动的专项斗争。在这次为期三年的严打斗争中，全国各级公安司法机关依法从重从快重点打击了伤害、抢劫、盗窃、走私、投机倒把等严重危害社会治安的刑事犯罪活动。这次严打斗争的开展使社会治安状态明显好转，犯罪率明显减少，有力地维护了社会秩序和社会经济发展的稳定，保障了改革开放的进行，取得了明显的效果。随后几年，国家一直坚持"严打"政策，在1991年布置了"重点治理"，1992年决定在全国范围内开展为期三年的"反盗窃"斗争，1993年部署围歼"车匪路霸"的专项斗争等。此后，又于1996年和2001年开展了二、三次全国范围内的严打活动。

回顾我国 20 年的刑事司法实践，我国的刑事政策始终以"严打"为主线，强调依法从重从快严厉打击刑事犯罪分子，并结合犯罪态势的变化，不断调整打击的重点，同时有针对地采取预防措施，逐渐形成了以"严打"为基本内容的刑事政策。"严打"的思想，成为指导刑事立法和刑事司法的一个重要思想。

二、"严打"的价值分析

针对我国以"严打"为基本内容的刑事政策，理论界和实务界褒贬不一。那么，应对"严打"如何认识与评价？我国刑事政策的走向应如何？合理、有效的刑事政策应该如何构建？笔者认为，有必要从"严打"的实际情况出发，对"严打"政策进行理性反思，才能探求出我国刑事政策的正确走向，建立合理有效的刑事政策体系。

"严打"政策是在社会变革、犯罪急剧增长的特定历史背景下，维护社会安宁、遏制犯罪膨胀的现实选择。在 20 年"严打"实践中，刑事司法系统始终坚持依法从重从快严厉打击刑事犯罪，坚持两个基本即"基本事实清楚，基本证据确实充分"，不断总结经验，分阶段地明确严打的目的、范围，逐步建立和完善与严打政策相配套的量刑政策、行刑政策，在维护社会的秩序和安宁，保障改革开放的顺利进行，促进经济建设等方面，发挥了显著的作用。实践证明，"严打"的刑事政策，对于充分调动有限的司法资源集中解决社会治安中的突出问题，严厉打击严重刑事犯罪，遏制犯罪急剧增长的势头，具有常规手段无法替代的作用。

但是作为一项基本的刑事政策，从长远发展的角度看，一味强调"严打"的刑事政策，具有自身难以克服的负面效应，以致妨碍它的科学性和合理性。

第一，政策制定实施的系统性、协调性不强。"严打"是针对特定时期社会治安中出现的问题而采取的具体措施。每次严打都强调对突出的犯罪问题进行专项整治，即哪方面的犯罪突出，就重点查办哪方面的刑事案件。"这种救火式的刑事政策既不注重'瞻前'，即对犯罪原因进行深入的研究，也不注重'顾后'，即关注犯人的改造和回归社会，其结果只能是治标不治本。"[1] 如严打要求实现"狠、稳、准"三方面的平衡与协调，而在具体的规范制定上，只注重对"狠"的要求，而对"稳、准"却缺少相应的规范要求，这种不平衡不协调的规范要求导致公安司法机关在执行时难以准确掌握法律规定和刑法原理，一定程度上混淆了罪与非罪的界限，甚至在量刑时出现"一准乎重"的现象。

第二，忽视对人权的保障。对人权的保障理应成为刑事政策价值追求的目标。而对人权的保障，在刑事诉讼中必须依赖具体的程序规则来实现。但是，"严打"的刑事政策由于过分强调从重从快严厉打击严重刑事犯罪，许多程序性保障机制很容易被忽视，甚至被有意无意地取消或弱化，以致在刑事诉讼中对犯罪嫌疑人、被告人的人权保障重视不够。如在刑事侦查过程中，不能保障犯罪嫌疑人及时获得律师的法律帮助，甚至司法机关故意设置障碍使犯罪嫌疑人得不到应有的法律帮助；为了获取犯罪嫌疑人的口供，不惜采取法律明文禁止的刑讯逼供、变相肉刑等严重侵犯人身权利的手段；在犯罪嫌疑人或被告人被羁押的情况下，明显超过法定的办案期限，如果没有获取充分的证据或者难以作出有罪判决，办案单位在"严打"的压力下，宁肯违法继续羁押犯罪嫌疑人或被告人，也不肯遵守

---

〔1〕 何秉松主编：《刑事政策学》，群众出版社 2002 年版，第 251 页。

刑事诉讼法的明文规定释放犯罪嫌疑人或被告人。这种现象，严重地侵犯了犯罪嫌疑人和被告人的合法权益。而在"严打"政策的指导下，为了避免"打击不力"的指责，明知这种做法违法，谁也不敢出面纠正。

第三，一味从重从快，导致重罪重刑，有些轻罪亦重刑的情况。严打要求依法从重从快严厉打击严重的刑事犯罪活动，对打击的范围和对象有明确的界定。但在刑事司法实践中，却没有能够很好地重视重罪和轻罪的区别对待，只要是严打范围内的犯罪，一味强调从重打击，出现了重轻罪一律重刑重罚，甚至出现为了重判而改变犯罪行为性质的情况，如把抢夺改判为抢劫，故意伤害改判为故意杀人等不合理的从重趋势，甚至对于某些平时可能不构成犯罪的行为，在"严打"期间，也往往以"顶风作案"为由，作为犯罪进行严打。

第四，羁押人员过多，造成"交叉感染"。在"严打"政策的指导下，有些地方给公安司法机关办案下任务、定指标。有些公安司法机关则为了完成"任务"，在"表示重视""造声势""战果显著"等思想的支配下，出现滥抓滥捕现象，使被羁押人员骤然增多。而犯罪嫌疑人或被告人一旦被羁押，在"严打"过程中，审判机关就不敢轻易判无罪或缓刑，以致一些本来不该判刑或者可以不判实刑的人，也被判处实刑。如此一来就使监狱的收押人员过多过集中，造成监狱人满为患和被关押人员之间的"交叉感染"。这不仅对罪犯的改造不利，而且容易制造新的严重犯罪。

对"严打"刑事政策的利害分析表明，"严打"刑事政策虽然能够有效遏制犯罪的增长，但是社会为之付出的代价过于昂贵。"严打"的刑事政策，具有明显的重刑化倾向，它在刑事立法和刑事司法的政策导向上容易产生只重视严格，而忽视宽和；只重视对重罪的重打，而忽视对轻罪的轻罚；只重视犯罪化、刑罚化，而忽视非犯罪化、非刑罚化、非监禁刑；只重视从重打击，而忽视人权保障的趋势，不利于我国刑法的现代化，因此，"严打"不应当成为常规化的刑事政策。

三、刑事政策的价值取向

我们在检讨"严打"刑事政策价值缺失的同时，需要考虑我国刑事政策应该具备的价值取向。我们认为，我国未来的刑事政策，应当是在对"严打"刑事政策进行改造的基础上，实行"宽严相济"。其价值取向应考虑以下几个方面：

第一，注重犯罪化与非犯罪化并重。

人们对犯罪的认识与评价，"涉及人们对社会危害行为的观察与认识，对人性的思考与理解，对恶德的根源的追踪与探索，对社会结构及其运转规律的研究与总结"。[1] 在社会实践中，人们习惯于将社会危害行为这一行为事实依据一定的社会价值观作出价值判断，对客观存在的具有社会危害性的行为作出其为犯罪的评价。然而，社会危害性是个动态的概念，由于社会形势的发展，社会价值观念不断演进和人们认识的深刻，社会危害性这个评价标准也会发生一定的变化，进而使犯罪概念的内涵与外延发生相应的变化。由此就出现了犯罪化与非犯罪化的问题。

犯罪化意即扩大犯罪的外延，将原来刑法没有规定为犯罪而具有严重危害性的行为，确立为犯罪，使其成为刑事制裁的对象。犯罪化问题是我国当今社会的一个重要问题。由于我国社会关系发生着巨大的变化，新的严重危害社会的行为不断出现，构成对社会治安和经济发展的严重威胁，因此，通过犯罪

---

〔1〕 李汉军：《论犯罪观》，中国方正出版社 2001 年版，第 10 页。

化的方式及时将这些新出现的严重危害社会的行为规定为犯罪，是十分必要的。1997 年修改后的刑法，就是根据社会的发展，将 1979 年刑法中没有规定为犯罪的一些严重危害社会的行为规定为犯罪，使刑法中的罪名从一百多个增加到四百多个（包括单行刑法中增加的罪名）。有的学者认为，"非犯罪化在当今中国不成为一个问题，成为问题的到是其反面：犯罪化"[1] "我国刑法的当务之急不是非犯罪化和非刑罚化，而是将新出现的严重危害社会行为的犯罪化、刑罚化"[2] 应该说，犯罪化在一定程度上反映了人们对惩治犯罪的迫切愿望和对社会安全感的强烈需求。

但是，我们也应当看到，犯罪化只能以维护社会公共安全与秩序的绝对需要为限，"刑事政策必须要求立法者为了避免不必要地将某些行为列为犯罪，同时为了在一般人思想上维护刑罚的严肃性，必须将刑法所必须归罪的行为范围限制在维护公共安全秩序所必需的最低范围之内"[3] 不能有随意创设犯罪的倾向，以避免出现 "过剩犯罪化"[4]。我国实行的 "严打" 政策，是针对特殊时期的特殊情况采取的犯罪对策。由于 "严打" 政策本身就蕴含强烈的犯罪化观念即对具有社会危害性的行为一味地以犯罪化从重处之及其用重刑打击的倾向，所以，这种政策长期实行，必然助长人们的报复情结，导致重刑主义，同时给刑事司法造成巨大的压力。

因此，我们在对严重危害社会的行为实行犯罪化的同时，

〔1〕 陈兴良：《刑法哲学》，中国政法大学出版社 1997 年版，第 8 页。

〔2〕 王友才：《试论刑罚轻与重的选择》，《法律科学》1994 年第 2 期，第 38 页。

〔3〕 ［德］汉斯·海因里希·耶施克：《世界刑法改革运动概要》，《法学译丛》1981 年第 1 期，第 18 页。

〔4〕 ［日］大谷实：《刑事政策学》，黎宏译，法律出版社 2000 年版，第 86 页。

必须考虑非犯罪化问题。非犯罪化是指原来作为犯罪处理的社会危害行为，随着社会的发展和观念的变化，因其社会危害性减小或不存在危害性而不再将其作为犯罪对待，不予以刑罚处理。"非犯罪化的刑事政策上的意义便在于，纠正基于国家的强烈处罚要求的过剩犯罪化倾向，立足于谦抑主义的立场，设置适当的犯罪"[1]。可以说，非犯罪化是对过度犯罪化的纠正。刑法是社会控制的最后手段，当行政制裁、民事制裁等措施足以防止反社会行为时，刑罚就丧失了其存在的必要性和正当性。

我国正处在社会转型时期，是一个社会全面发展的时期，然而在这一时期，也同时伴随着社会失范行为的出现。按照联合国教科文组织的定义："社会发展是一个统一的互相作用的过程，这一过程要求并促使社会、政治、文化和经济等各个领域具有深远影响的变化。它决不是向着某些预定的模式和标准而稳定平静地前进的直线发展过程——它像典型的激流，常常是一种明显不过的混乱和痛苦的过程。"[2] 可见，在社会快速发展时期，必定会有大量的越轨行为出现，其中包括犯罪行为的出现。可以说，"几乎没有一个国家能够避免作为这种发展进程最显著结果之一的犯罪的增长"[3] 犯罪行为必然是越轨行为，但越轨行为并不必然是犯罪行为。所以，在刑事政策的导向上，应有意识地节制"严打"中反映出来的强烈的犯罪化倾向，把握社会治安和犯罪的态势，对具有严重社会危害性的行为，予以犯罪化，作为犯罪予以打击；对社会危害性不大、

---

[1] ［日］大谷实《刑事政策学》，黎宏译，法律出版社2000年版，第89页。

[2] 转引自［美］路易丝·谢利：《犯罪与现代化》，何秉松译，中信出版社2002年版，第6页。

[3] ［美］路易丝·谢利：《犯罪与现代化》，何秉松译，中信出版社2002年版，第67页。

适用其他制裁方式处理足以防止其再危害社会因而没有刑罚处罚必要的某些反社会行为实行非犯罪化,以实现犯罪化与非犯罪化的并重。这样既维护了刑罚的严肃性,又能更好地维护社会公共秩序,体现刑事政策的科学性和合理性。

因此,我们认为在考虑犯罪化与非犯罪化问题时,应充分注意如下几点:(一)应从我国的现实国情出发;(二)认识与掌握社会发展的客观规律,区别越轨行为与犯罪行为;(三)把握社会危害性的本质,区别罪与非罪;(四)避免出现过剩犯罪化的倾向。

第二,克服"严打"政策中存在的重刑(泛刑)主义倾向,实现重罪重罚,轻罪轻罚的导向。

综观当今世界刑事政策,"轻轻重重"的复合型刑事政策占主导地位。我们认为,这种轻轻重重的复合型刑事政策是合理的,是人类理性追求的结果。它的内涵是重罪重罚,轻罪轻罚。而我国的严打政策自开展以来,在严峻的社会治安形势面前,采取重刑主义的方式,过度的注重从严从重打击,不论是重罪还是轻罪,均有"从重"的倾向。反映在立法上如我国单行刑法对死刑的规定增多;反映在刑事司法上,强调对多发性犯罪一律从重,一些在平时可能判处 3 年以下有期徒刑的犯罪,在"严打"期间,则可能被判处 5 年以上有期徒刑;在平时可能判处无期徒刑或者死缓的犯罪,在严打时就可能被判处死刑。这些做法,虽然在一定程度上反映了公众对犯罪分子的痛恨和"恶有恶报"的社会心理,注重发挥刑罚的工具性价值和"乱世用重典"的政策思想,但是,这种做法的长期实行,就可能使我们的刑罚越来越重,使重刑主义泛滥成灾。而在重刑主义的影响下,"滥罚""重罚"的现象就将在所难免,造成打击面过宽的局面。这样,不仅导致刑罚资源的浪费,而且

"惩罚不断升级，往往会使受刑者的刑罚耐受能力也相应地不断提高，受刑体验抑制受刑人再次犯罪的能力减弱"，使罪犯的抗刑罚能力增强。与此同时，"严峻的刑罚造成了这样一种局面：罪犯所面临的恶果越大，也就越敢于规避刑罚。为了摆脱对一次罪行的刑罚，人们会犯下更多的罪行"。[1] 而且过分严厉的刑罚会使社会公众由谴责罪犯的犯罪行为转为怀疑刑罚的公正性，对社会正义产生怀疑，而且使社会公众增加了对法律的不信任感，影响了打击的效果。

刑罚是以剥夺行为人一定的权益或资格为内容的制裁手段。可以说，人类选择刑法是人类理性地对待犯罪问题的结果，也是人类的一种无奈。现代西方国家采取的"轻轻重重"刑事政策是在轻缓型的刑事政策的基础上发展起来的。强调对轻微犯罪实行轻缓型的刑事政策的同时，也强调对严重的犯罪实施较严厉的惩罚。我们认为，我国以往的"严打"过分强调"重重"的一面，忽视甚至抹杀了"轻轻"的一面。这既与我国惩办与宽大相结合的基本政策不符，也违背了"严打"应具有的针对性。对待犯罪问题上的"轻轻"与"重重"应在刑事政策上得到平衡发展，既不能对犯罪分子过分轻缓，也不能一味从重，而应坚持兼顾轻重的原则。既坚持对严重破坏社会治安秩序、具有严重社会危害性的犯罪予以严厉打击，体现从重的一面，又要对社会危害性较轻的偶犯、轻微的违法犯罪分子采取从宽处理的方式，可以不作为犯罪处理的，不定罪；应当适用刑罚的，尽可能地轻罚；在采用非刑罚方法足以防止再危害社会的，尽可能采用非刑罚方法予以处置。

---

〔1〕 ［意］贝卡里亚：《论犯罪与刑罚》，黄风译，中国大百科全书出版社 1993 年版，第 43 页。

"非刑罚化，是指对某些犯罪不用刑罚的方法而用刑罚以外的方法来感化改造罪犯。"[1] 非刑罚化是对刑罚圈的收缩，体现为少用刑罚，慎用刑罚，对采用非刑罚方法足以抗制犯罪行为的，即可排除刑罚的适用。在当代，非刑罚化逐渐成为世界刑法发展的趋势。其实现的途径有：对犯罪行为宣布其有罪但宣告免除其刑罚处罚；采用非刑事制裁的方式替代刑事制裁方式；采用非监禁刑，实现社会内处遇方式等。在我国的刑罚制度中，非刑罚化实现途径是非刑罚处理方法。按照我国刑法第37条的规定，非刑罚处理方法包括训诫，责令具结悔过，赔礼道歉，赔偿损失，行政处罚或行政处分。当然，对犯罪分子依照刑法的规定适用缓刑，也可以说是实现非刑罚化的一种方式。这些方法符合我国刑罚的目的，在我国的刑事实践中起到了很大的作用，我们应予坚持。同时，应吸收外国的其他有益方式，以弥补我们的不足。

第三，改革与完善刑罚执行政策，实现监禁刑与非监禁刑的协调发展，实行社会内处遇，建立符合我国实际的社会服刑体系。

刑罚执行是伴随着刑罚的诞生而出现的。刑罚作为国家对犯罪严厉的制裁方法，通过刑罚权的建立与运用，并最终通过刑罚的实际执行，发挥预防和改造罪犯的效果。刑罚执行是刑事司法活动中非常重要的一个环节。我国的刑罚执行由监禁刑罚执行和非监禁刑罚执行两部分构成，分别由监狱、公安机关、人民法院负责具体执行。我国刑罚规定的五种主刑中，无期徒刑、有期徒刑、拘役三种属监禁刑，管制属非监禁刑。可见，在我国的刑罚体系中，监禁刑占绝对优势。并且在实践中，也存在重视监禁刑而轻视非监禁刑的现象，甚至有一部分

────────

[1] 马克昌主编：《刑罚通论》，武汉大学出版社1999年版，第736页。

人还建议在我国取消管制刑。

监禁刑以剥夺罪犯的自由为内容，以实现惩罚和改造罪犯为目的。我国的刑罚执行政策是以监禁刑为主的刑事政策，对打击犯罪活动，改造犯罪分子起到了非常重要的作用。但从我国监禁刑的实践效果来看，也存在着一定的缺陷。这主要表现在：（1）将犯罪分子与社会隔离，不利于犯罪人的改造与回归社会，影响罪犯的再社会化。（2）监禁刑的主要执行主体监狱本身存在着与社会变革特别是市场经济的要求不相适应的情形，从狱政法治观念到监狱法治建设水平和监狱法治的状态中看，这种不相适应难以有效地完成对犯罪人的惩罚与改造任务。（3）不利于社会经济发展。监禁刑的适用，不但使监狱的运行费用增加，而且使罪犯其本应在社会上创造的财富丧失，更易使其产生对国家刑事司法系统的仇恨心理和报复愿望。（4）从行刑效果来看，有些犯罪人在其被释放后，并没有彻底改过，再度犯罪的屡见不鲜，许多重大恶性犯罪案件，都是在监狱服过刑的人所为。因此，从长远发展看，大量适用监禁刑，不仅社会为之付出的成本过于昂贵，而且也不利于犯罪人的改造。

"社会的发展趋势是从重刑到轻刑，从以肉刑和生命刑为核心的刑罚体系到以监禁刑为核心的刑罚体系，从以监禁刑为核心的刑罚体系到以非监禁刑为核心的刑罚体系，这就是刑罚的文明化。"[1] 非监禁刑是在监狱之外对犯罪人适用的刑事制裁方法的总称，是在国际社会中得到广泛应用的刑罚措施，也是对社会、被害人、社区以及犯罪人本身有显著益处的刑罚措施。适用非监禁刑的好处主要表现在：（1）惩罚性较轻，花费

---

〔1〕 翟中东：《中国社会转型与刑事政策调整》，《学术论坛》2003 年第 1 期，第 50 页。

的社会资源少，能够有效地降低刑罚成本。（2）具有开放性，有利于犯罪人的再社会化。（3）与驱逐出境，具结悔过，赔礼道歉，赔偿损失，缓刑，假释等非刑罚处理方法、非刑罚制裁措施相结合，能更好地达到行刑效果。

在此值得一提的是管制刑。管制刑是我国非监禁刑的一种方式，在我国历史上曾起到过重要的作用。但在现阶段，理论界与实务界对管制刑的存废产生了争论。有人主张废除管制刑，甚至在刑事司法中也放弃判处管制刑。这种现象的出现，固然有管制刑惩罚性太弱，缺少必要的强制性，适用对象上存在许多问题。我们认为，据此否定管制刑是不合理的，究其原因，主要还是在于管制刑在社会中的执行力度不到位，没有建立统一的、协调的社会服刑体系，难以达到行刑效果。而管制刑的实行能保障我国刑罚体系的完整性，体现了刑罚发展的总趋势，也体现了20世纪产生的并已广为人们接受的教育刑、目的刑思想的要求，避免监禁刑的影响，符合行刑社会化的要求。为此，理性的选择并不是废除管制刑，而应当是对管制刑的实施进行完善。我们认为，完善管制刑的关键是建立被监管人的监管控制措施。如建立定时报告和采取跟踪监视措施；增强管制刑的惩罚性，实行对受刑人的强制劳动（无偿或少量报酬的劳动等）；建立和健全公安机关对违反管制要求的受刑人能采取的强制措施和对其他限制自由刑的易科制度；建立由公安机关负责的指导委员会，指导社会力量如社会组织、单位和人民群众对受刑人的监督改造；根据犯罪行为的社会危害程度和罪犯的人身危险性来扩大管制刑的适用范围等措施，实现管制刑的合理发展。

第四，严格遵守程序规则，加强人权保障。

加强对犯罪嫌疑人、被告人的人权保障，已成为一个国际化的课题。国际社会正努力探求打击犯罪和保障人权的协调发展，已陆续制定了一系列在刑事诉讼中保障人权的原则与政策。人权保障应贯彻于刑事立法和刑事司法的始终，从实体上和程序上给予犯罪嫌疑人、被告人以足够的权利保障。在立法上，要从社会需要和公众个体需要矛盾中寻求平衡，使两者协调发展，不能过分强调社会公共利益或为了政治需要，而牺牲个体正当合法权益。要在适度的条件与范围内保障个人的合法权益。在刑事司法过程中，应当严格遵守法律规定，保障当事人诉讼权利的实现，并保证其实体权利不受非法剥夺。其中包括：（1）正确适用刑法，坚持罪刑法定原则，坚持对犯罪行为人的基本犯罪事实清楚、基本证据确实充分，准确认定犯罪嫌疑人、被告人是否有罪及其罪名，按照罪责刑相适应的原则，依法适度判处刑罚；（2）尊重和维护诉讼参与人所应享有的合法的诉讼权利，特别是依法保护犯罪嫌疑人、被告人和被害人的诉讼权利，如犯罪嫌疑人、被告人获取法律帮助的权利、辩护的权利，被害人申诉、控告的权利，证人获取保护的权利等；（3）坚持侦查取证措施的合法化，严禁采取刑讯逼供和其他非法手段调查取证，禁止非法取得的证据在法庭上使用；（4）严格按照法律规定的期限办案、结案，减少对犯罪嫌疑人和被告人的不必要羁押，杜绝超期羁押；（5）使侦查、起诉、审判等程序依法公开、公正，使社会公众了解整个过程和内容；（6）建立有效的错案纠正制度，充分保障诉讼参与人在其合法权利遭受司法权的损害时能够享有及时有效的救济权利，并保证救济途径的畅通，如规定和保障犯罪嫌疑人、被告人、证人等在刑事诉讼活动中的合法权益遭受损害时享有拒绝陈述、申诉、控告、请求复议等权利。

与此同时，在刑罚的执行上，也应重视人道主义原则。从历史的发展趋势看，提倡刑罚人道主义是人类进步和社会文明的表现。在对罪犯执行刑罚的过程中坚持人道主义原则，有利于调动犯罪人改过自新的积极性，有利于矫正犯罪人的刑罚执行活动的顺利进行。我国对犯罪分子的行刑主要在监狱执行，在行刑的过程中，出现了不把犯人当人看，甚至把犯人当作 "阶级敌人" 对待；对犯人进行体罚虐待，甚至指使 "牢头" "狱霸" 对犯人进行摧残折磨；不尊重犯人享有的权利，把犯人的申诉、控告当作不服从监管的表现；等等。这些现象的存在不利于对犯人的教育与改造，达不到行刑的效果。因此，我们认为，在刑罚的执行过程中，要尊重受刑人的人格尊严，不体罚虐待罪犯，保证罪犯所享有的各种法定权利得以实现，并给予相应的物质保证。

总之，我国刑事政策在其发展方向上，应当改变一味强调 "严打" 的做法，科学合理地区分严重犯罪与一般犯罪，在对严重犯罪实行 "严打" 的同时，对一般犯罪实行轻缓的刑事政策，坚持犯罪化与非犯罪化并重、监禁刑与非监禁刑并用。要结合犯罪学、被害人学、社会学、心理学、生物学和现代统计学等经验科学的研究成果，对犯罪状况及其发展趋势进行科学分析，理性地解决社会变革中的犯罪问题。

［与单飞合作，原载《2003 年度中国刑法学年会文集》（第二卷下册），中国人民公安大学出版社 2003 年版］

酷刑预防与刑事政策[*]

一、刑事政策的一般分析

（一）刑事政策的概念与特征

刑事政策是国家为了维护社会秩序、保护公民权利而采取的各种打击和预防犯罪的措施和行动准则的总和。刑事政策有广义和狭义之分。广义的刑事政策，是指与打击、预防犯罪相关的各种社会政策。如法国学者米海依尔·戴尔玛斯－马蒂将刑事政策定义为："社会整体据以组织对犯罪现象的反应的方法的总和，因而是不同社会控制形式的理论和实践。"[1] 狭义的刑事政策，是指国家为了打击、预防犯罪而采取的各种刑事措施。其针对的目标是犯罪，适用的范围是刑事法律领域并以打击和预防犯罪为直接目的，其主体只有国家立法和司法机关。例如，我国台湾学者张甘妹将刑事政策定义为："国家以预防及镇压犯罪为目的，运用刑罚以及具有刑罚类似作用之诸

---

* 本文标题为新加。

〔1〕 〔法〕米海依尔·戴尔玛斯－马蒂：《刑事政策的主要体系》，卢建平译，法律出版社 2000 年版，第 1 页。

制度，对于犯罪人及有犯罪危险的人所作用之刑事上之诸对策。"[1] 日本学者大谷实将刑事政策定义为："国家机关（国家和地方公共团体）通过预防犯罪缓和犯罪被害人及社会一般人对于犯罪的愤慨，从而实现维持社会秩序的目的的一切措施政策。"[2]

无论是广义的刑事政策还是狭义的刑事政策，都是以分析犯罪的态势和原因作为刑事政策的起点，以预防犯罪作为刑事政策的目标。所不同的是狭义的刑事政策以改善或运用现行刑法制度为范围，广义的刑事政策则不限于这个范围。狭义说对于确立刑事政策的中心内容具有积极意义。

就狭义的刑事政策而言，其基本特点是：

第一，刑事政策直接目的是预防犯罪。预防犯罪包括预防、制裁、遏制犯罪。我们说刑事政策以预防犯罪为目的，而不以消灭犯罪为目的，因为"消灭犯罪"是一个过高的、不能为经验所验证的、不切实际的目标，从而容易使刑事政策实践出现严重的偏差。某些政策虽然具有预防犯罪的功能，但不以预防犯罪为直接目的，就不属于刑事政策，而属于其他政策。

第二，刑事政策的调整范围仅限于刑事法律领域。刑事政策总是针对犯罪人或有犯罪危险的人采取的打击、镇压、防止和控制犯罪的政策。尽管我们可以像李斯特那样说"最好的社会政策就是最好的刑事政策"，但是，与刑事立法、刑事司法完全无关的政策，就不能视为刑事政策。这是刑事政策与社会政策的基本分野。

第三，刑事政策的主体是国家。尽管广义的刑事政策意味

---

〔1〕 张甘妹：《刑事政策》，三民书局 1979 年版，第 3 页。
〔2〕 ［日］大谷实：《刑事政策学》，黎宏译，法律出版社 2000 年版，第 3 页。

着国家和社会的广泛参与，但是，刑事政策属于国家政策的一部分，是国家确立并指导相应的国家机关适用刑法的实践活动的政策。即使像综合治理这样的政策，要动员多种社会主体参与，但国家机关总是居于主导地位。

刑事政策与刑事法律是两个不同的范畴，二者之间具有明显的区别。其区别主要表现在三个方面：一是刑事政策是国家或者执政党提出的关于打击和预防犯罪时应当遵循的原则、策略或者行动纲领，比较抽象，规范性较弱，但灵活性比较强，而刑事法律是国家通过立法机关制定的惩罚犯罪的标准，比较具体明确，规范性强。二是刑事政策是适应一定社会、经济和政治形势而制定的政策和策略，时间性比较强。刑事政策具有极强的实践性，是同犯罪作斗争的策略与艺术，良好的刑事政策不仅必须准确地把握犯罪态势，更重要的是在此基础上，选择、运用同犯罪作斗争的最为合适的谋略、技巧、时机、方式、方法等，以求达到预防犯罪的最佳效果。三是刑事政策以刑法的适用策略为主，但也不限于刑法的适用策略；刑事法律是贯彻刑事政策的主要手段，但不是唯一的手段。

刑事政策与刑事法律之间又具有极为密切的联系。这种联系主要表现在两个方面：（1）司法机关和司法人员要把刑事法律的一般规定适用于千差万别的具体案件，就必须能够创造性地运用法律，"用足""用活"法律，以适应同犯罪作斗争的需要。在这种情况下，刑事政策与刑事法律之间是一种互补、互动关系。刑事政策直接促进刑事法律的实施并在刑事法律规定不明确的地方弥补刑事法律一般规定的不足，指导刑事法律的正确运用。（2）刑事政策对刑事法律具体适用的指导作用是以尊重刑事法律为基础和前提的，政策指导不能脱离或违背刑事法律的规定和精神。刑事政策的指导活动不能突破刑事法律的规定，另搞一套。但是，刑事法律不可能告诉刑事司法机关在特定时期犯罪的态势及其打击重点以及行动方案，刑事司法机关如何有效地使用其有限的人力、财力、物力等资源打击犯罪、预防犯罪、控制犯罪，就成为刑事政策的专门领域。

（二）刑事政策对刑事立法和司法的指导意义

1. 刑事政策对刑事立法的指导意义

刑事政策对于刑事立法具有直接的指导作用。这种指导作用集中表现在三个方面：

第一，刑事政策是刑事立法的精神动力。刑事政策可以推动刑事立法的发展和完善。刑事政策把社会学原理与法学原理结合起来，更广泛、更深入地研究社会上各种犯罪现象，密切关注犯罪的发展变化态势，并根据犯罪的态势及时提出修改和完善刑法的必要和建议，从而推动刑事立法的发展。

第二，刑事立法应当以刑事政策的基本精神为依据。刑法的制定和修改，要根据刑事政策的指引来进行，不能脱离和违背刑事政策的基本原则。例如，刑法中关于犯罪的刑罚的规定，要符合惩办与宽大相结合的刑事政策，关于死刑的规定要符合"少杀慎杀"的刑事政策。

第三，刑事立法应当反映刑事政策的要求。对犯罪现象及其原因的政策分析，可能对某些刑法中规定的犯罪行为提出非犯罪化的要求，也可能对某些刑法中没有规定的行为提出犯罪化的要求，刑事立法应当反映刑事政策上的这种要求，适时地修改刑法。

2. 刑事政策对刑事司法的指导意义

从根本上说，刑事政策与刑事法律的目的是一致的，只是功能不同而已。对于刑事立法而言，刑事政策的功能是确定刑事法律的精神、原则和方向；对于刑事司法而言，刑事政策的功能则主要是促进和保障刑事法律的功能得以充分发挥，换言之，刑事政策对刑事司法的作用是以发挥刑法功能为目标的。

刑事政策具有极强的实践性。刑事政策是针对犯罪的策略与艺术，良好的刑事政策不仅必须准确地把握犯罪态势，更重要的是在此基础上，选择、运用同犯罪作斗争的最为合适的谋略、技巧、时机、方式、方法等，以求达到预防犯罪的最佳效果。最为重要的是，刑事政策主要表现为权力的、复杂多变的策略和艺术。而刑法规范是肯定的、明确的、具体的硬性规定，可是犯罪现象千变万化，很难完全符合刑法条文的规定。客观上，刑事司法需要以相应的刑事政策为指导。具体而言，刑事政策对刑事司法的指导意义有如下几个方面：

一是导引作用。刑事政策不仅规定刑事司法活动的大方向，确定一定时期的刑事司法的基本任务，如在一定时期进行"严打"，而且对刑法条文的解释和具体适用都有指导作用。在社会政治经济形势发生变化和社会治安发生变化的情况下，刑事政策对于某一类或某几类犯罪进行评价的严厉程度就会相应发生变化，在其影响或指导下，刑法对这些犯罪的社会危害性程度的评价及其处罚轻重程度也会有所不同，如严打期间的"从重从快"。同样地，由于社会条件的变化，不同社会发展阶段的刑事政策可能会对相同刑法条文的含义、范围等产生不同影响，而这些影响对于理解、解释或适用刑法条文具有重要意义。

二是调节作用。它规定一定时期刑事司法的基本倾向或侧重点，根据实际情况，分清刑事司法活动中的轻重缓急。如对"惩办与宽大相结合"这一基本刑事政策的适用，要根据形势的需要经常对其内容进行调节。

三是弥补作用。它主要是指在刑事"立法不足"或"立法滞后"两种情况下，弥补那些在法律中还未作规定或规定得不够具体的方面，以便刑事司法发挥其应有的职能作用。例如，在刑事司法中经常遇到的标准和界限问题，我们通常称之为"法律的政策界限"。

当然，刑事政策对刑事司法的指导意义固然重要，但是也不能过分夸大其作用，更不能取代刑事法律成为具体案件的直接标准，以免助长法律虚无主义。在 20 世纪初资产阶级提出了"活的法"的理论，以此来代替刑法规范。所谓"活的法"，主要是指资产阶级为适应同犯罪作斗争的形势需要而提出的各种刑事政策。这种理论的提出，一方面反映了资产阶级刑法的危机，另一方面也反映了刑事政策在解决刑事立法与刑事司法上的矛盾时的作用。在社会主义国家中，当刑事司法同刑事规范发生矛盾时，也只能按照刑事政策的要求，修改和制定刑事规范，以达到刑事立法与司法的新的和谐统一，而不能简单地否定或取代刑事法律。

（三）我国刑事政策中的重刑主义倾向

1. "严打"的刑事政策

"严打"是当代中国在走向法治的进程中，为了维护社会稳定而采取的通过强化有关执法部门的职能来集中解决社会治安中突出问题的刑事政策。

"严打"的目的是要维护社会稳定和保证经济建设。邓小平说："只有人民内部的民主，而没有对破坏分子的专政，社会就不可能保持安定团结的政治局面，就不可能把现代化建设搞成功。"[1] 也就是说，"严打"的直接目的是社会稳定与经济建设成功，最高目的是保护最大多数人民群众的安全，保护

---

〔1〕《邓小平文选》第三卷，人民出版社 1993 年版，第 154 页。

人民的民主权利和利益，这也就对应了没有对敌专政就没有人民民主的对立统一关系，充分证明了"严打"的意义。

"严打"的功能是惩罚犯罪和预防犯罪。"严打"，一是能够惩罚犯罪分子。邓小平多次指出社会风气不正，刑事案件增多，原因"主要是下不了手，对犯罪分子打击不严、不快，判得很轻"[1]，结果是"处理太宽，放虎归山，罪犯又来报仇"[2]。所以，"必须依法从重从快集中打击，严才能治得住"[3]。二是能够震慑潜在的犯罪分子。一次严打战役后，一些漏网的或潜在的犯罪分子就会"看风向，看你下一步怎么办"，"如果还是软弱无力，处理不严，坏人的气势还会上来"[4]。因此，必须要严厉打击才能震慑住犯罪分子，扭转社会风气。三是"不但对绝大多数犯罪分子是一种教育，对全党、全国人民也是一种教育。"通过严惩罪犯，进行改造，教育他们重新做人。通过严厉打击犯罪，宣传法制，真正使人人懂法律，"使越来越多的人不仅不犯法，而且能够积极维护法律"[5]。

"严打"的战略和策略主要有两个方面的内容：第一，"严打"不是权宜之计，而是一项长期斗争。邓小平指出，"严打"决不是"收"和"放"的问题，"我们从来就没有'放'，当然也谈不上'收'"[6]。"对各种反革命分子、反党反社会主义分子、刑事犯罪分子的活动，从来都没有什么'放'的问题，从来主张不能放纵他们，不能听任他们胡作非为。……我们一

---

〔1〕《邓小平文选》第三卷，人民出版社1993年版，第33页。
〔2〕《邓小平文选》第三卷，人民出版社1993年版，第38页。
〔3〕《邓小平文选》第三卷，人民出版社1993年版，第34页。
〔4〕《邓小平文选》第三卷，人民出版社1993年版，第37、34页。
〔5〕《邓小平文选》第二卷，人民出版社1993年版，第254页。
〔6〕《邓小平文选》第二卷，人民出版社1993年版，第254页。

直坚持对各种敌对势力、反革命分子、严重危害社会秩序的刑事犯罪分子实行专政，决不对他们心慈手软"〔1〕第二，"严打"的对象是体现敌我矛盾的犯罪、经济犯罪和其他严重刑事犯罪。严厉打击具有阶级斗争性质的犯罪活动，是由我国人民民主专政的国家性质所决定的。邓小平提出"我们要有两手，一手就是坚持对外开放和对内搞活经济的政策，一手就是坚持打击经济犯罪活动"〔2〕并把打击经济犯罪活动作为社会主义道路的四个必要保证，而且是一个长期的经常的斗争。其他严重刑事犯罪主要是指杀人、抢劫、流氓、拐卖人口、毒品等严重扰乱社会秩序的犯罪以及惯犯、累犯等。他指出"开放以后，一些腐朽的东西也跟着进来了，中国的一些地方也出现了丑恶的现象，如吸毒、嫖娼、经济犯罪等。要注意很好地抓，坚决取缔和打击，决不能任其发展"〔3〕

"严打"的工作方针包括三个方面的内容：一是要依法严打。邓小平的严打思想对刑事立法也产生了重要影响，但对在法律规定下如何开展严打更具有指导意义。邓小平指出"纠正不正之风，打击犯罪活动中属于法律范围的问题，要用法制来解决，由党直接管不合适"〔4〕"全党和全体干部都要按照宪法、法律、法令办事，学会使用法律武器（包括罚款、重税一类经济武器）同反党反社会主义的势力和各种刑事犯罪分子进行斗争"〔5〕这就明确了"严打"只能在法律范围内进行，主要应由政法机关来进行。因此，邓小平强调"必须依法从重从

〔1〕《邓小平文选》第二卷，人民出版社1993年版，第372页。
〔2〕《邓小平文选》第二卷，人民出版社1993年版，第404页。
〔3〕《邓小平文选》第三卷，人民出版社1993年版，第378页。
〔4〕《邓小平文选》第三卷，人民出版社1993年版，第163页。
〔5〕《邓小平文选》第二卷，人民出版社1993年版，第371页。

快打击"，"一律依法从重判处"[1]，都突出强调"依法"。二是要发动群众。邓小平说："我们说过不搞运动，但集中打击严重刑事犯罪活动还必须发动群众，动员全市人民参加，这本身对人民是教育，同时能挽救很多人，挽救很多青年。"[2] 三是"严打"中，仍要分清两种不同性质的矛盾。"对于绝大多数破坏社会秩序的人应该采取教育的方法，凡能教育的都要教育，但是不能教育或教育无效的时候，就应该对各种罪犯坚决采取法律措施，不能手软。"[3]

2. 依法从重从快方针

依法从重从快是一项直接反映严打斗争特点的刑事政策。没有"依法从重从快"，就没有严打。

所谓"依法"，就是在现行法律的范围内进行斗争，不能超越或违反法律。"从重"，有两层含义：一是对于重点打击的几种犯罪要严厉查处，即加大查处的力度，力争"一网打尽"；二是对于重点打击的犯罪要在法律规定的幅度内判处相对较重的刑罚。"从重"的基础应当是相对于犯罪行为本身的社会危害性程度而言，只是说在严打的形势下，应当坚决判处较常态时期更重的刑罚（因十多年来我们一直在严惩严重刑事犯罪，并不曾松懈过），决不能心慈手软。对于那些罪该顶格处刑直至判处死刑的，应当坚决地依法判处重刑。否则，脱离行为的社会危害性程度单纯为了从重而一味判处重刑，则必将背离刑罚的正义性；相反，对于罪该判处重刑的严打对象却不敢重判而致处刑畸轻，则势必丧失我们应有的政治原则性和法律的严肃性。

---

〔1〕《邓小平文选》第三卷，人民出版社 1993 年版，第 153 页。
〔2〕《邓小平文选》第三卷，人民出版社 1993 年版，第 33 页。
〔3〕《邓小平文选》第二卷，人民出版社 1993 年版，第 253 页。

所谓"从快"，是指在法律规定的期限内快侦、快诉、快审、快判，以突出刑罚惩罚的及时性和威慑性。"从快"的要求，一是必须严格执行刑诉法及有关司法解释关于办案期限的规定，坚决杜绝超期办案；二是应当在办案期限内尽量防止拖延，力求快审快判。

3. "两个基本"的原则

"两个基本"是"基本事实清楚、基本证据确凿"的简称，是我们党为适应严厉打击严重刑事犯罪的需要而提出的刑事政策和办案原则。"两个基本"最初是由彭真提出的。1980年2月1日，在广东省和广州市公检法工作汇报会上，彭真要求公检法机关对严重危害社会治安的刑事犯罪分子的处理，要从重从快、准确及时。彭真指出："准确，要靠事实、证据。""证据是指基本的确凿的证据，有能够证明犯罪基本事实的证据就可以判刑。"1981年5月，彭真在五大城市治安座谈会上又提出："现在有的案件因为证据不很完全，就判不下去。其实，一个案件，只要有确实的、基本的证据，基本的情节清楚，就可以判刑，一个案件几桩罪行，只要主要罪行证据确凿也可以判，要求把每个犯人犯罪的全部细节都搞清楚，每个证据都拿到手，这是极难做到的，一些细微末节对判刑也没有用处。"彭真的上述思想，在1983年以来党的有关文件中都有体现，成为党指导司法工作的重大刑事政策，对开展"严打"斗争发挥了重要作用。在全国社会治安工作会议上，江泽民指出："政法各部门要统一思想，加强配合，形成依法从重从快打击犯罪的合力。只要基本事实清楚，基本证据确凿，就要快捕快诉快判，不要在细枝末节问题上纠缠，延误时机。"罗干指出：要"坚持'两个基本'原则，只要基本事实清楚，基本证据确凿，就要及时批捕、起诉和判决"，要"防止在枝节问题上纠缠，久拖不决"。"两个基本"作为指导司法工作的刑事政策，在"严打"整治斗争中要坚决贯彻执行。

所谓"基本事实"，是指关系到定罪量刑的基础的、主要的案件事实，即犯罪嫌疑人、被告人是谁和犯罪嫌疑人、被告人是否实施犯罪及如何量刑的关键事实。"基本事实"主要包括：第一，属于犯罪构成要件方面的主要事实。犯罪构成要件包括主体、客体、主观方面、客观方面四个方面，其中属于基本事实的内容有：关于主体身份的事实。一般而言，查清犯罪嫌疑人、被告人的基本情况、主体身份，是办理刑事案件的基本要求，尤其是在涉及刑事责任能力、法律规定特殊犯罪主体等情况下，更是如此。但根据刑事诉讼法规定，如果不存在刑事责任能力、特殊犯罪主体等问题，即使犯罪嫌疑人、被告人的主体身份不明，也可以依法起诉、审判，在这种情况下，有关主体身份的事实就不属于案件的基本事实。关于犯罪对象的事实，包括犯罪对象的属性、种类、基本情况、自然状况等。关于主观故意或者过失的事实。行为的动机、目的一般不是案件的基本事实，但当刑法规定以特定的目的作为构成犯罪的要件时，关于行为目的的事实也是案件的基本事实。关于犯罪行为和危害结果的事实，一般主要包括行为的时间、地点、手段、后果。第二，关于法律规定的确定行为是否构成犯罪和量刑幅度的情节、数额、后果的事实。对于许多犯罪，我国刑法规定必须具备一定的情节或者到达一定的数额、造成一定的后果才能构成，而且，我国刑法分则根据行为的情节、数额、后果等，对具体的犯罪规定了不同的量刑幅度，因而，有关上述情节、数额、后果的事实，也是案件的基本事实。第三，关于从重、从轻、减轻或者免除刑事处罚的事实和情节。我国刑法对案件中具有一定事实、情节的，规定可以或者应当从重、从轻、减轻或者免除处罚。如果案件涉及上述事实、情节，则这些事实、情节应当属于案件的基本事实。第四，关于法律规定的不应当追究刑事责任的事实。我国刑事诉讼法第十五条规定，有下列情形之一的，不追究刑事责任：情节显著轻微、危害不大，不认为是犯罪的；犯罪已过追诉时效期限的；经特赦令免除刑罚的；依照刑法告诉才处理的犯罪，没有告诉或者撤回告诉的；犯罪嫌疑人、被告人死亡的；其他法律规定免予追究刑事责任的。如果案件涉及上述情形，那么有关的事实就属于案件的基本事实。

所谓"基本证据"，是指据以认定案件事实的基础的、主要的证据。对于"基本证据"，应当分两个层次理解：第一，基本证据应当是认定基本事实的证据，不是证明基本事实的证据，不属于基本证据。第二，基本证据应当是认定有关基本事实的主要证据，而不是所有的证据。如前所述，案件的基本事实包括四个方面，认定这四个方面的主要证据，就是案件的基本证据。确定基本证据的范围，应当根据具体证据的证明力进行。一般而言，对有关的基本事实起决定性证明作用的证据，就是案件的基本证据。如果某个证据对有关的事实不起决定性的证明作用，那么该证据就不是基本证据。

4. 稳、准、狠的策略

稳准狠是严打的策略和要求。稳准狠策略是在 20 世纪 50 年代初的"镇反"和"三反""五反"运动中产生的。1950 年 12 月，毛泽东首次提出："对镇压反革命分子，请注意打得稳，打得准，打得狠。"[1] 1951 年 1 月，他又对这一原则进一步解释："所谓打得稳，就是要注意策略。打得准，就是不要

---

〔1〕《毛泽东选集》第五卷，人民出版社 1977 年版，第 42 页。

杀错。打得狠，就是要坚决地杀掉一切应杀的反动分子（不应杀者，当然不杀）。"[1]

在改革开放时期，稳准狠的策略得到了发扬光大。特别是在 80 年代初开始的严打中，它被作为指导性策略经常提及，对于保证严打的顺利进行起到了很好的作用。在严打第一次战役结束后，党中央在部署下一阶段的工作时明确指出："打击刑事犯罪分子要稳、准、狠。稳，就是要坚持调查研究，实事求是，注意工作方法，讲究斗争策略，不打无准备之仗，不打无把握之仗。准，就是要不枉不纵，不错不漏，防止错捕、错判，尤其是要防止错杀人，一定要严格把关，各个环节都要切实负责地把工作做细。狠，就是要下决心，该打击的坚决打击，该从重惩处的坚决从重惩处。稳、准、狠，准是关键。"[2]

上述刑事政策的基本出发点和基本思想就是要严厉打击严重刑事犯罪。这种刑事政策的长期推行，逐渐出现了一种倾向：一方面，对于严重刑事犯罪，主张刑罚规定的越重越好，打击的越有力越好；另一方面，由于严打政策的长期推行，作为打击对象的严重刑事犯罪的范围也在不断扩大；再一方面，刑事政策关注的重点一直是严重刑事犯罪，对于不需要严厉打击的犯罪则被刑事政策所忽视。这种现象，我们称为刑事政策中的重刑主义倾向，或者简称为重刑刑事政策。

需要特别指出的是：本文所说的重刑刑事政策，只是中国刑事政策中的一种倾向，而不是、更不能代表中国刑事政策的全部。应该承认，在中国的刑事政策中有许多是对同犯罪作斗争的成功经验的科学总结，有许多理性的思考。即使是"严

---

[1] 《毛泽东选集》第五卷，人民出版社 1977 年版，第 43 页。
[2] 中共中央 1984 年第 5 号文件。

打"的政策，也是对中国现实社会中犯罪变化态势进行科学分析的结果，是在改革开放、社会转型过程中不得不采取的政策。它的出现和存在具有客观的必然性和广泛的社会基础。本文的任何观点都不意味着对"严打"的全盘否定。

（四）重刑刑事政策的成因

所谓重刑主义是指无论轻罪重罪一律适用重刑，在重刑中再根据犯罪的轻重分出等级的主张。

重刑主义在中国具有深刻的思想渊源。在中国历史上，原是法家所倡导和推崇的。按照商鞅的主张，"禁奸止过，莫若重刑。刑重而必得，则民不敢试，故国无刑民"[1] 韩非也认为，"重一奸之罪而止境内之邪，此所以为治也。重罚者，盗贼也；而悼惧者，良民也"[2] 因为在他们看来，"夫以重止者，未必以轻止也；以轻止者，必以重止埃"[3] 也就是说，对重罪处以重刑，可以制止重罪，但用轻刑未必能制止得了；如果对轻罪处以重刑，就必定能制止重罪，因为人们连轻罪都不敢犯，当然就更不敢犯重罪了。重刑思想的基本出发点是要通过重刑的威吓作用使民众不敢以身试法，以达到"以刑去刑"的目的。但是，诚如马克思所说："利用刑罚来感化或恫吓世界从来就没有成功过。"[4]

在现代，重刑主义倾向的思想根源在于：（1）在刑罚价值取向上把刑罚的威慑功能唯一化。过分依赖刑法的作用，过分迷信刑罚的威慑力量。刑罚的作用有多大，应当客观的分析。（2）在刑法目的上把打击犯罪与保护人民的关系简单化。在刑

---

〔1〕《商君书·赏刑》。
〔2〕《韩非子·六反》。
〔3〕《韩非子·六反》。
〔4〕《马克思恩格斯全集》（第8卷），人民出版社1961年版，第578页。

法的指导思想上，几十年来，我们国家的政治运动不断，刑法的任务长期归结为打击敌人、保护人民。而对敌要狠，其目的是保护人民。因此，只要对敌狠，打击有力，就完成了任务。另外，我们衡量政法工作的标准，也是看打击敌人的成果如何，很少关注对被告人的保护。超期羁押的问题长期解决不了，一个很重要的原因就是一时搞不清楚，不能及时起诉，又不敢放人，担心放纵了坏人。（3）在实际操作上把严打范围扩大化。在刑事司法中，讲严打，只怕受到打击不力的指责。有的把判刑比例作为评价审判成绩和严打成果的标志；有的人为扩大严打对象，重定罪轻量刑，人为只要定罪准确，量刑重一点轻一点没有关系，这种思想在审判工作中具有支配地位；有的认为，上诉不加刑，一审判重一点，二审可以减，一审判轻了，二审想改也改不了。而二审又认为判得重一点轻一点没有关系。怎样控制死刑案件：一些人认为死刑和死缓都一样。重视监禁刑轻视非监禁刑的适用。立法上规定的有但是实践中没有单处管制和罚金的案件。认为罪刑相适应被认为是心慈手软。严打中很多判处死刑的案件，不考虑犯罪的动机和原因以及由此所决定的罪过程度。

重刑主义是报复情怀的遗风，它与刑法理性的要求是格格不入的。因为理性强调刑罚的必要性，认为只有在必须动用刑罚的时候和场合适当的刑罚才是必要的，才具有合理性。而重刑主义恰恰是要在必要限度之外适用较重的、多余的刑罚。重刑主义的立法思想是建立在刑罚万能的威慑观念之上的。它过分看重刑罚的威慑作用，并把预防犯罪目的的实现寄托于严厉的重刑，以致使刑罚的轻重失去了合理性。

二、重刑刑事政策对反酷刑立法的影响

（一）重刑刑事政策在刑事立法上的表现

1979 年，我国在制定刑法的时候，在立法思想上，对重刑主义是持否定态度的。这与当时人们要求政治上的民主和国家决心在安定的社会环境下加快经济建设步伐的社会背景是相协调的。

但是，20 世纪 80 年代以来，中国在对外实行开放政策的同时，对内进行了经济体制改革。经济体制改革引起了中国社会的深刻变革。在这种变革中，与计划经济相适应的思想观念、分配方式和管理模式，与商品经济和市场经济下必然出现的思想观念、分配方式和管理模式之间的矛盾和冲突，引起了各种社会问题和社会矛盾的出现，引起了人们社会行为的失控，使现实社会中的犯罪急剧增长，社会治安成为影响整个社会正常秩序的严重障碍。随着社会治安状况的严峻和各种经济犯罪的凸显，重刑主义在立法思想上有所抬头。

在立法思想上，重刑主义集中表现在两个方面：一是无论遇到什么问题，都希望通过刑事立法来解决。例如对于民事、经济纠纷问题，对于行政管理上的失误所引起的"群众闹事"问题，以及由于制度上的问题引起的不正之风等，一些人总是主张通过刑事立法作为犯罪来制裁。这些社会问题本身并不是刑法所能解决的问题。如果对之动用刑法，就可能使刑罚成为多余之刑。例如开具和使用假发票的问题。目前我国的财务报销制度与中华民族的文化传统、接人待物的习惯以及人们的实际消费水平差距太大，在国家工作人员的薪水中并没有招待客人的费用，而中国人又特别好客，招待客人的费用不得不从公款中开支。但是国家规定的报销客饭的标准根本不可能满足招待客人的需要，于是就有了"账外账"。没有账外账的单位，

就在被招待的客人数量上做文章，本来招待了两个客人，在报账时可能报三个五个甚至更多，不然就报不了账。开会住宿，按照国家规定的标准根本找不到宾馆，于是，开三天会就在发票上写五天六天，包括作为立法机关的人大以及负责财务监管工作的部门及其工作人员，都不得不开具和使用假发票。对于类似这样的问题，本来是靠刑法难以解决的，但是有的人却认为，这类问题屡禁不止的原因是没有用刑罚手段来禁止，于是就主张应当进行刑事立法，将其规定为犯罪，以便给予严厉的打击。二是主张对什么犯罪都规定比较重的刑罚。对于刑法中已经规定为犯罪的行为，实践中一旦发生得比较多，一些人往往不问青红皂白，不分析发生比较多的原因，就先入为主地认为是刑法规定的刑罚太轻，不足以遏制犯罪，或者是打击不力，要求对之严惩。

在这种刑法思想的指导下，我国刑事立法中出现了重刑主义的倾向。这种重刑主义倾向从立法结果上看，主要表现在以下几个方面：

1. 扩大了死刑的适用范围

1979 年刑法对死刑这种最严重的刑罚是严格控制的。刑法中不仅明确规定"死刑只适用于罪大恶极的犯罪分子"，而且在死刑适用的程序上作出了明确的限制，即"死刑除依法由最高人民法院判决的以外，都应当报请最高人民法院核准"。刑法中规定可以适用死刑的 28 种犯罪中 24 种都是危害国家安全、公共安全和他人生命的犯罪。其他可以适用死刑的 4 种犯罪[1]也只有贪污罪一种是财产性犯罪。

---

〔1〕 即 1979 年刑法第 139 条规定的强奸妇女罪、奸淫幼女罪，第 150 条规定的抢劫罪，第 155 条规定的贪污罪。

但是，从 1979 年后到 1997 年刑法修订的 18 年中，先后颁布的一些单行刑事法律中却广泛地规定了死刑条款。据有的学者统计，1979 年刑法和其后颁布的单行刑事法律中规定的可以适用死刑的犯罪达到了 90 多种。[1]

对此，有的学者评价道：死刑立法的扩大化，使刑法"在死刑的价值取向上陷入了严重的误区"。其一，单行刑事法律中增设的可以适用死刑的犯罪，绝大部分所侵犯的权益的价值都低于人的生命，对之分配死刑，明显地不具有等价性，因而不符合刑罚的公正性的要求。其二，扩大死刑的分配范围失之效益。单行刑事法律增设死刑，虽然着眼于死刑对有关犯罪的遏制效果，但却忽视了刑罚的效果与效益的区别，使对刑罚效果的追求所付出的代价过大，即刑罚所剥夺的权益的价值高于其所保护的权益的价值，因而不真正符合刑罚效益性的要求。其三，单行刑事法律有关绝对死刑的规定既失之公正又失之效益。因为绝对死刑一方面使同一法定刑格内之罪无论轻重同样只能被处以死刑，显然违背等价性的量的要求，即重罪重刑、轻重轻刑的要求，失之公正；另一方面使轻重不同的同一法定刑格内之罪同样以死刑作为遏制的手段，以致根本不需或不应以死刑遏制的犯罪也不得不动用死刑来遏制，不符合刑罚的有利性和节俭性的要求，失之效益。其四，单行刑事法律对死刑核准权的修改不利于避免死刑司法错误的发生。单行刑事法律把大部分死刑案件的核准权下放给各高级人民法院行使，实际上在很大程度上等于取消了对死刑的特殊审判程序，从而不利于避免司法错误所导致的误杀的发生。[2]

---

〔1〕 参见赵秉志等：《中国刑法修改若干问题研究》，《法学研究》1996 年第 5 期。

〔2〕 胡云腾：《存与废——死刑基本理论研究》，中国检察出版社 2000 年版，第 203—206 页。

1997 年修改后的刑法，对死刑作了一定的限制，如通过合并罪名消减了可以适用死刑的犯罪种类，限定了一些死刑适用的条件。但是在总体上，1997 年刑法基本保留了 1979 年刑法和单行刑事法律中规定的死刑适用范围[1]，真正消减的实际上只有两种犯罪即投机倒把罪和流氓罪经过分解取消了死刑。特别是对一些经济犯罪或称财产性犯罪仍然保留了死刑，使新刑法关于死刑的规定最终没有摆脱重刑主义的阴影。

2. 增设了一些轻罪重罚的规定

1979 年刑法之后颁布的一些单行刑事法律关于死刑的规定，除了违反刑罚的节俭性原则而成为不必要的刑罚之外，其中的某些规定还有轻罪重罚之虞。试举几例予以说明：

关于受贿罪，1988 年 1 月 21 日全国人大常委会《关于惩治贪污罪贿赂罪的补充规定》对其规定了按照贪污罪的法定刑处罚的原则，其中包括对其适用死刑，1997 年刑法第 386 条再次确认了这一规定。这一规定，可以说是轻罪重罚的规定。首先，对受贿罪规定与贪污罪相同的刑罚是不公正的。因为贪污罪是由主动出击而构成的犯罪，受贿罪是由被动接受所构成的犯罪，前者的社会危害性远远大于后者。贪污罪不仅在主观方面表现为行为人主动地想要利用职务上的便利非法占有公共财物，而且在客观方面表现为行为人采取了侵吞、窃取、骗取及其他非法手段，侵犯了公共财产的所有权。与之相反，受贿罪，除了实践中极少见到的索贿行为之外，行为人在主观方面没有非法占有公共财物的故意，不是主动要侵犯公共财产或他人财产的所有权；在客观方面也没有实施直接针对财产所有权

---

〔1〕 修改后的刑法中涉及死刑的实际上有 51 个条文 68 个罪名（单行刑事法律中有些可以适用死刑的罪名在修订刑法时被合并）。

的非法行为；至于其"为他人谋利益"，其中至少包含着依照其职责应当为他人谋利益的部分，其社会危害性主要表现为违反了职务的廉洁性的要求。因而受贿罪并没有贪污罪那么大的社会危害性，不应当将其与贪污罪同等处罚。其次，受贿罪无论受贿数额多大，都没有达到"罪大恶极"的程度。所谓"罪大恶极"或者称"罪行极其严重"，是指罪行对国家和人民利益的危害特别严重，手段极其残忍，情节特别恶劣，或者行为人具有极其严重的人身危险性。[1] 被动接受贿赂，数额无论多么大，都很难说对国家和人民利益危害特别严重，更谈不上行为人具有极其严重的人身危险性。对这样的犯罪人适用死刑，无论如何是没有必要的。最后，对受贿罪适用死刑以来的实践反复证明，对受贿罪适用死刑并没有遏制受贿罪的蔓延[2]，因为死刑与受贿之间没有等价关系，人们从对受贿犯罪人适用死刑中看不到受贿与死刑之间的必然联系。[3]

关于组织卖淫罪，1991 年 9 月 4 日全国人大常委会《关于严禁卖淫嫖娼的决定》不仅增设了这一罪名，而且对之规定了死刑。1997 年刑法第 358 条再次确认了这一规定。这一规定显然是轻罪重罚的规定。因为第一，卖淫行为，按照我国法律并

---

〔1〕 高铭暄主编：《新编中国刑法学》（上册），中国人民大学出版社 1998 年版，第 332 页。

〔2〕 受贿犯罪的蔓延是社会分配关系的不合理和权力运作机制中缺乏有效制衡导致的，并不是刑罚处罚过轻造成的。通过对受贿罪规定和适用死刑并不能遏制受贿犯罪的发生。

〔3〕 贿赂罪的蔓延，主要是由于分配不公和治吏不力导致的结果。但是在贿赂罪的立法方面却采取了重刑主义的立法，忽略了贿赂罪产生的社会的客观的原因。关于贿赂罪的立法思想，一方面强调要严惩，加重了刑罚，另一方面又怕打击面太宽，规定了严格的构成条件；从而一方面使贿赂罪的处罚很严厉，另一方面使构成贿赂罪很难，非得有为他人谋利益的行为。其结果，使大部分贿赂行为不构成犯罪，一旦构成，就要受到严厉的处罚。这种在构成不构成犯罪时的巨大反差，使大量的受贿者得不到处罚，而一旦构成犯罪就要受到很重的处罚，从而使多数人存有侥幸心理，使受到处罚的人感到不公平。

不构成犯罪（只是违反治安管理的行为），组织他人实施一个并不构成犯罪的行为，即使构成犯罪，也不致达到可以适用死刑的程度。如果对实际实施卖淫行为的人根本就不作为犯罪处理，而对组织其卖淫的人判处死刑，在客观上就违背了社会最基本的价值观念，就使刑法的适用从根本上丧失了公正性。第二，卖淫是一种自愿实施的行为，组织他人卖淫也是在他人自愿的基础上进行的，因此这种行为的性质和方式本身决定了它的社会危害性是极其有限的。组织他人卖淫的行为无论情节多么严重，其对社会可能造成的危害，都不可能达到"罪该处死"的程度。而社会危害性是犯罪最本质的特征，社会危害性不是十分严重的行为，在立法上就只能作为轻罪来规定而不应当作为重罪来规定，更不应该对其规定死刑。第三，对组织卖淫罪规定死刑显然罪刑不相适应。刑法第 358 条第一款和第二款同时规定了两个罪名，即组织卖淫罪和强迫卖淫罪，并对之规定了完全相同的法定刑。然而这两种犯罪实际上具有本质上的区别：强迫他人卖淫，不仅妨害了社会管理秩序，而且其本身就是侵犯他人人身权利的行为，这种行为的社会危害性显然远远大于没有侵犯他人人身权利的组织卖淫的行为。不仅如此，从实践中看，强迫他人卖淫的犯罪通常都有组织他人卖淫的行为。对于使用强迫手段组织他人卖淫的犯罪与仅仅是组织他人卖淫的犯罪，在立法上规定完全相同的法定刑，是显失公正的。进一步分析刑法第 358 条的规定，还可以发现，对强迫他人卖淫的犯罪适用死刑的情形必须是"强迫不满十四周岁的幼女卖淫的""强迫多人卖淫或者多次强迫他人卖淫的""强奸后迫使卖淫的"，或者"造成被强迫卖淫的人重伤、死亡或者其他严重后果的"，并且还必须具有特别严重的情节。而组织他人卖淫，只要是情节特别严重，就可以适用死刑。相比之下，对组织他人卖淫罪适用死刑的条件比强迫他人卖淫罪适用死刑的条件还要宽泛。轻罪重罚，莫不犯重罪。难怪乎实践中一些犯罪分子多实施强迫他人卖淫的犯罪而很少单独实施组织他人卖淫的犯罪。

类似这样的规定，从刑法原理上看，属于轻罪重罚的规定。从立法思想上看，则反映了立法者对于一定时期内发案率上升的犯罪希图用极刑来遏制的心理，以致不顾刑法基本价值的约束而对轻罪规定重刑。这可以说是重刑主义刑事政策指导刑事立法的结果。

3. 出现了多余立法

为了强调对某些行为的处罚，立法者在刑法中使用了一些不必要的笔墨，对之进行重复规定。如《刑法》第242条第一款规定："以暴力、威胁方法阻碍国家机关工作人员解救被收买的妇女、儿童的，依照本法第二百七十七条的规定定罪处罚。聚众阻碍国家机关工作人员解救被收买的妇女、儿童的首要分子，处五年以下有期徒刑或者拘役；其他参与者使用暴力、威胁方法的，依照前款的规定处罚。"其中第一款的规定就是多余的。因为《刑法》第277条第一款规定的"以暴力、威胁方法阻碍国家机关工作人员依法执行职务的"行为完全可以包括第242条第一款所规定的情况。该条第二款关于"其他参与者使用暴力、威胁方法的，依照前款的规定处罚"的规定，同样是第277条第一款完全可以包括的。

又如《刑法》第259条第二款规定："利用职权、从属关系，以胁迫手段奸淫现役军人的妻子的，依照本法第二百三十六条的规定定罪处罚。"因为按照刑法第236条的规定，凡是以胁迫手段奸淫妇女的，不论该妇女是不是现役军人的妻子，也不论是否利用了职权、从属关系，都构成强奸罪，理应按照刑法第 236 条关于强奸罪的规定定罪处罚。增加上述规定，完全是多余的。

再如《刑法》第 358、359 条分别规定："组织他人卖淫或者强迫他人卖淫的，处五年以上十年以下有期徒刑，并处罚金；有下列情形之一的，处……"；"引诱、容留、介绍他人卖淫的，处……"第 361 条第一款又规定"旅馆业、饮食服务业、文化娱乐业、出租汽车业等单位的人员，利用本单位的条件，组织、强迫、引诱、容留、介绍他人卖淫的，依照本法第三百五十八条、第三百五十九条的规定定罪处罚"。第 361 条第一款的这个规定，就是完全多余的。因为第 358、359 条的规定并没有限定犯罪主体的范围，即使没有第 361 条第一款的规定，旅馆业、饮食服务业、文化娱乐业、出租汽车业等单位的人员，利用本单位的条件，实施组织、强迫、引诱、容留、介绍他人卖淫行为的，完全可以依照第 358 条或者第 359 条的规定定罪处罚。此外，刑法第 358 条第三款对协助组织他人卖淫的行为规定了独立的法定刑。这一规定也是完全多余的。因为按照刑法总则关于共同犯罪的规定，对于协助组织他人卖淫的行为完全可以在第 358 条第三款规定的法定刑幅度内判处刑罚。而有了第三款的规定，反倒使协助强迫他人卖淫的行为如何处罚成为一个问题：对协助强迫他人卖淫的行为究竟是按照第三款的规定处罚还是按照刑法总则中关于共同犯罪的规定处罚，就不得而知。所以说，刑法第 358 条第三款的规定也是没有必要设立的。

这类多余性规定，从表面上看，是一个立法技术问题，但是实际上它反映了从重立法的思想，是在希望对其中规定的犯罪行为严厉处罚的政策思想指导下作出的强调性规定，以提示对这类行为的惩罚。因此它与重刑主义刑事政策不无关系。

（二）重刑刑事政策对反酷刑立法的抑制

为了加强对人权的保护，特别是为了保护刑事诉讼中犯罪嫌疑人、被告人和被监管人的人权，我国刑法一直是把《禁止酷刑和其他残忍、不人道或有辱人格的待遇或处罚公约》中指出的各种酷刑行为作为犯罪加以规定的。无论是刑讯逼供的行为，或者虐待被监管人的行为，在中国刑法中，始终是明令禁止的犯罪行为。这种刑事立法，为刑事司法机关同酷刑犯罪作斗争，提供了有力的法律武器。但是也应当看到，我国的刑事立法，由于受重刑主义刑法思潮的影响，在反酷刑方面，也存在着某些不够完善的地方。这主要表现在两个方面，即一方面对刑法中规定的犯罪所规定的刑罚普遍比较重；另一方面，对于司法人员为了打击犯罪而实施的侵犯公民权利的犯罪，在刑事立法中则作了相对而言是比较轻的规定。后者主要表现在以下几个方面：

1. 刑法对酷刑罪规定的犯罪构成要件过于严格

虐待被监管人罪是监狱、拘留所、看守所等监管机构的监管人员对被监管人进行殴打或者体罚虐待的行为。刑法把这种行为规定为犯罪，对于减少酷刑，保障被监管人的人身权利是非常必要的。但是刑法对这种犯罪所规定的构成要件却非常严格，按照刑法的规定，相当一部分虐待被监管人的行为无法受到刑法的制裁。

《刑法》第248条规定："监狱、拘留所、看守所等监管机构的监管人员对被监管人进行殴打或者体罚虐待，情节严重的，处三年以下有期徒刑或者拘役；情节特别严重的，处三年以上十年以下有期徒刑。致人伤残、死亡的，依照本法第二百三十四条、第二百三十二条的规定定罪从重处罚。

监管人员指使被监管人殴打或者体罚虐待其他被监管人

的，依照前款的规定处罚。"

按照这个规定，虐待被监管人的行为，只有"情节严重"的才能构成犯罪，情节不严重的，就不能以犯罪论处。所谓"情节严重"，就不是一般的体罚或者虐待，而是长期地、采取残酷恶劣的手段体罚或者虐待被监管人，或者体罚或虐待行为使被监管人遭受身体伤害而又没有达到重伤的程度，或者使被监管人遭受严重精神折磨和痛苦的行为。在刑法修改以前，一般认为："构成体罚虐待被监管人罪的情节严重是指：（1）直接或指挥、授意他人体罚虐待被监管人造成重伤、死亡的；（2）违反规定使用戒具、警棍造成被监管人重伤、死亡的；（3）体罚虐待，致使被监管人精神失常，自杀的；（4）多次或对多人实行体罚虐待的；（5）体罚虐待被监管人，造成其他严重后果的。"[1] 刑法修改以后，由于体罚虐待致人伤残、死亡的行为，刑法明确规定按照故意伤害罪或故意杀人罪来定罪处罚，体罚虐待被监管人罪不再包括体罚虐待致人伤残或者死亡的情况。但是人们还是认为："所谓情节严重，是指殴打或者体罚虐待手段残酷、造成被监管人伤残等严重后果的；多次进行体罚虐待的，或者由于殴打或者体罚虐待引起监所内人员骚动的；等等。"[2] 最高人民检察院《关于人民检察院直接受理立案侦查案件立案标准的规定（试行）》根据刑法的规定，把体罚虐待被监管人罪的立案标准规定为：（1）造成被监管人轻伤的；（2）致使被监管人自杀、精神失常或者其他严重后果的；（3）对被监管人3人以上或者3次以上实施殴打、体罚虐待的；（4）手段残忍、影响恶劣的；（5）指使被监管人殴打、

---

〔1〕 赵廷光主编：《中国刑法原理》（各论卷），武汉大学出版社1992年版，第159页。

〔2〕 高铭暄、马克昌主编：《刑法学》，北京大学出版社、高等教育出版社2000年版，第493页。

体罚虐待其他被监管人，具有上述情形之一的。这种情况表明，刑法规定的体罚虐待被监管人罪，实际上只是对情节严重的才追究刑事责任，而对绝大多数体罚虐待被监管人的行为，则被刑法排除在应当追究的范围之外。

2. 刑法中规定的酷刑罪有漏洞

从刑法关于酷刑罪的规定看，某些具有严重危害性的酷刑行为并没有包含在酷刑罪之中。这类情况主要有两种：

（1）刑讯逼供罪不能包括对犯罪嫌疑人、被告人以外的人刑讯逼供的行为。由于刑法第247条明确规定"对犯罪嫌疑人、被告人实行刑讯逼供"，所以刑讯逼供罪的犯罪对象只能是司法机关在刑事侦查和审查起诉过程中被列入犯罪嫌疑人中的人和在起诉和审判过程中被作为刑事被告人的人。不是犯罪嫌疑人和被告人，就不能成为刑讯逼供罪的犯罪对象，司法人员对犯罪嫌疑人和被告人以外的人刑讯逼供，即使情节非常恶劣，只要没有造成被害人受伤害或者死亡的结果，其行为也就不构成刑讯逼供罪。但是在实践中，司法人员对犯罪嫌疑人和被告人以外的人刑讯逼供的现象时有发生。例如公安机关的工作人员在治安行政管理过程中对怀疑违反治安行政管理的人刑讯逼供的现象屡屡曝光于新闻媒体，多次出现于报端的"处女卖淫案"都是刑讯逼供的结果，而对于制造这些"处女卖淫案"的公安人员要追究刑事责任却"于法无据"，因为被刑讯逼供的人并不是刑法第247条所规定的"犯罪嫌疑人、被告人"。

（2）体罚虐待被监管人罪不能包括默许体罚虐待被监管人的行为。刑法中规定的体罚虐待被监管人罪，是指监狱、拘留所、看守所等监管机构的监管人员对被监管人直接实施殴打或者体罚虐待的行为，或者指使被监管人殴打或者体罚虐待其他被监管人的行为。特别是刑法第248条第二款的规定，更进一步表明，除了直接实施的殴打或者体罚虐待行为之外，只有"指使被监管人殴打或者体罚虐待其他被监管人"的行为，才有可能构成该罪。这就人为地把实践中经常发生的两种可能构成该罪的情况排除在该罪的构成要件之外。其一，监管人员指使非监管人员殴打或者体罚虐待被监管人的行为。由于该款明确规定指使的对象是"被监管人"，所以监管人员所指使的只要不是被监管人，就不能按照该款的规定追究刑事责任。如果监管人员指使的是其他监管人员，还可以按照共同犯罪的一般原理作为共同犯罪来追究"指使者"的刑事责任。但是如果监管人员所指使的既不是被监管人，也不是其他监管人员，那么，按照该款的规定，就不可能追究监管人员的刑事责任。其二，由于该款明确规定了监管人员"指使"被监管人殴打或者体罚虐待其他被监管人的，按照体罚虐待被监管人罪追究刑事责任，这也就同时意味着在直接实施行为之外，没有"指使"行为就不能构成该罪。"指使"行为在逻辑上可以包括唆使、指挥、命令的行为，但是无论如何也不可能包括默许、不阻止等行为。而在实践中，监管人员明知其他人殴打或者体罚虐待被监管人，而不予制止甚至故意离开现场，假装"不知情"，有的甚至变相鼓励他人殴打或者体罚虐待被监管人。特别是一些牢头狱霸，在某些监管人员的纵容包庇之下，肆无忌惮地在被监管人中为非作歹，严重破坏监管秩序，侵犯被监管人的人身权利。对于这种行为，按照现行刑法是无法追究有关监管人员刑事责任的。

3. 对酷刑犯罪规定的刑罚较轻

按照刑法第 247 条的规定，司法工作人员对犯罪嫌疑人、被告人实行刑讯逼供的，处三年以下有期徒刑或者拘役。这就是说，只要没有造成致人伤残、死亡的结果，刑讯逼供罪的最高法定刑只有三年有期徒刑。但是按照刑法第 305 条的规定，在刑事诉讼中，证人、鉴定人、记录人、翻译人对与案件有重要关系的情节，故意作虚假证明、鉴定、记录、翻译，意图陷害他人或者隐匿罪证的，要处三年以下有期徒刑或者拘役；情节严重的，则要处三年以上七年以下有期徒刑。按照刑法第 306 条的规定，在刑事诉讼中，辩护人、诉讼代理人毁灭、伪造证据，帮助当事人毁灭、伪造证据，威胁、引诱证人违背事实改变证言或者作伪证的，要处三年以下有期徒刑或者拘役；情节严重的，则要处三年以上七年以下有期徒刑。比较刑讯逼供罪与伪证罪和辩护人、诉讼代理人毁灭证据、伪造证据、妨害作证罪，就会发现，刑法对刑讯逼供罪规定的法定刑大大低于对伪证罪和辩护人、诉讼代理人毁灭证据、伪造证据、妨害作证罪所规定的法定刑。因为，第一，这三种犯罪都发生在刑事诉讼过程中，都表现在获取和提供证据方面，因而具有一定的可比性。第二，这三种罪的危害性都表现为妨害刑事司法活动的正常进行，妨碍司法机关查明案件的事实真相。后两种罪是通过毁灭、伪造证据或者威胁、引诱证人违背事实改变证言的方法，向司法机关提供虚假的证据，因而其社会危害性主要表现为妨害司法活动。刑讯逼供罪是用实行肉刑或者变相肉刑的手段强迫犯罪嫌疑人或被告人做自己有罪的供述。与后两种犯罪相比，刑讯逼供罪不仅妨害了司法活动的正常进行，而且其采用的手段本身就是对犯罪嫌疑人、被告人人身权利的严重侵犯。因此其社会危害性要比伪证罪和辩护人、诉讼代理人毁灭证据、伪造证据、妨害作证罪的社会危害性重得多。而刑法对伪证罪和辩护人、诉讼代理人毁灭证据、伪造证据、妨害作证罪所规定的法定刑，最高都是七年有期徒刑，而刑讯逼供罪的法定刑最高只有三年有期徒刑。显然刑法对刑讯逼供罪规定的法定刑失之过轻。这在一定程度上不利于遏制刑讯逼供罪的发生。

当然，有人可能认为，刑讯逼供罪的目的是查明案件的事实真相，及时有效的突破案件，其动机是好的，因此即使情节严重，也不应当判处比较重的刑罚。问题在于：第一，刑讯逼供罪对犯罪嫌疑人和被告人所造成的肉体上、精神上的折磨是十分严重的。为了一个合法的目的而置另一个合法的权益于不顾，这与伪证罪为了使犯罪人逃避法律制裁而置法律要求于不顾，并没有实质性的区别。第二，使用肉刑或者变相肉刑的手段与查明案件的事实真相之间并没有必然的联系。刑讯逼供，可能使犯罪嫌疑人和被告人在不堪忍受的情况下供出案件的事实真相，但是也很有可能使犯罪嫌疑人或者被告人在不堪忍受的情况下胡乱招供，导致冤假错案的发生。刑法之所以把刑讯逼供罪规定在侵犯人身权利罪中，就是因为刑法认为刑讯逼供罪对人身权利的侵犯是对其进行制裁的最主要的原因，保护人身权利的价值高于查明案件事实真相的价值。为了查明案件的事实真相而置人身权利于不顾，是为刑法所否定的。因此为了查明案件的事实真相，并不能成为为刑讯逼供行为进行辩护的理由，不能成为刑讯逼供罪比伪证罪法定刑更轻的理由。

三、重刑刑事政策对反酷刑刑事司法的影响

（一）重刑刑事政策对刑事司法理念的影响

在重刑刑事政策的指导下，刑事司法机关和司法人员在刑事司法活动中形成了一系列具有重刑主义倾向的执法思想。其中主要的有：

1. "遏制论"

重刑刑事政策在我国的刑事司法理念中，出现了根深蒂固的"遏制论"的执法思想。许多人认为，刑事司法的根本任务

就是有效地打击犯罪、遏制犯罪的增长。

遏制论从表面上看似乎并没有什么不当之处，但是实际上它把刑事司法的打击功能推向了极端，而忽视了刑事司法的保障和保护功能。

遏制论片面强调刑事司法的打击功能，只重视"不放过一个犯罪分子"，不关心"不冤枉一个无罪的人"。面对犯罪不断增长的趋势，遏制论总是以"舍我其谁也"的强烈使命感，试图担当起遏制犯罪增长的全部重任，片面追求办案的数量。有的地方，办案下指标，甚至根据当地国民经济发展指数计算司法机关每年应当办案的数量。在这种思想的指导下，刑事司法长期处于"严打"的紧张状态，今天对这类犯罪实行"严打"，明天对那类犯罪实行"严打"，从而导致重刑主义思潮在刑事司法实践中到处蔓延。

遏制论过分夸大刑事司法在预防犯罪中的作用，把刑罚看成是预防犯罪的灵丹妙药，一味地强调运用刑罚手段来预防犯罪。特别是在犯罪急剧增长、社会治安状况不好的情况下，遏制论总是对刑事司法抱着过高的期望，认为通过刑事司法严厉地打击犯罪分子，就可以遏制犯罪的增长。而忘却了犯罪现象是社会矛盾的综合反映，放弃了通过改革不合理的社会制度和社会政策、改善社会管理、加强教育和疏导等社会措施来解决社会矛盾的有效途径，增加了预防犯罪的社会成本。

遏制论片面强调提高司法效率，反对刑事司法中的监督与制衡，轻视诉讼程序。遏制论忽视了司法的基本原则即必须严格依照法律的规定来适用法律，为了有效地打击犯罪，不顾法律规则的限制，时常采取"变通"的方式适用法律。只关注有罪证据而不重视无罪证据，甚至不惜采取非法的方法获取有罪的证据，以保证对犯罪嫌疑人治罪，导致法治原则的破坏。在遏制论的思想指导下，刑事司法实践中违法办案的现象屡禁不止。有的认为，只要案子搞准了，超期羁押没有关系；有的认为，为了查清犯罪事实，程序上可以变通；有的认为，法律是为了保护社会利益和绝大多数人的利益的，而不是保护犯罪人的利益的，对犯罪分子就是要狠；有的认为，反正犯罪嫌疑人是有罪之人，对其权利造成损害无关紧要。在这些司法观念的指导下，有的地方超期羁押犯罪嫌疑人或被告人的现象普遍存在；有的为了获取有罪证据，不惜对犯罪嫌疑人刑讯逼供，甚至对证人变相地施加压力。凡此种种，其思想根源都是担心放纵了犯罪分子，都与遏制论的司法理念有关。

遏制论在价值评价上，忽视了个体权益在本质上也是一种社会利益，把打击控制犯罪的效率和维护社会利益的效果作为刑事司法体系运行状况的根本标准，关注惩罚率而不重视错案率，关注维护社会秩序的效果而不重视对犯罪嫌疑人和被告人权益的侵害程度，甚至也不关心对被害人及其利害关系人的保护。遏制论在实践中，唯一关心的是犯罪人能否得到法律制裁，而不担心无罪的人受到不应有的追究。对于犯罪嫌疑人和被告人，只愿意听取其有罪的供述，而不愿听到其无罪的辩解，不重视其诉讼权利的保障。对于被害人，只强调其协助司法机关查明案件真实情况的义务，不关心犯罪行为对其利益所造成的侵害特别是其精神上所受到的伤害，也不尊重被害人及其诉讼代理人提出的诉讼请求。只要能突破案件，使犯罪分子受到刑罚处罚，就认为"大功告成"，就可以评功评奖，至于其中付出的代价特别是可能造成的不应有的损害，则在所不惜。

遏制论只顾眼前效果，不顾长远影响。为了有效遏制犯罪的增长，无所不用其极。片面追求破案率、起诉率和判决率而违反刑事诉讼程序要求的司法行为在社会心理上产生的对法治理念的动摇和损抑，轻罪重判在犯罪人及其亲属中间引起的对社会和法律的敌意，以及大批刑满释放人员在回归社会时铭刻在心的监狱烙印，都会给社会的秩序和安宁埋下难以排除的炸弹，从而影响社会的长远利益和法治的未来。但是遏制论认为这些过于遥远，唯有遏制住犯罪的增长才是当务之急，因而弃长远利益于不顾。

不可否认，严厉打击各种刑事犯罪，确实是刑事司法的重要功能。但是之所以要制定刑法和刑事诉讼法，就是要为打击犯罪的活动，设定一定的范围和规则，限制其活动的领域和方式；就是要保证刑事司法能够按照一定的规则进行以使其正确的和合理的处理案件；就是要防止刑罚手段的过分使用对公民权利可能造成的侵害。遏制论恰恰是在这些对刑事司法至关重要的问题上，忽视了刑事司法本身的合法性和节制性，放纵了人类本能的报复情结。

2. "被告有罪论"

在中国历史上长期存在着司法专断的传统，被告到官府的人，如果不承认有罪，先打 50 大板。这种做法加上传统文化中"无风不起浪"和"近墨者黑"等观念的影响，在刑事司法中长期存在着一种被告有罪的思维定势。这种思维定势集中表现在四个方面：

（1）被司法机关逮捕的一定不是好人。许多人包括许多司法人员普遍认为，某人之所以被控告有罪，总是因为他做了什么坏事，不然怎么会告他。对于办案人员来说，既然有犯罪事实发生，又有人指控某人是作案者，在其正式接触犯罪嫌疑人之前，就会先入为主地产生"该人一定有罪"的意念。这种意念又促使司法人员把某些本来与犯罪嫌疑人只是偶然联系的因素，看作是犯罪嫌疑人实施犯罪的证据。就连 1979 年颁布的

《刑事诉讼法》也将需要逮捕的人称为"人犯"（第39、40、42、45、46条等）。所谓"犯"本身，就有触犯法律的意思，而"人犯"常常与罪犯、囚犯相提并论。可见，在刑事司法中，认为"既然逮捕某人，就是因为该人有罪"的观念，并不是个别人的突发奇想。

（2）不交代就是不认罪。我国刑事诉讼法规定，犯罪嫌疑人有如实回答侦查人员的提问的义务。对此，许多司法人员理解为犯罪嫌疑人有如实供述自己的犯罪事实的义务。凡是遇到不供述犯罪事实的，许多司法人员就认为犯罪嫌疑人"不老实"，有的甚至就情不自禁地要对犯罪嫌疑人进行刑讯逼供，非让其供认自己有罪不可。在共同犯罪的场合，一旦某人被认为是主犯，就把同一案件中的所有犯罪与"主犯"的行为联系在一起。如果该人不承认自己是主犯或者所供述的事实不符合主犯的特征，司法人员就不假思索地要对该人进行"政策教育"，非得使其承认他在共同犯罪中的主犯地位不可。

（3）翻供就是抵赖。在实践中，犯罪嫌疑人或被告人推翻自己曾经供述过的犯罪事实，可能有三种情况：一是确实实施了被指控的犯罪行为，并在办案人员的突审中如实交代了自己的犯罪事实，以后担心可能因此受到严厉的处罚而推翻原来的供述或者作避重就轻的供述。二是最初的供述中有真有假、有虚有实，以致以后的供述与最初的供述前后矛盾，不能自圆其说。司法人员即认为其翻供。三是根本没有实施犯罪或者没有犯被指控的罪行，但是由于办案人员的逼供、诱供，或者由于其他种种原因，违心地承认或被迫交代了被指控的罪行，在再次讯问时推翻了自己原来的供述。但是多数司法人员都不注意区分翻供的不同情况，一味地把对犯罪嫌疑人和被告人的信任集中在有罪交代上，根本不会重视犯罪嫌疑人或被告人翻供时提出的理由，更不会去认真核实翻供时请求查证的事实，并认为犯罪嫌疑人和被告人的翻供，是抵赖的表现。

（4）有前科劣迹的人就是有罪的人。有"前科"或劣迹的人，常常被认为是有再犯罪可能的人。司法机关在侦查过程中排查犯罪嫌疑人时，往往首先想到的就是有前科劣迹的人。这些人一旦被指控与某个犯罪有牵连，司法人员常常会一口咬定犯罪的人就是他，左审右问地要其交代犯罪事实，所有与犯罪有关的情况都会与该人联系起来考虑。

被告有罪论的思维定式，往往使办案人员不能客观全面地分析案件的所有细节，不能全面有效地去收集证据，因而容易导致案件的误断错判。

被告有罪论也是司法实践中忽视对犯罪嫌疑人和被告人诉讼权利的保障的思想根源。在这种观念的指导下，司法人员往往对犯罪嫌疑人和被告人的供述，采取任意取舍的方法，只相信其有罪的供述，不相信其无罪的辩解，甚至对被告人的申诉，采取故意抵制的态度。特别是在犯罪嫌疑人和被告人有某种前科劣迹的情况下，司法的正当程序和公正，更是难以实现。

3. 实体正义论

长期以来，在我国刑事司法中流行着一种极端的实体正义论的司法理念，认为只要能伸张社会正义，使真正有罪的人受到应有的惩罚，就达到了刑事司法的目的。

极端的实体正义论是一种片面的司法理念。这种片面性突出地表现在四个方面：

第一，实体正义论在实体与程序的关系上，重实体，轻程序。长期以来，由于受中华法系传统文化的影响，重实体轻程序的观念一直困扰着我们的执法活动。在强调伸张社会正义的时候，常常忽视程序本身的独立价值，认为只有社会正义才是刑事司法所追求的目标，程序只不过是为实体服务的、是依附于实体的，实体不公正，程序再严格也是没有意义的。因此主张只要目的正确，手段可以忽略，程序可以变通。特别是在有证据怀疑某人可能实施了犯罪的情况下，宁肯违反法律的规定和程序的要求，也不愿放弃对犯罪嫌疑人的刑事追究。[1]

第二，实体正义论在打击与保护的关系上，重打击，轻保护。实体正义论认为打击本身就是保护，打击犯罪正是为了保护最广大人民群众的根本利益，只要能有效地打击犯罪，维护社会秩序，保护社会的安宁和广大人民群众的生命财产安全，就是最大的保护。至于刑事司法对犯罪嫌疑人的合法权益可能造成的侵害，实体正义论往往认为是实现社会正义必须付出的代价，是刑事司法活动中在所难免的，有的甚至认为这是犯罪分子"罪有应得"。所以实体正义论轻视对犯罪嫌疑人合法权益的保护，容忍甚至放纵对犯罪嫌疑人任意使用刑事强制措施以及诱供、骗供、刑讯逼供等非法手段，不关心犯罪嫌疑人的正当要求和人格尊严，无视犯罪嫌疑人和被告人的辩护权利和申诉控告权利。

第三，实体正义论在刑法适用上主张疑罪从有、有罪必罚。只要有证据证明犯罪事实的存在，无论这种证据是否充分、有无漏洞，实体正义论都主张定罪处罚，以免使犯罪分子

---

〔1〕《检察日报》2000年12月20日第7版载：1998年10月，某地警方在侦查一起抢劫杀人案中发现，在案发地附近打工的竹坪乡仁和寨村的陈勇有重大作案嫌疑，三名侦查人员便携带案卷和拘留证来到竹坪乡欲拘留仁和寨村的陈勇。但是当侦查人员发现仁和寨村的陈勇只有12岁，不符合重大抢劫杀人案的犯罪嫌疑人特征，而店坪村的陈勇22岁且在案发地打过工，与警方掌握的犯罪嫌疑人情况"非常接近"时，遂决定拘留店坪村的陈勇。店坪村的陈勇看到拘留证上写的是仁和寨村的陈勇时，提出侦查人员把对象搞错了。侦查人员随即将拘留证上的仁和寨改为店坪，并将店坪村的陈勇拘留，以致酿成错案。这个案卷从表面上看是由于侦查人员的轻率。然而这种轻率背后隐含着"只要人抓对了，拘留证只是个法律手续问题"的司法理念。

钻法律的空子而逍遥法外。对于认定有罪的人，实体正义论主张一律判处刑罚，以儆效尤。对于刑法中规定的行为，实体正义论要求坚决按照刑法的规定定罪量刑；对于刑法中没有规定为犯罪但是客观上具有危害性的行为，千方百计地在刑法中寻找定罪处罚的根据，实在找不到的，就呼吁补充修改刑法。

第四，实体正义论强调以情用法，主张把人民群众对犯罪分子的愤怒程度作为定罪量刑的参考依据甚至主要依据。在过去相当长的一段时间里，法院的判决书中经常出现"不杀不足以平民愤"的用语。这种用语是"罪刑民愤定"的司法理念的真实写照。即使在现在，定罪量刑时考虑人民群众特别是被害人的反应，也常常是司法的范式。而在刑事司法的法律效果之外，强调司法的"社会效果"，同样是以情用法的思想反映。

程序法本身是从办案的内在规律中演化形成的必要规范，是保障案件事实的实质真实和实体法的正确适用的法律屏障。公正地适用法律，不仅要求司法判决应当以正确的事实认定为根据，而且要求有公正的程序。"确立对程序正义的要求也是有意义的。证明这些要求正当的理由来自这样的信念：一个公平的法律程序组织可以最大限度地增加作出公正的决定（在这种情况下是根据法律作出决定）的可能性。"[1] 不严格遵守程序法的规定，就很难保证正确地适用实体法，实体正义也就无从谈起。极端的实体正义论忽视了正当程序对刑事司法的制约作用，使刑事司法成了一把可以任意挥舞的剑。即使在某些情况下，它可以保障有效地惩罚犯罪，但同时也可能伤及无辜，可能不适当或者不必要地侵害犯罪嫌疑人和被告人的合法权

---

〔1〕〔英〕麦考密克、〔奥〕魏因贝格尔：《制度法论》，中国政法大学出版社 1994 年版，第 262 页。

益。所以在依法治国的进程中，实体正义论理所当然地受到了法学界的批判和刑事司法实务部门的检讨。

（二）重刑刑事政策对刑事司法工作的影响

从 1983 年以来，我国刑事司法机关几乎年年进行"严打"的专项斗争，大有长期坚持严打的态势。从重从快从严惩处严重危害社会治安的犯罪分子和严重破坏经济的犯罪分子，已经成为我国刑事审判的一种常规化的司法政策。

"严打"的常态化，导致了重刑主义的刑事司法。由于每次"严打"，都强调对严打的对象要在法定刑的幅度内从重判处刑罚，其结果必然使一部分刑法规定的犯罪长期受到较重的处罚，使对特定犯罪在特别时期适用的重刑常规化，这实际上也就改变了刑法对这些犯罪所规定的法定刑。如刑法第 264 条规定，"盗窃公私财物，数额较大或者多次盗窃的，处三年以下有期徒刑、拘役或者管制，并处或者单处罚金"。按照刑法的这一规定，对于盗窃公私财物数额较大的，本来有三个刑种。但是在"严打"斗争中，对于盗窃公私财物数额较大的，按照司法政策的要求，通常就应当在三年以下有期徒刑中选择应当判处的刑罚。而对盗窃犯罪长期实行"严打"，势必使盗窃公私财物数额较大的犯罪只有一种经常适用的刑种即三年以下有期徒刑，而使刑法规定的拘役和管制形同虚设。另外，"严打"斗争的常态化，也容易导致刑事司法人员重刑主义的思维定式，使其经常想到对某些犯罪适用较重的刑罚，似乎不这样做，就不足以有效地打击犯罪。

"严打"斗争的常态化，也容易引导人们把对犯罪问题的注意力集中在打击犯罪的方面，把社会治安的好坏仅仅看成打击得有力还是不力的问题，从而忽视引起犯罪增长的社会性原因。其结果必然使社会把大量的精力放在打击犯罪上，而不是放在消除导致犯罪增长的社会原因上，以致出现犯罪越打越严重、越打越多，因而也就越需要严打的恶性循环。

"严打"除了强调从重处罚之外，还强调从快即"快捕""快诉""快判"。这"三快"对于提高诉讼效率，及时打击严重刑事犯罪，无疑是非常有效的。但是快捕快诉快判应当遵循司法规律，应当在查清犯罪事实的基础上，在保证打得准的前提下进行，才能保证刑法目的的实现，才能保证不冤枉无辜。而"严打"中的从快，往往是在集中打击行动中进行的。这种运动式的集中打击，却常常是只重视打击的轰动效应，而不大重视案件的质量。其结果，很容易导致违背司法活动规律的现象发生，人为地简化或缩短发现真实情况的过程，在证据的收集、核实、审查和判断等环节上缺乏必要的思考、审视的时间，以致出现不应有的错误。另外，在"严打"中，为了实现从快的目标，司法人员往往在犯罪嫌疑人和被告人的供述上狠下功夫，也很容易导致刑讯逼供、诱供、骗供等非法取证行为的发生，使案件事实的真实情况大打折扣。如果把"严打"斗争常态化，势必增加有意无意地制造冤假错案的概率，损害刑法适用的准确性。

在"严打"斗争中，刑事司法人员的中心任务和注意力集中在打击犯罪方面，而不是集中在保护人权方面，长期实行"严打"政策，就可能使刑事司法人员在刑事司法活动中忽视对公民权利的保护，片面强调打击犯罪的效果。特别是在"严打"斗争中，一些司法人员为了完成任务，片面强调严打执法的必要性，任意扩大执法的范围，动不动就采取刑事强制措施。不仅犯罪嫌疑人和被告人的基本人权有时得不到有效的保障，甚至普通公民的人身权利和合法权益，也往往受到不应有的威胁和侵犯。因此长期实行"严打"斗争，容易造成对人们的活动自由的不当限制，势必使人们丧失安全感。

1. 重刑刑事政策对刑事侦查活动的影响

按照刑事诉讼法的规定，侦查机关在侦查活动中，既可以依法采取讯问、询问、勘验、检查、搜查、扣押、鉴定、通缉等专门的调查方法和侦查措施，也可以对犯罪嫌疑人采取拘传、取保候审、监视居住、拘留、逮捕等强制措施。侦查手段的运用特别是刑事强制措施的使用，可能给犯罪嫌疑人的权利造成直接的限制或剥夺，影响犯罪嫌疑人的正常工作和生活。因此侦查手段的使用应当严格限制在确实必要的限度内，必须严格依法进行。但是在实践中，侦查活动不依法进行的情况时常发生，给当事人的权利造成了不当的影响。

（1）片面地进行侦查活动

有的侦查人员在调查取证中只考虑办案需要，甚至在办案过程中故意要威风显特权而不考虑其社会影响，如开着警车、拉响警笛到发案单位询问犯罪嫌疑人或证人，不考虑其行为给企业声誉和经营活动造成的巨大损失，甚至故意给对方造成不利影响即所谓心理压力。有的侦查人员在侦查活动中只求破案，不考虑起诉和定罪的证据要求，以致收集的证据不完整、不充分、不符合规格，无法据以证实犯罪。刑事诉讼法明确规定侦查中要"收集、调取犯罪嫌疑人有罪或者无罪、罪轻或者罪重的证据材料"。但是有的侦查人员在侦查活动中偏偏只注意收集有罪证据，而不注意收集或者有意无意地忽视无罪证据，只收集犯罪嫌疑人罪重的证据，而不注意收集罪轻的证据，甚至对犯罪嫌疑人关于自己无罪的说明或辩解不加分析地统统视为不认罪的表现，对其大加训斥。

（2）无节制地使用强制措施

刑事诉讼法第 60 条明确规定，"对有证据证明有犯罪事实，可能判处徒刑以上刑罚的犯罪嫌疑人、被告人，采取取保候审、监视居住等方法，尚不足以防止发生社会危险性，而有逮捕必要的，应即依法逮捕"。但是有的办案人员只要查到能够证明犯罪事实的证据，就要求逮捕犯罪嫌疑人，而不管是否可能判处徒刑以上刑罚，更不考虑采取取保候审、监视居住等方法，是否不足以防止发生社会危险性而有逮捕必要。对于已经逮捕的犯罪嫌疑人，有的司法机关采取各种变通方法千方百计地延长羁押时间；在法定期限内不能侦查终结或者不能提起公诉的，侦查机关或公诉机关往往不愿意释放犯罪嫌疑人而改用其他强制措施，以致超期羁押现象长期严重存在。有的侦查机关对于已经拘留的犯罪嫌疑人，提请批准逮捕而没有获准时，不是立即释放犯罪嫌疑人，而是对其继续拘留甚至对其决定劳动教养，以继续羁押。

（3）使用非法手段收集证据

刑事诉讼法明确规定：对一切案件的判处都要重证据，重调查研究，不轻信口供。只有被告人供述，没有其他证据的，不能认定被告人有罪和处以刑罚；没有被告人供述，证据充分确实的，可以认定被告人有罪和处以刑罚。（第 46 条）但是在司法实践中，普遍认为口供是证据之王。有的侦查人员在讯问犯罪嫌疑人时，为了获取有罪的口供，对犯罪嫌疑人采取一天24 小时的连续审讯，有的甚至不顾刑事诉讼法关于"严禁刑讯逼供和以威胁、引诱、欺骗以及其他非法的方法收集证据"的明确规定，采取刑讯、变相刑讯等非人道的方法，强迫犯罪嫌疑人供述自己有罪的"犯罪事实"。因刑讯逼供致犯罪嫌疑人死亡的事件，时有发生。诱供、骗供，成为某些侦查人员讯问犯罪嫌疑人的常用手段。最为严重的是有的公安干警竟然对被列入嫌疑对象的公安干警也使用刑讯逼供。据云南省昆明市五华区人民法院（2001）五法刑初字第 134 号《刑事附带民事判决书》载：经审理查明，1998 年 4 月，昆明市公安局为侦破昆明市公安局通信处民警王晓湘与原昆明市路南县公安局副局长王俊波被枪杀一案，决定成立"4·22"专案组，由当时的昆明市公安局刑侦支队政委秦伯联、刑侦支队三大队大队长宁兴华具体负责侦破工作。被害人王晓湘的丈夫、昆明市公安局戒毒所民警杜培武被昆明市公安局直属分局以涉嫌故意杀人刑事拘留。在昆明市公安局刑侦支队三大队办公室，宁兴华、秦伯联采用不准杜培武睡觉的方式对杜培武进行连续审讯，宁兴华对杜培武实施了打耳光、罚跪等行为，并指使办案人员将杜培武用手铐吊挂在防盗门、窗上以及将杜培武背铐使杜培武疼痛难忍，借此逼取杜培武的口供；被告人秦伯联则指使办案人员用手铐将杜培武吊挂在防盗门、窗上，反复抽放垫在杜培武脚下的凳子逼其"交代有关犯罪事实"。杜培武在遭受刑讯逼供后，不得不违心地承认杀人，并编造了杀人经过。1999 年 2 月 5 日，杜培武被昆明市中级人民法院以故意杀人罪判处死刑，杜培武不服，以"没有杀人，公安机关刑讯逼供"为由提出上诉，1999 年 10 月 20 日云南省高级人民法院以故意杀人罪对杜培武改判死刑，缓期二年执行。2000 年 7 月 6 日云南省高级人民法院对杜培武故意杀人案再审宣告杜培武无罪并予以释放。法院在判决书中确认：被告人宁兴华、秦伯联身为国家司法工作人员，在组织、指挥侦破王晓湘、王俊波被杀一案中，为急于破案，违反相关法律规定，分别直接参与并指使办案人员对被害人（当时系该案嫌疑人）杜培武实施吊、打、罚跪、连续审讯等违法手段，逼取被害人杜培武的口供，并造成错案，其行为均已构成刑讯逼供罪。对宁兴华判处有期徒刑一年零六个月，缓刑二年；对秦伯联判处有期徒刑一年，缓刑一年。

犯罪嫌疑人或被告人就其在侦查阶段所遭受的刑讯逼供等非人道待遇向有关司法机关提出控告的，往往得不到应有的重视和有效的查处。有的明明实施过刑讯逼供行为的侦查人员，极力否认刑讯逼供的事实，甚至有的司法机关也出具明知是虚假的证明，帮助侦查人员掩盖刑讯逼供的事实。有的受到刑讯逼供以及各种非人道待遇的犯罪嫌疑人或被告人，还常常受到司法人员的警告或威胁，不许其控告所受到的非人道待遇。

侦查活动中违法适用强制措施、刑讯逼供以及无视当事人诉讼权利的行为，不仅严重违反了法律的规定，使揭露犯罪的执法活动背离了法治的精神，而且在价值选择上，只强调揭露和打击犯罪以维护社会秩序一个方面，忽视了保护公民合法权益防止对公民权利造成不应有的损害的一面，从而使侦查活动在一定程度上丧失了价值合理性。这样的侦查活动，虽然在一时一事上可能达到及时有效地突破案件的目的，但是从长远上看，由于它直接给当事人造成了不应有的损害，势必使当事人及其亲朋好友对刑事司法机关和刑事法律产生抵触情绪，丧失对打击犯罪的认同和对侦查活动的支持，从而妨碍侦查活动的进一步开展；并且违法使用刑讯逼供等侦查手段，极可能使意志薄弱者屈打成招，使意志顽强者蒙混过关，从而导致冤假错案的发生。这种结果与侦查活动的目的恰恰是背道而驰的。

2. 重刑刑事政策对刑事起诉工作的影响

起诉活动的主要目的是把可能实施了犯罪行为应当对其适用刑罚的人提交法院审判，但是同时起诉活动也具有防止对不应当追究刑事责任的人和没有必要判处刑罚的人进行审判的过滤功能。因此，起诉活动应当在这两个方面进行权衡，理智地合理地作出选择。但是有的公诉机关和检察官在起诉活动中并没有始终按照刑法的目的和精神在这两个方面之间进行理智地权衡，而是片面强调公诉在打击犯罪中的作用。

长期进行的"严打"斗争，容易使检察人员在公诉实践中形成一种有罪必诉的思维定势，对于只要是有证据证明实施了犯罪行为的犯罪嫌疑人，往往不考虑是否需要判处刑罚以及对其施用刑罚是否有利于本人的教育改造，一味地强调刑事追究。

在实践中，有的检察人员审查起诉时只重视有没有犯罪事实存在，而不重视有没有判处刑罚的必要。对于刑法中规定的构成犯罪的要件，特别是"情节严重""情节恶劣"等程度不确定的要件，在认定时往往强调从宽掌握而不是从严掌握，以致对凡是有犯罪行为的，不论情节轻重都提起公诉；对于犯罪情节比较轻微，依照刑法规定可以判处刑罚也可以不判处刑罚的，则主张从严掌握，而不考虑从宽解释的可能性和不判处刑罚的必要性。特别是在"严打"过程中，有的公诉机关对于证据本身有疑点的、不够充分的或者不能排除合理怀疑的案件，也提起公诉。这种做法，在一定程度上，违背了体现在刑法和刑事诉讼法具体规定之中的节制刑罚的立法精神，容易导致刑事司法的扩大化。

3. 重刑刑事政策对刑事审判工作的影响

重刑主义倾向是刑罚裁量中的一个突出问题。这些年来，由于国家刑事政策上一直在强调"严打"，对某些严重危害社会治安的犯罪和严重破坏经济的犯罪，要求审判机关从重处罚，一些法院和法官中滋长了一种从重处罚的倾向，无论是否属于"严打"的对象，都一律从重处罚。在全国各级法院和法官中普遍存在着一种思想，认为只要事实清楚、证据确凿，多判一年少判一年无所谓。在这种思想的影响下，刑事审判中重视定罪的准确性而忽视量刑的适当性的现象普遍存在，其结果，除了对一些"特别关照"的案件从轻判处刑罚甚至在法定刑以下减轻处罚之外，对多数案件所判处的刑罚，往往是考虑从重处罚的因素多，而考虑从轻处罚的因素少，从而导致实际适用的刑罚普遍偏重。

4. 重刑刑事政策刑罚执行工作的影响

刑罚的执行应当包括刑法中规定的所有主刑和附加刑的执行。重刑刑事政策对刑罚执行工作的影响突出表现在自由刑即有期徒刑和无期徒刑的执行过程中。

（1）对服刑人的不人道待遇

有期徒刑和无期徒刑通常是在监狱执行的。监狱剥夺了犯罪人的自由，使被判刑的犯罪人在服刑期间成为"囚犯"。但是监狱作为执行有期徒刑和无期徒刑的场所，应当仅限于剥夺服刑人的自由和教育改造服刑人。然而事实上，有的监狱在剥夺自由和教育改造服刑人的过程中，常常对服刑人实行非人道的待遇。这种非人道的待遇，主要表现在三个方面：其一，无视囚犯的人格尊严。如有的监狱给服刑人"剃光头"，让服刑人穿戴印有"囚""劳改""罪犯"等羞辱性字样的服饰，一些监狱警察随意辱骂服刑人。其二，限制甚至剥夺囚犯的基本权利。有的监管人员无视服刑人控告申诉的权利，不将服刑人对判决不服的申诉书及时转交有关部门。特别是对于服刑人控告其在狱内受虐待的控告书，往往长期扣押。有的监狱警察无视服刑人对其私人所有的合法财产的所有权，任意没收服刑人的财产。其三，监管场所的生活条件得不到切实保障。有的监狱生活费用供给不足，伙食标准下降。有的监狱不保障服刑人接受医疗的权利，使服刑人有病时不能得到及时有效的治疗。

（2）狱政管理过于严厉

有的监狱在管理方面过于严厉，一些监狱警察经常以饿饭、挨冻、体罚或变相体罚等方式虐待不服管教的服刑人。有的甚至对囚犯进行折磨性管束，滥用戒具，刑讯逼供，有意折磨服刑人。有些监狱流行犯人管犯人的做法，个别监狱警察教唆、纵容、默许一些野蛮残暴的牢头狱霸用极其残忍的手段残酷折磨其他服刑人。

刑罚的具体适用，不仅是为了向社会宣示刑法的不可违反性，而且是为了教育改造犯罪人。特别是在现代，刑罚的个别预防功能被视为刑罚施用的首选价值。但是刑罚执行中的非理性，使刑罚本身可能具有的个别预防功能难以实现。因为刑罚施用的非人道性，不仅仅是能够产生受刑人对刑罚的畏惧，而且能够使受刑人产生对社会对刑法的仇恨心理，在受刑人的心灵深处埋下反抗现存法律制度的种子。一旦其被释放，重新犯罪的可能性就很大[1]。

（三）重刑刑事政策对预防酷刑工作的影响

重刑刑事政策对刑事司法活动的影响，在一定程度上，可以说直接导致了酷刑犯罪的发生和蔓延，从而妨碍了预防酷刑犯罪工作的有效进行。

1. 忽视反酷刑教育

重刑刑事政策对刑事司法活动的影响妨碍了在司法机关和司法人员中开展反酷刑教育。

反酷刑教育应当包括：（1）人权保护教育，即教育司法人员在执法过程中要尊重和保护公民特别是刑事诉讼中的犯罪嫌疑人、被告人的基本人权。人权保护，不仅是人身权利和诉讼

---

[1] 长期以来，我国刑满释放人员重新犯罪的再犯率一直居高不下，有些地方的再犯率超过了犯罪总数的30%。这使我们不得不认真反思我国的刑法制度。既然我们的监狱不能把犯了罪的人改造成为新人，我们还有没有必要大量地适用刑法，把一些罪行不严重的初犯、偶犯、未成年犯、老年犯，统统送进监狱。

权利的保护，首先应当是人格尊严的保护，不能认为只要不打人骂人，就不存在侵犯人权的问题。通过教育，在司法人员中牢固树立人权保护意识，在执法过程中养成尊重和保护人权的意识和习惯，无论在什么情况下，都不能侮辱公民包括犯罪嫌疑人和被告人的人格，更不能对其施用肉刑或者变相肉刑。（2）法制精神教育，即教育司法人员在执法过程中要严格遵循法制的精神，模范地执行和遵守法律。特别是在侦查活动和狱政管理工作中，要严禁采取非法手段调查取证，尤其是对任何公民包括犯罪嫌疑人和被告人、被害人和证人，不能采取有辱人格的不人道的方法来调查取证、办理案件。（3）酷刑可耻教育，即教育司法人员充分认识酷刑的危害性。要在司法机关和全体司法人员中培养一种酷刑可耻的司法文化，形成一种人人鄙视和抵制酷刑的执法氛围。这种司法文化，对有酷刑倾向的人，会形成巨大的心理压力，抑制其施用酷刑的冲动，对其他人也是一种教育和警示，从而有助于预防酷刑的发生。

但是长期以来，我们的刑事司法机关强调的都是如何有效地打击犯罪，而很少关注和重视保护犯罪嫌疑人和被告人合法权益的教育，很少关注和重视对司法人员进行反酷刑教育，以致在这方面无论是人力物力的投入，还是思想上的重视程度，抑或是时间上的安排，都是非常有限的。尽管公安部1992年1月6日就作出了《关于坚决制止公安干警刑讯逼供的决定》，决定"在公安干警中深入开展制止刑讯逼供的思想教育……在公安干警中集中进行一次制止刑讯逼供的整顿活动……加强监督，严肃查处刑讯逼供案件……"1995年12月15日公安部再次发出《关于集中开展制止刑讯逼供专项教育整顿的通知》，要求各地公安机关"要集中时间，开展一次以制止刑讯逼供为内容的专项教育整顿活动"，但是一些地方的公安机关和公安人员对刑讯逼供的问题仍然重视不够。特别是在严打斗争中，刑讯逼供的现象依然比较突出。正如公安部在《关于集中开展制止刑讯逼供专项教育整顿的通知》中指出的："公安部《关于坚决制止公安干警刑讯逼供的决定》（公发〔1992〕6号）颁布后，各级公安机关广泛开展了制止刑讯逼供的专项整顿活动。特别是开展反腐败斗争以来，不少地方取得了较为明显的成效。但近年来，少数基层公安民警在执法办案过程中，刑讯逼供问题仍比较严重，一些刑讯逼供案件情节恶劣，手段残忍，后果严重。"这种现象存在的原因，正如公安部在《关于坚决制止公安干警刑讯逼供的决定》中指出的："严禁刑讯逼供，虽已三令五申，但至今没有得到根本解决，究其原因，首先是一些领导干部对刑讯逼供的严重危害认识不足，制止不力，甚至有意无意地纵容、袒护。他们错误地认为在办案中发生刑讯逼供是难免的，对少数干警的刑讯逼供行为往往睁一眼闭一眼，不加制止；对刑讯逼供案件查处不力，大事化小，小事化了，把查处刑讯逼供与调动干警办案积极性对立起来。其次是一些干警缺乏社会主义法制观念，认为犯罪分子不打不老实，不打不成招，不打破不了案。这种刑讯逼供难免、刑讯逼供有理的错误看法，在相当一部分干警中公开流行着。最后是由于队伍发展快，新成分多，教育训练跟不上，干警侦查、审讯能力不高，办法少，加上案件多、任务重、心情急躁，为尽快弄清案情，往往求助于刑讯逼供。"从实践中看，确有一些司法人员认为，对犯罪分子打得厉害一点没有关系，反正他们不是好人。有的甚至认为，有些犯罪分子就是贱，不打不交代，以致把刑讯逼供视为突破案件的有效手段，频频使用。殊不知，其酷刑施用的对象未必就是真正的罪犯，而其中有不少是无辜的人和其行为并不构成犯罪的人。即使是对于真正的犯罪分子，也应当严格按照法律的规定来追究刑事责任，而不能任意对其施用酷刑。另外，对于违反法律规定，对犯罪嫌疑人或者被告人实行刑讯逼供、对被监管人实行体罚虐待的现象，一些司法人员则认为其目的是有效地打击犯罪，做好工作，而看不到其严重的社会危害性。在刑事司法系统，对于这两种认识，长期没有进行有效的批判，没有在司法人员中进行有针对性的反酷刑宣传和教育，因此反酷刑问题没有引起司法人员思想上的高度重视。

由于思想上对反酷刑问题重视不够，因而在对司法人员司法行为的管理方面和预防酷刑的规章制度方面，就没有采用有效的措施，以保证及时发现和有效预防酷刑犯罪。例如，2001年10月17日公安部制定的《公安机关执法质量考核评议规定》，其中第十六条就规定："公安机关所属执法部门或派出机构具有下列情形之一的，本级公安机关年度考核评议结果应确定为不达标：（一）刑讯逼供致人重伤、死亡或者殴打、体罚、虐待被监管人导致其重伤、死亡的；（二）滥用警械武器致人死亡的。"这个规定意味着，公安机关在执法过程中，刑讯逼供、体罚虐待被监管人，无论有多少人、多少次实施刑讯逼供行为，无论对多少人实施刑讯逼供行为，也无论刑讯逼供的情节多么严重，只要不致人重伤、死亡，其执法质量考评就可以达标。

2. 查办酷刑犯罪不力

按照刑事诉讼法关于刑事案件管辖分工的规定，在中国，司法人员的渎职犯罪包括酷刑方面的犯罪，是由检察机关立案侦查并提起公诉的。多年来，全国各级检察机关运用法律武器同酷刑犯罪作斗争，取得了显著成绩。最高人民检察院多次发文，指示全国各级检察机关要坚决地同酷刑犯罪作斗争。有的地方的检察机关，还开展了打击刑讯逼供犯罪的专项斗争，进行经常性的监所检察，有效地遏制了刑讯逼供、虐待被监管人等司法人员的渎职犯罪，保护了犯罪嫌疑人、被告人、被监管人的合法权益。

但是从另一方面看，由于刑事政策中的重刑主义倾向的影响，查办酷刑犯罪的工作仍然存在着某些不足，没有充分发挥刑法在同酷刑犯罪作斗争方面的作用，甚至在某些方面和某些地方，还不同程度地存在着对酷刑犯罪打击不力的问题。

对酷刑犯罪打击不力的问题，从现象上看，主要表现在两个方面：

一是重视查办造成严重危害后果的酷刑犯罪，而不重视查办没有直接造成严重后果的酷刑行为。尽管 1979 年刑法第 136 条明确规定："严禁刑讯逼供。国家工作人员对人犯刑讯逼供的，处三年以下有期徒刑或者拘役。"其中并没有规定刑讯逼供必须是情节严重的才构成犯罪。但是最高人民检察院根据1979 年刑法于 1986 年 3 月 24 日制定的《关于检察院直接受理的法纪检察案件立案标准的规定（试行）》（1993.11.03 失效）中却规定：对刑讯逼供案，"具有下列情形之一的，应予立案：（1）出于泄愤报复的个人动机而对人犯刑讯逼供的；（2）对多人进行刑讯逼供，屡教不改，造成恶劣影响的；（3）刑讯逼供手段残忍、恶劣的；（4）刑讯逼供，造成冤假错案的；（5）刑讯逼供，致人精神失常或者自杀的；（6）刑讯逼供，致人伤残、死亡的；（7）刑讯逼供，造成其他严重后果的。"按照这个规定，刑讯逼供行为，只要不是情节特别严重，或者没有造成严重后果，就不予立案侦查，更谈不到处罚的问题。并且，对该规定的说明中进一步规定："刑讯逼供致人死亡"，是指由于暴力摧残或其他虐待，致使被害人当场死亡或经抢救无效死亡的。因刑讯逼供而导致被害人自杀的，要根据具体情节分析认定，一般不宜定为"刑讯逼供致人死亡"。1979年刑法对刑讯逼供罪的构成要件同样没有规定必须是情节严重的才构成犯罪。但是最高人民检察院根据1997年刑法于1999年9月16日制定的《关于人民检察院直接受理立案侦查案件立案标准的规定（试行）》依然规定，对于刑讯逼供案，只有涉嫌下列情形之一的，才应当予立案：（1）手段残忍、影响恶劣的；（2）致人自杀或者精神失常的；（3）造成冤、假、错案的；（4）三次以上或者对三人以上进行刑讯逼供的；（5）授意、指使、强迫他人刑讯逼供的。该《规定》对暴力取证罪的立案标准也作了同样的规定。按照这些规定，许多地方的检察机关和检察人员，对于直接造成严重后果的刑讯逼供、体罚虐待被监管人的案件，往往比较重视并组织力量进行查办，但是对于没有直接造成严重后果的这类行为，往往重视不够，查处不力，以致真正被检察机关立案侦查并提起公诉的这类案件极少，而从司法机关公布的刑讯逼供罪的案例看，几乎都是刑讯逼供致人死亡的案件。

二是对酷刑受害人的举报控告重视不够。一些地方的检察机关和检察人员，对于来自犯罪嫌疑人和被告人、被监管人的有关司法人员刑讯逼供和体罚虐待的举报控告，往往以线索不清、证据不足为由，不予立案，或者不愿花气力去查，以致刑讯逼供罪和体罚虐待被监管人罪在司法实践中存在一定的暗数。

如果进一步从原因上分析，导致对酷刑犯罪打击不力的因素，主要有以下几种：

（1）认识因素。一些办案人员对司法人员对犯罪嫌疑人和被告人实施的酷刑行为"表示理解"，认为对于某些负隅顽抗的犯罪分子不打不足以迫使其交代罪行，为了突破案件，施用一些使其痛苦的手段，没有什么大不了的，只要不"过分"就行。有的甚至认为，查办司法人员刑讯逼供的犯罪会挫伤司法人员侦查破案的积极性，影响"严打"的正常进行。所以对于那些没有造成犯罪嫌疑人和被告人重伤或者死亡等严重后果的案件，往往重视不够，也不愿意认真去查。

（2）管理因素。一些司法机关对司法人员违法办案的现象管理不严，以致某些刑讯逼供、体罚虐待被监管人的行为未能及时发现和查处。有的侦查机关把破案率与干警的奖金挂钩，而无法破案事件的发生，不仅影响有关干警的奖金，而且影响干警所在单位的荣誉。所以违法办案的干警，往往对检察机关查办刑讯逼供、体罚虐待被监管人等案件持抵触态度，故意设置障碍，阻挠检察机关查办这类案件。有的司法机关对于本单位干警实施的刑讯逼供、体罚虐待被监管人等行为，往往愿意由本单位进行批评教育，而不愿意交由检察机关依法查办，为的是不影响本单位的声誉，不影响本单位的考评。甚至有的司法机关对自己的干警所实施的滥施肉刑或变相肉刑，对犯罪嫌疑人和被告人刑讯逼供，以及体罚虐待被监管人等酷刑行为，有意进行包庇，不负责任地出具内容不真实的证明。这在很大程度上妨碍了检察机关查办刑讯逼供、体罚虐待被监管人等案件。

（3）取证因素。查办酷刑犯罪案件，在客观上存在着两大困难：一是这类案件通常都是在特定的场所、特殊的情况下发生的，除了实施酷刑行为的司法人员和酷刑行为的被害人之外，往往没有其他人员在场，待被害人有机会提出控告时，往往事过境迁，被害人很难提供有效的证据，办案人员也很难取到能够证明司法人员刑讯逼供或者体罚虐待被监管人的证据；

二是这类案件的被告人本身是司法人员，熟悉检察机关查办案件的手段和方法，具有很强的反侦查能力，不仅在实施酷刑行为时有意不留下可以证明自己有罪的证据，而且在检察机关查办其酷刑行为时能够利用自己的知识来应付办案人员，使办案人员很难取到被告人有罪的证据。

（4）环境因素。实施酷刑行为的司法人员，由于其长期在司法机关工作，所以在司法机关甚至包括负责查办这类案件的检察机关往往具有各种各样的关系，一旦其酷刑行为被检察机关立案侦查，他们往往会动用各种关系来"说情"，甚至阻挠检察机关依法查办。特别是在"严打"斗争中，为了确保"严打"斗争的开展、保护司法人员进行"严打"的积极性，有的领导机关或领导干部也会出面为实施酷刑行为的司法人员说情。这些因素都在一定程度上妨碍了查办司法人员刑讯逼供、体罚虐待被监管人等酷刑案件的工作。

这些原因的存在，使检察机关查办酷刑犯罪案件的工作受到一定的影响，即使是已经立案侦查的这类案件，如果不是后果严重，也很难将有关行为人送上法庭审判。

3. 对酷刑犯罪处罚较轻

从审判机关关于酷刑犯罪的实际判决看，刑讯逼供、暴力取证、非法拘禁、体罚虐待被监管人等酷刑犯罪案件的被告人，即使被审判机关认定有罪，实际判处的刑罚也比较轻。

不仅如此，由于刑法对刑讯逼供罪所规定的最高法定刑只有三年有期徒刑，而刑法总则规定，对于被判处拘役、三年以下有期徒刑的犯罪分子可以宣告缓刑，法院对多数被认定犯有刑讯逼供罪、体罚虐待被监管人罪的被告人都宣告缓刑。这在一定程度上也影响了刑罚在遏制酷刑方面的功能作用的发挥。

四、酷刑与死刑问题

1. 死刑不是酷刑

在一些人的眼里，死刑就是酷刑，是酷刑的极端表现。但是从有关国际公约的规定看，死刑本身并不是酷刑。例如，国际上最著名的人权公约之一、联合国大会 1966 年 12 月 16 日通过的《公民权利和政治权利国际公约》第 7 条规定："任何人均不得加以酷刑或施以残忍的、不人道的或侮辱性的待遇或刑罚"。而该公约第 6 条同时规定："一、人人有固有的生命权。这个权利应受法律保护。不得任意剥夺任何人的生命。二、在未废除死刑的国家，判处死刑只能是作为对最严重的罪行的惩罚，判处应按照犯罪时有效并且不违反本公约规定和防止及惩治灭绝种族罪公约的法律。这种刑罚，非经合格法庭最后判决，不得执行。……四、任何被判处死刑的人应有权要求赦免或减刑。对一切判处死刑的案件均得给予大赦、特赦或减刑。五、对十八岁以下的人所犯的罪，不得判处死刑；对孕妇不得执行死刑……"这些规定，显而易见地是在主张禁止酷刑的同时，并不否认死刑存在和适用的正当性，只是对死刑适用的条件作了一些必要的限制。这说明，在联合国范围内，国际社会并不认为死刑与酷刑是绝对对立的，更不认为死刑就是酷刑。对此，1984 年 12 月 10 日联合国大会通过的《禁止酷刑和其他残忍、不人道或有辱人格的待遇或处罚公约》规定的更加明确。该公约第 1 条规定："就本公约而言，'酷刑'系指为了向某人或第三者取得情报或供状，为了他或第三者所作的行为或被怀疑的行为对他加以处罚，或为了恐吓或威胁他或第三者，或为了基于任何一种歧视的任何理由，蓄意使某人在肉体或精神上遭受剧烈疼痛或痛苦的任何行为，而这种疼痛或痛苦又是在公职人员或以官方身份行使职权的其他人所造成或在其唆使、同意或默许下造成的。纯因法律制裁而引起或法律制裁所固有或随附的疼痛或痛苦则不包括在内。"这一规定，明确地把法律制裁及其所引起的、所固有的或随附的疼痛或痛苦排除在酷刑行为之外。这就意味着，国内刑法中规定的作为法律制裁之一种的死刑，及其本身所引起的、固有的或随附的疼痛或痛苦，并不是该公约所称的酷刑。

死刑本身之所以不是酷刑，是因为，第一，死刑是一种合法的法律制裁。按照酷刑公约的规定，酷刑是公职人员或以官方身份行使职权的其他人所实施的或者在其唆使、同意或默许下实施的，在法律制裁以外，使人在肉体或精神上遭受剧烈疼痛或痛苦的任何行为。而死刑，在保留死刑的国家，是法律明文规定的一种刑罚，这种刑法的适用对象和条件在法律上具有明确的规定，在适用程序上具有严格的限制。它与酷刑公约所禁止的酷刑行为在法律性质上是完全对立的。因此，不能把死刑与非法实施的酷刑相混淆。第二，死刑的存在具有正当的理由。在没有废除死刑的国家，死刑的适用被认为是维护该社会法律秩序所必需的。之所以该国家的主流意识会得出或者坚持这种认识，是因为在这些国家，死刑的存在具有广泛的社会基础，人民群众对犯罪的宽容度还没有发展到允许对最严重的犯罪不适用死刑的程度，人们对个人生命的珍视也没有发展到可以完全超越社会整体利益的程度。因此在这样的社会条件下，对罪大恶极的犯罪分子不适用死刑是人民群众所不能接受的，死刑的存在具有广泛的社会基础。而这种社会基础本身就是其合理性的明证。这也就是说，在保留死刑的国家，人们并不认为死刑所带来的疼痛是过分的、多余的，而是一种必要的制裁。第三，死刑适用的目的是伸张法律正义。死刑是在经过合法的诉讼程序的正当审判，查清犯罪事实的基础上，为了保卫社会整体利益中最重要的价值，为了伸张法律正义，而对犯罪人适用的。死刑适用的这种目的的正当性，表明它与酷刑是不同的。因为酷刑的重要特征之一就是目的的非法性。按照酷刑公约的规定，一种行为构成酷刑必须是"为了向某人或第三者取得情报或供状，为了他或第三者所作的行为或被怀疑的行为对他加以处罚，或为了恐吓或威胁他或第三者，或为了基于任何一种歧视的任何理由"。[1] 死刑恰恰不包括这样的目的。因此不能把死刑与酷刑混为一谈。

当然，死刑毕竟是以剥夺犯罪人的生命为惩罚方式的。这种方式的适用与国际人权保护的宗旨是不一致的。特别是死刑的不当适用和滥用，容易构成对人权的危害。因此严格限制死刑的适用和严格控制死刑的适用程序，是非常必要的。

2. 中国的死刑政策与死刑立法

中国一贯奉行"少杀慎杀"的死刑政策。"少杀慎杀"的前提是保留死刑；"少杀慎杀"的核心是要严格限制死刑的适用。

在新中国成立之初，毛泽东就强调指出："对于有血债或其他最严重的罪行非杀不足以平民愤者和最严重的损害国家利益者，必须坚决地判处死刑，并立即执行。"[2] 但是毛泽东同时又反复强调："必须坚持少杀，严禁乱杀。主张多杀乱杀的意见是完全错误的"[3]；"杀人要少"；"杀人愈少愈好"；"凡介在可杀可不杀的人一定不要杀，如果杀了就是犯错误"[4]。

中国之所以长期坚持保留死刑又严格限制死刑的政策，是

〔1〕 此处的处罚应当理解为法外制裁，因为该条同时明确规定酷刑不包括法律制裁。
〔2〕《毛泽东选集》第五卷，人民出版社1977年版，第40页。
〔3〕《毛泽东选集》第四卷，人民出版社1969年版，第1271页。
〔4〕《毛泽东选集》第五卷，人民出版社1977年版，第459页。

因为在中国社会发展的现阶段还不完全具备废除死刑的社会基础。一方面，社会经济的发展和人民生活水平的提高还没有发展到人们对生命的珍视远远超过了对其他一切任何价值的珍视的程度，与之相适应，在社会意识形态中，还没有形成把个人生命的价值真正视为高于其他一切个人的和社会的价值的主流意识。一个人为了某种其他价值而对自己的生命在所不惜的行为还没有被社会视为"异常现象"，因此为了维护社会整体利益、为了保卫广大社会成员的生命安全，对最严重的犯罪分子适用死刑，至少是在中国社会发展的现阶段，还具有广泛的社会基础。无视这种客观存在的社会基础，在法律上废除死刑，就可能引起人民群众对法律制度的不满。另一方面，与社会经济发展和人民生活水平的现状相适应，一些犯罪分子把他人的生命甚至包括自己的生命并没有视为最重要的价值给予尊重。为了一些并不十分重要的价值而随意剥夺他人生命的犯罪，在中国现阶段的社会现实中并不鲜见。在这样一种社会环境中，死刑的存在并不被社会的绝大多数人视为不人道的刑罚。相反，对于最严重的犯罪分子适用死刑，人们会认为这是他罪有应得。

当然，站住人类理性的立场上看待死刑问题，死刑毕竟含有原始的报复情结和漠视对人的存在来说是最重要的价值的性质，具有误判难纠的特点。一个人一旦被误判死刑，其生命将永远无法挽回。因此对死刑的适用采取了严格限制的措施，以便尽可能地不适用死刑，在不得不适用死刑的时候也要非常慎重的适用，防止错判错杀。

中国1979年颁布的刑法，充分体现了"少杀慎杀"的死刑政策。第一，1979年刑法第43条规定："死刑只适用于罪大恶极的犯罪分子。"按照这个原则，整部刑法中规定的可以判处死刑的条文只有 7 个，其中涉及的罪名只有 28 个，并且没有一个条文对有关犯罪只规定了死刑一种刑罚。这就意味着，对刑法中规定的任何一个可以判处死刑的罪名，都可以同时考虑不判处死刑而适用无期徒刑或者十年以上有期徒刑。第二，刑法在规定死刑的同时，设立了"死刑缓期执行"的制度，即"对于应当判处死刑的犯罪分子，如果不是必须立即执行的，可以判处死刑同时宣告缓期二年执行，实行劳动改造，以观后效"。这种死刑缓期执行的制度实行的结果，在实践中就使大多数被判处死刑的犯罪分子没有被执行实刑。第三，严格限制死刑的适用。1979 年刑法明确规定："死刑除依法由最高人民法院判决的以外，都应当报请最高人民法院核准。"（第 43 条第 2 款）这是坚持"少杀慎杀"政策的一个极为有效的措施，它在在很大程度上保证了死刑适用的必要性、谨慎性和准确性。第四，刑法中明确规定："犯罪的时候不满十八岁的人和审判时怀孕的妇女，不适用死刑。"这些规定，对于限制死刑，起了很好的作用。

20 世纪 80 年代初期以来，随着中国改革开放政策的实施，新旧体制之间、各种利益之间、不同思想之间出现了剧烈的矛盾和冲突，导致了犯罪现象的急剧增长。这种社会现实，在刑事立法中逐渐出现了重刑主义的倾向，死刑的适用范围有所扩大。其表现：一是死刑核准权的下放；二是通过制定单行刑事法律的方式增加了可以适用死刑的罪名。

1997 年在修改刑法的时候，许多学者对重刑主义倾向提出了不同程度的批评，修改后的刑法也出现了限制死刑适用范围的趋势。限制死刑的趋势主要表现在四个方面：（1）删除了 1979 年刑法中关于"已满十六岁不满十八岁的，如果所犯罪行特别严重，可以判处死刑缓期二年执行"的规定，从而彻底贯彻了对不满十八岁的人不适用死刑的精神。这可以说是死刑适用对象上的一个限制。（2）通过取消、合并或剥离的方式，在旧刑法和特别刑法的基础上，消减了 12 个罪名的死刑。如旧刑法中关于反革命罪规定了 15 个可以适用死刑的罪名，特别刑法增加了 3 个可以适用死刑的罪名，修改后的刑法中关于危害国家安全罪中只有 10 个可以适用死刑的罪名；特别刑法对旧刑法中的投机倒把罪和流氓罪增加了死刑，而修改后的刑法通过分解取消了投机倒把罪和流氓罪，并且在分解后的罪名中没有死刑的规定；修改后的刑法取消了原军职罪中的破坏武器装备、军事设施罪的死刑。（3）限制了一些罪死刑适用的条件。例如，修改后的刑法将《关于惩治破坏金融秩序犯罪的决定》规定的集资诈骗罪、金融票据诈骗罪和信用卡诈骗罪适用死刑的条件中的"有其他特别严重的情节的"修改为"给国家和人民利益造成特别重大损失的"，从而避免了死刑适用条件中因含义不明而可能扩大适用的成分；将《关于严惩严重危害社会治安的犯罪分子的决定》规定的故意伤害罪适用死刑的条件中的"致人重伤或者死亡，情节恶劣的，或者对检举、揭发、拘捕犯罪分子和制止犯罪行为的国家工作人员和公民行凶伤害的"修改为"致人死亡或者以特别残忍手段致人重伤造成严重残疾的"，从而大大限制了故意伤害罪适用死刑的范围；将《关于严惩拐卖、绑架妇女、儿童的犯罪分子的决定》规定的绑架罪和绑架勒索罪适用死刑的条件中的"情节特别严重的"修改为"致使被绑架人死亡或者杀害被绑架人的"，从而大大缩小了这两种罪适用死刑的范围；将《关于严惩严重破坏经济的罪犯的决定》规定的盗窃罪适用死刑的条件中的"情节特别严重的"限定为"盗窃金融机构，数额特别巨大的；盗窃珍贵文物，情节严重的"两种情况，从而大大缩小了盗窃罪适用死刑的范围；将《关于惩治贪污罪贿赂罪的补充规定》规定的贪污罪适用死刑的条件"个人贪污5万元以上，情节特别严重的"和贿赂罪适用死刑的条件"受贿数额1万元以上，使国家利益或者集体利益遭受重大损失的"修改为"个人贪污（或受贿）数额在十万元以上，情节特别严重的"。（4）严格限制了死刑缓期执行改为执行死刑的条件。1979年刑法第46条规定，判处死刑缓期执行的犯罪分子在死刑缓期执行期间，"如果抗拒改造情节恶劣"，查证属实的，由最高人民法院裁定或者核准执行死刑。修改后的刑法第50条将其修改为判处死刑缓期执行的犯罪分子在死刑缓期执行期间，"如果故意犯罪"，查证属实的，由最高人民法院核准，执行死刑。这个规定，就使原来具有一定弹性的执行死刑的条件，变成一种明确的并且是被判处死刑缓期执行的犯罪分子在死刑缓期执行期间难以做到的"故意犯罪"这样一种非常确定的条件所代替。这在客观上使判处死刑缓期执行的犯罪分子很难被实际执行死刑。所有这些规定，都体现了限制死刑的精神。当然从总体上看，中国刑法中规定的适用死刑的罪名仍然是比较多的。即使是在中国目前的社会发展阶段，仍然存在着进一步限制死刑适用范围的余地。

中国刑事立法中限制死刑、防止滥用死刑的一贯做法，与反酷刑的精神以及有关国际人权公约的要求，可以说是一致的。当然，如前所述，中国刑法中可以适用死刑的罪名仍然是比较多的。许多学者对此提出了批评，主张还应当减少一些犯罪的死刑，将可以适用死刑的罪名减少到最低限度。

3. 死刑适用中的人权保护

20世纪80年代以来，随着刑事立法中可以适用死刑的罪名的增加，特别是随着死刑核准权的下放和"严打"斗争的开展，在刑事司法实践中，死刑的实际适用也一度出现过扩大化的现象。这种现象主要表现在三个方面：

第一，对死刑案件的审查程序不够严格。按照1979年刑法的规定，凡是判处死刑的案件都要由最高人民法院核准。但是随着"严打"斗争的开展，立法机关将死刑案件的核准权下放到高级人民法院，最高人民法院又通过司法解释进一步要求高级人民法院将死刑复核程序与死刑案件的二审程序合二为一，这就明文取消了死刑的复核程序。[1] 在刑事诉讼法和刑法修改之后，最高人民法院再次下发文件继续下放死刑核准权，使严格审查适用死刑的案件的立法精神和限制死刑的政策在刑事司法中没有得到很好的贯彻。死刑核准权的下放，一方面使死刑的司法适用失去了严格的程序限制；另一方面也使适用死刑的案件在案件事实的审查上减少了一次把关的机会，因而在客观上可能增加了误判的概率。

第二，对适用死刑的标准放宽。由于单行刑事法律在设定适用死刑的犯罪中对适用死刑的条件多数使用了"情节特别严重的"用语，而何谓"情节特别严重"，在司法实践中不同的法院、不同的法官对其理解和掌握的标准是不同的。尤其是在"严打"斗争中，许多法院都把发生在"严打"斗争期间的犯罪视为"顶风作案"，无形之中就将这类犯罪中的一些本来情节并不十分严重的情节也作为"情节特别严重的"，对之适用死刑。此外，刑法在规定死刑的时候，多数条文都是使用了"处十年以上有期徒刑、无期徒刑或者死刑"的用语。按照这种用语，对于可以适用死刑的案件，在选择适用的刑罚时，首

---

〔1〕 胡云腾：《存与废——死刑基本理论研究》，中国检察出版社2000年版，第219—220页。

先应当考虑的是十年以上有期徒刑，其次是无期徒刑，最后才是死刑。但是在"严打"斗争中，为了严厉打击犯罪、打造"严打"声威，有关领导机关和上级法院，往往要求审判机关对情节特别严重的犯罪分子首先考虑死刑的适用。

第三，对某些可以不适用死刑的案件判处了死刑。按照刑法第62、63条的规定，犯罪分子具有刑法规定的从轻处罚情节时，应当在刑法规定的法定刑幅度内从轻判处刑罚，具有减轻处罚情节的，应当在法定刑以下判处刑罚。这个量刑原则应当同样适用于死刑案件。但是在刑事司法实践中，有的法院，在"严打"中，对于故意杀人未遂的案件，对于在共同犯罪案件检举揭发同案犯的共同犯罪人，对于自首的犯罪分子，对于经济犯罪中案发后积极退赃的犯罪人，也适用了死刑。

尽管死刑本身不是酷刑，但是死刑的过分适用和不当适用，就难免有酷刑之嫌。并且死刑的过分和不当适用与反酷刑的宗旨即保护人权是相悖的。反对酷刑，在逻辑上就包括反对死刑的过分和不当适用。因此在刑事司法实践中，要贯彻反酷刑的精神，就应当把死刑的实际适用控制在最必要的范围内，尽可能地不适用死刑；在不得不适用死刑的时候，要严格按照法律规定的程序谨慎地判处和复核，非常仔细地审查案件的全部事实，保证死刑适用的准确性和必要性。

即使是对于罪行极其严重的犯罪分子依法适用死刑，在死刑适用的过程，依然存在着一个人权保护的问题。

第一，被判处死刑的犯罪分子的合法权利应当受到保护。被判处刑罚的犯罪分子的诉讼权利如控告申诉的权利，要求复查案情的权利、与其律师会面的权利，在整个诉讼过程中都应当得到尊重和保护。强调对于被判处死刑的犯罪分子，尊重和保护其诉讼权利，尤其必要。被判处死刑的犯罪分子的财产权利应当受到保护。只要没有在判处死刑时同时判处没收其全部财产，被判处死刑的犯罪分子的合法财产就依然是受法律保护的，任何人特别是司法机关不能随意没收或者处置其私人所有的合法财产。对于被判处死刑的同时判处没收其全部财产的犯罪分子，也应当注意区分其犯罪分子本人所有的财产与其亲属所有或应当合法享有的财产，不能不分青红皂白地没收所有与其有关的财产。对于被判处死刑的犯罪分子的其他权利，也应当保护。如在死刑执行之前会见自己的亲属的权利，正常通信的权利等。

第二，对被判处死刑的犯罪分子在执行死刑之前不得施以酷刑。对于罪行极其严重可能判处死刑的犯罪嫌疑人和被告人，不得因其罪行严重就采取酷刑或者残忍的、不人道的方式逼取其供述，对其进行体罚虐待。对于已经被判处死刑的犯罪分子，在执行死刑之前，同样不能因其被判处死刑，就对其施加肉刑或变相肉刑，任意进行虐待，强迫其从事严重损害其健康的劳动。

第三，被判处死刑的犯罪分子的人格尊严应当受到尊重。人格尊严在任何时候、任何情况下都应当受到尊重。即使是对于被判处死刑的犯罪分子，其人格尊严也应当始终受到尊重，在刑事判决书以及有关死刑犯的报道中，不得使用侮辱人格的语言，不得随意披露其个人隐私，在宣判和执行死刑的时候不得对其实施任何羞辱性的行为。例如给被判处死刑的犯罪分子脖子上挂牌子游街示众的做法就具有明显的羞辱性。

第四，执行死刑的方式必须人道。我国修改后的刑事诉讼法第 212 条明确规定："人民法院在交付执行死刑前，应当通知同级人民检察院派员临场监督。死刑采用枪决或者注射等方法执行。死刑可以在刑场或者指定的羁押场所内执行。指挥执行的审判人员，对罪犯应当验明正身，讯问有无遗言、信札，然后交付执行人员执行死刑。在执行前，如果发现可能有错误，应当暂停执行，报请最高人民法院裁定。执行死刑应当公布，不应示众。执行死刑后，在场书记员应当写成笔录。交付执行的人民法院应当将执行死刑情况报告最高人民法院。执行死刑后，交付执行的人民法院应当通知罪犯家属。"关于死刑执行方式的这一规定，既是为了保证执行死刑的准确无误和依法进行，也是为了减少执行死刑给犯罪人可能造成的痛苦，保障死刑执行的人道性。刑事司法机关应当严格按照刑事诉讼法的这种规定执行死刑，而不能采取任何带有羞辱相的、不人道的方式执行死刑。

五、酷刑的预防

遏制酷刑，需要运用刑法坚决有效地打击酷刑犯罪，但是更重要的是从源头上预防酷刑犯罪的发生。只有有针对性地、坚持不懈地开展预防酷刑的工作，才能从根本上遏制和减少酷刑。

1. 保障公民合法权利的教育

预防酷刑，首先需要在司法机关和司法人员中进行广泛、深入、持久的人权教育，使每个司法人员都充分认识到保护人权的重要性和必要性。如果每个司法机关和司法人员都能认识到在任何时候、任何情况下保护人权都是最重要的，无论为了什么目的都不能违反法律规定任意侵犯公民的人身权利，那么酷刑行为就不会出现。

为了教育司法人员真正构筑预防和抵制酷刑的思想防线，在司法机关和司法人员开展人权教育，应当着重从以下两个方面入手：

（1）人权保护与社会利益保护

实施酷刑的人常常认为，自己是为了保护社会上最广大人民群众的利益而对犯罪分子施以酷刑的，为了社会利益而牺牲或忽视个别人的权利是必要的和值得的。一些司法机关的领导也往往认为，使用酷刑的司法人员，其目的是打击犯罪、保护人民，维护正常的社会秩序，其初衷总是好的，即使手段不当，也是可以原谅的。在这种思想认识的影响下，遏制酷刑的工作始终难以取得实质性的进展。因此，进行人权教育，应当针对这种思想认识，开展个人与社会的关系、个人权利与社会利益的关系的教育，引导司法人员正确认识社会是由各个个人构成的，个人权利得不到有效地保护，就没有社会利益可言。虽然从一时一事上看，个人权利与社会利益可能是对立的，为了维护社会正义而强迫某人承认自己所犯罪行，不会损害社会利益，但是从长远发展上看，从社会整体利益上看，司法机关和司法人员在司法活动中如果可以任意对犯罪嫌疑人和被告人施以肉刑或者变相肉刑，可以任意侵犯个人的权利，那就会在社会上形成一种人人自危的社会心态，人们就没有安全感可言，打击犯罪所要保护的社会利益也就荡然无存。因此，在打击犯罪、保护人民的司法活动中，同样有一个保护作为人民的一分子的犯罪嫌疑人和被告人的人权问题，或者说，保护犯罪嫌疑人和被告人的人权本身是保护人民的题中应有之义。而酷刑是非法侵犯犯罪嫌疑人和被告人基本人权的行为，即使是为了保护社会利益，也应当坚决禁止这种行为的发生。

（2）"好人"的人权与"坏人"的人权

一些司法人员在对犯罪嫌疑人和被告人施以酷刑的时候，往往认为自己打的是坏人，认为坏人本身没有一个是老实的，他们是不打不招供，甚至认为自己是迫不得已而对其施以拳脚的。这种思想认识在司法人员中的广为流传，是遏制酷刑的工作难以取得实质性的进展的一个重要原因。人权教育应当针对这种思想认识进行艰苦细致的说服工作。

第一，人权没有好人坏人之分。人权是每个人作为人所享有的权利。它包括人身权利、财产权利、民主权利等。每一个方面的权利，都受法律保护，非依法定事由、非经法定程序，任何机关和个人都不能剥夺任何公民的这些权利。法律没有规定，法律也不承认，只有"好人"的人权才受法律保护，而"坏人"的人权就可以任意侵犯。

第二，"好人"与"坏人"之间并没有严格的界限。一些司法人员根据他人的具备或者初步掌握的材料，甚至仅凭自己的"职业直觉"，就认定某人不是好人，而对其施以酷刑。而事实上，被施以酷刑的人未必就是犯了罪的人，无论是在历史上还是在现实中，被执法人员屈打成招的，并不鲜见。并且，司法人员在侦查破案的过程中，法律赋予了多种可以使用的手段和方法，不能充分利用法律赋予的手段侦破案件，而靠打人来让犯罪嫌疑人和被告人招供的方法，本身是司法人员无能的表现。司法机关和司法人员应当对之具有清醒的认识，而不能把靠打人破案视为工作责任心强的表现。

第三，"坏人"的人权也应当受到保护，不是可以任意侵犯的。即使是确实犯了罪的人，也应当按照法律规定的处罚方式进行处罚，而不能对其任意进行惩罚。酷刑作为一种法外制裁，其本身就是非法的，以非法的方式对付犯了罪的人，本身与司法的宗旨和特征是相矛盾的。更何况法律对于犯了罪的人的处罚是以尊重他做人的权利为前提的，因而刑罚对犯罪人的权利剥夺总是有限的，法律没有剥夺的权利，司法人员更不能任意剥夺。

2. 调整刑事政策导向

在刑事政策方面，逐渐消除重刑主义的影响，实现刑事政策上的轻刑化导向，对于预防和遏制酷刑，是非常必要的。因为轻刑化的政策导向有助于在司法机关和司法人员中形成对肉刑、变相肉刑以及一切残忍的、不人道的司法行为的否定评价和抵制态势，增强司法机关和司法人员对犯罪嫌疑人和被告人、尤其是被判刑人的人身权利和人格尊严的尊重和保护意识，从而预防和减少酷刑的发生。

轻刑化是社会发展的必然要求。因为随着社会的发展，人的生命、尊严、自由和权利，无论是对社会还是对个人，都越来越重要，保护这些价值不受侵犯、限制和剥夺的要求也就越来越强烈。而刑罚恰恰是以限制或者剥夺这些价值为内容的，即使是在为了更大的和更多的人的利益必须限制或剥夺这些价值的场合，尽可能地缩小限制的程度、减少剥夺的范围，仍然是保护这些价值所要求的。并且，人们对刑罚轻重的评价标准是以其对受刑罚侵害的利益的认识为转移的。随着人们对自身价值的认识的提高和社会生活水平的提高，人们对受刑罚侵害的利益就会看得越重要，因而也就越能感受到刑罚的严厉。因此，轻刑化的呼声，将随着社会的发展越来越强烈。刑法改革只有顺应这种要求，才能得到社会最大多数人的认同和支持。

轻刑化问题不仅仅是一个刑罚的轻重问题，而且是一个与刑法的严密性密切相关的问题。只有在法网严密的制度设置中才可能实现轻刑化。这是因为：

第一，刑罚的轻重是与犯罪的轻重相对应的。从立法上看，如果刑法只是把危害社会应受刑罚处罚的行为中情节严重的那一部分规定为犯罪，那么刑法对所有犯罪所规定的刑罚也就都应当是比较重的刑罚，而不可能是较轻的刑罚。但是如果刑法尽可能地把所有危害社会应受刑罚处罚的行为都规定为犯罪，那么由于构成犯罪的行为本身包含着比较轻的行为，刑法对一些犯罪所规定的刑罚也就相应的应当轻一些，从而在总体上就有可能减少重刑的比例，使刑罚趋向于轻缓。从司法上看，如果一些危害社会应受惩罚的行为按照刑法的规定不能受到惩罚，那么一旦遇到按照刑法的规定应当对其适用刑法的行为，司法人员就会在刑法规定的范围内尽可能地对其适用较重的刑罚，这样才能显示刑法的威严。但是如果刑法规定的应受刑罚处罚的范围比较宽泛，司法人员对于性质和情节不是十分严重的行为，必然就会适用比较轻的刑罚。

第二，刑罚的轻重是以能否有效的保护社会利益的需要为标准的。如果刑法的导引功能强，在预防犯罪的手段选择中对刑罚威慑功能的依赖程度就可以相对降低，刑法对犯罪所规定的刑罚就可以减轻；如果刑法的导引功能不强，刑法就不得不过多地依赖于重刑的威慑功能来遏制犯罪。也就是说，如果法网是严密的，刑罚在预防犯罪中的威慑作用就不会因轻刑化而减损。而我国刑法目前存在的问题是对犯罪的规定漏洞太大，许多危害社会的行为无法用刑法来制裁，刑罚的适用不能充分发挥其对犯罪的预防作用，因而不得不用比较重的刑罚来强化刑罚的威慑功能。因此只有在刑法严密性的支撑下轻刑化才能保证有效地保护社会利益。

从我国刑法的实际情况看，轻刑化的内容应当包括以下几个方面：

（1）减少死刑。死刑作为最严重的刑罚，应当尽可能地减少其可以适用的罪名，并且应当尽可能地减少其具体适用的犯罪。从理论上讲，对于没有剥夺他人生命的犯罪，就不应当规定死刑。因为侵犯财产的犯罪和破坏秩序的犯罪，无论多么严重，其所侵犯的价值都不可能与人的生命相提并论，都不应当把剥夺生命的刑罚作为报应的工具。[1] 对于剥夺他人生命的犯罪，应当根据犯罪情节决定是否适用死刑，而不应当动不动就适用死刑。

（2）减轻法定最低刑。我国刑法中有相当一部分犯罪，其法定最低刑是三年有期徒刑，甚至刑法对有些犯罪规定的法定最低刑为十年有期徒刑。虽然这类犯罪的性质通常都比较严重，但是它们本身也有一个情节轻重的问题。如果无论情节轻重，一旦构成犯罪，就要受到非常严厉的处罚，那就使刑事司法难以做到罪责刑相适应。这样的规定，既丧失了威慑的理性基础，也容易导致犯罪分子孤注一掷，实施更严重的犯罪。例如《刑法》第 127 条第二款规定，"抢劫枪支、弹药、爆炸物或者盗窃、抢夺国家机关、军警人员、民兵的枪支、弹药、爆炸物的，处十年以上有期徒刑、无期徒刑或者死刑"。如果一个盗窃犯为了钱财窃取了一个便衣警察的旅行包，结果该旅行包内有一支警用手枪。按照上述法条的规定，该盗窃犯就要因此被判处十年以上有期徒刑。[2] 类似这样的规定，其正当性和合理性就是令人怀疑的，同时它还可能导致更严重的犯罪发生。因此未来的刑法改革应当注意减轻刑法中关于最低法定刑

---

〔1〕 在中国刑法中，对非侵犯生命的犯罪规定死刑，具有久远的历史渊源。一方面是因为中国历史上重刑主义的思想源远流长，另一方面是因为中国历来人口众多，有意无意地形成了一种对生命的价值不够重视的倾向，以致对任何犯罪，只要危害严重，就适用死刑。

〔2〕 在这种情况下，刑法本身就给盗窃犯造就了一个两难境地：该盗窃犯在发现所盗旅行包内有警用枪支后，如果他把所盗枪支退还给被害人或者交给公安机关，他的盗窃行为就会被发现，他就有可能因其行为构成盗窃警用枪支罪而被判处十年以上有期徒刑；如果他不把所盗枪支交出去，就可能无意之间又增加了一个罪名即非法持有枪支罪，甚至所盗枪支就有可能成为其犯更严重的罪的工具。如果刑法能够废除这样的规定，而把使以盗窃、抢夺国家机关、军警人员、民兵的枪支、弹药、爆炸物为目的的行为作为盗窃犯、抢夺犯的加重情节，就可以使没有盗窃、抢夺这类特定物品的盗窃犯、抢夺犯摆脱这种两难境地，并避免更严重的犯罪发生，同时也不妨碍对故意盗窃、抢夺这类特定物品的犯罪分子判处较重的刑罚。

的规定（或者对需要规定重刑的情况作为基本犯罪的加重情节加以规定），使刑法中规定的刑罚，能够适应同类犯罪中情节较轻而又没有其他减轻或者免除处罚条件的犯罪。

（3）限制加重处罚的适用范围。我国刑法中有许多条款，在规定犯罪的法定刑时，都对情节严重或者情节恶劣或者后果严重的，规定了一个比较重的刑罚档次。这种规定满足了罪责刑相适应原则的要求，有利于根据犯罪的不同情况判处与其所犯罪行相当的刑罚。但是这类规定，对于加重处罚的情形所作的规定往往过于笼统抽象，不便于具体掌握。特别是在刑事司法实践中，由于司法人员对情节严重与否的理解不同，在实际判处的刑罚上会出现重大的差别，导致刑法适用的不公平；这类规定同时也为重刑主义留下了可以利用的法律依据。因此，在未来的刑法改革中，应当对需要加重处罚的情形作出明确的规定，没有加重处罚的情形，就不应当在基本刑罚之外适用较高档次的法定刑。与之相联系，在刑法分则中，对每一种犯罪所规定的刑罚，都应当把构成犯罪时应当适用的刑罚作为该罪的基本刑罚首先加以规定，然后再规定具有严重情节或后果需要加重处罚时应当适用的刑罚。没有特别指明的情形，法院就只能在基本刑罚之内选择适用的刑罚，而不能任意选择较高档次的法定刑。

3. 完善反酷刑刑事立法

遏制酷刑，仅有思想教育和政策导向是远远不够的，也不足以引起司法人员的普遍的高度重视，因此有必要完善刑事实体法立法，充分发挥刑法在遏制酷刑中的作用。

如上所述，反酷刑立法，在刑事实体法方面，存在着犯罪构成要件过于严格、行为方面有遗漏、刑罚相对较重等问题。完善反酷刑立法，也应当从这些方面入手。

（1）重申严禁刑讯逼供、暴力取证、体罚虐待被监管人等带有酷刑性质的行为

在刑法立法方面，一是应当取消体罚虐待被监管人罪的构成要件中"情节严重"的规定，强调对被监管人进行殴打或者体罚虐待的，就构成犯罪；二是应当取消对于犯罪主体身份的限制，强调任何人对他人施以酷刑的行为，都是犯罪行为，都应当受到刑事追究；三是应当取消关于刑讯逼供罪被害人身份的限制，强调除了犯罪嫌疑人和被告人之外，对任何人刑讯逼供的，都应当构成犯罪。

（2）严格酷刑犯罪的构成要件

为了严禁刑讯逼供和暴力取证的行为，刑事立法应当从以三下个方面进行完善：

第一，刑法应当明确规定，任何人无论为了什么目的，只要是使用肉刑或者变相肉刑的方法向他人逼取口供或证据，都构成刑讯逼供罪或暴力取证罪。这两种犯罪的构成，既不应该受主体范围的限制，也不应该受被害人范围的限制，同时也不应该受情节严重或实际后果的限制。为此，建议刑法对有关条文进行修改，严格这类犯罪的构成要件。

第二，刑法应当明确规定具有领导之责的人默许其部属实行酷刑的，应当承担刑事责任。我国现行刑法没有把默许自己的部属刑讯逼供、暴力取证或体罚虐待被监管人的行为规定为犯罪，这与反酷刑国际公约中的要求是不相符合的，同时也不利于防止此类现象发生，不利于有效地遏制酷刑犯罪。

第三，对于酷刑犯罪案件，刑事诉讼法应当明确规定，在一定条件下，举证责任应当倒置。因为在这类案件中，被害人处于一种十分不利的地方，很难获取司法人员刑讯逼供暴力取证或体罚虐待的证据，完全由被害人举证，往往难以证明犯罪

行为的发生。如果被害人在司法机关羁押期间或者在司法人员管束之下身体出现了某种损伤，有关的司法机关和司法人员就有证明没有实行酷刑的义务。

4. 强化监督机制

强化监督机制，及时发现和有效惩治酷刑犯罪，是遏制酷刑的一项十分重要的工作。

在中国的法律制度中，检察机关作为国家的法律监督机关，负有监督司法人员和执法活动，并对酷刑犯罪案件进行立案侦查和提起公诉的职责。多年来，全国各级检察机关在这方面发挥了积极的作用。但是也应当看到，由于司法体制中确立了公检法三机关"分工负责、互相配合、互相制约"的原则，检察机关的法律监督职能在实践中严重受制，对酷刑犯罪监督不到位、打击不力的现象，是存在的。

为了有效地遏制酷刑犯罪，应当完善监督机制，赋予检察机关查办酷刑犯罪案件所必需的监督手段，保障监督作用的充分发挥。检察机关本身也应当经常研究酷刑犯罪的发案和变化态势，不断探索有效的监督手段，切实履行法律赋予的监督之责，遏制酷刑犯罪的发生。其他司法机关应当配合检察机关查办酷刑犯罪案件，联合打击酷刑犯罪，对于实施酷刑犯罪行为的人，无论是谁，都应当坚决依法追究，而不能姑息迁就，更不能包庇纵容。

（原载《酷刑遏制论》，
中国人民公安大学出版社 2003 年版）

附录：
有关犯罪学的
成果索引

一、著作类

（一）独著

《犯罪学》，四川人民出版社 1989 年版。

（二）主编

1. 《中国犯罪预防通鉴》（第一编主编之一），人民法院出版社 1998
   年版（本书系国家哲学社会科学"九五"规划重点科研项目，
   2001 年获北京市哲学社会科学优秀成果一等奖）。

2. 《预防犯罪概论及白领犯罪剖析与对策》（主编之一），人民法院
   出版社 1997 年版。

3. 《中国劳改法学百科辞书》（犯罪学卷主编之一），中国人民公安
   大学出版社 1993 年版。

4. 《权力制约与反腐倡廉》（主编之一），中国方正出版社 2009
   年版。

（三）合著或参与撰写

1. 《犯罪被害者学》（合著），群众出版社 1989 年版。

2．《比较犯罪学》（合著），中国人民公安大学出版社 1992 年版。

3．《犯罪学大辞典》（参与撰写），甘肃人民出版社 1995 年版。

4．《比较犯罪学》（合著），中国台湾五南图书出版公司 1997 年版。

5．《中国大百科全书·法学卷》（第二版）（撰写"犯罪学"词条），中国大百科全书出版社 2009 年版。

6．《犯罪学》（参与撰写），高等学校法学教材，法律出版社 1997 年版（第二版，21 世纪法学规划教材，法律出版社 2004 年版；第三版，普通高等教育法学规划教材，法律出版社 2014 年版；第四版，普通高等教育"十一五"国家级规划教材、教育部普通高等教育精品教材、普通高等教育法学规划教材，法律出版社 2016 年版）。

7．《犯罪学》（参与撰写）（全国高等教育自学考试指定教材），法律出版社 1999 年版。

（四）参与翻译

1．《犯罪学概论·经济犯罪学》（翻译），中国政法大学 1985 年编印。

2．《新犯罪学》（参与翻译），中国国际广播出版社 1988 年版。

3．《美国犯罪预防的理论、实践与评价》（参与翻译），中国人民公安大学出版社 1993 年版。

二、文章类

1．《犯罪原因论反思》，载《中国人民警官大学学报（哲学社会科学版）》1986 年第 4 期。

2．《日本的被害者学》，载《中国人民公安大学学报》1987 年第 3、4、5、6 期（1988 年获中国人民公安大学优秀成果三等奖）。

3．《关于倡导见义勇为几个问题的思考》（合写），载《公安研究》1995 年第 2 期（1995 年获中国警察学会公安学基础理论专业委员会优秀论文二等奖）。

4．《中国当前腐败犯罪的特点与对策》，1998 年提交在日本举办的"控制腐败的刑事司法研讨班"，并用英文印发。

5. 《犯罪预防的方法论思考》，载《法律科学》1992 年第 3 期。

6. 《论犯罪预防手段》，载《犯罪学学刊》1992 年创刊号。

7. 《九十年代我国犯罪对策的价值取向》，载《政法论坛》1992 年第 6 期。

8. 《试论腐败犯罪的制度原因》，载《犯罪学论丛》第 4 卷，中国检察出版社 2006 年版。

9. 《关于（涉嫌犯罪外来人员管护教育基地制度）立法的可行性问题》，载《方圆》2010 年特刊。

10. 《反腐败要靠法治》，载《反腐败体制机制创新研究》，中国人民公安大学出版社 2016 年版。

图书在版编目（CIP）数据

刑事法研究. 第四卷，犯罪学 ／ 张智辉著. —北京：中国检察出版社，2019.10

ISBN 978 – 7 – 5102 – 1157 – 7

Ⅰ.①刑… Ⅱ.①张… Ⅲ.①刑法 – 中国 – 文集②犯罪学 – 中国 – 文集 Ⅳ.①D924.04 – 53

中国版本图书馆 CIP 数据核字（2019）第 092964 号

刑事法研究（第四卷·犯罪学）

张智辉 著

出版发行：中国检察出版社

社　　址：北京市石景山区香山南路 109 号（100144）

网　　址：中国检察出版社（www.zgjccbs.com）

编辑电话：（010）86423750

发行电话：（010）86423726　86423727　86423728
　　　　　（010）86423730　68650016

经　　销：新华书店

印　　刷：鑫艺佳利（天津）印刷有限公司

开　　本：710 mm×960 mm　16 开

印　　张：29.5

字　　数：340 千字

版　　次：2019 年 10 月第一版　　2019 年 10 月第一次印刷

书　　号：ISBN 978 – 7 – 5102 – 1157 – 7

定　　价：105.00 元